⊙中国社会科学杂志社学者文库⊙

宋 超／著

QINHANSHI LUNCONG

中国社会科学出版社

图书在版编目（CIP）数据

秦汉史论丛/宋超著 . —北京：中国社会科学出版社，2012. 2
ISBN 978-7-5004-9853-7

Ⅰ. ①秦…　Ⅱ. ①宋…　Ⅲ. ①中国历史—研究—秦汉时代
Ⅳ. ①K232. 07

中国版本图书馆 CIP 数据核字（2011）第 098688 号

责任编辑　郭　鹏
责任校对　韩天炜
封面设计　李尘工作室
技术编辑　戴　宽

出版发行　中国社会科学出版社　　出版人　赵剑英
社　　址　北京鼓楼西大街甲 158 号　邮　编　100720
电　　话　010 - 64035798（编辑）　64058741（宣传）　64070619（网站）
　　　　　010 - 64030272（批发）　64046282（团购）　84029450（零售）
网　　址　http：//www. csspw. cn（中文域名：中国社科网）
经　　销　新华书店
印　　刷　北京市君升印刷有限公司　装　订　廊坊市广阳区广增装订厂
版　　次　2012 年 2 月第 1 版　　　　印　次　2012 年 2 月第 1 次印刷
开　　本　710×1000　1/16
印　　张　27.5
字　　数　465 千字
定　　价　60.00 元

《中国社会科学杂志社学者文库》序

在中国社会科学杂志社建社三十周年，《中国社会科学》（1980 年 1 月创刊）迎来创刊三十周年、《中国社会科学报》（2009 年 7 月 1 日创刊）创刊一周年的特殊日子里，中国社会科学杂志社诸同仁精选自己的学术研究成果，汇集成这套《中国社会科学杂志社学者文库》出版了。这是中国社会科学杂志社科研人员呈现给自己单位的一份深情厚礼。

三十年来，中国社会科学杂志社始终坚持"编研结合"的方针，要求编辑人员结合自己的编辑工作，认真研究理论和学术问题，既要密切跟踪国内外学术前沿，又要准确把握本学科的学术历史；既要关注重大理论和实践问题，又要拥有真正属于自己的研究领域，努力形成自己的研究理念、研究风格和独到见解。正是浓厚的学术氛围、严谨的学术风气、深厚的学术积淀，使杂志社不同于一般的编辑机构，它拥有一支具有较深理论造诣和学术积累的科研队伍，推出了一批具有较高学术水准的研究成果。中国社会科学杂志社主办的学术报刊，始终保持着较高的学术水平，在繁荣和发展中国特色哲学社会科学事业的洪流中，占有醒目而且重要的位置。

最近几年，中国社会科学杂志社在中国社会科学院党组的关心和领导下，进一步加强了对理论学术前沿的研究和引领，率先在全国期刊界成立了马克思主义理论编辑室，建立了理论前沿研究中心，创办了《中国社会科学内部文稿》，创办了新中国第一份全国性哲学社会科学专业报纸《中国社会科学报》，完善采、编、发流程管理，大力实施"开门办刊"和"开门办报"方针，更加强调"编研一体化"，努力培养和造就一大批专家型编辑、记者，努力为推动构建具有鲜明中国特色、中国风格、中国气派的当代学术话语体系作出更大贡献。这套学术文库，可以说是对杂志社编研结合办社方针成果的一次检阅。

尽管这部学术文库所收论著，既有离退休老同志的论文辑录，也有在职同志的自选集，还有青年同志的学术专论，但毕竟只是部分同仁的科研成果，未必代表杂志社工作人员的最高学术水平。当然，从其所涉领域、研究理路、学术风格中，人们能或多或少地体会到杂志社独特的学术视野和科研特色。

从事哲学社会科学研究，是一项充满挑战、异常艰辛的工作。在这里，没有坚定的信念，没有坚强的意志，没有经受挫折、百折不回的精神，是不可能做出任何重要成绩的。好在中国学术，具有源远流长的优秀学术传统，无论是从事编辑工作，还是从事科研工作，只要认真反思、体会、继承这些优秀传统，就能够获得一些重要的教益。

一是求是的传统，也就是追求真理、探索规律的传统。真正的学问家，从来都将认识人类之命运作为自己全部学术活动的出发点，力图通过对社会关系、社会形态的反思，通过对人和自然关系的反思，总结出具有普遍意义的历史结论，即所谓"究天人之际，通古今之变，成一家之言"。事实上，高层次的学术活动，不但是严谨的，而且是思辨性的，充满了理性的睿智。

二是求真的传统。学术研究，就其直接目的而言，就是揭示和研究人类活动的各种形态。这决定了它必须将具体的事实作为自己学术立论的重要基础。明儒王阳明曾提出"五经亦史"的重要论断，称"以事言谓之史，以道言谓之经。事即道，道即事。《春秋》亦经，五经亦史"。其言未必准确，但反映了中国学术注重事实、不空言义理的重要传统。学术的科学性，首先取决于研究者是不是在依靠事实说话。事实的论证，要永远重于空洞的说教。

三是经世的传统。这就是主张学术研究要服务国家，服务民族，做到文须有益于天下，有益于将来。经世不但是研究目的，而且是一种道德，一种精神，体现了中国知识分子"位卑未敢忘忧国"，以学问回报社会的高尚情操和庄严责任感。在中国传统社会，学术从来都以经世为其基本目的。章学诚在《浙东学术》一文中，明确阐述了自己以史经世的学术主张："史学所以经世，固非空言著述也。且如六经，同出于孔子，先儒以为其功莫大于《春秋》，正以切合当时人事耳。后之言著述者，舍今而求古，舍人事而言性天，则吾不得而知矣。学者不知斯义，不足言史学也。"

这就是说，注意人伦日用，关注时代需要，是章学诚治史的重要特征，也是其以史经世的基本内容。正是经世的传统使史学在中国历代社会与政治变革中发挥着独特的重要作用。

环顾当今学林，中学与西学互动，传统与现代并存。然而，我们民族悠久、深远的优秀学术传统，仍是我们前进的基础和出发点，是不可或缺的智慧宝库。学术研究如果不以求是为目的，如果不关注、不探索社会演变的规律，以烦琐考证取代理论思维，以堆砌资料为博，以叠床架屋为精，拾芝麻以为玑珠，袭陈言而自诩多闻，以偏赅全，见小遗大，学术就注定要丧失自己应有的精神境界，在由无数具体事实堆积而成的汪洋大海中迷失方向。一旦如此，其着力愈多，其离科学精神所追求的境界愈远。但另一方面，如果缺乏严谨求实的科学精神，缺乏对规范的必要尊重，脱离实际，游谈无根，空言"义理"，或以一偏之见为理，或以望文生义为理，或以自逞胸臆、杜撰"体系"为理，或以拾洋人、权威牙慧为理，学术也会丧失自己的精神境界，堕落为"玄学"。就学术与社会的关系而言，如果缺乏对国家和民族的责任感和使命感，将学术研究与服务现实简单对立，学术将不但会丧失发展的余地，而且也会逐渐丧失生存的空间。反之，如果将经世致用简单化、庸俗化，用应时之作取代理性而严谨的科学探索，学术就会堕落为"俗学"，也谈不上起码的尊严。

当代中国正面临着极其宝贵的发展机遇，也面临着极其严峻的挑战。当代中国学术也是如此。如何立基，何去何从，是每一个治学者都不能不面对的重大问题，岂可不深思而慎择之。

《中国社会科学杂志社学者文库》付梓之际，聊草数言，权充书序。

高　翔

2010 年 4 月于鼓楼西大街甲 158 号院

目　录

秦人与匈奴关系考察

——以汉人"过秦"言论为中心

从"秦王扫六合，虎视何雄哉"，到秦王子婴"系颈以组，白马素车，奉天子玺符，降轵道旁"，一个曾经幻想传之万世、金城永固的帝国不过二世就灰飞烟灭，为继秦而立的汉人留下了无尽的"过秦"话题。在汉人对秦政诸多指摘中，秦始皇修筑长城与攻逐匈奴，无疑是秦政中最为失败的一笔。[①] 然而，汉王朝自初立伊始，既面临着匈奴侵掠的困扰，其时间之长久，程度之深重，远较秦时为剧。鉴于这一历史背景，在汉人"过秦"的主流议论中，也不时杂糅着若干"是秦"之说。细绎其中之差异，有助于我们深入认识秦人与匈奴之关系及其政策之得失。

一

对于秦朝的诸多失政，包括对匈奴的政策在内，自秦朝灭亡后就成为汉人议论的热点之一。陆贾奉高祖刘邦之命检讨"秦所以失天下"的原因时认为：

> 秦始皇设刑罚，为车裂之诛，以敛奸邪，筑长城于戎境，以备

---

① 对秦政的批评，学界已有诸多研究成果。近期王和、陈苏镇诸先生又有更为全面深入的探讨。参见王和《猛士的乐土》第1章"绪论——千秋功罪"（中国青年出版社1998年版），陈苏镇《汉代政治与春秋学》第1章"西汉再建帝业的道路——儒术兴起的历史背景"等相关章节（中国广播电视出版社2001年版）。由于本文主要是探讨汉人对秦人匈奴政策的批评，所以于汉人对秦政其他方面的批评基本没有涉及，这是需要说明之处。

胡、越，征大吞小，威震天下，将帅横行，以服为国，蒙恬讨乱于外，李斯治法于内，事逾烦而天下逾乱，法逾滋而天下逾炽，兵马益设而敌人逾多。秦非不欲为治，然失之者，乃举措暴众，而用刑太极故也。[①]

自陆贾发其端，西汉初期许多政论家、思想家，无不视秦始皇筑长城、伐匈奴为秦朝灭亡重要原因之一。贾谊在著名的《过秦论》中曰：

> 及至始皇，奋六世之余烈，振长策而御宇内，吞二周而亡诸侯，履至尊而制六合，执敲朴以鞭笞天下，威振四海。南取百越之地，以为桂林、象郡，百越之君俛首系颈，委命下吏。乃使蒙恬北筑长城而守藩篱，却匈奴七百余里，胡人不敢南下而牧马，士亦不敢贯弓而报怨。于是废先王之道，燔百家之言，以愚黔首。堕名城，杀豪俊，收天下之兵聚之咸阳，销锋镝，铸以为金人十二，以弱天下之民。然后践华为城，因河为池，据亿丈之城，临不测之溪以为固。良将劲弩，守要害之处，信臣精卒，陈利兵而谁何。天下已定，始皇之心，自以为关中之固，金城千里，子孙帝王万世之业也……一夫作难而七庙堕，身死人手，为天下之笑者，何也？仁义不施，而攻守之势异也。[②]

晁错在对答文帝诏问，为防御匈奴上"守边备塞"之策时也说：

> 臣闻秦时北攻胡貉，筑塞河上，而攻南粤，置戍卒焉。其起兵而攻胡、粤者，非以卫边地而救民死也，贪戾而欲广大也，故功未立而天下乱。[③]

《淮南子·人间训》认为秦朝灭亡之祸，其一就在于筑长城、攻伐匈奴：

---

① 王利器：《新语校注》卷上《无为第四》，中华书局 1986 年版，第 62 页。
② 《史记》卷 48《陈涉世家》，中华书局 1959 年版，第 1963—1964 页。
③ 《汉书》卷 49《晁错传》，中华书局 1962 年版，第 2283—2284 页。

秦皇挟录图，见其传曰："亡秦者胡也。"因发卒五十万，使蒙公、杨翁子将筑修城，西属流沙，北击辽水，东结朝鲜，中国内郡挽车而饷之……欲知筑修城以备亡，不知筑修城之所以亡也！①

武帝时主父偃上书言政事，"八事为律令，一事谏伐匈奴"：

使蒙恬将兵攻胡，辟地千里，以河为境。地固泽卤，不生五谷。然后发天下丁男以守北河。暴兵露师十有余年，死者不可胜数，终不能逾河而北……男子疾耕不足于粮饷，女子纺绩不足于帷幕。百姓靡敝，孤寡老弱不能相养，道路死者相望，盖天下始畔秦也。②

太史公司马迁则就亲身所行蒙恬督修的长城、直道感叹曰：

吾适北边，自直道归，行观蒙恬所为秦筑长城亭障，堑山堙谷，通直道，固轻百姓力矣。夫秦之初灭诸侯，天下之心未定，痍伤者未瘳，而恬为名将，不以此时强谏，振百姓之急，养老存孤，务修众庶之和，而阿意兴功，此其兄弟遇诛，不亦宜乎！何乃罪地脉哉？③

显而易见，在汉人诸多的"过秦"言论中，强调以秦政为鉴，提倡"与民休息"，实行"无为而治"，避免重蹈亡秦覆辙，这一点无疑是正确的。但从中似乎也反映出当时的许多人，包括像陆贾、贾谊、晁错这样的有识之士在内，对于秦始皇决策修筑长城，出兵攻逐匈奴的必要性尚缺乏全面的认识；而且这种认识的产生，从秦人与匈奴的关系方面考察，表明至少在汉人的眼中，是时匈奴并没有对秦帝国产生实质性的威胁，秦始皇的行为无异于"举措暴众"、"贪戾而欲广大"，甚至是信图谶而击胡，利宝物而征粤的荒唐之举。④

---

① 《淮南子·人间训》。
② 《史记》卷112《主父偃列传》，第2954页。
③ 《史记》卷88《蒙恬列传》，第2570页。
④ 《史记》卷6《秦始皇本纪》亦云："始皇巡北边，从上郡入。燕人卢生使入海还，以鬼神事，因奏录图书，曰'亡秦者胡也'。始皇乃使将军蒙恬发兵三十万人北击胡，略取河南地。"可见持此种观点的在汉人中甚众。

备受汉人指摘的秦修筑长城，攻逐匈奴（包括征服南越）之举，尽管是秦统一之后消耗国力最巨的举措，也是造成秦朝遽亡的重要因素之一，但从秦人的角度考察，当时似乎并没有引起秦廷君臣的特别关注。秦始皇于三十三年（公元前214年）攻逐匈奴后，曾在三十七年（公元前210年）再次东巡，刻石会稽，昭扬功德，在这篇成文最晚，也是《史记》所载六篇刻石中最为完整的刻辞，其中也没有涉猎这方面的内容，通篇强调的仍是秦统一六国的赫赫功勋：

> 六王专倍，贪戾傲猛，率众自强。暴虐恣行，负力而骄，数动甲兵。阴通间使，以事合从，行为辟方。内饰诈谋，外来侵边，遂起祸殃。义威诛之，殄熄暴悖，乱贼灭亡。圣德广密，六合之中，被泽无疆。

"会稽刻石"的宗旨，与秦始皇二十九年（公元前218年）尚未攻逐匈奴时的"之罘刻石"所宣扬的"六国回辟，贪戾无厌，虐杀不已。皇帝哀众，遂发讨师，奋扬武德。义诛信行，威燀旁达，莫不宾服"①的精神完全一致。

秦廷君臣所以持如此观点，是与秦统一后所面临的形势密切相关。秦的统一只是大规模兼并战争的结束，而更为棘手的制度规划、弹压六国遗民反抗等任务，则是秦廷君臣关注的焦点。统一六国后秦始皇的六次巡行中，除二十七年（公元前220年）巡行陇西、北地，是在秦国故地外，其余五次巡行无不是针对原来的山东六国而发，其目的正如秦二世胡亥所云："先帝巡行郡县，以示强，威服海内。"而防范活动于帝国北境的匈奴，尚放在一个次要的地位。②

再从《史记》卷6《秦始皇本纪》所载秦统一后两次重要朝议的结果来看：二十六年（公元前221年），秦始皇将丞相绾等请立诸子为王的奏言下群臣议，最终采纳廷尉李斯"皆为郡县"，"置诸侯不便"的建议，"分天下为三十六郡，郡置守、尉、监。更名民曰'黔首'……一法度衡

---

① 均见《史记》卷6《秦始皇本纪》，第261—262、249页。

② 参见拙作《秦汉时期北河战略地位考察》，《秦汉文化比较研究》论文集，三秦出版社2001年版。

石丈尺，车同轨，书同文字"。三十三年，秦始皇又下群臣议博士淳于越"师古"之说，复纳丞相李斯的建议："史官非秦记皆烧之。非博士官所职，天下敢有藏《诗》、《书》、百家语者，悉诣守、尉杂烧之。有敢偶语《诗》、《书》者弃市。以古非今者族。吏见知不举者与同罪。令下三十日不烧，黥为城旦。所不去者，医药卜筮种树之书。若欲有学法令，以吏为师。"前者为帝国划定单一的郡县体制，整齐因诸国分立而混乱不一的各项制度；后者则确定"以法治国"、"以吏为师"的帝国统治思想。尽管秦始皇被时人认定为"天性刚戾自用，起诸侯，并天下，意得欲从，以为自古莫及己"，而群臣"皆受成事，倚辨于上。上乐以刑杀为威，天下畏罪持禄，莫敢尽忠"，但在涉及帝国的政体制度、统治思想等重大问题时，朝臣的议政无疑对秦始皇的决策也起到重要的影响作用。

值得注意的是，当秦始皇决意修筑长城、直道，起兵攻逐匈奴（包括南越）时，对于秦统一之后规模最大的一次征发行动，从现存的史料看，秦始皇似乎没有下群臣议，群臣也没有发表过意见。汉人主父偃于武帝时上书言政事，"八事为律令，一事谏伐匈奴"，曾引李斯谏阻秦始皇攻逐匈奴语曰："匈奴无城郭之居，委积之守，迁徙鸟举，难得而制也。轻兵深入，粮食必绝；踵粮以行，重不及事。得其地不足以为利，遇其民不可役而守。胜必杀之，非民父母也。靡獘中国，快心匈奴，非长策也。"此语是否真的出于李斯之口，后人基本上持否定态度。《史记会注考证》卷112《主父偃列传》"考证"引吕祖谦语："李斯方助始皇为虐，必无此谏。"徐孚远则曰："李斯谏伐胡，本传不载，非实事也。意者欲沮蒙恬之功，故为正言邪？"但是，从秦人早就认定的帝国疆域的"四至"范围而言，"地东至海暨朝鲜，西至临洮、羌中，南至北向户，北据河为塞，并阴山至辽东"，秦人出兵攻逐是时已经渡河而南，且活动于河南地的匈奴人，征服自立于岭南的粤人，应是秦人已定的国策，只不过是在秦始皇三十二年方将之付诸实践而已。① 因此，不论李斯是否有此谏言，秦始皇出兵攻逐征服北胡南越势在必行；作为百官之首的丞相李斯"必无此谏"，亦在情理之中。但这与李斯"方助始皇为虐"，并没有必然的联系。

可见，汉人普遍认定导致秦亡重要原因之一的南攻北伐、筑城修道的

---

① 参见拙作《"癣疥之疾"与"心腹之患"——南越匈奴与秦汉王朝关系比较研究》，《佗城开基客安家——赵佗龙川建县2212周年纪念论文集》，中国华侨出版社1997年版。

行为，从秦人角度考察，不过是在攻灭六国之后，继续扫荡"六合之中"尚未"宾服"者行动的延续，秦廷君臣没有为此引发重大的争议，曾详细记录统一后秦廷两次重要朝议结果的司马迁，也没有在《史记》纪、传中留下相应的记录，原因可能正在于此。

二

汉时许多"过秦"论者，所以对秦始皇的匈奴政策进行猛烈抨击，一个重要的原因，或是认定秦统一之后耗费巨大的国力筑城逐胡，并为之付出惨重代价，完全是秦始皇"贪戾而欲广大"的性格所致；或是对秦始皇如此举动表示不解与困惑，所谓因图谶"亡秦者胡也"而击匈奴，就是出于这样不解与困惑，并试图以此阐释始皇的行为。换言之，秦始皇究竟有无必要对匈奴采取如此强硬之措施，这是汉人在"过秦"中试图回答，并且坚决予以否定的一个重要问题。

秦人与匈奴的关系，从现存的史料考察，确实没有发现是时匈奴直接威胁秦帝国安全的记载，汉人纷纷指摘秦人的匈奴政策，可能这是一个重要的因素。事实上，秦人对匈奴的政策，最初也是建立在防范基础上：这不仅与秦人对帝国境域"四至"的理解相关，也与是时匈奴还没有强大到足以威胁帝国的安全相关。但是，匈奴人活动于毗邻秦都咸阳河南地的事实，却是秦人不能不关注的一个现实问题。尽管如此，秦人在统一之前并没有对游牧于河南地的匈奴人采取攻势，[①] 是与秦人始终坚持的"东略"的立国策略紧密相关的。

秦国立国于西陲所谓戎狄之间，从始为诸侯时起，就是以武力作为开疆拓土的手段。"周避犬戎难，东徙雒邑，襄公以兵送周平王。平王封襄公为诸侯，赐之岐以西之地。曰：'戎无道，侵夺我岐、丰之地，秦能攻逐戎，即有其地。'与誓，封爵之。"秦人正是利用周平王这一口惠无实的允诺，开始了以武力建国的道路。至秦穆公（公元前659—前621年在位）时，东攻强晋，"是时秦地东到至河"；西伐戎王，"益国十二，开地

---

① 春秋时活动于秦国北境的游牧族的成分相当复杂，被统称为"胡貉"，而匈奴是时尚未兴起。匈奴兴起于何时，学界的看法并不一致，但至晚到战国末期，匈奴开始发迹则是事实（参见吴荣曾先生《战国胡貉考》，收入《先秦两汉史研究》，中华书局1992年版）。

千里，遂霸西戎"，① 经过多年的武力开拓，终于从周旋于戎狄之间的蕞尔小国，一跃成为临河而立，可与东方诸国争胜决雄的西陲大国。

秦人这一由西向东发展的态势，从秦都邑迁徙的动向中也可以反映出来。从秦人最初都邑西陲，到秦孝王最终定都咸阳，尽管秦都城有九、八、七、六诸说，但基本分布形势是由西渐东的。② 秦人定都咸阳，东境推至西河，问鼎中原的形势已经形成，诚如商鞅对秦孝王所云："秦据河山之固，东向以制诸侯，此帝王之业也。"③ 对于秦人这一段以武力"东略"的历史，王遽常先生曾以情文并茂的语言予以精彩的描绘：

> 秦崛兴西陲，千余年间，浸炽浸昌，由西极东，其国势乃如蛟龙之起陆。初结蟠于深山大泽，禽兽之与伍，戎狄之与居，渐宛僤于陇阪之间……其后平戎至岐，横有宗周畿内八百里之地，其势如得风云，走雷电，骧然伸首，衡虑中原，则襄公始受岐、酆，文公卜居汧渭是已。及夫献、孝以来，如应龙附翼，殆欲天飞，则献公迁栎，孝公迁咸阳，实为翦除六国，混一华夏是也。④

尽管秦人的总体战略目标是"翦除六国，混一华夏"，但对来自其北境游牧民族的威胁也不是完全没有防范的意识。尤其在赵武灵王（公元前325—前299年在位）"胡服骑射"，改革军事制度，势力一度强盛之后，更是引起了秦人对其北境安全的关注。

赵武灵王决定"胡服骑射"，为说服群臣时曾表示：

> 吾国东有河、薄洛之水，与齐、中山同之，无舟楫之用。自常山以至代、上党，东有燕、东胡之境，而西有楼烦、秦、韩之边，今无骑射之备。故寡人无舟楫之用，夹水居之民，将何以守河、薄洛之

---

① 均见《史记》卷5《秦本纪》。所谓"秦地东至河"，"正义"曰："晋河西八城入秦，秦东境至河，即龙门河也。"所谓"益国十二，开地千里"，"正义"引"韩安国云，'秦穆公都地方三百里，并国十四，辟地千里'，陇西、北地郡是也。"

② 关于秦都城的研究，可参见徐卫民《秦都城研究》第2章《秦都城概论》，陕西人民教育出版社2000年版，第7—25页。

③ 《史记》卷68《商君列传》，第2232页。

④ 王遽常：《秦史》卷11《郡邑考·都邑》，上海古籍出版社2000年版，第100页。

水；变服骑射，以备燕、三胡、秦、韩之边。[1]

攻略位于赵国腹心地区的中山国，及位于其西北的北河地区，[2] 是赵国实行这一战略目标的重中之重。赵武灵王二十年（公元前 306 年）"略中山地，到宁葭；西略胡地，到榆中"。赵武灵王不遗余力地向北河地区扩张，"身胡服将士大夫西北略胡地"，正是为了实现"从云中、九原直南袭秦"这一战略目的。[3] 因此，赵国不惜代价筑长城，"自代并阴下，至高阙为塞。而置云中、雁门、代郡"。[4] 赵长城将整个北河地区囊括其中，而北河地区远离赵国政治重心所在的邯郸，可见除了对匈奴的防范外，从西东两个方向加强对秦国的压迫，也是赵国经营北河地区的一个重要战略目的。

正由于秦都咸阳位于北河正南方向，对于可能来自北境的游牧民族及赵国威胁的反应更为敏感。秦惠文王十年（公元前 328 年），秦国占据魏国上郡，将秦国北境推进至北河地区，表明对北河地区防御的重视。秦昭王时，"义渠戎王与宣太后乱，有二子。宣太后诈而杀义渠戎王于甘泉，遂起兵伐残义渠。于是秦有陇西、北地、上郡，筑长城以拒胡"。[5] 秦国是时所筑"拒胡"的长城，北起今内蒙古托克托，西至今甘肃岷县，贯穿上郡、北地、陇西三郡，对于秦政治重心所在内史郡是一道有效的屏障。但从秦长城由西而北的走向看，仅其长城北端深入北河地区，其中段与西

---

[1] 《史记》卷 43《赵世家》，第 1809 页。

[2] 北河，"清以前黄河自今内蒙古磴口县以下，分为南北二支，北支约当今乌加河，时为黄河正流，对南支而言，称为北河"（《辞海》（缩印本）"北河"条，上海辞书出版社 1980 年版，第 332 页）。此处所云为狭义"北河"。而广义"北河"如谭其骧先生《北河》一文所云："黄河自宁夏北流过磴口而东流，西东流向一段对南北流向一段而言，彼为'西河'，此为'北河'，是为广义。"（《长水集》，上海人民出版社 1987 年版，第 331 页）

[3] 《史记》卷 43《赵世家》，第 1812 页。

[4] 《史记》卷 110《匈奴列传》。关于赵武灵王修筑长城的时间，张维华先生认为："（司马）迁述武灵筑长城事，未有确定之年代。按《史记》卷 43《赵世家》之记载，武灵王十九年定易服之议，二十年略'胡'，至榆中，二十六年攘地北至燕、代，西至云中、九原……九原、云中之经营，当武灵二十五、六年之际，似已略有规模，则武灵长城之建立，必在二十五、六年之后，盖可知矣。"（张维华：《赵长城》，收入《中国长城建置考》上编，中华书局 1979 年版，第 102—103 页）从张先生考订赵灵王长城修筑的时间看，更能证实赵修长城之目的是兼有防范匈奴与压迫秦人的双重目的，而且后一个目的更为重要。

[5] 《汉书》卷 94《匈奴传》，第 3747 页。

段距北河地区则较为遥远，从中可以表明是时活动于北河地区的胡人，尚不足以对秦国构成实质性的威胁。况且秦昭王在消弭了位于秦国腹地的义渠的威胁之后，采纳谋士范雎"远交近攻"之策，加速了兼并山东六国的战争进程，兵锋东指，对防范位于其北境的胡人，自然要放于一个较为次要的地位。

公元前221年，秦始皇统一六国，建立起一个地域辽阔的强盛帝国，而其北境的匈奴也进入一个新的发展阶段，见于史乘的匈奴首位单于头曼应于此时或更早些就出现于历史舞台之上。不过，"当是之时，东胡强而月氏盛"，[①] 匈奴由于东部受到东胡的压迫，西部又遭受月氏的威胁，实际活动区域主要局限于北河地区一带，并且渡北河占据河南地。[②] 由于河南地直接迫近秦帝国政治重心所在咸阳，这一态势自然为秦始皇所不能容忍，也为其后秦人攻逐匈奴埋下了伏笔。

秦始皇三十二年（公元前215年），秦廷解决所谓北胡南越的战争终于全面展开："使将军蒙恬发兵三十万人北击胡，略取河南地。"次年，继续加强对南越早已开展的攻势，"发诸尝逋亡人、赘婿、贾人略取陆梁地，为桂林、象郡、南海"，将岭南地区纳入郡县体制；而在北境，蒙恬对匈奴的用兵进展顺利，"西北斥逐匈奴。自榆中并河以东，属之阴山，以为四十四县，城河上为塞。又使蒙恬渡河取高阙、阳山、北假中，筑亭障以逐戎人。徙谪，实之初县"。[③] 并在蒙恬的主持下，"筑长城，因地形，用制险塞，起临洮，至辽东，延袤万余里"。三十五年，由蒙恬主持的另一重大工程展开，即开通由云阳（今陕西淳化西北）到九原（治今内蒙古包头西），"堑山堙谷千八百里"的直道，成为连接北河地区与关中的重要通道。蒙恬本人则驻守上郡（治今陕西榆林南），直面北河，"威震匈奴"。慑于秦军的强大声势，匈奴人不得不举族北徙七百余里，以避秦人兵锋。

匈奴（包括南越）问题的解决，秦人刻意追求的"六合之内，皇帝之土。西涉流沙，南尽北户。东有东海，北过大夏。人迹所至，无不臣者。

---

① 《史记》卷110《匈奴列传》，第2887页。

② 匈奴活动于河南地的时间史书记载不详。赵武灵王沿北河修筑长城后，似应将匈奴势力阻挡于河南地之外；但至秦昭王修"防胡"的长城时，将秦国北境的防线南移，从北河至秦长城这一广袤的区域，正是所谓的河南地，似可表明从赵国国势衰微之后，匈奴已经渡过北河，进居河南地。

③ 《史记》卷6《秦始皇本纪》，第253页。

功盖五帝，泽及牛马。莫不受德，各安其宇"① 的目标，至少从形式上最终得以实现。尽管这一实现付出了"暴兵露师十有余年，死者不可胜数"的巨大代价，成为秦帝国二世而亡的一个重要因素，但为继秦而立的汉帝国为继续解决所谓"北胡南越"问题，提供了可资借鉴的宝贵经验与教训。

三

秦人的匈奴政策遭受汉人如此猛烈的抨击，除了对已经发生的历史事件，后人可以避免"当局者迷"的尴尬境地，并有更多的机会对已经出现的结果进行充分思考这一因素外；另一个重要的原因就是如何处理与已经强盛的匈奴之关系，在西汉王朝初期相当长的一段时间，已成为朝野一个最为棘手也是最为关注的现实问题。因此，汉时的许多思想家、政论家，虽然仍继续进行一般意义上的"过秦"批判，但在如何抗御匈奴侵扰的具体方略上，秦人对待匈奴的政策及一些具体措施，不可避免地成为汉人效法的蓝本。

秦始皇死后，二世胡亥夺位，镇守北境的蒙恬被迫自杀，秦人经营有年的北境防御体系顷刻间崩溃，为匈奴人的势力卷土重来留下了足够的空间。此时杰出的匈奴首领冒顿单于杀父自立，并趁是时中原地区兵连祸结之机重夺河南地。公元前202年，刘邦击败项羽后称帝，建立西汉王朝，此时匈奴的势力更为强盛，所控制的区域也比秦时有所扩大，对中原地区已形成咄咄逼人的攻势。初都于洛阳的刘邦，面对的却是饱经兵燹之后残破不堪的中原地区，以及在楚汉战争中形成与坐大的异姓诸侯王的割据势力，首先需要考虑的是如何恢复残破的社会经济，翦除异姓诸侯王，强化中央集权等问题，匈奴的侵扰自然无法对位于中原腹地的洛阳构成太大的威胁。然而，当刘邦迁都长安之后，这一问题自然就立即凸显出来。汉五年（公元前202年），齐国戍卒刘敬求见刘邦言定都关中事：

---

① 《史记》卷6《秦始皇本纪》载二十八年"琅邪刻石"。此刻石所言及的秦境"四至"的范围，与前文所引"地东至海暨朝鲜，西至临洮、羌中，南至北向户，北据河为塞，并阴山至辽东"，只是说法的不同，并没有本质的区别。

> 秦地被山带河，四塞以为固，卒然有急，百万之众可具也。因秦之故，资甚美膏腴，此所谓天府者也。陛下入关而都之，山东虽乱，秦之故地可全而有也。夫与人斗，不搤其亢，拊其背，未能全其胜也。今陛下入关而都，案秦之故地，此亦搤天下之亢而拊其背也。

刘敬是言，与前引商鞅说秦孝王之语极其相似。两人所下之说辞，对"秦之故地"的战略优势均十分清楚，所不同者是：秦孝王时北境并无游牧民族之威胁，可以心无旁骛地全力攻击山东六国；但刘邦入都关中，对近在肘腋的匈奴之威胁就不可能视而不见了。可是此时汉廷君臣对匈奴的实力均没有清醒的认识，高帝七年（公元前200年）的平城之败，就是在这样背景之下出现的。虽然这一挫折不足以改变汉人方兴的"过秦"时尚，但秦人一些行之有效的防范措施，不可避免地成为汉人效法之对象。当首倡"和亲"之策的刘敬认识到"匈奴河南白羊、楼烦王，去长安近者七百里，轻骑一日一夜可以至秦中"这一现实威胁后，向刘邦献策曰：

> 秦中新破，少民，地肥饶，可益实。夫诸侯初起时，非齐诸田，楚昭、屈、景莫能兴。今陛下虽都关中，实少人。北近胡寇，东有六国之族，宗强，一日有变，陛下亦未得高枕而卧也。臣愿陛下徙齐诸田，楚昭、屈、景，燕、赵、韩、魏后，及豪桀名家居关中。无事，可以备胡；诸侯有变，亦足率以东伐。此强本弱末之术也。[①]

徙民实边、戍边之策，自蒙恬攻逐匈奴后即于河南地实施过，《史记》卷6《秦始皇本纪》载："西北斥逐匈奴。自榆中并河以东，属之阴山，以为四十四县……徙谪，实之初县。"除强徙"七科谪"实边外，亦有徙普通民户于边地的实例，如《秦始皇本纪》载，三十六年，"迁北河榆中三万家，拜爵一级"。虽然秦之徙民实边戍边曾取得一些积极效果，在北河地区形成一些新的农业区，如《汉书》卷24《食货志》颜师古注引应劭语："秦始皇遣蒙恬攘却匈奴，得其河南、造阳之北千里地甚好，于是为筑城郭，徙民充之，名曰'秦中'。"但总体而言，由于秦法之暴虐，加之边地之苦寒，如同晁错所言："秦之戍卒不能其水土，戍者死于边，输者偾于

道。秦民见行，如往弃市，因以谪发之，名曰'谪戍'……秦之发卒也，有万死之害，而亡铢两之报，死事之后不得一算之复，天下明知祸烈及己也。"秦鉴不远，晁错在总结汲取秦之"谪戍"经验教训后，建议文帝改"谪民戍边"为"募民实边"，愿意徒边者：

> 皆赐高爵，复其家。予冬夏衣，廪食，能自给而止。郡县之民得买其爵，以自增至卿。其亡夫若妻者，县官买予之。人情非有匹敌，不能久安其处。塞下之民，禄利不厚，不可使久居危难之地。胡人入驱而能止其所驱者，以其半予之，县官为赎其民。如是，则邑里相救助，赴胡不避死……其与秦之行怨民，相去远矣。①

然而，自汉兴以来，"过秦"已经成为一种社会时尚。刘敬、晁错诸人的建议，不过是在"过秦"的大前提下，对秦人防范匈奴的某些策略有所借鉴而已。直至汉武帝决意全面反击匈奴之后，"过秦"的社会时尚才发生一些实质性的变化。

元光二年（公元前133年），雁门马邑豪强聂翁壹献策伏兵诱击匈奴，武帝召问公卿："单于待命加嫚，侵盗无已，边竟数惊，朕甚闵之。今欲举兵攻之，何如？"虽然武帝明显表示出反击匈奴的意图，但是如果断绝"和亲"，出兵匈奴，同样要面临着与秦时相同的劳民伤财的问题，这是武帝不能不慎重对待，召集群臣朝议的原因，从而也引发了大行王恢与御史大夫韩安国间激烈的争论。韩安国认为：

> 臣闻高皇帝尝围于平城，匈奴至者投鞍高如城者数所。平城之饥，七日不食，天下歌之，及解围反位，而无忿怒之心。夫圣人以天下为度者也，不以己私怒伤天下之功，故乃遣刘敬奉金千斤，以结和亲，至今为五世利。孝文皇帝又尝壹拥天下之精兵聚之广武常溪，然终无尺寸之功，而天下黔首无不忧者。孝文寤于兵之不可宿，故复合和亲之约。足以为效矣……臣窃以为勿击便。

韩安国所谓圣人"不以己私怒伤天下之功"，虽然没有明言所指，但显然

---

① 《汉书》卷49《晁错传》，第2286页。

是对秦始皇所谓"因信图谶而击胡"的一种批评。在以往的朝议中常"局趣效辕下驹"的韩安国，敢在已经明确表明态度的武帝面前强项力谏，足以反映出"过秦"时尚的影响甚大。而坚决主张出击匈奴的王恢，则一反"过秦"的社会时尚，极力推崇秦人对匈奴的攻击：

> 臣闻凤鸟乘于风，圣人因于时。昔秦缪公都雍，地方三百里，知时宜之变，攻取西戎，辟地千里，并国十四，陇西、北地是也。及后蒙恬为秦侵胡，辟数千里，以河为竟，累石为城，树榆为塞，匈奴不敢饮马于河，置烽燧然后敢牧马。夫匈奴独可以威服，不可以仁畜也。今以中国之盛，万倍之资，遣百分之一以攻匈奴，譬犹以强弩射且溃之痈也，必不留行矣。若是，则北发月氏可得而臣也。臣故曰击之便。①

元光二年的廷议及随后爆发的马邑之战，不仅终结了汉廷实行近六十余年的和亲政策，也促使社会心态迅速发生重大的变化。一些原来坚持"过秦"，强烈反对出击匈奴者，是时纷纷改弦易辙，以取悦于人主，趋同于时尚。如武帝即位之初，博士公孙弘"使匈奴，还报，不合上意，上怒，以为不能，弘乃病免归"。因何"不合上意"，史书未载，恐怕与公孙弘赞同和亲，与武帝欲击匈奴的旨意相忤有关。元朔三年（公元前126年），汉军发动河南战役后，重夺河南地，置朔方郡以御匈奴。此时迁升为御史大夫的公孙弘曾数谏武帝，以为不应"罢敝中国以奉无用之地，愿罢之"。但在武帝遣朱买臣与之辩难，"发十策，弘不得一"，② 公孙弘顿改初衷，全力支持武帝经营朔方。

元光年间（公元前134年—前129年）曾上书"谏伐匈奴"，猛烈抨击秦始皇遣蒙恬攻逐匈奴，经营河南地的主父偃也是一个趋于时尚的典型人物。元朔二年（公元前127年），主父偃上书"盛言朔方地肥饶，外阻河，蒙恬城之以逐匈奴，内省转输戍漕，广中国，灭胡之本也"，首先倡

---

① 《史记》卷52《韩安国传》，第2399—2402页。
② 《史记》卷112《平津侯列传》"集解"引韦昭语曰："以弘之才，非不能得一也，以为不可，不敢逆上耳。"与何焯评主父偃之语如出一辙。然而皆是注意对公孙弘、主父偃两人道德品质的批判，而忽略是时"过秦"时尚已经发生变化，以及这一变化对公孙弘、主父偃两人所产生的影响。

议设置朔方郡。态度前后如此矛盾，清人何焯推测主父偃是由卫青推荐而晋身，而河南地又为卫青率军所夺，"故偃变前说以建此计"；王鸣盛则斥责公孙弘、主父偃等为"倾险浮薄之徒"，虽然最初"上书言事，皆能谏止用兵"，"犹倚正论以行其说"，而"武帝好文，故爱其辞而不责其忤己"；一旦得委重任，便阿谀人主，违背"正论"，"遂请城朔方以为灭匈奴之本，与初进议论大相矛盾矣"。① 但是，从中可以折射出，效法秦人，击伐匈奴的倾向是时已经占据了主导地位。

从元光年间起，"汉兵深入穷追二十余年"，虽然遏止了匈奴侵扰的势头，但为之付出了"海内虚耗，户口减半"的巨大代价。武帝因大规模出击匈奴，实际上也面临着与"亡秦"相同的问题。始元六年（公元前81年），来自民间的文学猛烈抨击武帝时政曰：

> 王恢误谋马邑，匈奴绝和亲，攻当路塞，祸纷拏而不解，兵连而不息，边民不解甲弛弩，行数十年，介胄而耕耘，锄耰而候望，燧燔烽举，丁壮弧弦而出斗，老者超越而入葆。言之足以流涕寒心，则仁者不忍也。②

倘若移此评议于秦人，真可谓无一字不确。所不同者，秦人已经无法修正其过失了，而武帝则有时间更弦易张，"晚而改过，顾托得人，此其所以有亡秦之失而免亡秦之祸乎！"③

自古以来，华夏民族在与四边所谓蛮夷戎狄的交往中，已经形成了一种固定的心态：对企图扰乱华夏者要防范戒备，对敢于侵扰中原者予以伐击，但最为理想的方式还是要以德服人，恩泽流于远方，达到"四夷宾服"的境界。若以此标准衡之，秦始皇及汉武帝的行为，显然皆远离之。新朝时，严尤谏王莽勿伐匈奴时曾言：

> 臣闻匈奴为害，所从来久矣，未闻上世有必征之者也。后世三家周、秦、汉征之，然皆未有得上策者也。周得中策，汉得下策，秦无

---

① 《史记》卷112《主父偃列传》及《史记会注考证》卷112《主父偃列传》。
② 王利器：《盐铁论校注（定本）》卷8《和亲》，中华书局1992年版，第513页。
③ 《资治通鉴》卷22"武帝后元二年"条"司马光曰"，中华书局1956年版，第745页。

策焉。当周宣王时，猃允内侵，至于泾阳，命将征之，尽境而还。其视戎狄之侵，譬犹蚊虻之螫，驱之而已。故天下称明，是为中策。汉武帝选将练兵，约赍轻粮，深入远戍，虽有克获之功，胡辄报之，兵连祸结三十余年，中国罢耗，匈奴亦创艾，而天下称武，是为下策。秦始皇不忍小耻而轻民力，筑长城之固，延袤万里，转输之行，起于负海，疆境既完，中国内竭，以丧社稷，是为无策。①

对于严尤之论，班固表示赞同："若乃征伐之功，秦、汉行事，严尤论之当矣。"然而，何为"上策"，这是历史留给后人继续探讨的一个课题。

原载《秦都咸阳与秦文化研究》，陕西人民教育出版社 2003 年版。

---

① 《汉书》卷 94《匈奴传》，第 3824 页。

秦直道与汉匈战争

秦始皇统一六国后，为了缓解来自北境匈奴方面的军事压力，于三十三年（公元前214年）命蒙恬统率三十万大军攻逐匈奴，将匈奴逐出毗邻内史的河南地，建置郡县，徙民实边，修筑长城。三十五年，蒙恬又主持开通工程浩大的直道工程。至此，长城、直道的修筑开通与大规模的徙民实边行动，标志着在秦帝国北部边境已经构筑起一道坚固的防线，确保了帝国都城咸阳所在内史地区的安宁。尽管史书中多强调直道修筑的主要目的是"始皇欲游天下"，但由于秦北边郡面临着匈奴之威胁，直道用于军事之目的应在情理之中。入汉之后，汉匈战争全面爆发，直道的修筑更为汉军的调动提供了便利，在汉匈战争中发挥了重要的作用。昭宣时期，随着汉匈关系的重新调整，汉宣帝在直道的南端起点甘泉宫迎接呼韩邪单于入汉。通过已筑就一百多年秦直道的沟通，汉匈民族迎来了一个"三世无犬吠之声，黎庶亡干戈之役"的时代。

一

早在战国时期，秦孝王定都咸阳后，重视对北境的防范就是秦的一项重要国策。秦昭王时，秦置陇西、北地、上郡三郡，除陇西郡位于秦都咸阳的西部外，北地、上郡二郡的北境都直逼北河地区，体现出秦国对可能来自北河地区游牧族侵扰的重视。是时，秦国所筑的"拒胡"长城，西起今甘肃岷县，北至今内蒙古托克托，贯穿陇西、北地、上郡三郡，对于秦国都城咸阳所在的内史地区是一道有效的屏障。但从秦长城由西而北的走向看，仅其长城北端深入北河地区，其中段与西段距北河地区则相对较为遥远。从中似乎可以表明，是时活动于北河地区的胡人，尚不足以对秦国构成实质性的威胁。况且是时秦国的主要国策是兼并山东六国，兵锋东指，对防范活动于其北境的胡人，自然要放于一个较为次要的地位。

秦始皇统一六国后，其北境形势亦发生重大变化，匈奴首位单于头曼应于此时或早些就已出现于历史舞台之上，匈奴族当时实际活动区域主要在北河地区一带，并且渡过北河占据河南地。① 由于河南地直接迫近秦帝国政治重心咸阳，这一态势自然为秦始皇所不能容忍，也为其后秦人攻逐匈奴埋下了伏笔。

秦始皇于统一后次年首度出巡，"巡陇西、北地，出鸡头山，过回中"。② 秦始皇此次出巡的真实目的史载不详，但此次仅巡二郡，可见路途不远，所需时间亦短，又不像其余诸次出巡，每于所经之地刻石铸辞，昭颂秦德，示强海内，即向新统一的山东六国展示秦之强盛，以消弭六国遗民反抗的企图；而陇西、北地均是秦国故郡，"示强"的对象应是活动于河南地的匈奴——尽管此时匈奴并没有侵掠秦国边境的实力，并且在短时期内也没有出现可能侵掠的迹象。因此，秦始皇此次北巡陇西、北地，很可能是与安排防御匈奴的部署有关，虽然这种部署最多是预防性的。

三十三年（公元前 214），秦始皇终于将攻逐匈奴的政策付诸实践，遣蒙恬"西北斥逐匈奴"，于新夺河南地置九原郡，秦人与匈奴的关系从此发生重大变化。

蒙恬北逐匈奴的军事行动进展相当顺利，是时匈奴的实力以及控制的区域恐怕相当有限，《史记》卷 110《匈奴列传》所谓："当是之时，东胡强而月氏盛"，匈奴单于头曼甚至不得遣子月氏为质，以缓解来自月氏的威胁。似可表明匈奴当时身受来自东西两方面的压力，其活动空间似乎主要局限于河南地一带。因此，在强大的秦军攻击下，"却匈奴七百余里，胡人不敢南下而牧马，士亦不敢贯弓而报怨"，贾谊在《过秦论》中所说的正是匈奴当时窘境的真实写照。然而，对秦廷而言，如何经营新夺取的河南地，则是较军事打击更为重要，同时也是更加消耗人力物力的任务。

---

① 匈奴头曼单于在位时间史载不详，陈序经先生认为："头曼是被蒙恬所攻击而北徙。头曼既不能胜秦，北徙十余年，那么头曼在秦始皇未统一之前已立为单于当无可疑。"（陈序经：《匈奴史稿》，天津古籍出版社 1989 年版，第 154 页）匈奴族活动于河南地的时间，史书记载同样不详。秦昭王时修"防胡"的长城时，将秦国北境的防线南移，从北河至秦长城这一广袤的区域，正是所谓的河南地，似可表明是时匈奴已经渡过北河，进居河南地，故秦筑长城以防范之。

② 《史记》卷 6《秦始皇本纪》。

　　《史记》卷 6《秦始皇本纪》载，秦人"西北斥逐匈奴"后，立即着手经营河南地，"自榆中并河以东，属之阴山，以为四十四县，城河上为塞。又使蒙恬渡河取高阙、阳山、北假中，筑亭障以逐戎人。徙谪，实之初县"。秦廷在采取修缮位于"河上"长城、移民实边、置初县实郡等一系列措施之后，修筑一条新的交通道路，以便有效地沟通九原郡与都城咸阳的联系，成为秦廷急需解决的一个重要问题。就在蒙恬初定河南地的次年，即始皇三十五年，直道的修筑就在蒙恬的监控下全面展开。历经两年多时间的修筑，这项浩大的道路工程基本完成。① 秦直道全长约 700 多公里，② 由于大体南北相直，故称"直道"。

　　关于直道具体走向，史书多统言之"九原至云阳"，途经地点则记载不详。据著名学者史念海先生研究，直道南起秦林光宫，沿子午岭主脉北行，经旬邑县石关、黄陵县艾蒿店，陕、甘交界处的五里墩，至黄陵县兴隆关（沮源关）后，沿子午岭主脉西倾的甘肃省华池县东，至铁角城、张家崾岘，又直北经陕西省定边县东南，复折东北方向达内蒙古乌审旗红庆河、东胜县西，昭君墓东，至九原郡治所九原县（今内蒙古包头西）。③ 史先生的研究，是学界关于直道研究具有代表性的成果之一。④

　　直道的修筑需要沿途开山填谷，克服种种艰难险阻，在没有旧道可以利用的情况下，硬是从崇山峻岭之中、广漠的鄂尔多斯草原之上开辟出一条新的联系南北交通的大道。为加强中央政府与北边防区的联系，及时颁布政令，调动军队，巩固北部边防线提供了可靠的保证。长城的修筑及直道的开通，标志着在秦帝国北部边境已经构筑起一道坚固的防线，确保帝

---

　　① 所谓直道基本完成，是指其勉强具备了通行条件，所以始皇三十七年，李斯等人得以辒凉车载始皇尸经直道趋归咸阳，故《史记》卷 88《蒙恬列传》又有"道未就"之语。

　　② 史书记载直道"堑山湮谷，千八百里"。此处言七百公里，取今实测距离。参见王云度、张文立主编《秦帝国史》，陕西人民教育出版社 1997 年版，第 49 页。

　　③ 史念海：《秦直道遗迹的探索》，《陕西师范大学学报》1975 年第 3 期，转引自徐卫民《秦都咸阳对周围环境的改造与利用》，《秦汉历史地理研究》，三秦出版社 2005 年版，第 235 页。

　　④ 关于直道的具体走向，至今学界分歧仍然很大。"著名画家靳之林先生在沿'秦直道'作画以后认为，'秦直道'至陕西黄陵县西境后，是沿子午岭东侧的富县、甘泉、志丹、安塞而西，大体沿子长县北境、榆林县西境到内蒙古包头市西。"（转引自王开：《秦直道新探》，《西北史地》1987 年第 2 期）另，关于直道的研究成果，可参见贺清海、王开《毛乌素沙漠中秦汉"直道"遗迹探寻》，《西北史地》1988 年第 2 期；孙相武《秦直道调查记》，《文博》1988 年第 4 期；延安地区文物普查队《延安境内秦直道调查报告之一》，《考古与文物》1989 年第 1 期；吕卓民《秦直道歧义辨析》，《中国历史地理论丛》1990 年第 1 期，等等。

国都城咸阳的安宁。

二

对于直道这样一条沟通北境与都城联系的重要交通道路，从历史遗留下来的资料看，除了关于直道起修的时间，及起迄点有明确记录外，如《史记》卷15《六国年表》记曰："三十五年，除道，道九原，抵云阳，堑山堙谷，直通之。"卷110《匈奴列传》记曰："而通直道，自九原至云阳"，对其修筑的目的性似乎没有明确的表示。《史记·蒙恬列传》载："始皇欲游天下，道九原，直抵甘泉，乃使蒙恬通道，自九原抵甘泉，堑山堙谷，千八百里。道未就。"将直道的修筑与始皇二十七年后在全国范围内所修驰道等同起来。① 而驰道的修筑，在汉人的眼中，特别是在汉初"过秦"思想的影响下，除惊叹驰道之修工程浩大、形制华丽之外，更多是与秦之暴政联系起来，如《汉书》卷51《贾山传》曰：

> 秦为驰道于天下，东穷燕齐，南极吴楚，江湖之上，滨海之观毕至。道广五十步，三丈而树，厚筑其外，隐以金椎，树以青松。为驰道之丽至于此，使其后世曾不得邪径而托足焉。

具体到直道，《史记》卷88《蒙恬列传》"太史公曰"中的著名评论更为治史者所悉知：

> 吾适北边，自直道归，行观蒙恬所为秦筑长城亭障，堑山堙谷，通直道，固轻百姓力矣。夫秦之初灭诸侯，天下之心未定，痍伤者未瘳，而恬为名将，不以此时强谏，振百姓之急，养老存孤，务修众庶之和，而阿意兴功，此其兄弟遇诛，不亦宜乎！何乃罪地脉哉？

或许正是受这种"过秦"言论的影响，仅就直道而论，汉人似乎更关注的

---

① 《史记会注考证》卷88《蒙恬列传》引清人曾国藩语曰："《始皇纪》二十七年治驰道，《六国表》三十五年为直道，道九泉通甘泉，直道与驰道不同也。"曾氏之语似可表明，在相当长的一段时间内，将直道等同于驰道的观点是相当普遍的。

是"始皇欲游天下",以及主修者蒙恬"固轻百姓力"与"阿意兴功"的一面。

在汉人诸多的"过秦"言论中,强调以秦政为鉴,提倡"与民休息",避免重蹈亡秦覆辙,这一点无疑是正确的。但从中也反映出当时的许多人,包括像司马迁这样的有识之士,对于秦始皇决策攻逐匈奴、修筑长城、修治直道的必要性缺乏全面的认识;而且从秦人与匈奴的关系方面考察,史料中确实也没有发现匈奴对秦廷产生实质性威胁的记录。① 从《史记》卷6《秦始皇本纪》所载秦统一后两次重要朝议结果看:一是在二十六年(公元前221),始皇将丞相绾等请立诸子为王的奏言下群臣议,最终采纳廷尉李斯"皆为郡县"的建议,"分天下为三十六郡";二是在三十三年,始皇下群臣议博士淳于越"师古"说,复纳丞相李斯的建议:"史官非秦记皆烧之……若欲有学法令,以吏为师。"前者为帝国确定单一的郡县体制,后者则确定了"以法治国"的统治思想。而对于修筑长城、直道与攻逐匈奴这样统一之后规模最大的军事征发行动,却没有留下秦廷君臣朝议的任何议论;② 而始皇"信图谶而击胡",则成为汉人的主要诠释。③ 司马迁将修筑直道的目的归结为"始皇欲游天下"与蒙恬"阿意兴功",似乎也可以从中感受"过秦"思想之影响。

司马迁所以对直道如此评价,一个重要原因是在始皇三十三年,秦军北逐匈奴,修治河上长城、移民实边,于九原郡设置四十四初县的行动已经全面展开,三十四年,"適治狱吏不直者,筑长城及南越地"。三十六年,"徙北河、榆中三万户",而此时直道尚未修治,或正在修治之中。显

---

① 参见拙作《秦人与匈奴关系考察——以汉人"过秦"言论为中心》,《秦都咸阳与秦文化研究》,陕西人民教育出版社2003年版,第546—565页。

② 《史记》卷112《主父偃列传》载,主父偃于汉武帝时上书"谏伐匈奴",曾引李斯谏阻秦始皇攻逐匈奴语曰:"匈奴无城郭之居,委积之守,迁徙鸟举,难得而制也……靡獘中国,快心匈奴,非长策也"云云。此语是否出于李斯之口,后人基本持否定态度。《史记会注考证》"考证"引吕祖谦语:"李斯方助始皇为虐,必无此谏。"徐孚远则曰:"李斯谏伐胡,本传不载,非实事也。"二世时,李斯曾从狱中上书,名为谢罪,实为陈功,有"地非不广,又北逐胡、貉,南定百越,以见秦之强。罪二矣"云云,亦证本人也以攻逐匈奴为己功。

③ 《史记》卷6《秦始皇本纪》载:"始皇巡北边,从上郡入。燕人卢生使人海还,以鬼神事,因奏录图书,曰'亡秦者胡也'。始皇乃使将军蒙恬发兵三十万人北击胡,略取河南地。"《淮南子·人间训》亦载:"秦皇挟录图,见其传曰:'亡秦者胡也'。因发卒五十万,使蒙公、杨翁子将筑修城"云云,当是汉人的普遍看法。

然，是时应有其他道路支持这样大规模的人力物力转输。而且，负责监控匈奴、主修直道的秦军统帅蒙恬驻守上郡，太子扶苏也于上郡监军，再联系三十二年始皇第四次出巡，"巡北边，从上郡入"①之史实，证明上郡早就与咸阳有便利的交通道路，可供皇帝出巡及军队民役的调动征发所使用。

九原郡虽是秦国新置之郡，但在战国时则属于赵国的势力范围。《史记》卷43《赵世家》记载了赵武灵王二十七年（公元前299年）这样一段故事：

> 主父（即赵武灵王）欲令子主治国，而身胡服将士大夫西北略胡地，而欲从云中、九原直南袭秦，于是诈自为使者入秦。秦昭王不知，已而怪其状甚伟，非人臣之度，使人逐之，而主父驰已脱关矣。审问之，乃主父也。秦人大惊。主父所以入秦者，欲自略地形，因观秦王之为人也。

此处所云九原、云中，正是秦九郡治九原及云中郡治云中（今内蒙古托克托东北），是时均为赵国的边塞重城，②尽管我们不清楚赵武灵王入秦的具体路径，但从"直南袭秦"的角度看，由九原经上郡郡治肤施直趋咸阳则更为迅捷。显然，在直道尚未开通之前，由咸阳经上郡至九原已有相当规模的道路可供军队调动、民役征发之需，蒙恬经营九原郡的诸多举措也是通过此路进行的。或许也正因如此，有些学者主张直道的某些路段是由原有道路修缮而成，特别是直道经上郡之说法，并非完全没有事实之根据。③

司马迁将直道与"始皇欲游天下"联系起来的另一重要原因是，直道基本筑就后，首次全程通行就与始皇第五次巡行相关。值得注意的是，秦统一后始皇的五次巡行，前四次分别集中于二十七年与三十二年六年之

---

① 《史记》卷6《秦始皇本纪》。

② 参见沈长云等《赵国史稿》第7章第3节《武灵王时的领土扩张》，中华书局2000年版，第168—171页。

③ 参见王开《秦直道新探》，《西北史地》1987年第2期；姬乃军：《秦直道走向考辨》，《中国历史地理论丛》1990年第1期；吕卓民：《再论秦直道》，《中国历史地理论丛》1990年第1期；陈静、文启：《秦直道不经上郡的证据》，《中国历史地理论丛》1998年第1期。

中，与第五次巡行时间相隔有五年之久，这一段时间正是始皇全力经营北边的重要时期，逐匈奴、置郡县、修长城、筑直道，均是在这一时期内展开。在经过五年时间之准备，北边经营已具规模后，三十七年十月，始皇开始其一生最后一次，行程最远，也是最重要一次巡行。《史记》卷 6《秦始皇本纪》载此次巡行：

> 三十七年十月癸丑，始皇出游……上会稽，祭大禹，望于南海，而立石刻颂秦德……并海上，北至琅邪……至平原津而病……七月丙寅，始皇崩于沙丘平台。丞相斯为上崩在外，恐诸公子及天下有变，乃秘之，不发丧。棺载辒凉车中……遂从井陉抵九原……行从直道至咸阳，发丧。太子胡亥袭位，为二世皇帝。九月，葬始皇郦山。

途中始皇病卒于沙丘（今河北广宗西北），随行李斯等人秘不发丧，特意绕道北边经直道归，"显然是循行秦始皇生前确定的路线以稳定政局"。[1]清人顾炎武对直道与始皇巡行的关系表述得更为明确，《日知录》卷 27《史记注》条曰："始皇崩于沙邱，乃又从井陉抵九原，然后从直道以至咸阳。回绕三四千里而归者，盖始皇先使蒙恬通道自九原抵甘泉，堑山堙谷千八百里，若径归咸阳，不果行游，恐人疑揣，故载辒辌而北行。"

始皇此次巡行东南之目的非常明确，如《史记》卷 8《高祖本纪》所云："'东南有天子气'，于是因东游以厌之。"并于会稽留下长篇刻石，昭颂"义威诛之，殄熄暴悖，乱贼灭亡。圣德广密，六合之中，被泽无疆"之"秦德"；北上琅邪，则是与始皇羡慕神仙、企求不死仙药的心态相关；而可能是此次巡行中最为重要的北边及直道之行，则因始皇卒于途中而没有留下相关记载，但从李斯等人从稳定政局的角度出发，以辒辌车载尸按始皇原定路北行，"回绕三四千里"从直道趋归咸阳看，始皇此次的北边之行，当有向是时唯一可能对帝国构成威胁的匈奴人"示强"的意图在内。无独有偶，司马迁笔下"吾适北边，自直道归"的经历，可能与元封元年（公元前 110 年）汉武帝"勒兵十八万骑，旌旗径千余里，威震匈奴"的北边之行有关："（武帝）行自云阳，北历上郡、西河、五原，出长

---

① 王子今：《秦汉交通史稿》第 9 章第 6 节《北边交通》，中央党校出版社 1994 年版，第 307 页。

城，北登单于台，至朔方，临北河……还……乃归甘泉。"① 此时形势与秦时相类，匈奴已经被逐出河南地，汉廷于秦九原郡分置朔方、五原郡，直道又成为帝辇北边巡行后趋归京城的最迅捷之通道。

　　鉴于上述两个原因，直道修筑的主要目的当然有"始皇欲游天下"之因素，但由于秦北边郡始终面临着匈奴之威胁，其用于军事之目的亦在情理之中。因此，直道的筑就，与原有通过上郡与九原相通的道路，同时构成秦廷经营北边的两条重要通道。特别是秦直道，北起九原，南迄云阳甘泉宫，又以"直"为特点，成为较原有道路能更为迅捷地联系北边与朝廷的一条新的通道。

三

　　直道虽然在始皇末年基本筑就，成为朝廷沟通与北边郡联系的一条重要道路，但就在其筑就之时起，秦与匈奴关系又发生重大变化。秦二世夺位后，蒙恬被迫自杀，秦人经营多年的北境防御体系崩溃，匈奴趁机重夺河南地。《史记》卷110《匈奴列传》载："蒙恬死，诸侯畔秦，中国扰乱，诸秦所徙適戍边者皆复去，于是匈奴得宽，复稍度河南与中国界于故塞。"

　　公元前202年，汉王刘邦称帝，而匈奴的势力渐趋强盛。如果说对初都于雒阳的汉廷，匈奴的侵扰尚未构成太大威胁；然而在刘邦迁都长安后，活跃于河南地匈奴人的威胁立即就凸显出来。高祖九年（公元前198年），前往匈奴约定和亲的刘敬曾从河南地返归长安，报告匈奴形势云："匈奴河南白羊、楼烦王，去长安近者七百里，轻骑一日一夜可以至秦中"，② "秦中"即指原为秦人所控制的关中地区。刘敬出使匈奴，是否经过直道某些路段，史载不详，但从刘敬亲历匈奴的情况看，位于河南地的直道北段，此时已经被匈奴人所控制，这对于位于直道南端起点的云阳甘泉宫，较直道未通之前无疑是一个更为现实的威胁。

　　早在直道始筑之时，始皇就徙民"五万家于云阳"，③ 表现出对直道

---

① 《汉书》卷6《武帝纪》。
② 《史记》卷99《刘敬列传》。
③ 《史记》卷6《秦始皇本纪》。

南端起点云阳的重视。云阳又是著名的甘泉宫所在地，对秦汉及匈奴双方均有重要的意义。《史记》卷110《匈奴列传》"集解"引《汉书音义》曰："匈奴祭天处本在云阳甘泉山下，秦夺其地，后徙之休屠王右地，故休屠有祭天金人，象祭天人也。""正义"引《括地志》云："径路神祠在雍州、云阳县西北九十里甘泉山下，本匈奴祭天处，秦夺其地，后徙休屠右地。"此说不确。《史记会注考证》引沈钦韩语曰："云阳为秦地久矣……本以得金人（指霍去病夺休屠金人事）而有其祠，说者反谓匈奴祭天处，颠矣。"然而，诸多说家所以持云阳为匈奴祭天处说，似乎并非无根之谈，云阳地早期确与所谓"胡人"有密切关系，《史记》卷110《匈奴列传》载，秦昭王时，"义渠戎王与宣太后乱，有二子。宣太后诈而杀义渠戎王于甘泉，遂起兵伐残义渠。于是秦有陇西、北地、上郡，筑长城以拒胡"。由于云阳较为邻近胡地，宣太后才可能消除义渠戎王的疑虑，将其诈杀于甘泉，此后方有置郡筑城"以拒胡"的措施实行。

甘泉宫作为秦汉朝廷处理北边事务的一个重要政治中心，许多与匈奴相关的重大举措多在此处展开，上述宣太后诈杀义渠戎王即是一例。二十七年始皇首次北巡，"作甘泉前殿，筑甬道，自咸阳属之"。[①] 使咸阳与甘泉宫的交通更为便捷。三十二年，始皇第四次出巡是经甘泉回归咸阳。加之上述三十七年始皇第五次巡，其辒辌车由刚刚筑就的直道经甘泉返回咸阳。十年之中，始皇一是扩建甘泉宫，修治甘泉宫与咸阳交通；二是两次北巡均行经甘泉宫，第一次是在决策北逐匈奴之前夕的第四次巡行，第二次是在北边郡经营初具规模之后的第五次巡行，只是始皇病卒于途中，不得亲行而已，从中体现出甘泉宫作为直道的南端起点，确实起到沟通咸阳与北边郡联系的重要的中转作用。

入汉之后，汉帝更加频繁地往返于甘泉与长安之间，其中虽然不乏游冶之事，但更多的是与处理北方事务有关。特别是在元朔二年（公元前127年）卫青收复河南地之前，甘泉宫作为最邻近北边的指挥中心发挥了重大的作用。其中最为典型的事例，则是文帝三年（公元前177年）与十四年（公元前166年）匈奴大规模入侵事件，均与直道南端起点的甘泉宫有某种关联。

史载，文帝三年五月，"匈奴右贤王入居河南地，侵盗上郡葆塞蛮夷，

---

①　《史记》卷6《秦始皇本纪》。

杀略人民。于是孝文帝诏丞相灌婴发车骑八万五千，诣高奴，击右贤王。右贤王走出塞"。为部署反击匈奴事宜，文帝初临甘泉宫。在匈奴退兵后，六月，汉文帝又亲自从甘泉前往高奴（今陕西延安），"因幸太原……留游太原十余日"。[1] 汉文帝从甘泉宫北上高奴之太原，有可能行经秦直道的部分路段。[2] 而发生在文帝十四年的匈奴入侵事件，则是匈奴出动兵力最多、入侵程度最为严重的一次。《史记》卷 110《匈奴列传》载："匈奴单于十四万骑入朝那、萧关，杀北地都尉卬，虏人民畜产甚多，遂至彭阳。使奇兵入烧回中宫，候骑至雍、甘泉。于是文帝以中尉周舍、郎中令张武为将军，发车千乘，骑十万，军长安旁以备胡寇……单于留塞内月余乃去，汉逐出塞即还，不能有所杀。"此次入侵，匈奴单于率部主要活动于北地郡，匈奴候骑竟然快速深入到雍县（今陕西凤翔）与甘泉宫，似乎不能排除利用直道南端某些路段进逼甘泉宫的可能。

匈奴利用河南地屡次发动大规模侵扰的行为，促使深受其害的汉廷君臣不得不重新考虑抗击匈奴的策略，而秦人对待匈奴一些具体措施，特别是蒙恬对河南地的经营，成为汉人效法的蓝本。当汉武帝决策反击匈奴后，对匈奴首次具有决定意义的战役，就是围绕着河南地的争夺展开的。

元朔二年，汉武帝不为匈奴在东部边郡上谷、渔阳等地连续侵掠所动，采取匈奴东击，汉军西进的方针，发动了河南之役。史称："卫青复出云中以西至陇西，击胡之楼烦、白羊王于河南，得胡首虏数千，牛羊百余万。于是汉遂取河南地。"[3] 汉军攻占河南地之后，武帝采纳谋士主父偃的建议，在秦原九原郡分置朔方（治朔方，今内蒙古锦杭旗北）与五原（治九原，今内蒙古包头西北）二郡，重新修缮秦时所筑长城，同时从内地徙民十多万人充实朔方。至此，直道全程再度为汉廷所控制，重新成为沟通边郡与中央联系的通道。

河南之战后，汉军数次出击匈奴的行动，都是通过朔方、五原二郡来发动的，如：元朔五年（公元前 124 年），"汉以卫青为大将军，将六将军，十余万人，出朔方、高阙击胡"；元封元年（公元前 110 年），"汉已灭南越，遣故太仆（公孙）贺将万五千骑出九原二千余里，至浮苴井而

---

① 《史记》卷 110《匈奴列传》、卷 10《孝文本纪》。
② 参见王子今《论汉文帝三年太原之行》，《晋阳学刊》2005 年第 4 期。
③ 《史记》卷 110《匈奴列传》。

还，不见匈奴一人"；太初二年（公元前104年），"汉使浞野侯（赵）破
奴将二万余骑出朔方北二千余里……还，未至受降城四百里，匈奴兵八万
骑围之……"；太初三年，"汉使光禄徐自为出五原塞数百里，远者千余
里，筑城障列亭至庐朐"；征和三年（公元前90年），"匈奴入五原、酒
泉，杀两都尉。三月，遣李广利将七万人出五原……击匈奴"，① 等等。
汉军这些军事行动以朔方、五原为出发地，从中似乎看不出与直道存在某
种联系，但大批汉军的调动、所需物资的准备，显然不是地广人稀、又饱
经战事的边郡所能独力支持的，其中许多军事行动，应是通过直道来完成
军队的调动及物资转输的。

　　汉匈民族在经过多年的冲突与战争之后，宣帝年间汉匈关系进入一个
重新调整的时期。甘露二年（公元前52年）：

　　　　呼韩邪单于款五原塞，愿朝三年正月。汉遣车骑都尉韩昌迎，发
　　过所七郡郡二千骑，为陈道上。单于正月朝天子于甘泉宫，汉宠以殊
　　礼，位在诸侯王上，赞谒称臣而不名……上自甘泉宿池阳宫。上登长
　　平，诏单于毋谒，其左右当户之群臣皆得列观，及诸蛮夷君长王侯数
　　万，咸迎于渭桥下，夹道陈。上登渭桥，咸称万岁。单于就邸，留月
　　余，遣归国。②

从呼韩邪单于入朝的行途看，"五原塞"正是秦直道的北端起点，途中所
过七郡，《资治通鉴》"汉纪十九"胡注曰："谓过五原、朔方、西河、上
郡、北地、冯翊，而后至长安也。"除长安外，其余六郡均在秦直道所经
过的区域内，汉宣帝则在直道的南端起点——甘泉宫迎接呼韩邪单于入
朝。通过已筑就一百五十多年秦直道的沟通，汉匈民族终于从"胡茄互
动，牧马悲鸣"的境地中摆脱出来，迎来了一个"三世无犬吠之声，黎庶
亡干戈之役"的时代，而遗存至今的秦直道，正是这段历史默默无语的见
证者。

　　　　原载《秦直道探索与研究》，内蒙古人民出版社2006年版。

---

① 分见《史记》卷110《匈奴列传》、《资治通鉴》卷22。
② 《汉书》卷94《匈奴传》。

秦汉时期北河战略地位考察

北河，"清以前黄河自今内蒙古磴口县以下，分为南北二支，北支约当今乌加河，时为黄河正流，对南支而言，称为北河"。① 秦汉时期，汉匈民族曾围绕着北河地区展开激烈的争夺。北河在汉匈战争进程中具有重要的战略地位，本文拟就此略作探讨，以求教于方家。

一

北河以北是东西走向阴山山脉，属于水草丰盛，适宜游牧的漠南地区；渡过北河而南，则是宜耕宜牧的河南地。正是由于这种独特的地理位置，北河地区自古就是游牧民族与农耕民族相互冲突交会的一个敏感地区。

战国时期，边于匈奴的秦、赵、燕三国，均相继修筑长城以保证其北境的安全，而位于北河地区的主要是秦、赵二国，特别是与胡隔北河相持的赵国，在防御秦国的同时，对于北河地区的防御更为重视。赵武灵王时（公元前325年—前299年在位），"变俗胡服，习骑射，北破林胡、楼烦。筑长城，自代并阴下，至高阙为塞。而置云中、雁门、代郡"。② 赵国所修的长城，西起高阙塞（今内蒙古杭锦旗北），沿北河北岸，傍阴山南麓，向东展沿展，直至代地（今河北蔚县）。云中郡正位于北河地区。赵国于

---

① 《辞海》（缩印本）"北河"条，上海辞书出版社1980年版，第332页。此处所云北河为狭义"北河"。而广义"北河"如同谭其骧先生《北河》一文所云："黄河自宁夏北流过磴口而东流，西东流向一段对南北流向一段而言，彼为'西河'，此为'北河'，是为广义。"（《长水集》，上海人民出版社1987年版，第331页）本文所云北河，采广义北河说。

② 《史记》卷110《匈奴列传》。嗣后凡引《匈奴列传》者不再出注。

北河地区置郡、修筑长城，有效地保障了赵国北境的安全。直到赵孝成王时，云中郡已为秦国所占，沿北河修筑的长城北段自然归秦国所有，但赵将李牧"常居雁门、代郡备匈奴"之时，曾依托赵长城的东段大破匈奴，"其后十余岁，匈奴不敢近赵边城"。①

赵长城将整个北河地区囊括其中，实则北河地区远离本国政治重心所在邯郸，可见除了防范匈奴之外，从西、北两个方向加强对秦国的防范，也是赵国经营北河地区的一个重要战略目的。赵武灵王在决定实施"胡服骑射"时，为说服群臣曾表示："吾国东有河、薄洛之水，与齐、中山同之，无舟楫之用。自常山以至代、上党，东有燕、东胡之境，而西有楼烦、秦、韩之边，今无骑射之备。故寡人无舟楫之用，夹水居之民，将何以守河、薄洛之水；变服骑射，以备燕、三胡、秦、韩之边。"而攻略位于赵国腹心地区的中山国及位于西北的北河地区，更是实行这一战略目标的重中之重。赵武灵王二十年（公元前306年）"略中山地，到宁葭；西略胡地，到榆中"。二十六年，赵"复攻中山，攘地北至燕、代，西至云中、九原。"② 榆林、云中、九原，均在北河区域之内，赵武灵王不遗余力地向北河区域扩张，"身胡服将士大夫西北略胡地"，正是为了实现"从云中、九原直南袭秦"这一战略目的。

由于秦都咸阳位于北河正南方向，对于可能来自北境游牧民族的威胁反应更为敏感。秦惠文王十年（公元前328年），秦国占据魏国上郡，将秦国北境推进至北河地区。改元后五年（公元前320年），"（惠文）王游至北河"。是时，山东六国在苏秦的鼓动下准备合约西攻于秦，惠文王"游至北河"，可能与部署秦国北境的防卫，以便能全力抗御来自东境的山东六国的进攻有关。两年之后，"韩、赵、魏、燕、齐率匈奴共攻秦。秦使庶长疾与战修鱼，虏其将申差，败赵公子渴、韩太子奂，斩首八万二千"。是役参与诸国，尤其是匈奴是否参与其事，史说不一。《史记会注考证》卷5《秦本纪》引清人梁玉绳语曰："此事诸处所载互有不同，余详校之，攻秦者实燕、楚、赵、魏、韩、齐六国，而匈奴不与也。"梁氏所云甚有道理。秦与六国主要战场在修鱼（今河南原阳西

---

① 《史记》卷43《赵世家》。《集解》徐广曰："在朔方。"《正义》："《地理志》云朔方临戎县北有连山，险于长城，其山中断，两阙俱峻，土俗名为高阙也。"

② 均见《史记》卷43《赵世家》。

南）一线展开，匈奴是时并没有这样的实力，能够深入到中原腹地参与六国攻秦之役。

然而，匈奴虽然没有参与此役，但对秦国的威胁却是现实存在的。特别是赵国全力经营北河，企图从北方威胁秦国的意图十分明显。因此，重视对北河地区的防御，一直是秦国的一个重要国策。秦昭王时，"义渠戎王与宣太后乱，有二子。宣太后诈而杀义渠戎王于甘泉，遂起兵伐残义渠。于是秦有陇西、北地、上郡，筑长城以拒胡"。① 上郡虽然早夺于魏国，但置郡则在昭王三年（公元前 304 年），陇西置郡则在昭王二十八年（公元前 279 年），二郡所置均早于北地；而秦于北地置郡，据《史记·范睢列传》，昭公三十六年（公元前 271 年）谓范睢曰："寡人宜以身受命久矣，会义渠之事急，寡人旦暮自请太后；今义渠之事已，寡人乃得受命"云云，北地郡所置应在是年。②

秦国于昭王时所置陇西、北地、上郡三郡，除陇西郡位于秦都咸阳的西部外，北地、上郡二郡的北境都直逼北河地区，体现出秦国对北河地区战略地位的重视。是时所筑的"拒胡"长城，西起今甘肃岷县，北至今内蒙古托克托，贯穿陇西、北地、上郡三郡，对于秦国政治重心所在的内史地区是一有效的屏障。但从秦长城由西而北的走向看，仅其长城北端深入北河地区，其中段与西段距北河地区则相对较为遥远。从中似乎可以表明，是时活动于北河地区的胡人，尚不足以对秦国构成实质性的威胁。况且秦昭王在消弭了位于秦国腹地义渠的威胁之后，采纳谋士范睢"远交近攻"之策，加速了兼并山东六国的战争进程，兵锋东指，对防范位于其北境的胡人，自然要放于一个较为次要的地位。昭王四十六年（公元前 261 年），秦将白起大破赵军于长平，坑杀赵军四十余万，赵国危如累卵之时，秦国也没有伺机夺取赵国经营有年的北河地区，直至秦始皇十三年（公元前 234 年），始因赵置云中郡，是时赵国至灭国尚不足五年。而位于云中郡西的九原郡，秦置郡则更晚，直到始皇三十三年（公元前 214 年）才置郡。从严格意义上讲，直到此时，秦国才真正对北河地区实现了有效的控制。

---

① 《史记》卷 5《秦本纪》。
·② 参见王蘧常《秦史》卷 11《郡县》，上海古籍出版社 2000 年版。

二

公元前 221 年，秦始皇统一六国，建立起一个"地东至海暨朝鲜，西至临洮、羌中，南至北向户，北据河为塞，并阴山至辽东"，[①] 地域辽阔的强盛帝国。所谓"北据河为塞"云云，当然包括广义的北河地区在内。不过，秦帝国虽然将北河地区视为自己的势力范围，但"当是之时，东胡强而月氏盛"，匈奴族由于其东部受到东胡的压迫，西部又遭受月氏的威胁，实际活动区域主要局限于北河地区一带，并且渡北河占据河南地。[②] 如同上文所述，北河地区，尤其是河南地直接迫近秦帝国政治重心所在咸阳，从而成为秦帝国一个潜在的威胁。

对于匈奴占据河南地，迫近秦都咸阳的威胁，秦始皇似乎有所觉察。二十七年（公元前 218 年），始皇于统一六国后首次出巡，"巡陇西、北地，出鸡头山，过回中"。[③] 鸡头山位于今甘肃平凉西北；回中，秦离宫名，位于今陕西陇县西北，二者都位于北地境内。始皇此次出巡的路线均在战国时秦所修长城之南，巡视的距离很短，所费时日自然无多。从现存的史料分析，很难直接窥知秦始皇此次出巡的真实目的。《秦始皇本纪》"正义"引《括地志》推测始皇此次出巡是"欲西巡陇西之北"，然而对始皇出巡的目的仍付阙如。而且是年始皇诏命修筑驰道，为即将开始东方之行创造条件。驰道之修曾给汉人留下了深刻的印象，《汉书》卷 51《贾山传》曰："为驰道于天下，东穷燕齐，南极吴楚，江湖之上，濒海之观毕至。道广五十步，三丈而树，厚筑其外，隐以金椎，树以青松。为驰道之丽至于此，使其后世曾不得邪径而托足焉。"可见连去秦不远汉人对始皇统一后的首次巡行都未曾留意，而是将目光关注于驰道之上。

事实上，统一后始皇五次巡行郡国，每次都具有明确的政治目的。除

---

① 《史记》卷 6《秦始皇本纪》。

② 匈奴活动于河南地的时间史书记载不详。赵武灵王沿北河修筑长城后，似应将匈奴势力阻挡于河南地之外；但至秦昭王修"防胡"的长城时，将秦国北境的防线南移，从北河至秦长城这一广袤的区域，正是所谓的河南地，似可表明从赵国国势衰微之后，匈奴已经渡过北河，进居河南地。

③ 《史记》卷 6《秦始皇本纪》。

首次巡行北地、陇西，史载无多外，其余四次出巡无不大造声势，每至一处，都要刻石昭颂"秦德"。这一点，连胡亥与赵高都看得十分清楚。胡亥夺位不久，即与赵高相谋曰："朕年少，初即位，黔首未集附。先帝巡行郡县，以示强，威服海内。今晏然不巡行，即见弱，毋以臣畜天下。"于是秦二世效法始皇，"东行郡县"。所谓"以示强，威服海内"，即是向新统一的山东六国展示秦之强盛，以消弭六国遗民反抗的企图，这自然是始皇东巡的主要目的。但是，秦始皇首次北巡的北地、陇西，皆在原秦国北境，是秦国固有领土，因此，所"示强"的对象当然与山东六国无涉，而只能是活动于河南地，毗邻北地、陇西的匈奴人。不过，此时匈奴并没有侵扰强大秦国边境的实力，并且在短时期内也没有出现可能侵扰的迹象。因此，秦始皇此次北巡郡县，可能是与安排防御匈奴的部署有关，而且这种部署最多是预防性的。

对于北方游牧民族的侵扰，中原农业民族早已形成了一种防范重于征服的心态。《史记》卷 110《匈奴列传》曰："戎狄或居于陆浑，东至于卫，侵盗暴虐中国。中国疾之，故诗人歌之曰'戎狄是应'，'薄伐猃狁，至于大原'，'出舆彭彭，城彼朔方'。""集解"引《毛诗传》释"薄伐猃狁，至于大原"云："言逐出之而已。""正义"释"出舆彭彭，城彼朔方"曰："猃狁既去，北方安静，乃筑城守之。"《汉书·匈奴传赞》曰："《书》戒'蛮夷猾夏'，《诗》称'戎狄是膺'"，同样是强调要防范所谓"蛮夷"扰乱中原，对敢于"猾夏"者要予以惩罚，但仅限于驱逐而止，并没有企图将其征服之目的。即使是宣称在"六合之内，皇帝之土"的范围内，"人迹所至，无不臣者"的秦始皇，对于匈奴似乎也没有"臣服"的奢望。丞相李斯在谏阻始皇攻逐匈奴时曾说："匈奴无城郭之居，委积之守，迁徙鸟举，难得而制也。轻兵深入，粮食心绝；踵粮以行，重不及事。得其地不足以为利，遇其民不可役而守。"[1]虽然秦始皇没有听从李斯的谏阻，但不可否认这种观念乃是秦朝君臣的普遍看法，这也是蒙恬将匈奴逐出河南地后，立即将防御匈奴的重点放在修缮长城之上，而没有继续深入追击匈奴，并试图将之"臣服"的一个重要原因。

不过，秦始皇在巡行北地、陇西之后，却没有继续关注北境问题，而

---

[1]　《史记》卷 112《主父偃列传》载主父偃上书所引李斯语。

是将目光南移,这是另有原因的。在统一六国前夕,秦始皇二十五年(公元前 222 年),秦军灭楚之后继续南下,"南征百越之君",[①] 僻在岭南的南越已经成为秦朝征服的下一个目标。虽然初战不利,但始皇不为所动,继续出动大军经营南越,开灵渠、运军粮、易将帅,经历数年战争与相持之后,终于在三十三年征服岭南。对于秦始皇首先出兵征服远僻在南方一隅、对帝国威胁不大的南越,这在"过秦"颇成风尚的西汉年间屡受非议,《淮南子·人间训》甚至将其归结为"利越之犀角、象齿、翡翠、珠玑",因而攻伐南越。[②]

其实,细绎史料,不难发现,秦对岭南的用兵,不过是秦始皇为扫除后顾之忧,大规模出兵匈奴的前奏。就在秦军即将征服南越的同时,秦始皇针对北河地区的匈奴突然采取重大的军事行动:三十二年(公元前 215年),"使将军蒙恬发兵三十万人北击胡,略取河南地"。次年,对南越,"发诸尝逋亡人、赘婿、贾人略取陆梁地,为桂林、象郡、南海",终于将岭南纳入郡县体制;而在北境,蒙恬对匈奴的用兵也进展顺利。《史记》卷 6《秦始皇本纪》载,秦"西北斥逐匈奴。自榆中并河以东,属之阴山,以为四十四县,城河上为塞。又使蒙恬渡河取高阙、阳山、北假中,筑亭障以逐戎人。徙谪,实之初县"。筑长城事,《史记》卷 88《蒙恬列传》的记载更为详细:"筑长城,因地形,用制险塞,起临洮,至辽东,延袤万余里。"是时所修的秦长城,虽然是将原有秦、赵、燕长城连贯修缮而成,但也耗费无数劳役,其中北河地区自然是筑城防御的重点。据《史记》卷 15《六国年表》载,仅筑"河上(泛指广义的北河地区)"长城,就用卒三十万,工程规模之大,可以想见。除"筑城河上"之外,由蒙恬主持的另一重大工程,即由云阳(今陕西淳化西北)到九原(治今内蒙古包头西),"堑山堙谷千八百里"的直道,成为连接北河地区与关中的

---

① 《史记》卷 6《秦始皇本纪》、卷 73《王翦列传》。

② 其实不仅《淮南子》有这种看法,汉人中持这种看法者不在少数。汉元帝时,因珠厓郡数反,朝廷击之不利,待诏贾捐之上书引秦"兴兵远攻,贪外虚内,务欲广地,不虑其害"为训,建言"骆越之人父子同川而浴,相习以鼻饮,与禽兽无异,本不足郡县置也。颛颛独居一海之中,雾露气湿,多毒草虫蛇水土之害,人未见虏,战士自死。又非独珠厓有珠犀瑇瑁也,弃之不足惜,不击不损威。其民譬犹鱼鳖,何足贪也!"(《汉书》卷 64《贾捐之传》)

重要通道。① 蒙恬本人则驻守上郡（治今陕西榆林南），直面北河，"威震匈奴"。

蒙恬攻取河南地，对匈奴的打击十分沉重。河南地长期受到黄河水的浸润灌溉，土地肥沃，水草丰美，气候温润，不仅是一个天然的良好牧场，而且也非常适合农业的发展。对于游牧民族而言，被迫放弃这样一块"风水宝地"，向北退却七百余里，远走漠北寒冷的水草贫瘠之地，对于匈奴人生计影响之大，不难想见；但是慑于秦军的强大声势，匈奴人只能是心不甘而力不足，不得不举族北徙，暂时躲避秦军的兵锋。"胡人不敢南下而牧马，士不敢弯弓而报怨。"汉初政论家贾谊在《过秦论》中所说的这句话，正形象地反映出了匈奴这种矛盾心态与窘迫的境地。

三

秦始皇于三十三年攻逐匈奴，修缮长城，移民实边，真正控制了北河地区，将北境防线稳定于北河一线，消弭了潜在的匈奴侵扰关中的可能，同时又臣服南越，从这一意义上讲，是时真正可谓"平定海内，放逐蛮夷，莫不宾服"。② 然而，秦王朝也为之付出沉重的代价。在经过多年大规模的兼并战争之后，秦始皇没有及时休养百姓，反而以虎狼之策残酷驱民，连续大规模出兵南征北讨，加之修长城、筑驰道，不知吞噬了多少生命与财富，也将庞大强盛的帝国拖向崩溃的边缘。

秦始皇死后，秦二世胡亥阴谋夺位，主持北境防御事务的蒙恬被迫自杀，北境防御体系顷刻间崩溃；而匈奴则在杰出首领冒顿单于的麾领下一统大漠，并趁秦王朝兵连祸结之机渡北河南下，重夺河南地，终于对中原地区形成咄咄逼人的攻势。《史记》卷110《匈奴列传》称冒顿"大破灭东胡王，而虏其民人及畜产。既归，西击走月氏，南并楼烦、白羊河南王。悉复收秦所使蒙恬所夺匈奴地者，与汉关故河南塞，至朝那、肤施，遂侵燕、代。是时汉兵与项羽相距，中国罢于兵革，以故冒

---

① 关于长城、直道与北边交通之关系，及在防御匈奴中之作用，请参见王子今《秦汉交通史稿》第9章第6节《北边交通》，中央党校出版社1994年版，第301—318页。

② 《史记》卷6《秦始皇本纪》三十三年载仆射周青臣语。

顿得自强，控弦之士三十余万"。为了更加有效地控制这一广阔的区域，冒顿把匈奴的政权机构分为中、左、右三部。中部是由单于直接统辖的首脑部，所管辖的地区位于匈奴中部，其南面直对汉的代郡（治今河北蔚县东北）、云中郡（治今内蒙古托克托东北）；左部由左贤王统辖，所管辖地区位于匈奴东部，其南面与上谷郡（治今河北怀来东北）相对；右部由右贤王统辖，所管辖地区位于匈奴西部，其南面直对上郡（治今陕西榆林东南）以西地区。正是由于汉廷政治重心所在的关中地区处于匈奴单于的直接威胁之下，如何处置北河地区的防御，就成为代秦而立的汉廷必须解决的重要问题。

秦始皇不惜两线作战，执意派遣心腹将领蒙恬统兵攻逐匈奴，筑城修路，移民实边，屯三十万重兵于北境，"暴师于外十余年"，[①] 并为之付出高昂的代价。然而，是时却没有发现游牧于北河及河南地的匈奴有南下侵扰关中地的可能，至少暂时尚未出现可能南下侵扰的迹象。这从一个侧面反映出，匈奴此时确实没有对秦帝国的安全构成重大威胁。因此，对秦始皇攻逐匈奴的决定，同其征服岭南的原因是"利越之犀角、象齿、翡翠、珠玑"一样，在汉人看来不过是听信并误解"亡秦者胡也"谶言的结果，[②] 似乎同样是不可理喻的。更由于秦短命而亡，继立的汉王朝以秦为鉴，始皇的一切举措，无论其效果如何，几乎无不成为抨击的对象，即使如"蒙恬斥逐北胡，得肥饶之地七百里，徙内郡人民皆往充实之，号曰新秦中也"，[③] 不仅形成了一个可与关中平原相媲美的新的农业区，而且将匈奴的势力向北驱逐七百多里，极大地增加了京畿地区的安全系数，但也难免成为批评指摘的对象。

西汉初时许多政论家、思想家，视秦始皇筑长城、伐匈奴为秦朝灭亡重要原因之一。汉初思想家陆贾奉刘邦之命检讨"秦所以失天下"的原因，认为秦始皇"筑长城于戎境，以备胡、越……蒙恬讨乱于外，李斯治法于内"，结果"事逾烦而天下逾乱，法逾滋而天下逾炽，兵马益设而敌

---

①　《史记》卷88《蒙恬列传》曰："始皇甚尊宠蒙氏，信任贤之……恬任外事，而毅（蒙恬弟）常为内谋，名为忠信，故虽诸将相莫相与之争焉。"

②　《史记》卷6《秦始皇本纪》"集解"引郑玄曰："胡，胡亥，秦二世也。秦见图书，不知此为人名，反备北胡。"就是汉人非常典型的看法。

③　《史记》卷110《匈奴列传》"正义"引服虔语。

人逾多"。① 《淮南子·人间训》认为秦朝灭亡之祸其一就是筑城伐胡，"欲知筑修城以备亡，不知筑修城之所以亡也！"晁错在对答文帝诏问，上防御匈奴"守边备塞"之策时也说："秦时北攻胡貉，筑塞河上……非以卫边地而救民死也，贪戾而欲广大也，故功未立而天下乱。"② 曾经亲自到过北河长城，由直道而归的司马迁更是深有体会：

> 吾适北边，自直道归，行观蒙恬所为秦筑长城亭障，堑山堙谷，通直道，固轻百姓力矣。夫秦之初灭诸侯，天下之心未定，痍伤者未瘳，而恬为名将，不以此时强谏，振百姓之急，养老存孤，务修众庶之和，而阿意兴功，此其兄弟遇诛，不亦宜乎！何乃罪地脉哉？③

西汉初年众多的政论家、思想家纷纷指谪秦始皇攻逐匈奴（征服南越自然也包括在内）的行为，④ 显然是在汉初实行"无为而治"这一大的历史背景下发生的。对于一个刚刚经过多年战乱，满目疮痍，天下初定的汉廷而言，选择"无为而治"作为治国之策当然是一个明智的决策。但是，如何面对日趋强盛匈奴的侵扰，则不是力图实行"无为而治"的汉廷所能单方向决定的。《史记》卷110《匈奴列传》载，原为汉廷宦官，文帝时降匈奴的中行说，在与汉使辩论汉匈习俗优劣时说：

---

① 王利器：《新语校注》卷上《无为第四》，中华书局1986年版，第62页。
② 《汉书》卷49《晁错传》。
③ 《史记》卷88《蒙恬列传》"太史公曰"。
④ 《史记》卷27《天官书》述秦地东井八星中西曲星钺星时云："钺北，北河；钺南，南河……火守南北河，兵起，谷不登"。《正义》曰："南河三星，北河三星，分夹东井南北，置而为戒。南河南戒，一曰阳门，亦曰越门；北河北戒，一曰阴门，亦为胡门。两戒间，三光之常道也。占以南星不见则南道不通，北亦如之；动摇及火守，中国兵起也。又云动则胡、越为变，或连近臣以结之。"这种观念的形成，当与秦与西汉初期，匈奴与南越这南北相对的两大威胁有着密切的关系。虽然汉人不断指摘秦始皇用兵匈奴与南越，但实际上汉廷也面临着所谓"北胡南越"相同的问题。武帝发动元朔五年（前124年）的河南之战、元狩二年（前122年）的河西之战、元狩四年（前119年）的漠北之战后，于元鼎六年（前111年）秋攻灭立国九十三年的南越，才最终解决自秦时业已存在，几近百余年的所谓"北胡南奴"之问题。另可参见拙作《"癣疥之疾"与"心腹之患"——南越匈奴与秦汉王朝关系比较研究》，《佗城开基客安家——赵佗龙川建县2212周年纪念论文集》，中国华侨出版社1997年版。

> 匈奴之俗，人食畜肉，饮其汁，衣其皮；畜食草饮水，随时转移。故其急则人习骑射，宽则人乐无事，其约束轻，易行也。君臣简易，一国之政犹一身也。父子兄弟死，取其妻妻之，恶种姓之失也。故匈奴虽乱，必立宗种。今中国虽详不取其父兄之妻，亲属益疏则相杀，至乃易姓，皆从此类。且礼义之敝，上下交怨望，而室屋之极，生力必屈。夫力耕桑以求衣食，筑城郭以自备，故其民急则不习战功，缓则罢于作业。嗟土室之人，顾无多辞，令喋喋而占占，冠固何当？

可见在两种不同的文化背景下，汉匈冲突已经不可避免。何况秦始皇时确立的与匈奴隔北河相持的战略格局早已破坏无遗，是时越过北河，重占河南地的匈奴日益强盛，南下侵扰急需休养生息，国力尚未恢复的汉廷也就在必然之中。

自从汉高祖兵败平城后，匈奴显出强盛的实力，已经对汉廷构成真正的威胁，所谓"和亲"，就是汉廷为缓和与匈奴关系而采取的权宜之策。谋士刘敬出使从匈奴归，向刘邦献策曰：

> 匈奴河南白羊、楼烦王，去长安近者七百里，轻骑一日一夜可以至秦中。秦中新破，少民，地肥饶，可益实。夫诸侯初起时，非齐诸田，楚昭、屈、景莫能兴。今陛下虽都关中，实少人。北近胡寇，东有六国之族，宗强，一日有变，陛下亦未得高枕而卧也。臣愿陛下徙齐诸田，楚昭、屈、景，燕、赵、韩、魏后，及豪桀名家居关中。无事，可以备胡；诸侯有变，亦足率以东伐。此强本弱末之术也。上曰："善。"乃使刘敬徙所言关中十余万口。①

"和亲"与徙民充实关中地区，是汉初对待匈奴的两项基本国策，特别是徙民关中，除了防范"诸侯"之变外，最主要是针对"轻骑一日一夜可以至秦中"的匈奴而言的。

汉匈虽然缔结和亲，但实际效果并不如最初设想的那么有效，匈奴并没有因此而停止侵扰，代相陈豨、燕王卢绾等投靠匈奴后，与匈奴联

---

① 《史记》卷99《刘敬列传》。

兵对边郡的侵扰更甚。刘邦《大风歌》"安得猛士守四方"，集中表达了对四边未靖，尤其是对北境屡受侵扰局势的忧虑之情。

文帝初年，匈奴驱逐月氏，完全占据河西地区，与河南地遥相呼应，对关中地区威胁更甚。当时从河西至辽东，漫长的北部边境烽火连绵、胡笳互动，几乎岁无宁日，和亲约定不啻一纸空文，而匈奴以河南地为基地的侵扰则最为突出。最为典型的一例是在文帝十四年（公元前166年），匈奴老上单于亲率十四万大军侵掠：

> 入朝那、萧关，杀北地都尉卬，虏人民畜产甚多，遂至彭阳（今宁夏镇原东南）。使奇兵入烧回中宫，候骑至雍甘泉。于是文帝以中尉周舍、郎中令张武为将军，发车千乘，骑十万，军长安旁以备胡寇。而拜昌侯卢卿为上郡将军，宁侯魏遫为北地将军，隆虑侯周灶为陇西将军，东阳侯张相如为大将军，成侯董赤为前将军，大发车骑往击胡。单于留塞内月余乃去，汉逐出塞即还，不能有所杀。匈奴日已骄，岁入边，杀略人民畜产甚多。

朝那、萧关均位于今宁夏固原西南，与秦始皇曾巡视过的鸡头山相距甚近，匈奴"奇兵"烧毁的"回中宫"，也是始皇巡视陇西、北地后回归咸阳的路经之地。尽管我们还无法准确知道老上单于这次入侵的全部路线，但可以肯定的是匈奴是越过北河，经河南地而入侵至京畿附近的。这似乎可以证明，当年秦始皇于统一后首次巡视的北境路线，应当是匈奴入侵的一个重要通道；而始皇对北河地区防务的重视，以及令蒙恬统率大军攻逐匈奴，并不是完全没有针对性的意气之举。

武帝即位之后，对匈奴政策发生巨大变化。元光二年（公元前133年），当雁门马邑豪强聂翁壹通过大行王恢献策伏兵诱击匈奴时，王恢一反"过秦"时尚，坚决主张出击匈奴，极力推崇秦始皇时对匈奴的攻击："蒙恬为秦侵胡，辟数千里，以河为竟，累石为城，树榆为塞，匈奴不敢饮马于河，置烽燧然后敢牧马"；既然秦时都能使匈奴畏惧如此，而今"以中国之盛，万倍之资，遣百分之一以攻匈奴，譬犹以强弩射且溃之痈，必不留行矣"。[1] 武帝最终采纳了王恢的建议，亲自部署发动

---

[1] 《史记》卷 52《韩安国传》。

了马邑之战。尽管马邑之战没有取得任何成果，但"自是后匈奴绝和亲，攻当路塞"，汉匈战争从此全面爆发，终结了汉廷实行近六十余年的和亲政策。元朔三年（公元前126年），汉军发动河南战役，重夺河南地，并置朔方郡以御匈奴，再次将匈奴势力拒之于北河之外，从而保障了京畿地区的安宁，也为日后发动的河西与漠北之战奠定了基础。历史转了一个大圈，终于又重新回到蒙恬攻逐匈奴，建立北河防御体系这一起点之上。

原载《秦汉文化比较研究：秦汉兵马俑比较暨两汉文化研究论文集》，三秦出版社2002年版。

"癣疥之疾"与"心腹之患"

——南越匈奴与秦汉王朝关系比较研究

　　元鼎六年（公元前 111 年）秋，十余万汉军五路并进，经过近一年的战争，终于平定吕嘉之乱、攻灭立国九十三年的南越。次年（元封元年，公元前 110 年）冬，武帝携兵胜南越之余威，亲自"勒兵十八万骑，旌旗径千余里"，出长城，至朔方，临北河，遣使告匈奴单于曰："南越王头已悬于汉北阙矣。单于能战，天子自将待边；不能，亟来臣服。何但亡匿幕北寒苦之地为！"① 前后两次大规模出兵衔接得如此紧凑，反映出武帝对自秦朝以来一直没有彻底解决的所谓"南越北胡"问题的高度重视。虽然南越早在汉初就臣服于汉，但其自立为国，雄踞岭南，始终面临着被兼并为郡县的命运，因此与汉王朝的矛盾和冲突势不可免。

　　如果说长期侵掠中原、势力强劲的匈奴是秦汉王朝"心腹之患"的话，那么实力远逊于匈奴的南越对中原的威胁不过是"癣疥之疾"，两者自然不能等同而论。不过，南越北胡几乎同时在秦汉之际崛起，并存近一个世纪，颇有南北相互呼应之势，迫使秦汉王朝在处理与两者关系之时不能不南北兼顾，并根据两者不同的特点而采取不同的政策。而南越国的灭亡，同时也向匈奴展示了汉王朝强大的兵威，这就是汉武帝在攻灭南越立即陈兵北境，"匈奴慑焉"② 的一个重要原因。

---

① 《汉书》卷 6《武帝纪》。

② 同上。

一

　　早在战国时期，匈奴在北境已经成为中原诸国最具威胁的劲敌，与其相邻的燕、赵、秦三国不得不相继修筑长城以加强防务；而位于南方的越族则历史更为悠久，曾多次与中原诸国交战，以致秦秋五霸之首齐桓公竟有"天下之国，莫强于越"之叹。① 春秋晚期，以越族为主的越国甚至攻灭吴国，并试图与中原诸国争霸。虽然战国时越国为楚国所灭，但越族仍然具有一定的实力，作为越族的一支——南越亦是如此。其后秦始皇以耗时四五年，损失数万秦兵的重大代价始征服南越，即为明证。

　　公元前 221 年，秦始皇横扫群雄，一统六国，"分天下为三十六郡"，建立起一个"东至海暨朝鲜，西至临洮、羌中，南至北向户，北据河为塞，并阴山至辽东"地域辽阔、势力强盛的秦帝国。其所述秦帝国疆域的南北两个方向与南越、匈奴皆有关系。所谓"南至北向户"，北向户即北户，《史记会注考证》卷 6《秦始皇本纪》引卢文弨语："北户，地名，见《乐雅》。此下琅邪台颂亦有'南尽北户'之语。'向'字衍。"在古代的典籍中，北户即为南方古国名，亦借指南方的边远之地。邢昺疏《尔雅·释地》"北户"曰："北户者，即日南郡是也。"日南郡是武帝平定南越后设置的九郡之一。可见在秦人的观念中，即便是远僻在岭南的越人也应属于设置郡县的范围之内。② 至于"北据河为塞，并阴山至辽东"，其所述的地理位置十分清楚。不过，是时匈奴人的活动范围已经跨越阴山，并且深入河南地，尤其对秦都咸阳所在的关中地区构成一种潜在的威胁；在岭南的越人则依旧游离于郡县之外，而同属越族的闽越王无诸、东海王摇，自秦统一后皆废为君长，并于其地设置闽中郡。所以，尽管从史籍上尚没有发现南越与匈奴为害南方或侵扰中原的记载，然而在"六合之内，皇帝之土"上还有不臣之民，这种状况当然不能为秦始皇所接受，也与秦"并一海内，以为郡县"③ 的立国制度相违背。因此，秦始皇出兵攻逐匈奴，平

---

　　① 《管子·轻重甲》。

　　② 关于"北户（或'北向户'）"的解释，也有学者认为传统解释皆误。因为此时秦尚未统一岭南，所谓"北户"应在五岭北麓，因当地南面是高山，房屋多座南朝北，门户向北开，故名。参见《中国历史大辞典·秦汉卷》"北向户"条。

　　③ 《史记》卷 6《秦始皇本纪》。以下凡出此本纪者不另出注。

定岭南，只不过是一个时机的问题，其势必不可免。

统一后的第二年，秦始皇首次出巡就北行，"巡陇西、北地，出鸡头山，过回中"，应有部署北境防御匈奴侵扰之意。而第三年的第二次出巡则东行，始皇上邹峄山、泰山，"并勃海以东，过黄、腄，穷成山，登之罘"，"南登琅邪"，其后南下，还"过彭城"，"西南渡淮水，之衡山、南郡，浮江，至湘山祠"，"由武关还"。此次始皇巡行东临勃海固然有求仙寻药的意图，但始皇南下曾至湘山，湘山位于洞庭湖中，是在征服岭南前始皇的四次出巡中，"深入江南地最远，距岭南地区最近，其目的显然与征服岭南地区有关"① 的一次巡行。就在这次巡行后的次年，即始皇二十九年（公元前 218 年），秦就发动了征服岭南的战争，更能证明始皇此次巡行一个主要目的就是为了部署征服岭南的军事行动。② 而在秦军征服岭南，设置南海、桂林、象郡之后，始皇于三十七年（公元前 210 年）最后一次出巡，径直南下至云梦，"望祀虞舜于九疑山（位于今湖南宁远县）"，其后浮江东下至会稽山（位于今浙江绍兴县），刻石颂扬秦德，特意宣布要以严刑"禁止淫泆"，以矫正相传自越王勾践时起男女关系不严的越俗，使之无异于中原风俗。在统一后秦始皇的五次出巡中，有两次与岭南地区有直接或间接的关系，从中可充分地反映出秦始皇对岭南问题的高度重视。

秦始皇北巡在先，东行在后，如果仅从其巡行次序的先后而言，对于匈奴侵扰中原的关注要重于征服南越的不臣之民；可是从出兵先后的次序来看，始皇二十九年即"使尉佗，（即赵佗）、屠睢将楼船之士南攻百越"，而至始皇三十二年（公元前 215 年），即彻底征服南越的前一年，始遣蒙恬等率大军北击匈奴，似乎征服南越又重于攻逐匈奴。但是从另一个角度观察，从中可以体味出始皇在处理南越北胡问题上一种颇为精心的部署，并不像《淮南子·人间训》所说始皇"利越之犀角、象齿、翡翠、珠玑"而伐南越，见"亡秦者胡也"之谶语而击匈奴那样盲目而随意。

统一后秦始皇五次巡行郡国的主要目的在于"以示强，威服海内"，即向新统一的六国展示秦之强盛，以消弭六国遗民反抗的企图；而始皇首

① 张荣芳、黄淼章：《南越国史》，广东人民出版社 1995 年版，第 17 页。
② 关于秦始征南越的年代有多种说法，此处采纳《南越国史》的意见，参见该书第 1 章第 2 节。

次北巡的北地、陇西皆在原秦国北境，所“示强”的对象当然与六国无涉，而是活动于河南地，毗邻北地、陇西的匈奴人。不过，此时匈奴并没有侵扰强大秦国边境的实力，在短时期内也没有出现可能侵扰的迹象，因此始皇北巡郡县，安排防御匈奴的部署最多是预防性的。况且对北方的游牧部落，中原民族早形成了一种防范重于征服的心态，《汉书·匈奴传赞》曰：“《书》戒‘蛮夷猾夏’，《诗》称‘戎狄是膺’”，强调要防范所谓蛮夷扰乱中原，对于敢于“猾夏”者予以惩罚及驱逐而已，并没有企图征服的目的。即使是宣称在“六合之内，皇帝之土”的范围内，“人迹所至，无不臣者”的秦始皇，对于匈奴似乎也没有“臣服”的奢望。丞相李斯在谏阻始皇攻逐匈奴时曾说：“匈奴无城郭之居，委积之守，迁徙鸟举，难得而制也。轻兵深入，粮食心绝；踵粮以行，重不及事。得其地不足以为利，遇其民不可役而守。”[①] 虽然始皇没有听从李斯的谏阻，但不可否认这种观念乃是秦朝君臣的普遍看法，这也是蒙恬将匈奴逐出河南地后立即将防御匈奴的重点放在修缮长城之上，而没有继续深入追击匈奴并试图将之“臣服”的一个重要原因。

对于岭南则不然，秦始皇将其纳入郡县体制的意图十分坚决明确，其中关键就在于岭南一直被秦朝君臣视为是在帝国的疆域之内，所谓“南尽北户”即是一个明显的例证，而不在于越人是否对秦王朝的统治构成威胁。因为即使在越人势力最为强盛的越王勾践时期，也没有威胁到远在关中的秦国，更何况越被楚所灭后，岭南越人群龙无首，各部落间“好相攻击”，势力内耗而分散，更谈不上对统一后的秦王朝有多大威胁；但始皇仍果断地在统一后不久即出动五十万大军征服岭南，并在初战受挫、士卒死伤众多的不利局势下毫不动摇，继续经营南越，开灵渠、运军粮、易将帅，经历数年战争与相持之后，终于在三十三年（公元前 214 年）征服岭南，最终将岭南也纳入了郡县体制之内，原因盖出于此。同样，则不难理解始皇为什么首先出兵征服远僻在南方一隅、对帝国威胁不大的南越，而不是先兴兵攻逐邻近帝国重心所在的关中地区、势力远比南越强劲的匈奴的道理。

秦始皇于三十三年征服岭南、设置郡县，攻逐匈奴、修缮长城，尽管解决了所谓南越北胡的问题，但也给秦王朝带来严重的后患。在经过多年

---

① 《史记》卷 112《主父偃列传》载主父偃上书所引李斯语。

大规模的兼并战争之后,始皇没有及时休养百姓,反而以虎狼之策残酷驱民,连续大规模出兵南征北讨,加之修长城、筑驰道、起陵寝、建宫殿,这些声势浩大的征伐与工程不知吞噬了多少生命与财富,将庞大的秦帝国推向崩溃的边缘,也预示着南越北胡也必然会随着中原形势的剧烈动荡而发生新的变化。

二

公元前 209 年,在秦王朝及南越、匈奴历史上都是极为重要的一年。秦始皇少子胡亥在宦官赵高等人的支持下阴谋夺位,大肆诛戮宗室大臣,使早已岌岌可危的秦王朝的统治层内部也发生了严重的危机。同年七月,"苦秦久矣"的百姓终于在陈胜、吴广的率领下在大泽乡揭竿而起,天下云起响应,秦王朝大局崩溃之势已经不可逆转。统率三十万大军、镇守北境的大将蒙恬被迫自杀后,苦心经营多年的北境防线顷刻间瓦解,曾在秦军的打击下仓皇北撤的匈奴趁机重新崛起。冒顿杀父自立为单于,一统大漠,建立起一个强盛的匈奴帝国,并于秦王朝兵连祸结之际重占河南地,对中原地区形成咄咄逼人的攻势,从而成为代秦而兴的汉王朝在北境最为强悍的敌人,乃至成为困扰两汉王朝达三百多年之久的"心腹之患"。

就在中原地区混战不已,匈奴在北境重新崛起之时,远离中原喧嚣战场的岭南地区则是另一番景象。曾参与秦征服岭南战争的南海郡尉任嚣、龙川县令赵佗,在秦军最初征服岭南作战失利的情况下改变秦军统帅屠睢推行的暴虐政策,采取"合集百越"的方针,缓和了越人的敌对情绪,也为日后经营岭南奠定了基础。自从秦征服岭南,设置郡县之后,先后数次谪徙汉民与越人杂处,对于促进中原文化在岭南地区的传播,推动社会经济的发展,以及汉越民族间的融合都起到了积极的作用。这些措施的实施,稳定了秦王朝在岭南的统治。

然而,岭南毕竟是远离秦朝中央所在,其北境的五岭构成一道天然屏障,南境背负大海,中部山峦起伏,河川交错,地理形势易守难攻,最有利于割据一方守境自保。如果说在秦中央政权统治强力有序的情况下,身为秦吏的任嚣等人不可能割据自立的话;那么在秦失其政,中原群雄逐鹿,无暇南顾的局势下,割据岭南自保则是一项明智的选择。事实上,自陈胜、吴广起事之后,任嚣已经萌生这样的念头。不过,此时任嚣"病且死"，只得将割据岭南自立的重任委托于心腹部下龙川令赵佗的身上。史载任嚣令赵佗语曰："南海僻远，吾恐盗兵侵地至此，吾欲兴兵绝新道，自备，待诸侯有变，会病甚。且番禺负山险，阻南海，东西数千里，颇有中国人相辅，此亦一州之主也，可以立国。"并委任赵佗代行南海尉之职。日后事态的发展证明任嚣的判断是正确的，正如司马迁所说："尉佗之王，本由任嚣"。①

赵佗继任南海尉后，开始有步骤地实行与任嚣商定立国于岭南的方略。赵佗"移檄告横浦、阳山、湟溪关曰：'盗兵且至，急绝道聚兵自守'"。横浦、阳山关位于南海郡北境，湟溪关位于南海郡中部，是扼守南海郡治番禺的咽喉要道，三关均在秦所开辟通岭南的两条新道之上。关闭了三关，断绝中原诸侯军队南下的通道，为割据岭南立国创造了先决条件。虽然赵佗代行南海尉事，但南海尚有其他秦吏存在，对于其独霸南海无疑是一大障碍，而且秦法之严苛，秦吏之暴虐，为天下所公认。因此，赵佗"稍以法诛秦所置长吏，以其党为假守"，既可诛除异己，树立同党，又可赢得越人民心，可谓一举两得。在稳定了对南海的统治之后，赵佗开始兼并岭南另外两郡——桂林与象郡的行动。由于赵佗在岭南多年，颇得越人之心，因此战事进展较为顺利，很快地将两郡划归于自己的统治范围之内，实现了统一岭南的既定目标。此时正值中原"诸侯有变"之际，楚汉争斗正酣，各诸侯沉浮其间，存亡飘忽不定，皆无暇或无力顾及远僻的岭南，也为赵佗创建南越国，并巩固其在岭南的统治提供了一个难得的机遇。公元前204年，赵佗自称南越武帝，定都番禺，一个由秦岭南三郡演变而来的南越国终于出现于南疆之上。

公元前202年，历时五年的楚汉战争结束，汉王刘邦称帝，定都长安，建立西汉王朝。由于长期战争的消耗，中原地区残破不堪，民生凋敝；因助汉灭楚有功被分封的韩信等七个异姓诸侯王，所封之国几乎相当于六国的旧地，对于汉王朝不啻又是一个新的威胁；而在汉王朝的南疆北域，南越国的出现及匈奴势力的不断壮大，致使是时所谓南越北胡的问题比秦王朝时还要棘手。在这些错综复杂的矛盾之中，刘邦首先需要考虑的是休养生息百姓，恢复凋敝的社会经济，翦除异姓诸侯王，强化中央集权等问题，至于如何处理与南越、匈奴的关系，此时尚处于一个次要的地

---

① 《史记》卷113《南越列传》。此后凡出本列传者不再出注。

位。特别是秦王朝的南攻北伐所造成的严重后果，对于刘邦君臣这些曾亲身经历秦末大动乱的人更是记忆犹新。陆贾奉刘邦之命总结"秦所以失天下"之原因，认为秦始皇"筑长城于戎境，以备胡、越，征大吞小，威震天下，将帅横行，以服外国……事逾烦而天下逾乱"。^① 显然，这种以秦为鉴，推崇"无为而治"的思想对于汉初制定与南越、匈奴的政策有极大的影响。如果再从秦汉所实行的不同体制考察，如同上面所述，秦由于推行的是单一的郡县制度，因此决不允许岭南地区流离于郡县之外，势必要将之划归郡县体制之内而后已；而汉王朝实行的是郡国并行之制，并且在诸多异姓诸侯王国尚没有彻底解决的形势下，不可能也无力对远在岭南的南越大动干戈；这亦是刘邦能够容忍南越国存在，而没有效法秦始皇在统一之后立即出兵予以征服的一个重要原因。

汉初虽然没有对南越、匈奴予以特殊重视，但并不等于说忽略了对南越及匈奴，尤其是对邻近帝都所在关中地区匈奴的防范。值得注意的，最初刘邦因诸子年幼，对于南越、匈奴的防范不得不借助异姓诸侯王的力量。高帝六年（公元前201年），刘邦将初封于中原腹地颍川，为人"壮武"的韩王信徙封太原，其中既有预防其在中原作乱的因素，又有借助其力防御匈奴的意图在内。对于南越，刘邦将曾率越人反秦，后又归附汉室的原衡山王吴芮徙封为长沙王，都临湘（今湖南长沙），在南越的北境树立一个忠于汉室的诸侯国，其防范牵制南越的意图十分明确。就当时的形势而言，刘邦这样的部署是现实可行的。公元前200年，韩王信因受猜疑而反汉，与匈奴联兵侵扰太原，刘邦亲率大军平叛，被冒顿单于围困在白登山，七日后始得解围。汉匈之间首次战争以汉军的失败而结束，刘邦不得不接受刘敬的建议，与匈奴采取"和亲"之策以换取北境的安宁。直至武帝元光年间大规模反击匈奴时为止，"和亲"之策一直是汉廷处理与匈奴关系的基本策略。

刘邦试图"武服"匈奴的企图失败后而改为"和亲"，这一重大转变对汉王朝以非军事的手段处理与南越的关系也产生了一定的影响。虽然南越的实力远逊于匈奴，但要"武服"南越也确非易事，何况秦王朝远征岭南，引起天下骚乱的严重教训更为汉初之人所熟知。《史记·南越列传》载："高帝已定天下，为中国劳苦，故释佗而弗诛。"刘邦未必如此仁慈，

---

① 王利器：《新语校注》卷上《无为第四》，中华书局1986年版，第62页。

能诛赵佗而"弗诛",但经多年兵燹之后,"中国劳苦"的现状,却是汉廷不敢轻易出兵岭南的一个重要原因。当然,刘邦也决不能容忍南越国与中央王朝分庭抗礼,在穷于应付北境匈奴侵扰的同时在南疆又树强敌,势必要将南越臣属于朝廷,至少也应在名义上臣服,达到"和集百越,毋为南边患害"的目的,这是刘邦处理与南越关系的一个基本策略。仅此而言,秦汉王朝在对待南越的政策上并无本质上的区别。于是在高帝十一年(前196年),刘邦遣陆贾出使南越,开始了臣属南越的行动。

陆贾出使岭南,是汉王朝与南越的首次接触,其重要性不言而喻。陆贾"以客从高祖定天下,名有口辩",是出使南越最合适的人选。南越王赵佗出身中原,壮年时以秦吏身份进入岭南,并趁中原政局动荡之际割据岭南,自立为王,不能不对中原秦汉王朝政权的嬗替,尤其是汉王朝对于南越国的态度予以特别关注。当赵佗"魋结箕倨"而见陆贾时,遭到陆贾的斥责:"足下中国人,亲戚昆弟坟墓在真定。今足下反天性,弃冠带,欲以区区之越与天子抗衡为敌国,祸且及身",进而警告赵佗曰:"天子闻君王王南越,不助天下诛暴逆,将相欲移兵而诛王,天子怜百姓新劳苦,故且休之,遣臣授君王印,剖符通使。君王宜郊迎,北面称臣,乃欲以新造未集之越,屈强于此。汉诚闻之,掘烧王先人冢,夷灭宗族,使一偏将将十万众临越,则越杀王降汉,如覆手耳。"赵佗"蹶然起坐,谢陆生曰:'居蛮夷中久,殊失礼义'。"从赵佗前倨后恭的态度看,在尚未知晓汉廷的态度时,对陆贾的到来充满了猜疑之心,表面上举止傲慢无礼,实则是在试探汉使的反应;然而一旦明确了汉廷的态度,则欣然谢罪,受汉封为南越王,"称臣奉汉约"。① 由于刘邦与赵佗在处理汉王朝与南越的关系时均采取了明智而又现实的态度,使南越得以顺利地臣属汉廷,既满足了赵佗独治岭南的愿望,又使汉王朝能够免除南顾之忧,可以全力抗击匈奴的侵扰。难怪刘邦在陆贾"回报"后"大悦","拜贾为太中大夫"以示奖掖。

三

陆贾出使南越,说服赵佗接受汉廷册命,称臣附汉,划定越界"与长

---

① 《史记》卷97《陆贾列传》。

沙接境"。汉廷又开放与南越的关市，使南越与中原的贸易合法化，双方互通有无，各取所需，中原先进工具，尤其是铁器的输入，促进了南越社会经济的发展。惠帝即位后，双方友好关系得以继续保持发展。不过，汉王朝对南越的猜忌之心却依然存在。刘邦在十二年（公元前195年）铲除淮南王英布后，汉初七个异姓诸侯王国中仅长沙国硕果仅存，其中原因固然在于长沙国在七国中势力最为弱小，只能尽忠于汉室以求自保外，也与其和南越接壤，是汉王朝防范南越的一个得力工具有关。早在高帝五年（公元前202年），刘邦曾以长沙、豫章及岭南三郡立吴芮为长沙王，实际上岭南三郡已在赵佗的控制之下，而将三郡划归长沙国，不过是刘邦对吴芮率领越人助汉攻楚的赏识与酬劳，也是对赵佗割据岭南为王，坐观楚汉相争的不满与报复。直至十一年，刘邦始承认南越国的存在，并划定了长沙与南越的界限。然而，两国界限虽然划定，但矛盾并没有完全消除，这就是造成吕后时赵佗出兵攻击长沙国的一个重要原因。对于汉王朝的猜忌之意，赵佗自然也心知肚明，在得到朝廷的册命之后，称王南越数十年间决不肯离开岭南一步，未按照汉廷的惯例定期至长安朝见汉天子。赵佗告诫子孙说："事天子期无失礼，要之不可以说好语入见。入见则不得复归，亡国之势也。"其对汉王朝戒心之深，由此可见一斑。

然而，南越毕竟是一个远在岭南的小国，即使是在臣服汉王朝之前，也没有轻易挑起边衅，与汉王朝为敌的企图；臣服汉王朝之后，更是谨慎地维系与汉王朝的关系，以保证南越的安宁。在这一点上，南越与北境侵扰气焰高炽的匈奴截然不同。惠帝三年（公元前192年），冒顿单于致书吕后，宣称"数至边境，愿游中国"，对汉廷进行威胁恫吓，并以侮慢之辞戏弄吕后。吕后震怒之下欲击匈奴，经中郎将季布力谏，吕后自觉没有战胜匈奴的把握，继续与匈奴和亲。而对于南越，吕后却是另外一番态度。在吕后临朝称制的后期，"有司请禁南越关市铁器"，颁布"别异蛮夷，隔绝器物"的政令。断绝交易器物，尤其是铁器，对于南越经济的发展是一大沉重打击；将出自中原的赵佗也视为蛮夷，无疑对其心理也是一个强烈地刺激。至于吕后为什么突然改变对南越实行多年的政策，赵佗推测："今高后听谗言，别异蛮夷，隔绝器物，此必长沙王计也，欲倚中国，击灭南越而并王之，自为功也。"这一推测且不论正确与否，从中反映出赵佗对自刘邦时起一直扶持长沙国以牵制南越国的不满情绪。于是赵佗自号为南越武帝，"发兵攻长沙边邑，败数县后而去焉"。赵佗仅发兵攻打长沙国南境，攻破数县后立即回师，显然为日后缓和同汉王朝的关系留有充分的余地；吕后却没有及时调整策略，反而扣留越南使者，毁坏赵佗在真定的祖墓，捕杀其兄弟宗族，遣将军隆虑侯周灶统率汉军攻打南越，致使南越与汉王朝的关系急速恶化。因此在汉军进攻南越受阻之后，赵佗"以兵威边，财物赂遗闽越、西瓯、骆，役属焉，东西万余里"，趁机扩大南越的势力范围，"乘黄屋左纛，称制，与中国侔"，公开与汉王朝分庭抗礼。

南越与汉王朝交恶的情况并没有持续多久。公元前 179 年，吕后去世，陈平、周勃等大臣诛灭吕氏集团，迎立代王刘恒即位，即文帝，为重新调整与南越的关系带来了新的机遇。事实上与汉王朝关系的恶化，对赵佗也是一个沉重的压力。双方在实力上的巨大差距，迫使赵佗不能不考虑与汉王朝对抗可能带来的严重后果。可能就在文帝刚刚即位之后，赵佗立即遗书驻守在长沙国的隆虑侯周灶，实则是通过周灶上书朝廷：请求寻访送还在真定的亲戚昆弟，罢免带兵击南越的长沙两将军，借此试探文帝的反应。对于赵佗主动请求和解的态度，文帝深表赞赏，并迅速作出反应，"为佗亲冢在真定，置守邑，岁时奉祀。召其从昆弟，尊官厚赐赏之"，派遣陆贾再次出使南越，亲遗赵佗书，表示遵守高帝遗制，允诺"服岭以南，王自治之"，指出"王之号为帝。两帝并立，亡一乘之使以通其道，是争也；争而不让，仁者不为也"，表示"愿与王分弃前患，终今以来，通使如故"。文帝表示恪守先帝旧制，允诺赵佗自治岭南，在这一关键问题上消除了赵佗的疑虑。在得到文帝肯定的答复后，赵佗也表示"自今以后，去帝制黄屋左纛"，重新恢复与汉王朝的臣属关系。至此，吕后时遭到严重破坏的南越与汉王朝的关系得以完全修复。但在南越，赵佗仍是自行其是，"其居国窃如故号名。"[①]

文帝急于修复与南越的关系，也与是时准备全力抗击匈奴的侵扰有密切关系。文帝即位之后，匈奴在北境的侵扰活动也达到了一个新的高潮。文帝三年（公元前 177 年），匈奴入河南地，侵上郡，杀掠吏民，文帝遣丞相灌婴发八万五千车骑迎击。至文帝六年，匈奴灭月氏，定楼兰、乌孙及其旁二十六国，将河西地区及西域都划归在自己的势力范围之内，东起辽东、西至河西，在漫长的北境之上对于汉王朝构成严重的威胁。当时朝

---

① 《汉书》卷 95《南粤传》。

野关注的焦点都集中在匈奴身上。梁太傅贾谊、太子家令晁错等纷纷上疏陈政事，或献策"建三表，设五饵"，与匈奴单于争夺其民，或建议移迁徙百姓充实北边以防御匈奴。① 这些议论或献策只论"北胡"而不涉"南越"，这种现象从一个侧面证明文帝及时修复与南越的友好关系是一明智之举，避免了在南北两线可能同时出现的南越、匈奴进行骚扰侵掠的不利局面，有利于汉王朝集中力量抗击匈奴。其后事态的发展也证实了这一点，从文景时期至武帝元鼎年间，在长达六十余年的时间里，南越与汉王朝的关系一直处于稳定的友好状态；与此同时，汉王朝则完成了由初期在边境穷于应付防御到武帝时大规模远征出击匈奴的战略转变，从根本上扭转了汉匈之间的力量对比。其中原因固然很多，但文帝及时修复与南越的关系亦是一个不可忽略的因素。

建元元年（公元前 140 年），汉武帝刘彻即位。经过汉初六七十年的休养生息，以及文景时期的削藩及吴楚七国之乱的平定，一个社会经济充满生机，中央专制集权空前强化的西汉帝国呈现在人们的面前，昭示着一个即将发生剧烈变化的时代已经来到，汉王朝与南越、匈奴的关系自然不能例外，必将随之发生新的变化。

在武帝即位之初，从匈奴降人口中得知月氏被匈奴击破被迫西迁的消息，敏感地察觉到这是联合月氏从右翼夹击匈奴的机会，于是招募使者出使西域，张骞就是在这样的背景下始通西域的，实际上意味着汉匈大规模战争的序幕即将揭开。就在武帝开始部署与匈奴作战的同时，与南越的关系也开始发生一些微妙的变化。

建元六年（公元前 135 年），闽越王郢趁南越王赵眜新立不久，国内民心未定之时，"兴兵击南越边邑"。赵眜没有出兵迎击，反而遣人上书向朝廷表示："两越俱为藩臣，毋得兴兵相攻击。今闽越兴兵侵臣，臣不敢兴兵，唯天子诏之。"赵眜此举一方面借此表明南越将继续忠于汉廷，另一方面也有试探汉廷的反应之意。武帝赞赏南越恪守藩臣职约，"遣两将军往讨闽越。兵未逾岭，闽越王弟余善杀郢以降，于是罢兵"。实际上以南越的实力，足以自行击退闽越的侵扰，而且越人素有"好相攻击"的习俗，闽越曾一度被赵佗"役属焉"，汉王朝并没有对此进行干预，显然有听许之意，正如淮南王刘安所说："自汉初定已来七十二年，吴越人相攻

---

① 参见《新书·匈奴》及《汉书》卷 49《晁错传》。

击者不可胜数，然天子未尝举兵而入其地也。"建元三年，闽越举兵围东瓯，东瓯告急于汉，太尉田蚡认为："越人相攻击，其常事，又数反复，不足烦中国往救也。"虽然在严助"今小国以穷困来告急，天子不振，尚安所愬，又何以子万国乎"的诘问下，武帝认定"太尉不足与计"，遣严助发会稽兵救东瓯。

　　但是，这种越人自相攻击，"不足以烦中国"的观念，仍是深深植根于许多汉人的心中，对朝廷决策常常发挥重要的影响。建元六年武帝决定出兵往击闽越之时，淮南王刘安上书又以与田蚡相似的理由极力进行谏阻，而武帝又派严助"谕朕意，告王越事"，① 就是一个例证。武帝即位不久则一反汉廷对南越之常例，不顾朝廷重臣田蚡及淮南王刘安的谏阻，两次出兵干预越人自相攻击之事，并在余善杀兄自立后封其为东越王，又立汉初闽越王无诸之孙繇君丑为越繇王，将闽越从南越"役属"的状态下分离出来，使之听命中央王朝，成为南越东边的牵制力量，同时派遣严助出使岭南，"喻意南越王"，敦促赵眜至长安朝见。这一系列精心的安排，表明武帝已经不满足于南越仅在名义上臣属汉廷，而在国内"黄屋左纛，地东西万余里，名为外臣，实一州之主"② 的状况，而要求真正臣服南越，"用汉法，比内诸侯"。对于武帝的用意，赵眜自然也十分清楚，"汉兴兵诛郢，亦行以惊动南越"，但慑于汉廷兵威，只能对汉使严助表示愿至长安朝见天子，复以称病拖延，加之群臣以赵佗遗训劝阻，始终不肯入朝，而"遣太子婴齐入宿卫"，实则为质子，向汉廷表示忠款，以换取南越局势暂时的安宁。

　　武帝没有在建元六年趁出兵闽越之际一举解决南越问题，除了时机尚未完全成熟之外，另一个更重要的原因就是此时与匈奴的关系正处在即将发生巨变的关键时刻。是年匈奴军臣单于遣使请求和亲，廷议时大行王恢认为："汉与匈奴和亲，率不过数岁即复背约，不如勿许，兴兵击之。"③ 只是在以御史大夫韩安国等多数朝臣的坚持下，武帝才勉强允诺与匈奴和亲。但是这次和亲的基础十分脆弱，仅仅过了两年，即元光二年（公元前133 年），武帝再次采纳大行王恢的建议，出动三十万汉军在马邑设伏，

　　① 《汉书》卷 64《严助传》。

　　② 《汉书》卷 95《西南夷传》。

　　③ 《史记》卷 108《韩长孺列传》。

诱击匈奴军臣单于，虽因消息走漏而未果，但从此结束了已经实行六十多年的和亲政策，促使汉匈战争全面爆发。从元光二年至元狩四年（公元前119年）的十五年间，汉军连续发动了河南、漠南、河西、漠北等重大战役，将匈奴势力完全逐出漠南，并深入漠北穷追猛击匈奴主力，以"海内虚耗，户口减半"的巨大代价，彻底扭转了汉匈战争初期的不利局面，以及双方的实力对比，为最终消除匈奴这一心腹之患奠定了坚实的基础。

漠北战役之后，被逐出漠南，远避在漠北的匈奴一时间无力卷土重来，汉匈争夺的重点已转移到西域，北境上暂时还没有重大的战事发生，武帝完全有时间开始着手解决南越问题。虽然自汉初以来与南越的臣属关系基本上是依靠和谈而维系，但汉廷一直没有放弃以武力解决南越问题的努力。吕后称制时曾直接调动用军队进击南越，文帝初年虽应赵佗之请罢长沙两将军，实际上是由进攻转入防御，在长沙国南境及与南越犬牙交错之处均保留相当的兵力，1973年长沙马王堆出土的《驻军图》清楚地证实了这一点。①

建元六年，就在汉廷出兵为南越解闽越之围的同时，武帝采纳番阳令唐蒙"浮船牂柯江，出其不意，此制越一奇也"的建议，遣其以财物笼络夜郎侯多同等，于其地置犍为郡，"发巴蜀卒治道，自僰道指牂柯江"。②为从南越的西南方向出奇兵攻击预作准备。果然在元鼎五年（公元前112年）汉军分兵五路伐越时，其他四路基本上沿着秦军南下的路线进兵，而第五路由驰义侯何多率领的巴蜀罪人及夜郎国兵沿牂柯江而下直抵番禺，确实起到了出奇制胜的效果。元狩三年（公元前120年），武帝针对南越多水的特点，在长安西南开凿昆明池以训练楼船，其征伐南越的意图尤为明显。

就在武帝紧张部署彻底臣服南越的措施时，南越的国内形势也发生了变化。南越王赵婴齐病卒后，他在入侍长安时与汉女樛氏所生之子赵兴继位为王。赵兴年少继位，太后樛氏因行为不端，"国人颇知之，多不附太后"，南越国的大权实际上已经转移到三朝为相的越人吕嘉的手中，史称："其居国中甚重，越人信之，多为耳目者，得众心愈于王。"在这种形势下，樛太后既恨大权旁落，又恐国内乱起被诛，于是"数劝王及群臣求内

---

① 参见张荣芳、黄淼章《南越国史》第12章第1节。
② 《史记》卷95《西南夷列传》。

属"，又通过汉使者上书，"请比内诸侯，三岁一朝，除边关"。

南越王、太后自动请求内属，武帝自然应诺。然而樛太后在无法说服吕嘉同意内属后，企图以阴谋手段诛杀吕嘉，武帝亦遣兵两千人相助，迫使吕嘉不得不起兵反叛，杀越南王赵兴及太后，尽歼两千汉军，另立赵婴齐越妻之子赵建德为王，公然与汉王朝对抗。在此形势下，除了以武力解决南越问题外，再无其他途径。元鼎五年，武帝派遣十万大军，分兵五路进击南越。经过近一年的激烈战争后，终于攻陷南越都城番禺，擒杀吕嘉与赵建德。至此，立国五世九十三年的南越终于灭亡，于其地划为南海、合浦等七郡，后又增儋耳、珠崖二郡，是为九郡。岭南的历史经过一个世纪的风雨沧桑之后，由郡县而至王国，最终又回归到郡县的体制之内。

南越国的灭亡，致使自秦汉之际以来形成"南越北胡"长期或自立南境、或为患北陲的格局发生根本性的变化，汉王朝从此可以彻底免除南顾之忧，得以全力北攻，为其后在宣元时期"臣服"匈奴创造了必要的条件。

原载《佗城开基客安家——赵佗龙川建县 2212 周年纪念论文集》，中国华侨出版社 1997 年版。

汉匈战争对两汉社会心态的影响

秦末汉初，匈奴首领冒顿统一大漠南北，从而开启了匈奴与两汉王朝旷日持久的战争。汉匈在大漠瀚海之上的争雄角逐整整经历了三个多世纪，对两汉社会的影响至为深远，也对社会心态的变化起到了重要的作用。从汉初平城战后朝野间普遍弥漫着畏惧匈奴的气氛，流传着"平城之下亦诚苦，七日不食不能彀弩"这一曲调低沉感伤的民谣，到武帝时期开始大规模反击匈奴，霍去病所表达的"匈奴未灭，无以家为"的勇于决战的无畏气概；从西汉中后期"三世无犬吠之警，黎庶亡干戈之役"，充溢着对汉匈民族和平相处的赞美，到两汉之际战火重燃，窦宪大败北匈奴，班固于燕然山刻石铭功，"一劳而久逸，暂费而永宁"，矜持地宣告汉匈战争的终结，从中似乎不难寻觅出汉匈战争对两汉社会心态变化影响的轨迹。

一

匈奴是活跃于我国北境的一个游牧民族，早在春秋之时就悄然崛起，战国晚期与中原诸国的冲突加剧。然而此时中原诸国正忙于决定其生死存亡的兼并战争，对于匈奴的威胁无暇多虑。公元前221年，秦始皇统一六国后，匈奴的势力已经跨越阴山，渡过黄河，占据河南地，成为威胁秦帝国安全的首要因素。为了确保中原地区，特别是邻近河南地的京畿地区的安宁，秦始皇于三十二年（公元前215年）巡视北边，遣将军蒙恬率三十大军北击匈奴，将匈奴逐出河南地，征发大批戍卒修筑长城，保障了北境的安宁。但在秦始皇死后，秦二世胡亥阴谋夺位，蒙恬被迫自杀，北境的防御体系崩溃；而此时匈奴冒顿单于杀父自立，一统大漠，并趁秦王朝兵连祸结之机重夺河南地，对中原地区再次形成咄咄逼人的攻势。

公元前 202 年，刘邦击败项羽后称帝，建立西汉王朝。此时匈奴的势力更为强盛，所控制的区域也比秦时有所扩大，而刘邦面对的却是饱经兵燹之后残破不堪的中原大地，以及在楚汉战争中形成与坐大的异姓诸侯王的割据势力，首先需要考虑的是如何恢复残破的社会经济，翦除异姓诸侯王，强化中央集权等问题。尽管是时与匈奴的关系比秦始皇时期还棘手复杂，但是刘邦对于防御匈奴的侵扰没有也无暇予以特别的关注。不仅刘邦如此，朝野之间也存在着同样的认识。齐国戍卒刘敬求见刘邦言事，以"秦地被山带河，四塞以为固……陛下入关而都之，山东虽乱，秦故地可全而有也"① 为由，劝谏刘邦由初都洛阳迁往长安，首要考虑的是防范诸侯王作乱的问题。陆贾奉刘邦之命检讨"秦所以失天下"的原因，认为秦始皇"筑长城于戎境，以备胡、越……蒙恬讨乱于外，李斯治法于内，"结果"事逾烦而天下逾乱，法逾滋而天下逾炽，兵马益设而敌人愈多"，② 最终难免败亡。这一见解固然有以秦为鉴，避免滥用民力，提倡"与民休息"，实行"无为而治"的因素在内；但也反映出当时许多人，包括像陆贾这样的有识之士对防御匈奴侵扰的必要性与艰巨性尚缺乏充分的认识。

自从陆贾发其端，西汉时许多政论家、思想家，无不视秦始皇筑长城、伐匈奴为秦朝灭亡重要原因之一。如《淮南子·人间训》认为秦朝灭亡之祸其一就在于筑城伐胡，"欲知筑修城以备亡，不知筑修城之所以亡也！"晁错在对答文帝诏问，为防御匈奴上"守边备塞"之策时也说："秦时北攻胡貉，筑塞河上……非以卫边地而救民死也，贪戾而欲广大也，故功未立而天下乱。"③ 直至武帝决意反击匈奴时，秦时筑城防御匈奴的做法才得到某种程度上的肯定。

汉初虽然对匈奴没有予以特殊重视，但并没有完全忽略防御匈奴的问题。当时与匈奴毗邻的地区，北部燕国，初封臧荼，旋因谋反被灭，复以刘邦的同乡密友卢绾为王，可见刘邦对其十分器重，所以委以防范匈奴的重任；中部代郡，高祖六年（公元前 201 年）初，封同父异母兄刘喜为代王，其用意十分明确；至于代国以西的太原郡等地区，直接面对匈奴冒顿

---

① 《汉书》卷 43《刘敬传》。

② 王利器：《新语校注》卷上《无为第四》，中华书局 1986 年版，第 62 页。

③ 《汉书》卷 49《晁错传》。

单于的辖区，防御的任务尤为艰巨。因诸子年幼，刘邦不得不借助异姓诸侯王的力量。韩王信初封中原腹地颍川，为人"壮武"，刘邦委实放心不下，于是在六年春将韩王信徙封太原，其中既有预防韩王信在中原作乱的意图，又有希望他能担负起抗御匈奴责任的期望。这样的布置，在当时的形势下是现实可行的。

但是，刘邦对韩王信既猜忌，又不得不借助的矛盾心态，对日后韩王信决意叛汉，联合匈奴侵扰边境的举动起到了催化的作用。韩王信就国后不久，在与匈奴出战不利的情况下数遣使议和。刘邦因此遣书韩王信，斥责他怀有"二心"。韩王信得书后惊恐不已，于是"与匈奴约共攻汉，以马邑降胡，击太原"。刘邦则在次年冬亲率大军讨伐韩王信，终于使一场小范围的边境冲突演变成汉匈之间的首次大规模的战争。战事初期进展顺利，汉军连败韩王信与匈奴联军，也助长了刘邦的骄矜之气。因此，在刘邦得知冒顿率军驻扎于代谷时，急于同匈奴决战，而负责刺探匈奴军情的十余位汉使，皆言"匈奴可击"，随同刘邦出征的谋士陈平等也没有提出异议，可见此时，汉军上下对匈奴的实力并没有清醒的认识。尽管刘敬出使后认为匈奴有诈，"伏奇兵以争利"[①]，极力劝阻刘邦，但刘邦已听不进任何相左的意见，何况汉军已进发平城，与匈奴交战不可避免。在敌情不明的情况下，刘邦贸然决定与匈奴决战，失败的结局已经注定。

汉匈首次大规模交战就以汉军的失败结束，对汉朝野社会心态的影响之巨不难想见。特别是平城之战，从军事角度而言，双方实际上并没有真正交战，只是被困于冰天雪地的白登山中达七日之久，颇有些不战而屈的意味，唯因如此，汉朝野间普遍弥漫着对匈奴的畏惧之情。曲调低沉哀伤的民谣"平城之下亦诚苦，七日不食不能彀弩"，正是这一社会心态的真实写照。惠帝三年（公元前192年），冒顿曾遣书侮吕后，其中不乏刺探汉廷反应之意。吕后得书震怒，樊哙自请率十万军"横行匈奴中"。中郎将季布却痛斥樊哙"可斩"，并引此歌谣为证，力谏匈奴不可击，曰："今歌吟之声未绝，伤痍者甫起，而哙欲摇动天下，妄言以十万众横行，是面谩也。且夷狄譬如禽兽，得其善言不足喜，恶言不足怒也。"[②] 季布之言显然代表了多数朝臣的看法，《史记·匈奴列传》载其事曰："诸将曰：

---

① 《汉书》卷 39《韩王信传》、卷 43《刘敬传》。

② 《汉书》卷 94《匈奴传》。以下凡出此传者不再出注。

'以高帝贤武，然尚困于平城。'于是高后乃止。"平城之败对朝野社会心态影响之大，由此可见一斑。

平城之战后，匈奴侵扰之势更炽。冒顿挟得胜之威，又将攻击的锋芒对准代国，代王刘喜仓皇弃国出逃，刘邦试图依靠诸侯王防范匈奴的部署几乎彻底失败。在匈奴数侵边境，汉军屡战不利的情况下，刘敬于高帝八年（公元前199年）献上和亲之策，被刘邦采纳实施，于是遣"刘敬奉宗室女翁主为单于阏氏，岁奉匈奴絮缯酒食物各有数，约为兄弟以和亲"。直至六十多年后，武帝元光年间决意反击匈奴时为止，和亲一直是汉处理与匈奴关系的一个基本策略。值得注意的，刘敬在向刘邦解释与匈奴和亲的原因时说："天下初定，士卒罢于兵革，未可以武服也。冒顿杀父代立，妻群母，以力为威，未可以仁义说也。"因此只有遣嫡长公主外嫁，厚遗奁资，"生子必为太子，代单于……可毋战以渐臣也"。从刘敬这番话中不难看出，所谓和亲之策，从汉廷的角度讲，是在平城之战试图"武服"匈奴失败后，而天下初定、士卒疲弊的客观形势又不容许再与匈奴发生大规模战争；而冒顿单于杀亲父、妻后母，又不能以"仁义"说之，所以不得已而采取这种权宜之策，试图通过委曲求全的和亲的方式，尽量缓解匈奴的侵扰之势，最终还是要达到不战而使匈奴逐渐臣服的目的。

刘敬与匈奴达成和亲的具体条约史书无载，只有一个颇为笼统的岁奉各种物品若干、约为兄弟，即结为婚姻之国的约定。《汉书·匈奴传》载，文帝于后二年（公元前162年）遗匈奴单于书所说："先帝制，长城以北，引弓之国，受令单于；长城以内，冠带之室，朕亦制之。"以长城为界，使汉匈百姓"耕织射猎衣食，父子毋离，臣主相安，俱无暴虐"，这应是刘敬与匈奴缔结和亲约定时最为重要的一点。不过当时匈奴的势力在一些区域已经越过长城，刘敬出使匈奴归汉后，鉴于"匈奴河南白羊、楼烦王去长安近者七百里，轻骑一日一夕可以至"，① 因此向刘邦建议移民充实关中。而《太平御览》卷779《奉使下》引《三辅故事》载，刘敬表示：

> 愿为高车使者，执节往至匈奴庭，与其分土定界。敬至曰：汝本处北海之滨，秦乱，汝侵其界，居中国地。今婚姻已成，当还汝本牧，还我中国地。作丹书铁券曰：自海以南，冠盖之士处焉；自海以

---

① 《汉书》卷43《刘敬传》。

北，控弦之士处焉。

"北海"在汉人眼中或是指极远的北方，或是指今贝加尔湖地区，总之都是极为远僻的北方，如果以此为界，显然与匈奴当时已经占据的地区不符，汉匈双方都不可能提出或接受这样的约定。《汉书补注》卷43引沈钦韩语："此乃纵横家揣摩其说，非实事也。"不过，这不近"实事"的纵横家之言，可以反映出两汉时许多人对朝廷降尊纡贵与匈奴和亲的不满之情，却又无可奈何而极力为之修饰的心态。

汉匈虽然缔结和亲，但实际效果并不如最初设想的那么有效，匈奴并没有因此而停止侵扰，代相陈豨、燕王卢绾等投靠匈奴后，与匈奴联兵对边郡的侵扰更甚。刘邦《大风歌》"安得猛士守四方"，集中表达了对四边未靖，尤其是对北境屡受侵扰局势的忧虑之情。特别是在文帝初年，匈奴驱逐月氏，完全占据河西地区，与河南地遥相呼应，对关中地区威胁更甚。当时从河西至辽东，漫长的北部边境烽火连绵、胡笳互动，几乎岁无宁日，和亲约定不啻一纸空文。

在匈奴凌厉的攻势之下，平城之战的阴影似乎仍然笼罩在汉军的头上，懦弱避战蔚成风气。最为典型的一例是在文帝十四年（公元前166年），匈奴老上单于亲率大军入塞侵掠，骑兵先锋突入雍县与甘泉宫，京城长安为之震动。文帝调动十万车骑戒备长安，又大发车骑往击匈奴。匈奴在塞内杀掠月余后自行退出，而汉军始终未敢与之交战，"逐出塞即还，不能有所杀"。难怪文帝忧心忡忡，常拊髀长叹，深恨没有廉颇、李牧那样的名将为他戍守边塞，分担忧患。不仅将帅如此，民气也受到严重的挫折。《汉书·晁错传》载晁错语："战胜之威，民气百倍；败兵之卒，没世不复。自高后以来，陇西三困于匈奴矣，民气破伤，亡有胜意。"陇西属西北六郡之一，因"迫近戎狄，修习战备，高上气力，以射猎为先"，百姓风俗质朴，素以悍勇善战而著称。汉兴以来，"六郡良家子选给羽林、期门，以财力为官，名将多出焉"，[①] 但在连败于匈奴之后民气尚且如此，更遑论其他地区。

在汉匈战争的初期，与匈奴交战多有不利，实行和亲却又"和而不亲"，战和问题一直困扰着汉廷君臣。随着时间的推移，汉王朝经过文景

---

① 《汉书》卷28《地理志下》。

时期的休养生息之后，经济军事实力迅速恢复增强，与匈奴的关系不可避免要出现新的局面，对于社会心态的变化也必将产生新的影响，以战争取代和亲则成为朝野关注的一个新的焦点。

二

汉匈再次爆发战争是在武帝元光二年（公元前 133 年），但在此之前，尤其是在文帝时期，朝野间对和亲政策的非议与日俱增。汉与匈奴结为"兄弟"，不仅每年需要为之付出许多财物，在经济上蒙受巨大的损失，而且在历来恪守华夷之别的汉人心理上也是一个沉重的打击。何况和亲并没有抑制匈奴侵扰中原的势头，起到"救安边境"的预期效果，"匈奴寇盗不为衰止，而单于反以加骄倨"。文帝时因不满朝廷强迫其出使匈奴的宦官中行说投降匈奴后，成为老上单于的亲近谋士，在驳斥汉使对匈奴习俗的指责时说："汉使毋多言，顾汉所输匈奴缯絮米糵，令其量中，必善美而已"，否则"候秋孰，以骑驰蹂乃稼穑也"，表明和亲对匈奴也缺乏约束力。这无疑为许多反对与匈奴和亲的人提供了口实。

文帝初年，贾谊上疏陈述政事，对于汉初实行的和亲政策率先予以激烈地抨击：

> 凡天子者，天下之首，何也？上也。蛮夷者，天下之足，何也？下也。今匈奴嫚侮侵掠，至不敬也，为天下患，至亡已也，而汉岁致金絮采缯以奉之。夷狄征令，是主上之操也；天子共贡，是臣下之礼也。足反居上，首顾居下，倒县如此，莫之能解，犹为国有人乎！①

《新书·势卑篇》甚至指斥汉与匈奴和亲"是入贡职于蛮夷也，顾为戎人诸侯也。势即卑辱，而祸且不息，长此何穷！陛下胡忍以帝皇之号特居此！"其激愤之情跃然纸上。至于如何处理与匈奴的关系，贾谊并没有十分高明的见解，所进以宣立信义、爱人之状、好人之技的"三表"，以及赐之盛服车乘、盛食珍味、音乐妇人、高堂邃宇府库奴婢和亲近安抚与

---

① 《汉书》卷 48《贾谊传》。

"单于争其民"的"五饵"之术,① 在当时权臣的眼中固然属于"年少初学,专欲擅权,纷乱诸事"之类,在后人的笔下亦为"谊于制患之术浅矣"。至于贾谊自认为若能行其策,"远期五岁,近期三年之内,匈奴亡矣"的说法,更是不切实际的浮谈,难怪文帝虽然很赏识贾谊的才华,却无法采纳其议。不过,贾谊自请"为属国之官以主匈奴"和"必系单于之颈而制其命"② 的勇气,对于当时普遍畏惧匈奴、民气低迷的社会心态或多或少能起到一定的激励作用。武帝时同为"年少初学"的终军,"愿尽精励气,奉佐明使,画吉凶于单于之前",③ 其自负与勇气同贾谊如出一辙。

与贾谊充满激愤之情的上疏不同,号称"智囊"的太子家令晁错于文帝时上书言兵事,所献之策则有许多切实可行之处。晁错详尽分析了匈奴与中原的地形差异以及双方军队在装备和技艺上的差距,指出匈奴有长技三,而汉军却有长技五,如果能招募"饮食长技与匈奴同"的"胡义渠蛮夷之属来归谊者","可赐之坚甲絮衣,劲弓利矢,益以边郡之良骑,令明将能知其习俗和辑其心者,以陛下明约将之",可以弥补汉军的短处,"即有险阻,以此当之",如果在"平地通道"与匈奴相遇,"则以轻车财官制之","两军相为表里,各用其长",是战胜匈奴的"万全之术"。晁错又针对北境自然条件恶劣、地旷人稀的特点,建议文帝以赐爵、复家、免罪等方式招募百姓充实边塞,使百姓"幼则同游,长则共事。夜战声相知,则足以相救;昼战目相见,则足以相识;欢爱之心,足以相死。如此劝以厚赏,威以重罚,则前死不还踵也"。④

相较而言,贾谊的言论更注重的是汉匈政治地位的差异,因此对汉匈和亲结为"兄弟",匈奴单于与汉天子地位平行甚至居于天子之上的现象愤恨不已;而晁错的上疏则更注重对汉匈军事实力进行具体对比分析,力图提出一个切实可行的战胜匈奴的方案。两者虽然着眼点有所不同,但主张抗击匈奴的意图则是相同的。尽管文帝即位后数次予匈奴单于书,表示要遵守和亲约定,并开放与匈奴关市以示诚意,但在内心却对贾谊、晁错

---

① 参见《新书·匈奴》。
② 参见《汉书》卷48《贾谊传》、《新书·匈奴》、叶适:《水心集》卷4《外论一》。
③ 《汉书》卷64《终军传》。
④ 《汉书》卷49《晁错传》。

的上疏与对策极为赏识，并采纳了晁错的建议，"募民徙塞下"，以加强北境的防御。这表明文帝不是不想抗击匈奴，只是在军事上没有必胜的把握时不愿主动出击而已。《匈奴传赞》称："文帝中年，赫然发愤，遂躬戎服，亲御鞍马，从六郡良家材力之士驰射上林，讲习战陈，聚天下精兵，军于广武，顾问冯唐，与论将帅，喟然叹息，思古名臣，此则和亲无益已然之明效也！"显然在文帝时期，社会心态已由汉初的普遍畏惧匈奴，开始向激励民气、鼓动抗击匈奴的方面转化。

汉匈关系再次发生剧烈变化是在武帝时期。经过汉初多年的休养生息，以及景帝初年吴楚七国之乱的平定，为武帝的统治奠定了坚实的经济政治基础，也为大规模反击匈奴创造了必要的客观条件。建元三年（公元前138年），武帝从匈奴降人口中得知匈奴攻灭月氏的情况，萌发了联合月氏夹击匈奴的想法，于是招募张骞等人始通西域，预示着以战争取代和亲的时代已经到来。然而汉匈和亲毕竟已经实行六十余年，在朝野之间产生相当的影响，特别是在景帝时期，北境的亭障塞燧的设置趋于完备，匈奴侵掠屡屡受挫，加之关市开通，"匈奴自单于以下皆亲汉，往来长城下"，再没有出现大规模的入塞侵掠事件。因此，建元六年，匈奴遣使请求和亲时，大行王恢以"汉与匈奴和亲，率不过数岁即背约"为由，劝武帝"不如勿许，举兵击之"，但在御史大夫韩安国等朝臣的坚持下，武帝还是应允与匈奴和亲。

然而，此次和亲的基础相当薄弱，又违背了武帝的本意，因此不过两年（元光二年，公元前133年），当雁门马邑豪强聂翁壹通过王恢献策伏兵诱击匈奴时，武帝召问公卿："单于待命加嫚，侵盗无已，边竟数惊，朕甚闵之。今欲举兵攻之，何如？"再次表示出强烈的出击匈奴倾向。王恢与韩安国在武帝面前展开了一场激烈的争论，这场争论实际上是对匈奴的主战或主和两种不同社会心态展示最为完备、理由陈述最为充分的一次交锋。汉兴以来，"过秦"已经成为一种社会时尚，秦始皇大举出兵击匈奴、广兴徭役筑长城，成为汉人诟病的理由之一。如果断绝和亲，出兵匈奴，同样要面临着与秦时相同的劳民伤财的问题，这是武帝不能不慎重对待，召集群臣廷议的原因。韩安国认为兴兵出击匈奴，不仅要违背高祖"不以己私怒伤天下之功"的意愿，破坏"至今为五世利"的和亲政策，而且要使"边郡久废耕织"，以"支胡"为常事，况且像匈奴这样的"远方绝地不牧之民，不足以烦中国"，两者相权，出击匈奴得不偿失，不如

"勿击便"。

王恢则坚决主张出击匈奴。他一反"过秦"的社会时尚，极力推崇秦时对匈奴的攻击："蒙恬为秦侵胡，辟数千里，以河为竟，累石为城，树榆为塞，匈奴不敢饮马于河，置烽燧然后敢牧马"，既然秦时都能使匈奴畏惧如此，而今"以中国之盛，万倍之资，遣百分之一以攻匈奴，譬犹以强弩射且溃之痈，必不留行矣"。① 武帝最终采纳了王恢的建议，亲自布置发动了马邑之战，"自是后匈奴绝和亲，攻当路塞"，标志着汉匈战争从此全面爆发。

马邑之战不仅终结了汉廷实行近六十余年的和亲政策，也促使社会心态迅速发生重大的变化。此后，鼓动攻伐之声洋洋盈耳，赞同和亲之言几近绝迹。即使是一些原来赞同与匈奴和亲，不主张兴动兵革者，也纷纷改弦易辙，以取悦于人主，趋同于时尚。如武帝即位之初，博士公孙弘"使匈奴，还报，不合上意，上怒，以不为能，弘乃病免归"。因何"不合上意"，史书未载，恐怕与公孙弘赞同和亲，与武帝欲击匈奴的旨意相忤有关。元朔三年（公元前 126 年），汉军发动河南战役后，重夺河南地，置朔方郡以御匈奴。此时迁升为御史大夫的公孙弘曾数谏武帝，以为不应"罢敝中国以奉无用之地，愿罢之"。但在武帝遣朱买臣与之辩难后，公孙弘顿改初衷，全力支持经营朔方。再如元光年间，齐人主父偃曾上书武帝，以亡秦为鉴，平城之战为戒，劝谏武帝不应"上虚府库，下敝百姓，甘心于外国"，出兵攻伐匈奴。可是在元朔二年，主父偃又"盛言朔方地肥饶，外阻河，蒙恬城之以逐匈奴，内省转输戍漕，广中国，灭胡之本也"，首先倡议设置朔方郡。态度前后如此矛盾，清人何焯推测主父偃是由卫青推荐而晋身，而河南地又为卫青率军所夺，"故偃变前说以建此计"。王鸣盛则斥责公孙弘、主父偃等为"倾险浮薄之徒"，虽然最初"上书言事，皆能谏止用兵"，"犹倚正论以行其说"，而"武帝好文，故爱其辞而不责其忤己"，一旦得委重任，便阿谀人主，违背"正论"，"遂请城朔方以为灭匈奴之本，与初进议论大相矛盾矣"。② 虽然不能否认有个人品质优劣的因素在内，但是从中却可以折射出，在如何对待匈奴的社会心态方面与武帝之前相比，确实已经发生了显著的变化，赞同伐击匈奴的倾

---

① 《汉书》卷 52《韩安国传》。

② 《史记》卷 112《平津主父列传》及《史记会注考证》卷 112《平津主父列传》。

向已经占据了主导地位。

不仅朝中当轴大臣竞言攻伐匈奴，民间百姓中亦有许多不甘寂寞者，以至出现"是时方事匈奴，兴功利，言便宜者甚众"的状况。河南人卜式上书，"愿输家财半助边"。武帝遣使问其"何欲"，卜式回答道："天子诛匈奴，愚以为贤者宜死节，有财者宜输之，如此而匈奴可灭也。"武帝召拜卜式为中郎，赐爵左庶长，并布告天下，意图百姓效法。齐人延年甚至忽发奇想，上书建议在黄河上游劈山凿岭，引河水"出胡中，东注之海。如此，关东长无水灾，北边不忧匈奴"。如此荒诞的想法，武帝明知不可实行，但仍然"壮之"，以"河乃大禹所道也，圣人作事……恐难改更"为由，婉言拒绝。① 而对于贸然奏言和亲的臣下，武帝则坚决予以制裁。元狩四年（公元前119年），匈奴遣使请求和亲，廷议时博士狄山认为"和亲便"，被御史大夫张汤讥为"腐儒无知"，武帝于是命狄山守一障塞防御匈奴，结果"至月余，匈奴斩山头而去。是后，群臣震慑。"②

为了证明攻伐匈奴的合理性，武帝从经义中寻找出其根据。太初四年（公元前101年），汉军征服大宛，威震西域后，武帝下诏宣告："高皇帝遗朕平城之忧，高后时单于书绝悖逆。齐襄公复九世之仇，《春秋》大之。"在号称"以孝治天下"的汉朝，为先祖复仇雪耻是一个冠冕堂皇的理由，也最容易激发起天下臣民同仇敌忾的情绪。东汉窦宪击破北匈奴后，班固刻石铭功，亦有"上以撼高、文之宿愤，光祖宗之玄灵；下以安固后嗣，恢拓境宇，振大汉之天声"之语。③ 武帝同时采取许多措施，或是强制征发，或以功名利禄调动人们参与攻伐匈奴的积极性。武帝之前，以功封侯者有数百人之多，但除以匈奴贵族降汉而封侯的数人，以及降匈奴后复归汉的弓高侯韩颓当（韩王信子）与亚谷侯卢它之（卢绾孙）两人外，仅鲕侯孙单因其父北地都尉孙卬与匈奴战死而蒙恩受封，没有一人是与匈奴作战有功而封侯者。

这种状况显然与当时汉廷实行与匈奴和亲的政策有关。而在元朔二年（公元前127年），卫青以击匈奴有功率先封侯外，仅武帝一朝，以击匈奴有功封侯者就达二十多人，几乎占了武帝时期功臣侯总数的三分之一。其

---

① 《汉书》卷58《卜式传》、卷29《沟洫志》。

② 《汉书》卷59《张汤传》。

③ 《后汉书》卷23《窦宪列传》。

后以此封侯者虽不及武帝时之多，但史书仍有记载。至于以军功享有免役等政治经济特权的高爵者更是不可计数。元朔六年，武帝又置武功爵十七级奖掖军功，"以宠战士"。除以爵奖功外，武帝还动用大量金钱赏赐战士。元狩四年（公元前 119 年）漠北之战后，一次赏赐有功将士的黄金高达五十多万斤，相当于一年的赋税收入的总数。在忠君报国思想的激励下，在功名利禄的诱使下，在强征硬发的驱动下，不知有多少人投身于汉匈战场。抗匈名将霍去病"匈奴未灭，无以家为"的名言，正是这一时期社会心态的典型反映。

三

自古以来，华夏民族在与四边所谓蛮夷戎狄的交往中，已经形成一种固定的心态，对于企图扰乱华夏的则要防范戒备，敢于侵扰中原的则予以伐击，但最为理想的方式还是要以德服人，恩泽流于远方，达到"四夷宾服"的境界。班固在《汉书·匈奴传赞》中开宗明义地说："《书》戒'蛮夷猾夏'，《诗》称'戎狄是膺'，《春秋》有道'守在四夷'"，即是这种心态的真实写照。如果说汉初所实行的和亲政策，是以委曲求全的方式以防"蛮夷猾夏"的话；那么武帝发动对匈奴的战争则是"戎狄是膺"，对敢于"猾夏"的"戎狄"予以讨伐。而在武帝之后，汉匈关系又进入了一个新的调整时期，双方重开和亲之议，北境相对处于一种和平安宁的状态，颇有些"守在四夷"的意味。社会心态也呈现出由汉初勉强赞同和亲，到武帝年间积极鼓动战争，再到武帝之后重议和亲这一变化的曲线。

从元光年间起，"汉兵深入穷追二十余年"，基本上将匈奴的势力逐出漠南，遏止了匈奴侵扰的势头，但为之付出了"海内虚耗，户口减半"的巨大代价，造成了严重的社会问题。始元六年（公元前 81 年），来自民间的文学在盐铁会议上与坚决主张攻伐匈奴的御史大夫桑弘羊辩议时说："王恢误谋马邑，匈奴绝和亲，攻当路塞，祸纷拏而不解，兵连而不息，边民不解甲弛弩，行数十年，介胄而耕耘，锄耰而候望，燧燔烽举，丁壮弧弦而出斗，老者超越而入葆。言之足以流涕寒心，则仁者不忍也。"[①] 宣帝初即位时下诏陈述武帝"北征匈奴，单于远遁"之功，命群臣议立武

---

①　王利器：《盐铁论校注（定本）》卷 8《和亲》，中华书局 1992 年版，第 513 页。

帝庙乐。长信少府夏侯胜非议诏书，斥责武帝："虽有攘四夷广土斥境之功，然多杀士卒，竭民财力……亡德泽于民，不宜为立庙乐。"① 此时距武帝去世不过数年或十余年，武帝用兵四边，尤其是对匈奴的长期用兵，不仅在民间引起普遍的不满与怨恨，而且在朝廷上也遭到如此强烈的指摘，从一个侧面可以证明汉匈战争所造成的社会问题是何等的严重。

同样，在汉军凛冽的攻势下，匈奴损失也异常惨重，"孕重堕殰，罢极苦之"。因此汉匈双方都萌生了重议和亲的愿望。元狩四年，匈奴在战争爆发后首次遣使请求和亲，就是在这样的背景下出现的。不过，在军事上占据优势的汉廷已经不肯再在"故约"的基础上与匈奴和亲，坚持要以匈奴为"外臣"，遣单于太子入汉为质子。由"兄弟"降为"外臣"，遣子为质，这也是为崇尚气力、自诩为"天之骄子"的匈奴单于所不能接受的。因此，终武帝之世，汉匈曾数议和亲，却始终未果，但为其后社会心态由普遍主战向主张和亲方向的转化创造了条件。特别是在武帝晚年，对连年用兵"深陈既往之悔"，颁布著名的"轮台诏"，宣布不再出兵匈奴，而以"力农"为本，休息百姓之后，这一变化就更为明显。

昭宣时期，汉匈战争的态势发生新的变化，匈奴已经无力在北境进行大规模的侵扰，而将争夺的重心转向西域。但在宣帝本始三年（公元前71 年）遣五将军与乌孙联合出击匈奴，及神爵二年（公元前 60 年）汉在西域设置都护府后，匈奴在西域的争夺也宣告失败，从此匈奴更趋衰落。在兵败于外的情况下，五凤元年（公元前 57 年），匈奴五单于争立，又爆发了严重的内讧。此时"议者多曰匈奴为害日久，可因其坏乱举兵灭之"。御史大夫萧望之认为匈奴前单于请求和亲，虽未成功，但"海内欣然"，如今出兵伐之，"是乘乱而幸灾也"，"宜遣使者吊问，救其灾患……如遂蒙恩得复其位，必称臣服从"。② 萧望之的建议被宣帝采纳，避免汉匈间再次爆发战争，也为汉匈恢复和亲创造了条件，其后事态的发展也证明这一点。

甘露三年（公元前 51 年），呼韩邪单于被其兄郅支单于逐出单于庭，为了寻求汉廷的支持，首次遣子入侍，称臣朝汉。自此，经过长期艰苦的战争之后，在匈奴终于臣服于汉的前提下和亲关系重新得以恢复。

---

① 《汉书》卷 75《夏侯胜传》。
② 《汉书》卷 78《萧望之传》。

　　汉匈恢复和亲后，赞同汉匈和平相处的心态显然占据了主导地位。宣元时期，呼韩邪单于曾三次朝汉，每次都得到汉廷的礼遇及大量的物资支持。永光元年（公元前43年），汉遣车骑都尉韩昌与光禄大夫张猛送还呼韩邪侍子，韩昌、张猛与呼韩邪登山盟誓，约定"自今以来，汉与匈合为一家，世世毋得相欺相诈相攻"。公卿大臣劾韩、张二人擅与匈奴盟誓，有损大汉国威，元帝"薄其过，有诏昌、猛以赎论，勿解盟"，实际上是默许了二人的行为，不愿因此而破坏与匈奴的关系。呼韩邪单于第三次入朝时，元帝因此改元"竟宁"以志纪念"边垂长无兵革之事"。河平元年（公元前28年），匈奴右皋林王伊邪莫演入汉奉献，自称不愿返归，请求降汉。一些大臣建议依照汉朝"故事"允纳其降。光禄大夫谷永、议郎杜钦认为："汉兴，匈奴数为边害，故设金爵之赏以待降者。今单于诎体称臣，列为北藩，遣使朝贺，无有二心，汉家接之，宜异于往时"，不应"贪一夫之得而失一国之心"。成帝采纳其议，拒绝受降。

　　建平元年（公元前6年），匈奴乌珠留单于上书状告汉中郎将夏侯藩受大司马王根遣使强索匈奴土地，哀帝诏书回报，以示歉意："藩擅称诏，从单于求地，法当死，更大赦二，今徙藩为济南太守，不令当匈奴。"建平四年，单于上书请求明年入朝。哀帝因疾病缠身，又恐虚费府帑，大臣或言："自黄龙、竟宁时，单于朝中国辄有大故（指国丧。宣帝死于黄龙元年，元帝死于竟宁元年，均死于呼韩邪朝汉后不久）"，建议勿许。黄门郎扬雄上书谏阻，劝哀帝不要"距以'来厌'之辞，疏以无日之期，消昔之思，开将来之隙"，使"百年劳之，一日失之，费十而爱一"。[①] 哀帝于是允许单于来朝。

　　而对于匈奴的军事行动，即使是没有动用中原兵力与财物，也常为时议所不容。建昭三年（公元前36年），西域副校尉陈汤与西域都护骑都尉甘延寿矫制发西域诸国兵攻灭盘踞康居的郅支单于，消除与汉廷敌对的匈奴最后的一支势力，稳定了西域的局势，有利于呼韩邪单于一统匈奴，功勋可谓甚著，元帝亦准备论功行赏。但丞相匡衡、中书令石显等大臣以为"延寿、汤擅兴师矫制，幸得不诛，如复加爵上，则后奉使者争欲乘危徼幸，生事于蛮夷，为国招难，渐不可开"。元帝虽然"内嘉延寿、汤功，

———————————

　　① 以上参见《汉书》卷94《匈奴传》、卷9《元帝纪》。

而重违衡、显之议"，以致"议久不决"。① 后在刘向等人的力争下，甘廷寿被封为列侯，而主要筹划攻伐郅支单于的陈汤仅被赐爵关内侯，颇有些裁抑军功之意，与武帝时期大肆奖掖军功迥然有别，从中亦可反映出是时社会心态已经发生了明显的变化。史称自宣帝之后，汉匈重新恢复和亲使北境首次出现长期平静的状态，"三世无犬吠之警，黎庶亡干戈之役"，正是对此时汉匈民族平安相处的客观描绘与赞美之辞。

两汉之际，汉匈关系再度发生巨变。王莽代汉建新后，急于消除汉朝在周边区域长期形成的影响，树立新朝威信，遣派使者分赴周边颁授新室印绶，收缴汉朝故印，"西出者至西域，尽改其王为侯；北出者至匈奴庭，授单于印，改汉印文，去'玺'曰'章'"。这种无端贬斥匈奴与西域诸国地位的举动，激起了匈奴与西域诸国的强烈不满，王莽则更急于立威匈奴，于始建国二年（公元 10 年）募卒三十万，准备十道并出攻逐匈奴，甚至预分匈奴土地人民为十五，立呼韩邪子孙十五人为单于。匈奴乌珠留单于则针锋相对，出兵侵扰，大肆杀掠。至此，宣帝之后数世不见烟火之警的安宁局势遭到彻底破坏，"数年之间，北边虚空，野有暴骨"。

然而，在汉匈民族间长期形成的赞同和亲的社会心态，不可能随着双方关系的恶化而骤然改变。匈奴用事大臣右骨都侯须卜当，即王昭君女云之婿，一直主张与"中国和亲"，在拥立呼韩邪子咸为单于后，"云、当遂劝咸和亲"。在新朝内部，对王莽扰乱匈奴亦有许多非议。王莽的心腹将领严尤虽被赐姓为"征"，与廉丹（赐姓"征"）同拜为统军征伐匈奴的"二征将军"，亦以周、秦、汉征伐匈奴成败得失为鉴，谏阻王莽勿伐匈奴。严尤认为周宣王时驱逐猃狁内侵，"命将征之，尽境而还"，是为"中策"；汉武帝"选将练兵，约赍轻粮，深入远戍，虽有克获之功，"但"中国罢耗"，是为"下策"；秦始皇"不忍小耻而轻民力，筑长城之固……疆境既完，中国内竭，以丧社稷"，是为"无策"。谏大夫如普奉命巡视边境屯兵后也劝王莽"军士久屯塞苦，边郡无以相赡。今单于（指单于咸）新和，宜因是罢兵"。② 在内外均主张和亲的压力下，王莽一面遣大军屯边示以兵威，一面派王昭君兄子和亲侯王歙、展德侯王飒等出塞以通和亲之意，直至新朝败亡，一直动摇于和战之间，始终没有定策。

---

① 《汉书》卷 48《陈汤传》。
② 《汉书》卷 99《王莽传中》。

东汉初年的汉匈关系与西汉初年极为相似。匈奴趁两汉战乱之机坐大势力，不仅重占西域，而且联合彭宠、卢芳等北边割据势力及乌桓大肆侵扰北境。单于舆自比冒顿单于，宣称："匈奴本与汉为兄弟，匈奴中乱，孝宣皇帝辅立呼韩邪单于，故称臣以尊汉。今汉亦大乱，为王莽所篡，匈奴亦出兵击莽……而汉复兴，亦我力也，当复尊我。"建武六年（公元30年），光武帝刘秀遣刘飒等出使匈奴"以通旧好"；单于虽也遣使报命，但仍侵扰如故，"北边无复宁岁"。①

在这种形势下，东汉内部主战的社会心态亦有上升的趋势。《后汉书·方术列传上》载：建武九年，"时匈奴数犯塞，帝患之，乃召百僚廷议。（光禄勋郭）宪以为天下疲敝，不宜动众。谏争不合，乃伏地称眩瞀，不复言"。所谓"谏争不合"，从刘秀赞扬其性格刚直，"常闻'关东觥觥郭子横'"语看，恐怕其见解与参与廷议的百僚们主张攻伐的意见相左，故"不复言"。《后汉书·马援列传》载：建武二十年，马援平定交趾后表示："方今匈奴、乌桓尚扰北边，欲自请击之。男儿要当死于边野，以马革裹尸还葬耳。"其中自有壮士言志的成分，但"欲自请击之"一语，亦可视是与马援具有相同看法的百僚们的共同主张。

建武二十四年，匈奴内乱，分为南北两部后，请求趁匈奴内乱出击者愈多。《后汉书·臧宫列传》载，"后匈奴饥疫，自相分争，帝以问宫，宫曰：'愿得五千骑以立功'。"《后汉纪》记此事为"匈奴国中乱，诸将多言可击之"。建武二十七年，臧宫与马武上书请击匈奴，认为汉军若能与东北边高句丽、乌桓、鲜卑及西边羌胡等联合出击，"北虏之灭，不过数年"，甚至婉转指责光武帝不应"固守文德而堕武事"，"令万世刻石之功不立于圣世"。在诸将一片请战声中，刘秀没有为之所动，依然坚持与匈奴"以通旧好"的方针，即使在匈奴频繁侵扰之下，亦是采取防御方针，甚至将边民内迁以避匈奴，不肯主动出击。建武年间，西域诸国不堪匈奴逼迫，曾数次遣使请求内附，派遣都护，刘秀答复："今使者大兵未能得出，如诸国力不从心，东西南北自在也。"②

刘秀之所以坚持"戢弓矢而散牛马"，既有大乱之后亟须休养生息的因素，也与刘秀是时心态有直接关系，史称："帝在兵间久，厌武事，且

---

① 《后汉书》卷89《南匈奴列传》。
② 《后汉书》卷88《西域列传》。

知天下疲耗，思乐息肩。自陇、蜀平后，非儆急，未尝复言军旅。"① 特别在匈奴分为南北两部后，南匈奴单于效法祖父呼韩邪称臣附汉，自请为汉御边，频频出击北匈奴，阻断了北匈奴南侵的路线，北境已经出现一种较为安宁的状态，以至到明帝初年，"西自武威，东尽玄菟及乐浪，胡夷皆来内附，野无风尘，乃悉罢缘边屯兵"。② 这就是刘秀不愿轻易破坏这一局势，所以对"臧宫、马武之徒抚鸣剑而抵掌，志驰于伊吾之北"，跃跃欲击匈奴的举动深表不然，断然予以拒绝，"自是诸将莫敢复言兵事者"的主要原因。

明帝时期，汉匈关系又发生新的变化。北匈奴请求和亲被拒绝后，在河西地区"复数寇钞边郡，焚烧城邑，杀略甚众，河西城门昼闭"。③ 朝野间主战的呼声由此再次高涨。后来以重新收复西域而著名的定远侯班超，正是在这种形势下自明心志："大丈夫无它志略，犹当效傅介子、张骞立功异域，以取封侯，安能久事笔研间乎"，④ 毅然投笔从戎。永平十五年（公元 72 年），谒者仆射耿秉"数上言兵事，常以中国虚费，边陲不宁，其患专在匈奴。以战去战，盛王之道"，而明帝又"有志北伐"，⑤ 于是命奉车都尉窦固与耿秉等出屯凉州，于次年二月出兵击北匈奴，从而揭开了对北匈奴最后一战的序幕。在汉军与南匈奴的联合打击下，北匈奴极度衰败，内乱不已，自保不暇，再也无力侵扰边境。

章和二年（公元 88 年）七月，南匈奴单于上书请与汉军共击北匈奴，"破北成南，并为一国，令汉家长无北念"。由此在汉廷引发了最后一次关于和战的争论。此时，章帝已死，年幼和帝即位，窦太后临朝执政。曾与匈奴多次征战的耿秉敏感地认识到彻底解决匈奴侵扰的时机已经到来，坚决主张趁"北虏分争"之时"以夷伐夷"，完成武帝"臣虏匈奴"的夙愿；而以司徒袁安为首的朝臣则上书谏阻，"以为匈奴不犯边塞，而无故劳师远涉，损费国用，徼功万里，非社稷之计"。⑥ 双方争谏之激烈，以致许多朝臣都为袁安的安危而担忧。最终窦太后采纳耿秉的建议，于永元元年

① 《后汉书》卷 1《光武帝纪》。

② 《后汉书》卷 20《祭遵传附从弟肜传》。

③ 《后汉书》卷 89《南匈奴列传》。

④ 《后汉书》卷 47《班超列传》。

⑤ 《后汉书》卷 19《耿弇列传附耿秉传》。

⑥ 《后汉书》卷 45《袁安列传》。

（公元 89 年）六月命其兄窦宪与耿秉等率汉军出塞三千余里，联合南匈奴军大破北匈奴，穷追至燕然山。从此北匈奴一蹶不振，开始走上辗转西迁的道路。显然，此役是决定北匈奴败亡命运的关键一战。随军出征的班固在燕然山刻石铭功，撰《燕然山铭》以宣扬汉德，其中有"一劳而久逸，暂费而永宁"之语，既有对袁安等人"劳师远征，损费国用"担忧的答复，亦有预示汉匈战争即将结束之意。永元三年，耿夔率师远征，在金微山再次袭破北匈奴，单于逃亡，"不知所在"。至此，长达三个世纪的汉匈战争终于画上了一个休止符。

汉匈战争对两汉社会心态影响至深，但主要是围绕和亲与战争两个方面展开，正如班固在《汉书·匈奴传赞》中所说，自汉兴以来，"忠言嘉谋之臣，曷尝不运筹策，相与争于庙堂之上乎！……人持所见，各有异同。然总其要，归两科而已：缙绅之儒则守和亲，介胄之士则言征伐"。东汉时与西汉也极为相似。范晔《后汉书·南匈奴列传》论曰："中兴之初，更通旧好，报命连属，金币载道，而单于骄踞益横，内暴滋深。世祖（光武）以用事诸夏，未遑沙塞之外，忍愧思难，徒报谢而已……及关东稍定，陇、蜀已清，其猛夫扞将，莫不顿足攘手，争言卫、霍之事。"可见在两汉时期，所谓和亲与征伐始终是影响汉匈关系发展趋势的关键所在，也是决定社会心态变化的一个重要因素。无论是"守和亲"或是"言征伐"，固然存在着因"缙绅之儒"与"介胄之士"角色不同而主张亦不同的差别，但更重要的是因为对当时形势的分析及对汉匈双方实力对比认识的不同，从而出现不同的见解。虽然班固、范晔所言着重于朝廷内部，但从某种意义上讲，亦是整个社会心态在朝廷之上间接或直接的反映。在汉匈战争一些特定的历史阶段中，"守和亲"或"言征伐"则交替成为社会心态的主流，对汉匈战争进程及汉匈民族关系的演变起到了重要的影响作用。

原载《史学理论研究》1997 年第 4 期。

"匈奴人"与"胡虏":两汉时期
匈奴称谓变化考察

——以居延汉简为中心的讨论

一

居延汉简中,以"匈奴"、或"匈奴人"称谓的简文,《居延汉简释文合校》录有4例(简1—4):

1. 简 163.4:●匈奴人入塞候尉吏以檄言匈奴人入犯入□⊘(第266页)

2. 简 288.7:匈奴人入塞及金关以北　塞外亭隧见匈奴人举蓬燔积薪　五百人以上□举二蓬(第486—487页)

3. 简 351.5:⊘夜见匈奴人(第545页)

4. 简 562.4:就屠与匈奴呼韩单于谋⊘(第659页)①

简1、2、3年代不详,但简1、2显然属于"塞上烽火品约"中的内容,与下引《居延新简》简8—22书写格式相似,或可能属于同一时代的简文。简4为肩水都尉府治所大湾出土册书中的一支残简。该册书是车骑将军许嘉转发汉元帝的诏书。据简文可知,乌孙小昆弥乌就屠由于受到郅支单于的攻击而求救于西域都护,并与呼韩邪单于密谋攻灭郅支的事。为呼

---

① 谢桂华、李均明、朱国炤:《居延汉简释文合校》(以下简称《合校》),文物出版社1987年版。

韩邪单于参与消灭郅支的史实作了重要的补充。①

《居延新简》录有 18 例（简 5—22）：

5. 简 EPT50.8：●匈奴人攻亭不得下煌茹矢射积薪（第 65 页）

6. 简 EPT50.134B：☑其匈奴人攻（第 68 页）

7. 简 EPT59.144：诏书曰除匈奴之号（第 160 页）

8. 简 EPF16：1：●匈人奴昼入殄北塞举二蓬□烦蓬一燔一积薪
夜入燔一积薪举上离合苣火毋绝至明甲渠三十井塞上和如品（第 207
页）

9. 简 EPF16：2：●匈人奴昼甲渠河北塞举二蓬燔一积薪夜入燔
一积薪举堠上二苣火毋绝至明殄北三十井塞和如品（第 207 页）

10. 简 EPF16.3：●匈奴人昼入甲渠河南道上塞举二蓬坞上大表
一燔一积薪夜入燔一积薪举堠上二苣火毋绝至明殄北三十井塞上和如
品（第 207 页）

11. 简 EPF16.4：●匈奴人昼入三十井降虏隧以东举一蓬燔一积
薪夜入燔一积薪举堠上一苣火毋绝至明甲渠殄北塞上和如品（第 207
页）

12. 简 EPF16.5：●匈奴人昼入三十井候远隧以东举一蓬燔一积
薪堠上蓬一夜入燔一积薪举堠上一苣火毋绝至明甲渠殄北塞上和如品
（第 207 页）

13. 简 EPF16.6：●匈奴人渡三十井县索关门外道上隧天田失亡
举一坞上大表一燔二积薪不失亡毋燔薪它如约（第 207 页）

14. 简 EPF16.7：●匈奴人入三十井诚势北隧县索关以内举蓬燔
薪如故三十井县索关诚势以南举蓬如故毋燔薪（第 207 页）

15. 简 EPF16.8：●匈奴人入殄北塞举三蓬后复入甲渠部累举旁
河蓬后复入三十井以内部累举堠上直上蓬（第 207 页）

16. 简 EPF16.9：●匈奴人入塞守亭鄣不得下燔薪者旁亭为举蓬
燔薪以次和如品（第 207 页）

17. 简 EPF16.10：●塞上亭隧见匈奴人在塞外各举部蓬如品毋

---

① 参见特日格乐《简牍所见汉匈关系史料概述》，《内蒙古大学学报》2006 年第 4 期，第
15 页。

燔薪其误亟下蓬灭火候尉吏以檄驰言府（第 207 页）

18. 简 EPF16.11：●夜即闻匈奴人及马声若日且入时见匈奴人在塞外各举部蓬次亭晦不和夜入举一苣火毋绝尽日夜灭火（第 207 页）

19. 简 EPF16.12：●匈奴人入塞候尉吏亟以檄言匈奴人入蓬火传都尉府毋绝如品（第 207 页）

20. 简 EPF16.13：匈奴人入塞承塞中亭隧举蓬燔薪□□□□蓬火品约官□□□举□□蓬毋燔薪（第 207 页）

21. 简 EPF16.14：匈奴人即入塞千骑以上举蓬燔薪二积薪其攻亭鄣坞壁田舍举蓬燔薪二积薪和如品（第 208 页）

22. 简 EPF16.16●：匈奴人入塞天大风风及降雨不具蓬火者亟传檄告人走马驰＝以急疾为故（第 208 页）①

简 5、6 年代不详。简 5 "●匈奴人攻亭不得下煤茹矢射积薪"，简 6 "☑其匈奴人攻"，意同简 16 "匈奴人入塞守亭鄣不得下燔薪者旁亭为举蓬燔薪以次和如品"，似乎也属于 "塞上烽火品约" 的内容。简 7 当是王莽时期的简。"新莽执政，屡次改匈奴名号，如《汉书》卷 94《匈奴传》：始建国元年（公元 9 年），更改'匈奴单于玺'为'匈奴单于章'。《汉书》卷 99《王莽传》：始建国二年，更名'匈奴单于曰降奴服于'。"② 简 8 至简 22 是为一组相当完整的册书，内容均属于 "塞上烽火品约"（《新简》EPF16.17 标明 "右塞上烽火品约"）。简 8、9 均作 "匈人奴"，与其余诸简不同，亦不见于史籍记载，应是 "匈奴人" 的异写，似没有其他含义。关于册书所属的年代，学界一般认为时间当在两汉之际。③

"匈奴" 与 "虏" 连用者，《合校》未见其例，《新简》录有 5 例（简23—27）。

23. 简 EPF22：221：等三人捕羌虏斩首各二级当免为庶人有书

---

① 甘肃省文物考古研究所等：《居延新简》（以下简称《新简》），中华书局 1994 年版。

② 李均明：《居延汉简编年—居延编·新莽第九》（以下简称《居延编》），新文丰出版公司 2004 年版，第 181 页。

③ 参见傅振伦《东汉建武塞上烽火品约考释》，《考古与文物》1980 年第 2 期；李均明《居延编·淮阳王第十一》，第 211—214 页。

今以旧制律令为捕斩匈奴虏反羌购赏各如牒前诸郡以西州书免刘玄及王便等为民皆不当行书到以科别从事官奴婢以西州（第217页）

24. 简EPF22：222：●捕斩匈奴虏反羌购偿科别（第217页）

25. 简EPF22：224：其斩匈奴将率者将百人以上一人购钱十万吏增秩二等不欲为⊿（第217页）

26. 简EPF22：225：有能生捕得匈奴间候一人吏增秩二等民与购钱十⊿ ⊿人命者除其罪（第217页）

27. 简EFF22：231：●右捕匈奴虏购科赏（第217页）

关于简23的年代，大庭修先生认为："根据'西州'语，表明其与西州大将军隗嚣有关，时代为建武初年。"[1] 至于简24—27，包括本文未录的简EPF22：226—EPF22：230，以及简EPF22：232—EPF22：235等15支简，均属于"捕斩匈奴虏反羌购偿科别"册书中的内容（虽然简25、26没有径言"匈奴虏"，但属于同一册书，所以列入"匈奴虏"类）。由于简24—27简号与简23相连，且书写字体与简牍形制大体相同，其编年可能如简23，也是出于建武初年。

"胡"与"虏"连用者，《居延汉简释文合校》仅见一例（简28）：

28. 简457.18：举以胡虏入塞（第569页）

其余18例均见《新简》（简29—46）：

29. 简EPT6.17：⊿胡虏欲五百车取□安足禽哉苦计善（第16页）

30. 简EPT65.52：第十隧　茧矢百五　正月十四日吏卒五人格射胡虏尽十六日＝积三日□（第186页）

31. 简EPT65.161：⊿吏卒四人格射胡虏⊿（第189页）

32. 简EPT65.331：当以时殄灭方民布在田野不胜愿愿受部胡虏出毕闻□（第194页）

---

① 大庭修：《汉简研究》第4章第5节《"击匈奴降者赏令"与"捕斩反羌行赏"》，徐世虹译，广西师范大学出版社2001年版，第173页。

33. 简 EPT68.83：乃今月十一日辛巳日且入时胡虏入甲渠木中（第 203 页）

34. 简 EPT68.87：丹骑驿马一匹驰往逆辟未到木中里所胡虏四步人（第 203 页）

35. 简 EPT68.95：职乃今月十一日辛巳日且入时胡虏入木中（第 203 页）

36. 简 EPT68.99：马一匹驰□□☑里所胡虏四步入从（第 203 页）

37. 简 EPF16.37：万死叩头死罪死罪十月廿八日胡虏犯塞略得吏（第 208 页）

38. 简 EPF22.318：出五石具弩一 假隧建武六年四月十六日胡虏犯塞入＝吏格斗失亡（第 220 页）

39. 简 EPF22.319：稿矢铜鍭六十 假亭隧建武六年四月十六日胡虏犯塞入＝吏格斗失亡（第 220 页）

40. 简 EPF22.371：敢言之乃今月二日乙丑胡虏卅余骑犯塞入攻燔☑（第 221 页）

41. 简 EPF22.432：●万岁部建武三年六月胡虏所盗兵（第 223 页）

42. 简 EPF22.433：第七隧长徐循 今年四月中休田持隧六石具弩一矢铜鍭＝卅枚乃六月一日胡虏（第 223 页）

43. 简 EPF22.747A：戊子胡虏攻隧吏卒格斗隧别名及刺卷（第 233 页）

44. 简 EPF22.747B：胡虏攻隧（第 233 页）

45. 简 EPF22.835、836：胡虏犯甲渠塞辨强饮强食再拜☑（第 235 页）

46. 简 EPF22.837：☑大福令胡虏□☑（第 235 页）

以上 19 支"胡虏"简，简 29 年代虽不详，但编号与之相近的简均有明确编年，如简 EPT6.12"建武六年十二月☑"，简 EPT6.19"建武三年正月□□☑"，此简出于建武初年似无疑问。简 30、31，李均明先生考释是王莽时期的简。① 简 33、34、35、36，李均明先生认为字迹相同，属于建武五年十一月的劾状册。② 简 37 无具体年代，但与上引"塞上烽火品约"出于同一地点，应属于建武初年。简 38—46 均出于同一地点，且简 38、39、41 标有明确的建武编年，简 42 与简 41"字迹同，属同一册"。③ 简 40 与标有赤眉建世二年年号的简 EPF22.370B"建世二年三月癸亥朔……"，"字迹相同，属同一册"。④ 简 28、43、44、45、46 年代不详，但王莽与建武初年，汉匈关系相当紧张，因此简文中屡屡提及"胡虏入塞"、"胡虏攻隧"、"胡虏犯甲渠"，将之视为这一时期的简文，似乎并无不妥。

综合以上诸简，似乎可以得出两个结论：

（一）居延汉简中称"匈奴"或"匈奴人"诸简，除简 3 年代不确外，简 4 是汉元帝时简，简 7 为新莽时期简，其余诸简均属于"塞上烽火品约"类。虽然简 2、3、5、6 年代不确，但简 8—22 编年当在两汉之际。需要指出的是，虽然目前所见最完整的"塞上烽火品约"简出于两汉之际，但其产生的年代肯定要远早于此。就居延地区而论，随着汉武帝时期对是地经营的全面展开，烽隧亭障设置日趋完备，作为最能体现边塞防御功能的制度——"塞上烽火品约"肯定已经制定出来，并在不断地充实与修整。反映在简文中，则是以"本名"称谓"匈奴人"。即便是出现于两汉之际的"塞上烽火品约"，也都沿袭了这一传统，均以"匈奴人"称谓，以至我们所见的"塞上烽火品约"之类的简文，多有"匈奴人入"、"匈奴人入塞"如何处理的规定，这与出现于西汉后期所谓"捕匈奴虏购科赏"、"胡虏讲〈购〉赏"之类的规定存在明显的不同。

（二）居延汉简中"匈奴虏"与"胡虏"明显具有贬斥意味的诸简，除简 28 年代不确，其余均出现于新莽及建武初年，或曰两汉之际。特别是以"胡虏"指称匈奴的现象，亦见出于居延烽隧遗址的《额济纳汉简》，凡四见（简 47—50）：

---

①　参见李均明《新莽简辑证·释文二》，新文丰出版公司 1995 年版，第 70、71 页。

②　参见李均明《居延编·汉光武第十三》，第 239—240 页。

③　李均明：《居延编·汉光武第十三》，第 219 页。

④　李均明：《居延编·刘盆子第十二》，第 216 页。

47. ●扁书胡虏讲〈购〉赏二亭扁一毋令编币绝（99ES16ST1：4，第73页）

48. 建武四年九月戊子从史闶敢言之行道以月十日到橐他候官遇橐他守尉冯承言今月二日胡虏入酒泉□□（2000ES9SF3：4A，第211页）

49. 恐为胡虏所围守闶即夜与居延以合从王常俱还到广地胡池亭止虏从靡随河水草北行虏□……（2000ES9SF3：4D，第214页）

50. ☑□血也三日捕斩胡虏凡截头百五级胡虏盗（2000ES9S：8，第266页）①

简47属于"●专部士吏典趣辄"册书，虽无具体编年，但其性质同上引简24—27，② 似亦出于两汉之际。简48、49出于同一支简，且有明确的建武编年。简50残损严重，其性质及编年不能确定。显然，无论是"捕匈奴虏购科赏"、"胡虏讲〈购〉赏"的简文，还是"胡虏攻"、"胡虏犯"之类的简文，多是出于两汉之际汉匈关系再度紧张之时。汉匈关系这样明显的变化，在传世文献中也能得到证实。

二

对于早期时期活动于中原地区北边的游牧民族或部落，先秦典籍称谓甚多，除"胡"之外，又有"戎"、"狄"等不同称谓。自西汉时人司马迁撰《史记·匈奴列传》，始概以"匈奴"之称。面对如此纷杂的称谓，王国维先生《鬼方昆夷猃狁考》在言及这些称谓变化时说：

> 其见于商周之间者，曰鬼方、曰混夷、曰獯鬻。其在宗周之际，则曰猃狁。入春秋后，则始谓戎，继号之狄。战国以降，又称之曰胡，曰匈奴。综上诸称观之，则曰戎曰狄者，皆中国人所加之名。曰

---

① 魏坚主编：《额济纳汉简》（以下简称《额简》），广西师范大学出版社2005年版。《额简》中未见"匈奴虏"的简文。

② 参见李均明《额济纳汉简法制史料考》，《额简》，第63页。

鬼方、曰混夷、曰獯鬻、曰猃狁、曰胡、曰匈奴者，乃其本名也。①

王氏所谓"中国所附加"之"名"，则含有"丑名"之意。秦汉之时对匈奴之称谓，虽然"匈奴"多与"胡"混用，但这只是用以"本名"，并非所谓"丑名"。②

用"匈奴"例，《史记》卷110《匈奴列传》载汉帝与匈奴单于通书，均以"匈奴"相称或自称：

> 汉遗单于书，牍以尺一寸，辞曰"皇帝敬问匈奴大单于无恙"，所遗物及言语云云。中行说令单于遗汉书以尺二寸牍，及印封皆令广大长，倨傲其辞曰"天地所生日月所置匈奴大单于敬问汉皇帝无恙"，所以遗物言语亦云云。③

是例甚多，不烦赘举。对于这类文书的真实性，蔡美彪先生认为："此来书以汉文书写，当是出自匈奴单于庭的汉族文士之手。但作为匈奴单于致汉朝皇帝的正式文书，遣词自当郑重，应属可信。"④ 除汉匈双文正式文书交往外，汉廷君臣讨论对匈奴政策时，基本上也都以匈奴"本名"指称，如元光二年（公元前133年），大行王恢与御史大夫韩安国曾就"和"、"战"发生激烈争论，但言及匈奴均是用"本名"，而没有加以"丑名"刻意表示蔑视。

至于用"胡"例，吴荣曾先生认为："胡的含义也是随时代转移而发生变化。在战国时期是北方各游牧族的泛称，到西汉时期专指匈奴。"⑤

---

① 王国维：《观堂集林》卷13《鬼方昆夷猃狁考》，中华书局1959年版，第583页。
② 对于"匈奴"一词的含义，学界有不同的看法。如余英时先生认为："由于我们无法重建匈奴语的任何有价值部分，而且匈奴的称号和名字只能通过中国著作来了解……这样，王的称号（如日逐王），甚至这个民族的名称匈奴，都是汉语。后者实际上是强烈的污蔑之词，汉语的意义是'凶恶的奴隶'。"（崔瑞德、鲁惟一编：《剑桥中国秦汉史》，杨品泉等译，第6章"匈奴"条，中国社会科学出版社1992年版，第413页注15）
③ 《史记》卷110《匈奴列传》，中华书局1959年版，第2899页。
④ 蔡美彪：《成吉思汗及撑黎孤涂释义》，《中国史研究》2007年第2期，第105页。蔡先生此处主要讨论的是"天所立"是匈奴语"撑黎孤涂"的汉释问题，虽然涉及"匈奴"汉释问题，但作为汉匈的正式文书，"匈奴"的称谓显然经过双方的认可。
⑤ 吴荣曾：《战国胡貉各族考》，《先秦两汉史研究》，中华书局1995年版，第119页。

尽管入汉之后，对于"匈奴"与"胡"具体所指，学界仍有不同意见，[①]但就本文而言，居延汉简中称"胡"例，无疑是专指匈奴。

汉人用"胡"指称匈奴，与用"匈奴"一样，当是取其"本名"而言，并不包含着所谓"丑名"之意。与"匈奴"的称谓一样，"胡"亦为匈奴人用于自称，《汉书》卷94上《匈奴传上》载狐鹿姑单于遣使遗汉武帝书云：

> 南有大汉，北有强胡。胡者，天之骄子也，不为小礼以自烦。今欲与汉闿大关，取汉女为妻，岁给遗我糵酒万石，稷米五千斛，杂缯万匹，它如故约，则边不相盗矣。[②]

值得注意的是，匈奴自称为"胡"，似乎仅见此一例，至于汉人以"胡"称匈奴例则更多。如《史记》卷6《秦始皇本纪》引贾谊《过秦论》曰："乃使蒙恬北筑长城而守藩篱，却匈奴七百余里，胡人不敢南下而牧马，士不敢弯弓而报怨。"[③] 卷130《太史公自序》："北讨强胡，南诛劲越，征伐夷蛮，武功爰列。作建元以来侯者年表第八。"[④]《汉书》卷52《韩安国传》引大行王恢语："臣闻全代之时，北有强胡之敌，内连中国之兵，然尚得养老长幼，种树以时，仓廪常实，匈奴不轻侵也。"[⑤] 是例甚多，不烦赘举。

可见对匈奴的称谓，不论是汉匈互称还是匈奴自称，"匈奴"与"胡"，基本都是取其"本名"之意，并非刻意冠以"丑名"。

然而，"虏"在汉语中的运用，除有俘虏、掳掠等义项外，用奴仆、叛逆等贬斥用法，特别是与被贬斥者的地域或族称联系起来，更表现出强烈的贬斥轻蔑之意。如将"虏"与地域联系者有如"齐虏"、"赵虏"等：

---

① 参见陈勇《〈史记〉所见胡与匈奴称谓考》，《民族研究》2005年第6期。

② 《汉书》卷94上《匈奴传上》，中华书局1962年版，第3780页。"胡"与"匈奴"的关系，岑仲勉先生认为："然匈奴之称胡必非恶意或蔑视意"，并以上引史料为据，"其致汉之书极于谦逊而止耳，何至以恶意或蔑视意之辞以自称。顾日人白鸟竟作曲解，谓'中国人称北方之敌国，特选此所谓"匈奴"之不美之字面，以表示轻侮之意，颇为明了'。"（岑仲勉：《伊兰之胡与匈奴之胡》，载林干《匈奴史论文选集》，中华书局1983年版，第35页。

③ 《史记》卷6《秦始皇本纪》，第280页。

④ 《史记》卷130《太史公自序》，第3304页。

⑤ 《汉书》卷52《韩安国传》，2399页。

七年，韩王信反，高帝自往击之。至晋阳，闻信与匈奴欲共击汉……上使刘敬复往使匈奴，还报曰："……愚以为匈奴不可击也。"是时汉兵已踰句注，二十余万兵已业行。上怒，骂刘敬曰："齐虏！以口舌得官，今乃妄言沮吾军。"①

是时，上春秋高，疑左右皆为蛊祝诅……充既知上意，因言宫中有蛊气，先治后宫希幸夫人，以次及皇后，遂掘蛊于太子宫，得桐木人。太子惧，不能自明，收充，自临斩之。骂曰："赵虏！乱乃国王父子不足邪！乃复乱吾父子也！"②

如将"虏"与族称联系者有如"羌虏"、"胡虏"等：

臣谨条不出兵留田便宜十二事……又因排折羌虏，令不得归肥饶之墬，贫破其众，以成羌虏相畔之渐，二也……上于是报充国曰："皇帝问后将军，上书言羌虏可胜之道，今听将军，将军计善。"③

后二岁，广以郎中令将四千骑出右北平……行可数百里，匈奴左贤王将四万骑围广，广军士皆恐，广乃使其子敢往驰之。敢独与数十骑驰，直贯胡骑，出其左右而还，告广曰："胡虏易与耳。"军士乃安……广身自以大黄射其裨将，杀数人，胡虏益解。④

臣闻汉兴以来，胡虏数入边地，小入则小利，大入则大利；高后时再入陇西，攻城屠邑，驱略畜产；其后复入陇西，杀吏卒，大寇盗。窃闻战胜之威，民气百倍；败兵之卒，没世不复。⑤

不过，需要指出的是，上引《史记》卷109《李将军列传》关于"胡虏"云云，首见于《史记》，亦是唯一一见，《汉书》卷54《李广传》载其事与《史记》同。《汉书》卷49《晁错传》所载"胡虏"语，见文帝时晁错

---

① 《史记》卷99《刘敬列传》，第2718页。
② 《汉书》卷45《江充传》，第2179页。
③ 《汉书》卷69《赵充国传》，第2987—2992页。
④ 《史记》卷109《李将军列传》，第2872—2873页。
⑤ 《汉书》卷49《晁错传》，第2278页。

所上《言兵事疏》，由于《史记》未载是疏，故无所谓"胡虏"语。① 因此，同见于《史记》、《汉书》"胡虏"之语，仅此二例，且均是文帝时事。

值得注意的是，似乎西汉末年以后，所谓"胡虏"用语骤然增多。例如《汉书》卷99《王莽传》载：

> 校尉韩威进曰："以新室之威而吞胡虏，无异口中蚤虱。臣愿得勇敢之士五千人，不赍斗粮，饥食虏肉，渴饮其血，可以横行。"

> 莽下诏曰："详考始建国二年胡虏猾夏以来，诸军吏及缘边吏大夫以上为奸利增产致富者，收其家所有财产五分之四，以助边急。"②

《后汉书》记匈奴事，也多以"胡虏"称谓。

> （建武）九年（公元33年），霸与吴汉及横野大将军王常、建义大将军朱祐、破奸将军侯进等五万余人，击卢芳将贾览、闵堪于高柳。匈奴遣骑助芳，汉军遇雨，战不利。吴汉还洛阳，令朱祐屯常山，王常屯涿郡，侯进屯渔阳。玺书拜霸上谷太守，领屯兵如故，捕击胡虏，无拘郡界。③

除以"胡虏"称谓匈奴外，由于建武二十四年（公元48年），匈奴分裂为南北二部，对于北匈奴，南匈奴与汉廷多以"北虏"称之，其语意当同于"胡虏"。

> 匈奴薁鞬日逐王比遣使款五原塞，求扞御北虏。④

> （建武）二十七年，宫乃与杨虚侯马武上书曰："匈奴贪利，无有礼信，穷则稽首，安则侵盗，缘边被其毒痛，中国忧其抵突……今命

---

① 龙川资言考证，水泽利忠校补《史记会注考证》卷101《晁错列传》"考证"曰："《汉书·艺文志》法家，晁错三十一篇。《晁传》载其《教太子疏》、《言兵事疏》、《募民徙塞疏》及《贤良策》，《食货志》又《令民入粟受爵疏》，皆有用之文，《史记》不载。"中华书局1986年版，第1702页上。

② 《汉书》卷99《王莽传》，第4138、4152—4163页。

③ 《后汉书》卷20《王霸传》，中华书局1965年版，第737页。

④ 《后汉书》卷1下《光武帝纪》，第76页。

将临塞，厚县购赏，喻告高句骊、乌桓、鲜卑攻其左，发河西四郡、天水、陇西羌胡击其右。如此，北虏之灭，不过数年。"①

与"胡虏"相似的称谓还有"匈奴虏"，文献中仅见《史记》卷108《韩长孺列传》：

> 卫尉安国为材官将军，屯于渔阳。安国捕生虏，言匈奴远去。即上书言方田作时，请且罢军屯。罢军屯月余，匈奴大入上谷、渔阳……匈奴虏略千余人及畜产而去。天子闻之，怒，使使责让安国。徙安国益东，屯右北平。是时匈奴虏言当入东方……乃益东徙屯。意忽忽不乐，数月病呕血死。②

《汉书》卷52《韩安国传》载其事几乎全录《史记》文，唯将"匈奴虏言"改为"虏言"。③《史记》"匈奴虏"含义不详，恐是指韩安国所捕"生虏"，即匈奴俘虏，《汉书》将之改为"虏言"，所指更为明确。尽管"匈奴虏"具有贬斥之意，但《史记》该段记载是具体有所指，与简文中所谓"匈奴虏"应是有所区别的。

三

从上述传世文献与居延汉简中可以证明，两汉时期对匈奴的称谓，存在着一个从"匈奴"（或曰"匈奴人"）到"胡虏"（或曰"匈奴虏"）变化的过程。发生这一变化明显的时间界限是在两汉之际，其关键在于匈奴地位实际上处于不断的下降过程之中。称谓的变化虽然不能完全表现出汉匈关系演变的全部内容，但确实可以在一定程度上反映出这种变化的某种倾向。

---

① 《后汉书》卷18《臧宫传》，第695页。关于"北虏"的称谓，居延汉简中似乎不见，《居延汉简甲编》有"……五月壬申北虏亭长当出"的简文（甲1911），《合校》编者认为"北虏亭"当为"北守亭"（简520.2，第599页）。居延汉简未见"北虏"的称谓，恐与建武后期的简文发现较少有关。

② 《史记》卷108《韩长孺列传》，第2864页。

③ 《汉书》卷52《韩安国传》，第2406页。

西汉时期，汉匈关系不论是紧张对峙，还是和亲相处，汉廷君臣在处理汉匈关系时，经常为"战"、"和"问题所困扰，并多次发生激烈的争论，如同班固所云：

> 故自汉兴，忠言嘉谋之臣曷尝不运筹策相与争于庙堂之上乎？高祖时则刘敬，吕后时樊哙、季布，孝文时贾谊、晁错，孝武时王恢、韩安国、朱买臣、公孙弘、董仲舒，人持所见，各有同异，然总其要，归两科而已。缙绅之儒则守和亲，介胄之士则言征伐。[①]

然而，细绎这些争论，虽然都是以传统的所谓"华夷之辨"为基调，对于匈奴之类的"蛮夷"、"戎狄"表现出强烈的防范戒备意识，以及不可避免的轻蔑之意；但是，仅对匈奴的称谓而言，西汉时期基本上都是用"本名"，而鲜有使用"丑名"之现象，这与新莽以降，动辄以"胡虏"指称匈奴的现象还是有程度上的差别。同时，这种现象不仅表现在匈奴势力强劲，汉廷不得不"卑下而承事"，结为"兄弟"之时；就是在匈奴经过汉武帝时的军事打击，势力大衰之时也是如此；不仅群臣"争于庙堂之上"时是如此，即是来自民间的贤良文学，在与朝臣讨论武帝匈奴政策得失时基本上也是如此。[②]

西汉时期，朝野对匈奴的称谓基本上都用"本名"，更深层次的原因

---

① 《汉书》卷 94 下《匈奴传下》，第 3830 页。

② 通检《盐铁论》全书，议论双方均没有使用"胡虏"这样的蔑称，基本上都是称谓"匈奴"。当然，亦有以"虏"、"寇虏"之类的说法指称匈奴，如卷 1《本议第一》"大夫曰：'匈奴背叛不臣，数为寇暴于边鄙，备之则劳中国之士，不备则侵盗不止。先帝哀边人之久患，苦为虏所系获也，故修障塞。饬烽燧，屯戍以备之'。卷 4《地广第十六》。"文学曰：'秦之用兵，可谓极矣，蒙恬斥境，可谓远矣。今踰蒙恬之塞，立郡县寇虏之地，地弥远而民滋劳'。"卷 8《伐功第四十五》。"大夫曰：'……蒙公死而诸侯畔秦，中国扰乱，匈奴纷纷，乃敢复为边寇。夫以小国燕、赵，尚犹却寇虏以广地，今以汉国之大，士民之力，非特斥桓之众，燕、赵之师也。然匈奴久未服者，群臣不并力，上下未谐故也'"。同卷《西域第四十六》"大夫曰：'往者，匈奴据河、山之险，擅田牧之利，民富兵强，行人为寇……文帝时，虏入萧关，烽火通甘泉，群臣惧不知所出，乃请屯京师以备胡'"（王利器：《盐铁论校注（定本）》，中华书局 1992 年版，第 2、208、494、499 页）等寥寥数例，出现的频率远较"匈奴"为低。《盐铁论》为宣帝时人桓宽所著，陈直先生认为"西汉流传之古籍，无一语为后人加入者，首推此书"（陈直：《摹庐丛书七种》，齐鲁书社 1981 年版，第 121 页）。如是，《盐铁论》对匈奴的称谓多用"本名"而少"丑名"的情况，可能更真实地反映出西汉时人对匈奴的态度。

似乎与汉廷始终坚持在"和亲"的基础上，与匈奴或以"邻国"相处，或以"北藩"相待这一基本策略相关。

在匈奴势力强盛、频频入扰中原之时，汉文帝致书军臣单于，表示汉廷将遵守"先帝制"："长城以北，引弓之国，受命单于；长城以内，冠带之室，朕亦制之"，"和亲之后，汉过不先"。① 基于这样的考虑，是时汉廷确实没有必要对匈奴显示贬斥轻蔑之意。汉武帝时期，尽管朝野大肆鼓荡讨伐匈奴，出现诸如霍去病"匈奴未灭，无以为家"这样激烈的言论，但这不过为宣示与匈奴决战的信心，朝廷的基本策略则是要求匈奴在大败亏输后由"邻国"降于"北藩"而已。汉匈关系修复后，宣帝诏公卿议待呼韩邪单于之仪，诸公卿建议"其礼仪宜如诸侯王，位次在下"，唯太子少傅萧望之独持异议：

> 单于非正朔所加，故称敌国，宜待以不臣之礼，位在诸侯王上。外夷稽首称藩，中国让而不臣，此则羁縻之谊……如使匈奴后嗣卒有鸟窜鼠伏，阙于朝享，不为畔臣。②

元帝竟宁年间，呼韩邪单于"上书愿保塞上谷以西至敦煌，传之无穷，请罢边备塞吏卒，以休天子人民。天子令下有司议，议者皆以为便"。唯郎中侯应举十条理由以为不可许：

> 周秦以来，匈奴暴桀，寇侵边境，汉兴，尤被其害……至孝武世，出师征伐，斥夺此地，攘之于幕北。建塞徼，起亭隧，筑外城，设屯戍，以守之，然后边境得用少安……今圣德广被，天覆匈奴，匈奴得蒙全活之恩，稽首来臣。夫夷狄之情，困则卑顺，强则骄逆，天性然也……如罢戍卒，省候望，单于自以保塞守御，必深德汉，请求无已……非所以永持至安，威制百蛮之长策也。③

前者萧望之议成为东汉时处理与南匈奴关系的"孝宣故事"，后者侯应之

---

① 《史记》卷 110《匈奴列传》，第 2902 页。
② 《汉书》卷 78《萧望之传》，第 3282 页。
③ 《汉书》卷 94 下《匈奴传下》，第 3803 页。

议划定了中央朝廷与"北藩"以边塞为限，各守其域的基本原则。前后两议其意义正如晋人江统《徙戎论》所云：

> 匈奴求守边塞，而侯应陈其不可；单于屈膝未央，望之议以不臣。是以有道之君牧夷狄也，惟以待之有备，御之有常，虽稽颡执贽，而边城不弛固守；为寇贼强暴，而兵甲不加远征，期令境内获安，疆场不侵而已。①

自宣元汉匈再次"和亲"之后，汉匈关系都遵循这些原则进行处理。河平元年（公元前28年），匈奴右皋林王伊邪莫演奉单于命入汉奉献，请求降汉。群臣或建议依照汉廷"故事"允纳其降，光禄大夫谷永、议郎杜钦认为"汉兴，匈奴数为边害，故设金爵之赏以待降者。今单于诎体称臣，列为北藩，遣使朝贺，无有二心，汉家接之，宜异于往时"。成帝拒纳其降。建平元年（公元前6年），匈奴乌珠留单于上书状告汉中郎将夏侯藩强索匈奴"斗地"，哀帝诏书回报"藩擅称诏，从单于求地，法当死，更大赦二，今徙藩为济南太守，不令当匈奴"。建平四年，乌珠留单于请朝明年，群臣或言："黄龙、竟宁时，单于来朝中国，辄有大故"，② 建议勿许。黄门郎扬雄上书谏劝："今单于归义，怀款诚之心，欲离其庭，陈见于前，此乃上世之遗策，神灵之所想望，国家虽费，不得已者也。奈何距以来厌之辞，疏以无日之期，消往昔之恩，开将来之隙！"③ 哀帝允许单于来朝。

西汉年间，特别是宣帝以降，基本上都能谨慎处理于匈奴的关系，反映在对匈奴的称谓上，则是鲜见"胡虏"这样蔑称的重要原因。

西汉末年，王莽为取代汉室，大规模改动汉廷制度，史称"托古改制"，汉匈关系首当其冲，再度发生剧烈变化。新莽建立后，遣派使者分赴周边颁授新室印绶，收缴汉朝故印，"西出者至西域，尽改其王为侯；北出者至匈奴庭，授单于印，改汉印文，去'玺'曰'章'"。④ 上引简7

---

① 《晋书》卷56《江统传》，中华书局1974年版，第1530页。

② "大故"指国丧。宣帝死于黄龙元年（公元前49年），元帝死于竟宁元年（公元前33年），均死于呼韩邪单于两次朝汉之年。

③ 以上分见《汉书》卷94下《匈奴传下》，第3808、3810、3816页。

④ 《汉书》卷99中《王莽传中》，第4115页。

即有"诏书曰除匈奴之号"的记载。王莽随意贬斥匈奴及西域诸国地位的举动，激起了匈奴与西域诸国的强烈不满。

为立威匈奴，王莽于始建国二年（公元 10 年）募卒三十万，准备十道并出攻逐匈奴，甚至预分匈奴土地、人民为十五，分立呼韩邪子孙十五人为单于。新出《额简》"建国二年十一月甲戌诏书"较为翔实地记录了这一史实：

> □匈奴国土人民，以为十五，封稽侯厥子孙十五人皆为单手（于）（简 2000ES9SF4：11）
>
> 校尉苞□□度远郡益寿塞，徼召余十三人当为单手（于）者。苞上书，谨□□为单手（于）者十三人，其一人葆塞，稽朝候威妻子家属及与同郡虏智之将业（2000ES9SF4：10）
>
> 今诏将军典五将军，五道并出，或溃虏智皆匈腹，或断绝其两肋（2000ES9SF4：8）①

简文中提到的"虏智"，是指匈奴单于乌珠留。乌珠留本名囊知牙斯，元始时受王莽诱使改名为"知"。始建国二年，王莽更名"匈奴单于"为"降奴服于"，贬称乌珠留单于为"虏知"。② 王莽以诏书形式更改匈奴名号，公然以蔑称称谓匈奴及匈奴单于，这是前所未有之事。《汉书》中"胡虏"凡九见，其中六例见于新莽时期，这些称谓的变化可以真实反映出是时汉匈关系已经急剧恶化。匈奴乌珠留单于则针锋相对，宣称："先单于受汉宣帝恩，不可负也。今天子非宣帝子孙，何以得立？"于是大肆出兵侵扰，"单于历告左右部都尉、诸边王，入塞寇盗，大辈万余，中辈数千，少者数百，杀雁门、朔方太守、都尉，略吏民畜产不可胜数，缘边虚耗"。③ 宣帝之后数世不见烟火之警的安宁局势遭到彻底破坏。

王莽败亡后，东汉初年的汉匈关系与西汉初年极为相似，匈奴趁战乱

---

① 《额简》，第 231—237 页。关于"建国二年十一月甲戌诏书"的释读考证，参见邬文玲《始建国二年新莽与匈奴关系史事考辨》，《历史研究》2006 年第 4 期。

② 参见《汉书》卷 99 中《王莽传中》，第 4121、4125、4130 页。

③ 《汉书》卷 94 下《匈奴传下》，第 3824 页。

之机坐大势力，联合北边割据势力彭宠、卢芳等及乌桓诸族大肆侵扰北境，汉廷则苦于应付：

> 建武初，彭宠反畔于渔阳，单于与共连兵……共侵北边。九年，遣大司马吴汉等击之，经岁无功，而匈奴转盛，钞暴日增。十三年，遂寇河东，州郡不能禁。于是渐徙幽、并边人于常山关、居庸关已东，匈奴左部遂复转居塞内。朝廷患之，增缘边兵郡数千人，大筑亭候，修烽火……二十年，遂至上党、扶风、天水。二十一年冬，复寇上谷、中山，杀略钞掠甚众，北边无复宁岁。①

上引"胡虏入塞"、"胡虏攻隧"、"格射胡虏"诸简，当是见证是时汉匈关系紧张的直接证据；至于简文大量出现的"胡虏"称谓，显然是继承了新莽以来贬斥轻蔑匈奴的传统。②

建武二十四年，匈奴内乱，分为南北两部，被八部大人共议立的南匈奴单于比，"以其大父尝依汉得安，故欲袭其号。于是款五原塞，愿永为蕃蔽，扞御北虏"，汉匈关系似乎得以重现"孝宣故事"，③ 但是，其中一个重要情节不容忽略：

> 二十六年，遣中郎将段郴、副校尉王郁使南单于，立其庭，去五原西部塞八十里。单于乃延迎使者。使者曰："单于当伏拜受诏。"单于顾望有顷，乃伏称臣。拜讫，令译晓使者曰："单于新立，诚惭于左右，愿使者众中无相屈折也。"骨都侯等见，皆泣下。④

尽管是时廷议许按"孝宣故事"礼待匈奴单于比，但是汉使者却当众"屈

---

① 《后汉书》卷89《南匈奴列传》，第2940页。

② 上引《后汉书》卷20《王霸传》亦可以提供证据："玺书拜霸上谷太守，领屯兵如故，捕击胡虏，无拘郡界。"

③ 《后汉书》卷89《南匈奴列传》，第2942页。所谓"孝宣故事"，见《后汉书》卷19《耿国列传》："及匈奴薁鞬日逐王比自立为呼韩邪单于，款塞称藩，愿扞御北虏。事下公卿。议者皆以为天下初定，中国空虚，夷狄情伪难知，不可许。国独曰：'臣以为宜如孝宣故事受之，令东扞鲜卑，北拒匈奴，率厉四夷，完复边郡，使塞下无晏开之警，万世安宁之策也。'帝从其议，遂立比为南单于。"（第715—716页）

④ 《后汉书》卷89《南匈奴列传》，第2945页。

折"匈奴单于，匈奴实际地位之下降由此可见一斑。而且随着北匈奴势力的进一步衰落，南匈奴于汉廷的重要性亦随之改变，与所谓"北虏"相对的"南虏"蔑称，则于东汉章和时屡见于史乘，堪与汉简中习见的"胡虏"相媲：

> 章和二年，鲜卑击破北匈奴，而南单于乘此请兵北伐，因欲还归旧庭。时窦太后临朝，议欲从之。意上疏曰："……今若听南虏还都北庭，则不得不禁制鲜卑。鲜卑外失暴掠之愿，内无功劳之赏，豺狼贪婪，必为边患。今北虏西遁，请求和亲，宜因其归附，以为外扞，巍巍之业，无以过此。若引兵费赋，以顺南虏，则坐失上略，去安即危矣。诚不可许。"①

> 明年，北单于为耿夔所破，遁走乌孙，塞北地空，余部不知所属。（窦）宪日矜己功，欲结恩北虏，乃上立降者左鹿蠡王阿佟为北单于，置中郎将领护，如南单于故事。事下公卿议……安与任隗奏，以为"光武招怀南虏，非谓可永安内地，正以权时之算，可得扞御北狄故也。今朔漠既定，宜令南单于反其北庭，并领降人众。无缘复更立阿佟，以增国费"。……宪竟立匈奴降者右鹿蠡王于除鞬为单于，后遂反叛，卒如安策。②

对于"胡虏"之类的传统蔑称，以胜利者自居的清廷统治者则有自己的解释，或可为理解两汉时期对匈奴的称谓由"本名"到"丑名"的变化过程有所启迪。"雍正十一年四月二十八日上谕"曰：

> 朕览本朝人刊写书籍，凡遇胡虏夷狄等字，每作空白，或改易形声，如以夷为彝，以虏为卤等字样，阅之殊不可解。揣其意，盖妄为触本朝之忌讳，日避之以明其敬慎。此固背理犯义，而不敬之甚者也……《汉书》注云："生得曰虏"。谓生得其人，以索贯而拘之也。敌国分隔，互相詆诋，北人以南为岛夷，南人以北为索虏。汉唐宋元明，边烽不息，每于不能臣服之国，反以为虏。我满洲住东海之滨，

---

① 《后汉书》卷41《宋意列传》，第1416页。
② 《后汉书》卷45《袁安列传》，第1520—1521页。

并非胡人，亦从未被虏。若言东夷之人，则可况今。普天之下，率土皆臣。虽穷边远徼，我朝犹不忍以虏视之，惟准噶尔背天逆命，自弃于王化之外，或可呼之为胡虏耳……总之，帝王之承天御宇，中外一家也，上下一体也。君臣父子之分，定于天也，尊亲忠孝之情，根于性也。未闻臣子之于君父，合体同心，犹可以丝毫形迹相歧视者也。①

原载《秦汉史论丛》第 11 辑，吉林人民出版社 2008 年版。

---

① 《世宗宪皇帝上谕八旗》卷 11《雍正十一年四月二十八日上谕》，文渊阁四库全书本。

西汉时期燕国与匈奴关系考略

一

战国后期，匈奴等北方游牧族势力崛起，与之相邻的秦、赵、燕三国，采取各种措施巩固北部边防，而设置边郡与修筑长城，是防御侵扰的两项重要措施。

郡之建置最初源于边地。姚鼐《惜抱轩诗文集》"文集二"曰："郡之称盖始于秦、晋，以所得戎翟地远，使人守之，为戎翟民君长，故名曰郡。如所云阴地之命大夫，盖即郡守之谓也。赵简子之誓曰：上大夫受县，下大夫受郡。郡远而县近，县成聚富庶而郡陋荒，故以美恶异等，而非郡与县相统属也。"吕思勉《中国制度史》第8章《政体》引是语后继云："则郡率有战备。姚氏谓为边远之地是也。盖统一之途，不外吞并人国，开拓荒地二者。县之设，由吞并人国者多。郡之设，则由开拓荒地者多也。"[1]

约在公元前300年左右，秦昭王时（公元前306年—前251年）占据义渠戎王地，置陇西、北地、上郡，筑长城以拒胡。赵武灵王时（公元前325年—前299年），北破林胡、楼烦；筑长城，自代并阴山下，至高阙为塞；而置云中、雁门、代郡。

燕国情况与秦、赵情况基本相同，只是时间更晚。史载：

> 其后燕有贤将秦开，为质于胡，胡甚信之。归而袭破走东胡，东胡却千余里。与荆轲刺秦王秦舞阳者，开之孙也。燕亦筑长城北击

---

① 吕思勉：《中国制度史》第8章《政体》，上海人民教育出版社1985年版，第431页。

胡，自造阳襄平。置上谷、渔阳、右北平、辽西、辽东郡以拒胡。①

由于秦开事迹史书记载甚少，燕国筑城置郡的具体时间不详。据张维华先生推测：“秦开归燕伐胡之事，如不在燕孝王之时（公元前257年—前255年），即在燕王喜即位之初年（公元前254年—前221年）……则燕在其侵地置郡县，建长城，亦当自此开其始，以时间论之，乃为战国时最晚出现之一条长城”。②

公元前221年，秦国统一，推行郡县制，虽然关于秦郡建置的数目、时间有所争议，但就北边郡而言，基本上沿袭了原秦、赵、燕三国的边郡建置，加之此前争于魏国的上郡，至秦统一之时，北边郡从西而东，次第为陇西、北地、上郡、云中、雁门、代郡、上谷、渔阳、右北平、辽西、辽东十一郡。秦始皇三十三年（公元前214年），内史蒙恬率三十万秦军攻逐匈奴，修筑长城，于新夺河南地上再置九原郡，形成了秦北边郡十二郡的格局，也为汉代北边郡的建置奠定了基础。

需要指出的，燕国与匈奴的关系并不完全是对抗的。特别是在秦军的压力下，燕国太子丹为抗御秦国，与大臣鞠武设谋，企图将秦国叛将樊於期送入匈奴，既可将秦祸北引，又可联合匈奴共同抗秦。史载：

> 秦将樊於期得罪于秦王，亡之燕，太子受而舍之。鞠武谏曰：“不可。夫以秦王之暴而积怒于燕，足为寒心，又况闻樊将军之所在乎？是谓‘委肉当饿虎之蹊’也，祸必不振矣！虽有管、晏，不能为之谋也。愿太子疾遣樊将军入匈奴以灭口。请西约三晋，南连齐、楚，北购于单于，其后乃可图也。”③

对于鞠武所谓“北购于单于”，司马贞“索隐”：“《战国策》‘购’作‘讲’。‘讲’，和也。今读‘购’与‘为燕购’同，购亦合也。《汉》、《史》媾、讲两字常杂，今欲北与连和。《陈轸传》亦曰‘西购于秦’也。”鞠武联合匈奴的设想无疑空谈，但对后来者却是一种启发。吴楚之乱时，吴王

---

① 《史记》卷110《匈奴列传》，中华书局1959年版，第2885页。
② 张维华：《中国长城建置考》上编，中华书局1979年版，第124页。
③ 《史记》卷86《刺客荆轲列传》，第2529页。

刘濞有"燕王、赵王故与胡王有约，燕王北定代、云中"云云。

匈奴真正对中原产生威胁则在秦汉之际。冒顿单于可能在此时统一匈奴，不仅趁中原地区兵连祸结之机重夺河南地，而且势力更为强盛，所控制的区域也比秦时更为扩大，史称冒顿"大破灭东胡王，而虏其民人及畜产。既归，西击走月氏，南并楼烦、白羊河南王。悉复收秦所使蒙恬所夺匈奴地者，与汉关故河南塞，至朝那、肤施，遂侵燕、代。是时汉兵与项羽相距，中国罢于兵革，以故冒顿得自强，控弦之士三十余万"。① 特别是冒顿单于将匈奴分为三部：自领单于庭，置左右贤王，左右谷蠡，左右大将，左右大都尉等官职，"诸左王将居东方，直上谷以东，接秽貉、朝鲜；右王将居西方，直上郡以西，接氐、羌；而单于庭直代、云中。各有分地，逐水草移徙"。② 冒顿单于这一部署具有政治远见，单于庭居中隔离匈奴左右两部，既可避免匈奴左右两部因为"份地"相近可能产生冲突与矛盾，又可以集中匈奴全部力量对秦汉自东而西的北部边郡形成巨大的压力。

公元 202 年，刘邦称帝，在天下初定、百废待兴的情况下，整齐在匈奴侵扰下已混乱不堪的北部边郡，汉初朝廷力不能逮。因此，刘邦最初将防范匈奴的希望寄托于随同自己起兵的亲信将领卢绾诸人的身上。

东北部燕国，秦汉之际，原燕将臧荼攻灭自立为王的韩广，被项羽封为燕王。汉五年（公元前 206 年）秋，臧荼因"谋反"被灭，成为最早被刘邦翦除的异姓王。旋即，刘邦封同乡密友太尉卢绾为燕王，都蓟（今北京西南）。可见刘邦对卢绾十分器重，委以防范匈奴的重任。中部代郡，高祖六年（公元前 201 年）初，封同父异母兄刘喜为代王；少子刘如意为赵王，因其年少，遂以随从自己入关灭秦的心腹将领陈豨为赵相国，将兵监视赵、代，领边郡。至于代国以西的地区，由于直接面对匈奴冒顿单于的驻区，防御的任务尤为艰巨。加之诸子年幼，刘邦不能不借助诸侯王的力量。韩王信初封中原腹地颍川，为人"壮武"，刘邦放心不下，于是在六年春将韩王信徙封太原，不久封于代，从太原北移都于马邑（今山西朔县），既有预防韩王信中原作乱的意图，又有希望他能担负起抗御匈奴责任的期望。

---

① 《史记》卷 110 《匈奴列传》，第 2889 页。
② 同上书，第 2890—2891 页。

将同姓或异姓诸侯王部署在北部边境防范匈奴，在当时的形势下是现实可行的。对于刘邦的这一意图，当时逃亡在匈奴的故燕王臧荼之子臧衍看得十分清楚，曾对燕王卢绾使匈奴者张胜曰：

> 公所以重于燕者，以习胡事也。燕所以久存者，以诸侯数反，兵连不决也。今公为燕欲急灭豨等，豨等已尽，次亦至燕，公等亦且为虏矣。公何不令燕且缓陈豨而与胡和？事宽，得长王燕；即有汉急，可以安国。①

然而，随着韩王信、陈豨、卢绾等人在刘邦的猜疑之中相继反叛，甚乃与匈奴联兵侵扰边郡，而代王刘喜又在匈奴的攻击下弃国而逃，整个北边郡的局势，甚至比战国末年秦、赵、燕分兵驻守的形势还要混乱。

特别是像燕王卢绾降匈奴后，对于匈奴侵扰燕国故地起到推波助澜的作用：

> 冒顿常往来侵盗代地。于是汉患之，高帝乃使刘敬奉宗室女公主为单于阏氏，岁奉匈奴絮缯酒米食物各有数，约为昆弟以和亲，冒顿乃少止。后燕王卢绾反，率其党数千人降匈奴，往来苦上谷（治今河北怀来东献）以东。②

燕王卢绾是高祖十二年（公元前195年）投降匈奴的，此前，高祖七年（公元前200年），刘邦纳刘敬和之策，匈奴侵扰有"少止"的迹象；但随着卢绾的加入，上谷以东的燕国故地，则成为匈奴新的侵扰对象。

二

高祖年间企图以诸侯王协防北境的意图，随着燕王卢绾降匈奴彻底落空，而且因为有熟悉北境情况诸侯王的加入，匈奴对北境的侵扰之势反而有自西而东漫延的趋势。例如高祖七年，韩王信反，十年，赵相陈豨反，

---

① 《史记》卷93《卢绾列传》，第2638页。
② 《史记》卷110《匈奴列传》，第2895页。

代地（代郡以西地区）成为韩王信、陈豨与匈奴联兵的主要攻略地区。而对相邻的卢绾燕国虽有威胁，但并没有真正受到攻击。高祖十一年，燕王卢绾甚至与刘邦联合击陈豨："汉十一年秋，陈豨反代地，高祖如邯郸击豨兵，燕王绾亦击其东北。"① 但在十二年，燕王卢绾终于在刘邦猜忌之下投降匈奴。

正是在这一背景之下，汉廷不得不复归秦制，开始整齐边郡，北边郡守、尉作为防御匈奴侵扰的一支主要力量出现于北境之上，成为抗击匈奴的主要力量。诸侯王国在汉匈战争中的地位，不可避免地进一步下降，这首先就反映在辖地上。

以燕国为例：卢绾燕国的辖地，仅以边郡论，就包括上谷、渔阳、右北平、辽西、辽东诸郡，与战国时燕国大致相当。高祖十二年，因卢绾降匈奴，刘邦封子刘建为燕王；高后七年（公元前181年），刘建死，吕后除其子，无后，国除。刘建虽然为燕王十五年，但可能由于其母无宠之故，史称"诸姬"，留下史料甚少。次年，即高后八年，吕后封侄子吕通为燕王。吕通为燕王不到一年，随着诸吕一同败亡，同样也没有留下任何有价值的史料。因此，对刘建时的燕国情况并不清楚。

文帝元年（公元前179年），徙原琅邪王刘泽为燕王，虽然刘泽为王不到两年而死，但传国至孙刘定国，至武帝元朔元年（公元前128年）国除，存在五十二年，历经文、景、武三代，在西汉时期的诸燕国中，立国时最长。对我们分析是时燕国与匈奴的关系具有重要价值。

燕王刘泽，系汉高祖刘邦远属。汉三年（公元前204年），为郎中。高祖十一年（公元前196年），以将军击赵相国陈豨部将王黄，封为营陵侯。因娶吕后妹吕媭之女为妻，高后七年（公元前188年），封为琅邪王。从刘泽经历看，早年随刘邦起兵，从击陈豨，与诸吕关系较密，又与齐王刘襄谋伐诸吕，与群臣迎立代王刘恒。文帝元年（公元前179年），徙刘泽为燕王。

汉初刘氏诸侯王具有极大的独立性，辖地广阔。《汉书·诸侯王表》曰"汉兴之初，海内新定，同姓寡少，惩戒亡秦孤立之败，于是剖裂疆土，立二等之爵。功臣侯者百有余邑，尊王子弟，大启九国。自雁门以

---

① 《史记》卷93《卢绾列传》，第2638页。

东，尽辽阳，为燕、代……"① 其官制大抵与朝廷相似，除国相由朝廷任命外，余者均由诸王自置。齐王刘襄能与"舅父驷钧、郎中令祝午、中尉魏勃阴谋发兵"，迫使汉置齐相召来自杀，并与宿卫长安的二弟相通谋，几夺帝位而自为。这种情形不能不引起文帝的重视，就在刻意安抚诸侯王的同时，抑制之术也同步进行。特别是文帝元年齐王刘襄之死，为文帝重新调整王国政策提供了机会。二年三月，文帝分赵为二（赵王刘遂、河间王刘辟强），齐为三（齐王刘则、城阳王刘章、济北王刘兴居），代为二（代王刘武、太原王刘参），刘揖为梁王。② 虽然是时刘泽燕国情况不甚清楚，但文帝将刘泽从齐地徙往燕地，本身就具有防范裁抑的含义在内。③

因此，可能从文帝初年起，燕国已经不领边郡，封国仅有广阳一郡，仍都蓟。《汉书》卷28《地理志》述广阳郡曰：

> 广阳国，（班固注）："高帝燕国，昭帝元凤元年为广阳郡，宣帝本始元年更为国．莽曰广有。"户二万七百四十，口七万六百五十八。县四：蓟，（班固注）："故燕国，召公所封。莽曰伐戎。"方城，广阳，阴乡。（班固注）："莽曰阴顺。"④

班固所述，除高帝时刘建燕国情况不确外，很可能自文帝初年起，燕国不仅削去边郡，而且只剩广阳一郡之地。广阳位于上谷、渔阳郡正南，仅辖四县，当是一小郡。又据《史记·燕世家》记载：刘泽燕国由封至削，均

---

① 《汉书》卷14《诸侯王表》，中华书局1962年版，第393页。

② 《汉书》卷4《文帝纪》载，二年三月，文帝诏曰："前赵幽王幽死，朕甚怜之，已立其太子遂为赵王。遂弟辟强及齐悼惠王子朱虚侯章、东牟侯兴居有功，可王。"乃立辟强为河间王，章为城阳王，兴居为济北王。因立皇子武为代王，参为太原王，揖为梁王。"（第117页）关于文帝调整诸侯王国的政策，学界研究成果甚多，请参见李开元《汉帝国的建立与刘邦集团》第3章第4节第4条《文帝即位与诸侯王国之调整》（三联书店，2000年版，第95—100页）。陈苏镇《汉代政治与〈春秋〉学》第1章第4节第2条《文景二帝对诸侯王权力的收夺和东方政策》（中国广播电视出版社2001年版，第103—116页）、《汉文帝"易侯邑"及"令列侯就国"考辨》（《历史研究》2005年第5期）等论著。

③ 汉初像燕、代这样的边地，由于地近匈奴，并不是刘氏子弟受封的首选。如吕后七年（前182年）秋，吕后曾欲徙代王刘恒（即文帝）王赵，刘恒为避祸，自称"愿守代边。"于是吕后立侄子吕禄为赵王。《史记》卷9《吕太后本纪》，第404页。

④ 《汉书》卷28下《地理志下》，第1634页。

没有言及辖境变化，仅曰："元朔元年……定国自杀，国除为郡。"① 显然，在文帝大力裁抑、析分同姓诸侯王的情况下，燕国当然不能独免。至于史料为何无载，可能在文帝徙封刘泽为燕王时就已确定燕国仅辖广阳一郡，因此史无异言。

燕国不再领边郡，汉廷处理与匈奴关系主要是依靠边郡守、尉，诸侯王国在汉匈战争中的地位可忽略不计。以原燕地为例，在文景武时期，上谷诸郡既受匈奴左部攻击，亦是汉军击匈奴的主要区域。如《景帝纪》："（后十年，公元前142年）春，匈奴入雁门，太守冯敬与战死。"《武帝纪》："（元朔元年，公元前128年）秋，匈奴入辽西，杀太守；入渔阳、雁门，败都尉，杀略三千余人。""（元朔三年）夏，匈奴入代，杀太守；入雁门，杀略千余人。"再如景帝、武帝年间的名将李广，首任上谷太守，其后次第任上郡、陇西、北地、雁门、云中、右北平太守，前后历任北边七郡太守，凭借着"天下无双"的"材气"，及与匈奴大小数十战的威名，为右北平太守时，"匈奴号曰'汉飞将军'，避之，数岁不入界"。②

但是，由于历史原因，燕国与匈奴关系还是备受时人瞩目。景帝三年（公元前154年），吴楚七国之乱，吴王刘濞发使遗诸侯书曰："燕王、赵王故与胡王有约，燕王北定代、云中，抟胡众入萧关，走长安，匡正天下，以安高庙"云云。③ 尽管是时燕王刘嘉根本没有介入七国之乱，但刘濞还是虚张声势，甚至将燕王起兵路线都规划得清清楚楚，强调燕王、赵王原来就"与胡王有约"，燕将率胡兵北定代、云中，"入萧关，走长安，"这是窜居一郡的燕王刘嘉所不能完成的任务。

然而，吴王刘濞所云也不是没有历史根据。早在秦惠文王更元七年（公元前318年），"韩、赵、魏、燕、齐帅匈奴共攻秦。秦使庶长疾与战修鱼，虏其将申差，败赵公子渴、韩太子奂，斩首八万二千"。④ 是役参与诸国，尤其是匈奴是否参与其事，史说不一。《史记会注考证》卷5《秦本纪》引清人梁玉绳语曰："此事诸处所载互有不同，余详校之，攻秦者实燕、楚、赵、魏、韩、齐六国，而匈奴不与也。"梁氏所云甚有道理。

---

① 《史记》卷51《荆燕世家》，第1997页。

② 《汉书》卷54《李广传》，第2443页。

③ 《史记》卷106《吴王刘濞列传》，第2828页。"抟"，司马贞"索隐"释曰："抟，音专。专谓专统胡兵也。"

④ 《史记》卷5《秦本纪》，第207页。

秦与六国主要战场在修鱼（今河南原阳西南）一线展开，匈奴是时尚没有形成统一力量，并没有这样的实力，能够深入到中原腹地参与六国攻秦之役。至于战国后期燕太傅鞠武"联匈奴抗秦"，只是一个设想，当时就被燕太子丹否定。

另外，燕王刘嘉虽未参与吴楚七国之乱，但赵王刘遂却在七国之中，曾秘密与匈奴联络，劝说匈奴趁汉军主力平叛南下之机侵入北境骚扰，与赵军联合行动，牵制汉军。史称：

> 遂既王赵二十六年，孝景帝时坐晁错以適削赵王常山之郡。吴楚反，赵王遂与合谋起兵。其相建德、内史王悍谏，不听。遂烧杀建德、王悍，发兵屯其西界，欲待吴与俱西。北使匈奴，与连和攻汉。汉使曲周侯郦寄击之，赵王遂还，城守邯郸，相距七月。吴楚败于梁，不能西。匈奴闻之，亦止，不肯入汉边。栾布自破齐还，乃并兵引水灌赵城。赵城坏，赵王自杀，邯郸遂降。[①]

这条记录又见《史记》、《汉书》中的匈奴、吴王刘濞、赵王刘遂诸传，文字略有异同，可见有所本。再以匈奴形势度之，文帝十四年（公元前168年），匈奴老上单于率十四万人攻入朝那、萧关（均在今宁夏固原东南一带），杀北地都尉孙卬，烧毁回中宫（在今陕西陇县西北），骑兵侦察部队竟进入雍县（今陕西凤翔）与甘泉宫（在今陕西淳化西北甘泉山），京师长安受到严重的威胁。匈奴这次入侵，在西汉时期是规模最大、侵入最深的一次，而且正是经萧关南下的。因此，吴王刘濞所谓燕王将"抟胡兵入萧关，走长安"云云，正是以此为依据的。

三

吴楚七国之乱平定后，中央集权进一步加强，裁抑诸侯国更为严厉。《汉书·诸侯王表》"序"曰：

> 诸侯原本以大，末流滥以致溢，小者淫荒越法，大者睽孤横逆，

---

① 《史记》卷51《楚元王世家》，第1990页。

以害身丧国。故文帝采贾生之议分齐、赵，景帝用错之计削吴、楚。武帝施主父之册，下推恩之令，使诸侯王得分户邑以封子弟，不行黜陟，而藩国自析。自此以来，齐分为七，赵分为六，梁分为五，淮南分为三。皇子始立者，大国不过十余城。长沙、燕、代虽有旧名，皆亡南北边矣。景遭七国之难，抑损诸侯，减黜其官。武有衡山、淮南之谋，作左官之律，设附益之法，诸侯惟得衣食税租，不与政事。①

由于"表序"是综述文、景、武裁抑诸侯王之策，故所谓"齐分为七"等是王国析分的最终结果。也应如是理解"长沙、燕、代虽有旧名，皆亡南北边矣"之语。颜注引如淳语曰："长沙之南更置郡，燕、代以北更置缘边郡。其所有饶利、兵马、器械，三国皆失之。"可见，至武帝时，燕国仅存旧名而已，不仅早已不领边郡，且赖以立国的"所有饶利、兵马、器械"皆失之，"诸侯惟得衣食税租，不与政事"。

自武帝元朔元年（公元前128年）燕国废后，元狩六年（公元前117年），武帝之子刘旦再封燕王，同时受封者又有齐王刘闳、广陵王刘胥。武帝仿西周之制，赐三王封策，"各以国土风俗申戒焉"。

申戒齐王刘闳曰：

> 朕承天序，惟稽古，建尔国家，封于东土，世为汉藩辅。乌呼！念哉，共朕之诏。惟命不于常，人之好德，克明显光；义之不图，俾君子怠。悉尔心，允执其中，天禄永终；厥有愆不臧，乃凶于乃国，而害于尔躬。呜呼！保国乂民，可不敬与！王其戒之！②

申戒广陵王刘胥曰：

> 呜呼！小子胥，受兹赤社，建尔国家，封于南土，世世为汉藩辅。古人有言曰："大江之南，五湖之间，其人轻心。扬州保疆。三代要服，不及以正。"呜呼！悉尔心，祇祇兢兢，乃惠乃顺，毋桐好逸，毋迩宵人，惟法惟则！书云"臣不作福，不作威"，靡有后羞。

①　《汉书》卷14《诸侯王表》，第395页。
②　《汉书》卷63《齐怀王刘闳传》，第2749页。

王其戒之！①

然而，武帝封燕王策与齐王、广陵王策有明显不同，前两策强调齐土与南土风俗不同，告诫两王要"保国乂民"，"祗祗兢兢"，主要是以道德说教申戒之，并无治国的具体要求。至于燕国，武帝考虑到"燕土硗埆，北迫匈奴，其民勇而少虑"，为此申戒燕王曰：

> 建尔国家，封于北土，世为汉藩辅。於戏！荤粥氏虐老兽心，侵犯寇盗，加以奸巧边萌。於戏！朕命将率徂征厥罪，万夫长，千夫长，三十有二君皆来，降期奔师。荤粥徙域，北州以绥。悉尔心，毋作怨，毋俪德，毋乃废备。非教士不得从征。於戏，保国艾民，可不敬与！王其戒之。②

"毋乃废备"，裴骃"集解"引褚先生曰："言无乏武备，常备匈奴也"；"非教士不得从征"，"集解"引张晏曰："士不素习，不应召。"司马贞"索隐"引韦昭语："士非素教习，不得从军征发。故孔子曰：'不教人战，是谓弃之'是也。"可见诸注家对这两句语的解释，均为是武帝告诫刘旦，应当"无乏武备，常备匈奴"；士卒不教习，"不得从军征发"。然而，是时燕国封地进一步缩小，仅余广阳郡东部，实际上与防御匈奴并无任何关系。而且，"诸侯惟得衣食税租，不与政事"，已成汉家故事，武帝如是封燕王刘旦，似乎是想通过历史上燕国与匈奴之关系，告诫刘旦要谨慎治理燕国。可是，武帝这一希望完全落空，而"毋乃废备"诸语，反而成为刘旦图谋夺位之口实，这当然是武帝所虑之不及。

史载，昭帝初即位，燕王刘旦聚群臣议事曰：

> 寡人赖先帝休德，获奉北藩，亲受明诏，职吏事，领库兵，饬武备，任重职大，夙夜兢兢，子大夫将何以规佐寡人？且燕国虽小，成周之建国也，上自召公，下及昭、襄，于今千载，岂可谓无贤哉？寡人束带听朝三十余年，曾无闻焉。其者寡人之不及与？意亦子大夫之

---

① 《汉书》卷63《广陵厉亡刘胥传》，第2759—2760页。
② 《史记》卷60《三王世家》，第2112页。

思有所不至乎？其咎安在？方今寡人欲拊邪防非，章闻扬和，抚循百姓，移风易俗，厥路何由？子大夫其各悉心以对，寡人将察焉。①

刘旦这番语气顿挫、内藏锋机的王命，是向燕国群臣表明：早在武帝在世之时，燕王已经"亲受明诏"，可以"职吏事，领库兵，饬武备"，不在诸侯王不得治民、与政事限制之例。虽然录其事者班固明云"诈言"。但是，刘旦所谓"职吏事，领库兵，饬武备"云云，的确源于武帝封燕王策中"毋乃废备"之语，这可能就是刘旦所云"明诏"之蓝本。再者，刘旦刻意讨好、诱使燕地之士，特意借燕国之旧名，上溯燕国历史至周初召公奭建燕国之时，下及战国时燕昭、燕襄两王，旨在表明燕国立国千余年，累世贤士辈出，如今并非没有贤士，只是自己不曾"及与"，企图胁迫燕臣助己夺位。此次事变虽然被迅速平息，但在元凤元年（公元前80年），刘旦终因再度谋反事败自杀，国除为广阳郡。此后，西汉再无燕国之设。

原载《汉代文明国际学术研讨会论文集》，北京燕山出版社2009年版。

---

① 《汉书》卷63《燕刺王刘旦传》，第2752—2753页。

汉匈战争与北边郡守尉

郡之建置源于边地，最初主要是着眼于其军事功能。秦汉时期，毗邻匈奴的北境诸边郡，是中原地区与匈奴相对峙的主要区域。负责全郡事务的最高长官——郡太守，以及"副佐太守"的军事长官都尉，除与内郡具有相同的职责外，还肩负着防范匈奴侵扰的重任，在与匈奴的战争中发挥着重要的作用。

一

郡之行政区划的建置最初是起源于边地。姚鼐《惜抱轩诗文集》"文集二"曰：

> 郡之称盖始于秦、晋，以所得戎翟地远，使人守之，为戎翟民君长，故名曰郡。如所云阴地之命大夫，盖即郡守之谓也。赵简子之誓曰：上大夫受县，下大夫受郡。郡远而县近，县成聚富庶而郡陋荒，故以美恶异等，而非郡与县相统属也。

吕思勉《中国制度史》第8章《政体》引是语后继云："则郡率有战备，姚氏谓为边远之地是也。盖统一之途，不外吞并人国，开拓荒地二者。县之设，由吞并人国者多。郡之设，则由开拓荒地者多也。"[1]

战国末期，随着匈奴等游牧族势力的逐渐崛起，边于匈奴等游牧族的秦、赵、燕三国，除了均相继修筑长城以保证其北境的安全外，对于北部

---

① 吕思勉：《中国制度史》第8章《政体》，上海人民教育出版社1985年版，第431页。

边郡的建设均倾注了极大的关注。

　　早在赵国势力强盛时期，赵武灵王（公元前 325 年—前 299 年在位）"变俗胡服，习骑射，北破林胡、楼烦。筑长城，自代并阴下，至高阙为塞。而置云中、雁门、代郡。"赵国所修的长城，西起高阙塞（今内蒙古杭锦旗北），沿北河北岸，傍阴山南麓，向东展沿展，直至代地（今河北蔚县）。云中郡位于北河地区，以东次第为雁门郡与代郡。云中等三郡建置的必要性，正如赵武灵王所说："吾国东有河、薄洛之水，与齐、中山同之，无舟楫之用。自常山以至代、上党，东有燕、东胡之境，而西有楼烦、秦、韩之边，今无骑射之备。故寡人无舟楫之用，夹水居之民，将何以守河、薄洛之水；变服骑射，以备燕、三胡、秦、韩之边。"云中、雁门、代郡三边郡的建置正是赵国实现这一战略目标的一个具体步骤。赵国北境三郡依托长城为屏障，有效地保障了赵国北境的安全。直至赵孝成王时（公元前 265 年—前 245 年在位），云中郡虽然已为秦国所占，但赵将李牧"常居雁门、代郡备匈奴"，曾依托长城大破匈奴，"其后十余岁，匈奴不敢近赵边城"。[①]

　　在赵国采取筑长城，置云中等边郡的措施后，燕国也实施了类似的政策。《史记》卷 110《匈奴列传》载：

> 　　其后燕有贤将秦开，为质于胡，胡甚信之。归而袭破走东胡，东胡却千余里。与荆轲刺秦王秦舞阳者，开之孙也。燕亦筑长城，自造阳至襄平。置上谷、渔阳、右北平、辽西、辽东郡以拒胡。

由于秦开事迹史书记载甚少，燕国筑城置郡的具体时间不详。据张维华先生推测："秦开归燕伐胡之事，如不在燕孝王之时，即在燕王喜即位之初年……则燕在其侵地置郡县，建长城，亦当自此开其始，以时间论之，乃为战国时最晚出现之一条长城。"[②]

　　秦人自从定都咸阳之后，问鼎中原的形势已经形成，"蚕除六国，混一华夏"，是秦人的总体战略目标，如商鞅对秦孝王所云："秦据河山之

---

　　① 《史记》卷 43《赵世家》。《集解》徐广曰："在朔方。"《正义》："《地理志》云朔方临戎县北有连山，险于长城，其山中断，两阙俱峻，土俗名为高阙也。"

　　② 张维华：《中国长城建置考》上编，中华书局 1979 年版，第 124 页。

固，东向以制诸侯，此帝王之业也。"① 但对来自其北境游牧民族的威胁，秦人也不是完全没有防范的意识。赵武灵王"胡服骑射"，改革军事制度，势力一度强盛之后，更是引起了秦人对其北境安全的关注。特别是赵国所筑长城将整个北河地区囊括其中，而秦都咸阳位于北河正南方向，对于可能来自北境的游牧民族及赵国威胁，秦人的反应更为敏感。秦惠文王十年（公元前 328 年），秦国占据魏国上郡，将秦国北境推进至北河地区，表明对北河地区防御的重视。秦昭王时，"义渠戎王与宣太后乱，有二子。宣太后诈而杀义渠戎王于甘泉，遂起兵伐残义渠。于是秦有陇西、北地、上郡，筑长城以拒胡"。② 秦国是时所筑"拒胡"的长城，北起今内蒙古托克托，西至今甘肃岷县，贯穿秦国北境上郡、北地、陇西三郡，对于秦政治重心所在内史郡是一有效的屏障。但从秦长城由西而北的走向看，仅其长城北段深入北河地区，其中段与西段距北河地区则较为遥远，从中可以表明是时活动于北河地区的游牧民族，尚不足以对秦国构成实质性的威胁。况且秦昭王在消弭了位于秦国腹地的义渠的威胁之后，采纳谋士范睢"远交近攻"之策，加速了兼并山东六国的战争进程，兵锋东指，对防范位于其北境的游牧民族，自然要放于一个较为次要的地位。

从战国中后期秦、赵、燕三国北境防御体系看，在修筑长城的同时，边郡建置也被置于重要的地位。赵国云中、雁门、代郡三边郡与燕国上谷、渔阳、右北平、辽西、辽东五边郡均是在构筑长城同时设置的，非常明确地体现出其"拒胡"的军事目的。

秦国陇西、北地、上郡等边郡虽不像赵、燕一样是在筑城同时而建置的，但同样也显现出所谓"拒胡"的宗旨。虽然在边于北境的秦、赵、燕三国均相继建置边郡以"拒胡"，但直至战国后期，在匈奴尚无实力一统北境，诸胡并存的状态下，匈奴等游牧族实际上并没有对边北境的秦、赵、燕三国构成重大威胁，尤其对燕、赵诸国而言，秦国兼并战争的威胁则远远大于来自北境诸胡的侵扰。见诸史料也是如此。除了赵国李牧与燕国秦开与匈奴等诸胡部有过一定规模的军事冲突外，赵、燕等国更多考虑是对秦国的防范。

秦、赵、燕三国边郡之设置，正体现出置于"边远之地"而"率有战

_____

① 《史记》卷 68《商君列传》。
② 《史记》卷 5《秦本纪》。

备"的特点：首先，三国诸边郡均建于所新得的所谓"戎翟"边地，地陋土荒，远离各国富庶的中心地区。其次，是时边郡的建置主要着眼是其军事功能，即"则郡率有战备"，而其本应具备的理民的行政功能基本上可忽略不计。再次，虽然郡守之职出现较早，但由于三国边郡主要是为"拒胡"而置，因此史料中所见守边郡的主要是统兵的将领，而鲜见有郡守者。① 秦、赵、燕三国北边郡建置所具有明显的"拒胡"的军事特点，在以后展开的汉匈战争中得到了突出的体现。

秦始皇统一六国后，"分天下为三十六郡，郡置守、尉、监"，② 郡县制在全国范围内推广实施。虽然关于秦郡建置的数目、时间有所争议，但就北边郡而言，基本上沿袭了原秦、赵、燕三国的边郡建置，加之此前夺于魏国的上郡，至秦统一之时，北边郡从西而东次第为陇西、北地、上郡、云中、雁门、代郡、上谷、渔阳、右北平、辽西、辽东十一郡。秦始皇三十三年（公元前 214 年），内史蒙恬率三十万秦军攻逐匈奴，修筑长城，于新夺河南地上再置九原郡，形成了秦北边郡共十二郡的格局，也为汉代北边郡的建置奠定了基础。

二

从秦始皇遣蒙恬率军攻逐匈奴，筑城置郡；蒙恬本人则驻守上郡、监视匈奴等措施看，显然是战国时期由诸国国君派遣重要军事将领统领重兵驻守边郡、监控北境模式的延续。这种单纯以重兵驻防北边郡的模式，固然能对匈奴保持强大的威慑力量；但在广袤而寒苦的边郡地区驻守重兵，对于内郡的经济压力之巨也是不能忽视的问题。汉初在"过秦"时尚的鼓荡下，秦始皇遣蒙恬率大军攻逐匈奴、筑城守边的举措备受抨击，其中一

---

① 马非百《秦集史》"郡守表"计秦边郡上郡守有庙、疾、寿等五人，陇西郡守有李崇一人。上郡守庙等五人仅名字见于铭文，事迹阙载，李崇事迹则见于后人追记。其实非独边郡，其他郡县守、令也鲜见记载。马先生认为，秦县令历史不下一百五十年，郡守历史不下百年，"计当得郡守至少数百人，县令至少数千人"，而史传秦代守令有姓名者甚少，"此其原因，固由于秦代吏治之不尽循良有以致之，而以国命短促之故，致一切事实，均不为后人所注意，以故湮灭。"（中华书局 1982 年版，第 906 页）赵、燕边郡守的情况恐怕也大体如此。除马先生所述原因外，具体边郡而言，似与边郡主要所担负"拒胡"的军事任务相关。

② 《史记》卷 6《秦始皇本纪》。

个重要的原因就是所耗人力物力之巨，远远超出了国家财力所能承受的范围，致使本来就骚动不安的秦廷统治更加动荡。例如，汉初贾谊在著名的《过秦论》中曰："使蒙恬北筑长城而守藩篱，却匈奴七百余里。胡人不敢南下而牧马，士不敢弯弓而报怨……天下已定，始皇自以为关中之固，金城千里，子孙帝王万世之业也……一夫作难而七庙隳，身死人手，为天下之笑者，何也？仁义不施，而攻守之势异也。"武帝时主父偃上书言政事，亦曰："蒙恬将兵又胡，辟地千里，以河为境。地固泽卤，不生五谷。然后发天下丁男以守北河。暴兵露师十有余年，死者不可胜数，终不能逾河而北……男子疾耕不足于粮馈，女子纺绩不足于帷幕。百姓靡敝，孤寡老弱不能相养，道路死者相望，盖天下始畔秦也。"① 均是典型的代表言论。

实际上，秦廷并不是完全没有意识到单纯依靠重兵防范北边郡的弊端所在，对于北边郡的建设也予以相当的关注。除继续沿袭北边原有的十二郡建置外，始皇三十三年（公元前 214 年），蒙恬夺取河南地后，"西北斥逐匈奴，自榆中并河，以东属之阴山，以为四十四县，城河上为塞。又使蒙恬渡河取高阙、阳山、北假中，筑亭障以逐戎人，徙谪实之初县"，② 随之设置九原郡，辖领新置的三十四个"初县"。③ 虽然这些不足以表明秦廷有改变单纯依靠重兵驻防边郡的倾向，但"徙谪实之初县"，其中应有通过"徙谪"增加边民数量，以强化北边郡防卫实力的现实考虑在内。然而，秦廷以虎狼之策驭民，其结果往往事与愿违，正如晁错所云：

> 夫胡貉之地，积阴之处也，木皮三寸，冰厚六尺，食肉而饮酪……秦之戌卒不能其水土，戍者死于边，输者偾于道。秦民见行，如往弃市，因以谪发之，名曰"谪戍"……发之不顺，行者深怨，有背畔之心。凡民守战至死而不降北者，以计为之也。故战胜守固则有拜爵之赏，攻城屠邑则得其财卤以富家室，故能使其众蒙矢石，赴汤

---

① 《史记》卷 112《主父偃列传》。关于汉人对秦对匈奴政策之批判，请参见拙作《秦人与匈奴关系考察——以汉人"过秦"言论为中心》，载《秦都咸阳与秦文化研究》，陕西人民教育出版社 2003 年版。

② 《史记》卷 6《秦始皇本纪》。

③ 《史记》卷 110《匈奴列传》作"四十四县"。至于这些新置"初县"，是否属新置九原郡辖领，诸史家亦有不同说法。本文采纳马非百先生属九原郡之说（参见《秦集史》下册，《郡县志上》，第 586—588 页）。

火，视死如生。今秦之发卒也，有万死之害，而亡铢两之报，死事之后不得一算之复，天下明知祸烈及己也。陈胜行戍，至于大泽，为天下先倡，天下从之如流水者，秦以威劫而行之之敝也。①

秦始皇去世后，二世胡亥夺位，蒙恬被迫自杀，匈奴首领冒顿单于杀父自立，不仅趁中原地区兵连祸结之机重夺河南地，而且势力更为强盛，所控制的区域也比秦时更为扩大，《史记》卷 110《匈奴列传》称冒顿"大破灭东胡王，而虏其民人及畜产。既归，西击走月氏，南并楼烦、白羊河南王。悉复收秦所使蒙恬所夺匈奴地者，与汉关故河南塞，至朝那、肤施，遂侵燕、代。是时汉兵与项羽相距，中国罢于兵革，以故冒顿得自强，控弦之士三十余万"。对中原地区形成攻势。特别是冒顿单于将匈奴分为三部，自领单于庭，置左右贤王，左右谷蠡，左右大将，左右大都尉等官职，"诸左王将居东方，直上谷以东，接秽貉、朝鲜；右王将居西方，直上郡以西，接氐、羌；而单于庭直代、云中。各有分地，逐水草移徙"。②冒顿单于这一部署无疑具有政治远见，单于庭居中隔离匈奴左右两部，既避免了匈奴左右两部因为"份地"相近可能产生冲突与矛盾，又可以集中匈奴全部力量对自东而西的北部边郡形成巨大的压力。③

公元前 202 年，刘邦击败项羽后称帝，面对久经兵燹残破的中原，首先需要考虑的是如何恢复社会经济，翦除异姓诸侯王，强化中央集权等棘手问题，而匈奴的侵扰，是时无法对初都位于中原腹地洛阳的汉廷构成太大的威胁。然而，当刘邦迁都长安后，这一问题自然就立即凸显出来。特别是"匈奴河南白羊、楼烦王，去长安近者七百里，轻骑一日一夜可以至秦中"这一现实威胁，刘邦不能不有所考虑。

但在天下粗定，百废待兴的情况下，整齐在匈奴侵扰下已混乱不堪的北边郡，毕竟是汉初朝廷力不能逮之事。因此，刘邦最初将防范匈奴的希望寄托于随同自己起兵的亲信将领卢绾诸人的身上。当时与匈奴毗邻的整个北边郡，除由中央政府直接控制的关中地区外，其余北边郡几乎均成为

---

①　《汉书》卷 49《晁错传》。

②　《汉书》卷 94《匈奴传》。

③　从秦末冒顿单于创立匈奴三部制度起，至西汉宣帝五凤（前 57 年—前 54 年）时匈奴五单于争立止，期间近 150 余年，匈奴始终没有出现大规模的内部争斗事件，说明冒顿单于创立匈奴分为三部的制度，对于稳定匈奴形势还是有效的。

诸侯王的势力范围。东北部燕国，初封臧荼，旋因谋反被灭，复以刘邦的同乡密友卢绾为王，可见刘邦对其十分器重，委以防范匈奴的重任；中部代郡，高祖六年（公元前 210 年）初，封同父异母兄刘喜为代王；少子刘如意为赵王，因其年少，遂以随从自己入关灭秦的心腹将领陈豨为赵相国，将兵监视赵并代，领边郡，其防范匈奴的用意也十分明确；至于代国以西的地区，由于直接面对匈奴冒顿单于的驻区，防御的任务尤为艰巨。加之诸子年幼，刘邦不能不借助异姓诸侯王的力量。韩王信初封中原腹地颍川，为人"壮武"，刘邦放心不下，于是在六年春将韩王信徙封太原，其中既有预防韩王信在中原作乱的意图，又有希望他能担负起抗御匈奴责任的期望。这样的部署，在当时的形势下是现实可行的。然而，随着韩王信、陈豨、卢绾等人在刘邦的猜疑之中相继反叛，甚乃与匈奴联兵侵扰边郡，而代王刘喜又在匈奴的攻击下弃国而逃，再加之活动于河南地匈奴的白羊王诸部，整个北边郡的局势甚至比战国末年秦、赵、燕分兵驻守的形势还要混乱。

到文帝初年，匈奴驱逐月氏，完全占据河西地区，与河南地遥相呼应，对京畿所在的关中地区的威胁更甚。当时从河西至辽东，漫长的北边郡烽火连绵、胡笳互动，几乎岁无宁日，曾与匈奴缔结的和亲约定不啻一纸空文，似乎没有多少约束力。然而，是时汉廷奉行的是"与民休息"的政策，对匈奴而言则是以金帛女子换取安宁的"和亲"之策，再因之社会普遍反感秦攻逐匈奴"暴政"的心态，汉廷无意也无力对匈奴展开大规模的军事攻击行动，加之汉初单纯依靠诸侯王防御匈奴政策的失败，关注北边郡的建设，强化北边郡的防卫能力，委任由朝廷直接任命的边郡守尉以防范匈奴的重务，就成为高祖刘邦之后汉廷防御匈奴的一个基本策略；同时也标志着自战国后期、秦及西汉前期形成的，或由诸国国君直接委派军事将领驻边，或企图依靠诸侯王之势力守护北边郡格局的改变，北边郡守、尉作为朝廷防御匈奴侵扰的一支主要力量出现于北境之上。

三

郡守、尉的职守，《汉书》卷 18《百官公卿表》谓："郡守，秦官，掌治其郡，秩二千石。有丞，边郡又有长史，掌兵马，秩皆六百石。景帝中二年更名太守。郡尉，秦官，掌佐守典武职甲卒，秩比二千石。有丞，秩皆六百石。景帝中二年更名都尉。"具体而言就是，"太守专郡，信理庶绩，劝农赈贫，决讼断辟，兴利除害，检察郡奸，举善黜恶，诛讨暴残"，及"都尉将兵，副佐太守"，[①] 但这只是就一般情况而言，北边郡由于其特殊的外部环境，朝廷对其守、尉职守的要求与内郡实际是有差别的。

作为抗御匈奴第一道防线的北边郡，"专郡"的郡守与"副佐太守"的都尉，常常面对的是胡笳互动、烽烟屡起、一夕数惊的复杂局面，在与匈奴的冲突中，被杀者不在少数。《汉书》卷4《文帝纪》："十四年（公元前166年）冬，匈奴寇边，杀北地都尉（孙）卬。"《景帝纪》："（后十年，公元前142年）春，匈奴入雁门，太守冯敬与战死。"《武帝纪》："（元朔元年，公元前128年）秋，匈奴入辽西，杀太守；入渔阳、雁门，败都尉，杀略三千余人。""（元朔三年，公元前126年）夏，匈奴入代，杀太守；入雁门，杀略千余人。""元鼎五年，（公元前112年）秋，匈奴入五原，杀太守。""（太初三年，公元前102年）秋，匈奴……又入张掖、酒泉，杀都尉。"正由于汉匈这种激烈的对抗局面，朝廷于北边郡守、尉的任用不能不考虑这一现状。武帝元光年间，在朝议是否出兵击匈奴时，御史大夫韩安国认为"勿击为便"，理由即是一旦与匈奴开启战端，将"使边郡久废耕织，以支胡之常事"。[②] 韩安国所虑并非没有道理，但就是时与匈奴相对峙的态势而论，即便不出兵匈奴，北边郡也是以"支胡之常事"，"久废耕织"自然难于避免。因此，出任北边郡守、尉者，多是一些通晓军事战阵、治绩卓著者；而以"仁爱教化"、"躬劝耕农"见称者却鲜有居治北边郡者，则是一不争事实。绎之史籍，亦是如此。名列《汉书·酷吏传》之首，号称"苍鹰"的郅都，以"行法不避贵戚"，列侯宗室见之侧目著称。景帝时，郅都出任雁门太守，"匈奴素闻郅都节，举边为引兵去，竟都死不近雁门"。据有的学者统计，在西汉王朝，因军功入选为边吏者是朝廷选拔边吏的主要途径之一，"因而具有超众的军事指挥才能而出任边吏者，史书记载甚多"。[③]

与"酷吏"对照的，则是所谓的"循吏"。《汉书·循吏传》所载的六

---

① 《汉官解诂》。《北堂书钞》"设官部"、《太平御览》"职官部"所引文字与此略异。

② 《史记》卷52《韩安国传》。

③ 参见李大龙《两汉时期有边政与边吏》，黑龙江教育出版社1998年版，第114页。

位循吏中，均有任职于郡的经历，蜀郡守文翁以"仁爱好教化"见称，胶东相王成以"流民自占八万余口，治有异等"增秩，颍川太守黄霸以"外宽内明得吏民心，户口岁增"赐爵见征，北海太守朱邑以"治行第一入为大司农"，渤海太守龚遂以"缓治""盗贼"，"劝民务农桑"而征任"官职位亲近"的水衡都尉，南阳太守召信臣以"躬劝耕农"、"均水约束"而"数增秩赐金"。上举六位西汉著名的循吏，除蜀郡"地辟陋有蛮夷风"外，属西南边郡外，其余所治均是内郡地区，西汉一代未见有治北边郡而名列"循吏"者，可见绝非偶然。①

对于北边郡守尉的某些过失，朝廷也常常持以宽容的态度。例如文帝初年，云中太守孟舒"坐虏大入云中免"。因孟舒旧友田叔赞其为"长者"，文帝曰："先帝置孟舒云中十余年矣，虏常一入，孟舒不能坚守，无故士卒战死者数百人。长者固杀人乎？"而田叔以"匈奴冒顿新服北夷，来为边寇，孟舒知士卒罢敝，不忍出言，士争临城死敌，如子为父，以故死者数百人，孟舒岂驱之哉"为之辩解。于是文帝复召孟舒以为云中守。②再如文帝十四年，因匈奴大举入扰关中，文帝感叹时无廉颇、李牧为之守边也，冯唐却指责文帝"法太明，赏太轻，罚太重。且云中守尚坐上功首虏差六级，陛下下之吏，削其爵，罚作之。繇此言之，陛下虽得李牧，不能用也"。于是文帝令唐持节赦魏尚，复为云中守。③

景帝、武帝年间的名将李广，首任上谷太守，其后次第任上郡、陇西、北地、雁门、云中、右北平太守，前后历任北边七郡太守，凭借着"天下无双"的"材气"及与匈奴大小数十战的威名，在他为右北平太守时，"匈奴号曰'汉飞将军'，避之，数岁不入界"。武帝时，因罪赎为庶人的李广复为右北平太守，因霸陵尉曾无意得罪，李广"请霸陵尉与俱，至军而斩之，上书自陈谢罪"。由于是时右北平形势紧张，武帝急于李广至郡，故赦其擅杀之罪，令李广"率师东辕，弭节白檀，以临

---

① 东汉一代，由于匈奴与汉之关系早已缓和，北边郡太守治郡形势与西汉时期迥然有别，故《后汉书·循吏列传》所收卫飒等十二位"循吏"中，录有北边郡武威太守任延、张掖太守第五访之事迹，是与西汉时期不同之处。

② 《汉书》卷 37《田叔传》。

③ 《汉书》卷 50《冯唐传》。

右北平盛秋。"①

　　孟舒守郡失职，"无故"折损士卒；魏尚上功多报"首虏"，有冒功之嫌；但二人免官罚作，固然是"法太明"、"罚太重"，但于法并非完全无据，文帝从谏而复二人官职，反映出由于北边郡的特殊形势，对待守、尉的态度则更为宽容。至于李广趁莅郡时报复杀人，武帝虽然格于右北平的形势而赦罪，但似于武帝心中也投下了阴影。元狩年间李广从大将军卫青出征，武帝密令卫青，"以为李广数奇，毋令当单于，恐不得所欲"。其中自有防范李广恃功骄纵的意图于内。

　　虽然朝廷选择北边郡守、尉多名将、"酷吏"，又常常宽宥其过，但在西汉初年相当长一段时间内，高祖刘邦平城之败对朝野影响甚大，懦弱避战，一时蔚成风气。最为典型的一例是：文帝十四年，匈奴老上单于亲率大军入塞侵掠，京城长安为之震动。文帝调动十万车骑戒备长安，又大发车骑往击匈奴。匈奴在塞内杀掠月余后自行退出，而汉军始终未敢与之交战，"驱出塞即止，不能有所杀伤"。文帝为此忧心忡忡，拊髀长叹，深恨没有廉颇、李牧那样的名将为他戍守边塞，分担忧患。《汉书·晁错传》载晁错语："战胜之威，民气百倍；败兵之卒，没世不复。自高后以来，陇西三困于匈奴矣，民气破伤，亡有胜意。"陇西属西北六郡之一，因"迫近戎狄，修习战备，高上气力，以射猎为先"，百姓风俗质朴，素以悍勇善战而著称。汉兴以来，"六郡良家子选给羽林、期门，以材为官，名将多出焉"，② 但在连败于匈奴之后民气尚且如此，更遑论其他地区。

　　为激励与匈奴抗衡之民气，针对北境的自然条件恶劣、地旷人稀的特点，晁错建议文帝以赐爵、复家、免罪等方式招募百姓充实边塞，使百姓"幼则同游，长则共事。夜战声相知，则足以相救；昼战目相见，则足以相识；欢爱之心，足以相死。如此劝以厚赏，威以重罚，则前死不还踵也"。③ 《汉书·匈奴传赞》称："文帝中年，赫然发愤，遂躬戎服，亲御鞍马，从六郡良家材力之士驰射上林，讲习战陈，聚天下精兵，军于广武，顾问冯唐，与论将帅，喟然叹息，思古名臣，此则和亲无益已然之明

---

　　① 《汉书》卷 54《李广传》。"白檀，县名也，属右北平。""盛秋"，颜注："盛秋马肥，恐虏为寇，故令折冲难也。"与李广齐名的名将程不识，亦有以"边太守将屯"的经历，由于史书失载，不知程不识曾任何边郡太守。

　　② 《汉书》卷 28《地理志下》。

　　③ 《汉书》卷 49《晁错传》。

效也!"对这一社会心态变化的描绘是相当的准确。与"文帝中年,赫然发愤"的时尚变化相对应,朝廷对北边郡守、尉也采取激励之策。文帝十四年三月,孙卬子孙单因"父卬以北地都尉,匈奴入,力战死事"而封为缾侯。[①] 孙单是西汉年间首位因匈奴事而封侯者,其父又是见诸典籍与匈奴作战而死的首位郡级官吏,这似乎并不能以巧合而解释,其中必然反映出朝廷以此激励北边郡守、尉勤劳王事,护郡守边的意图于内。至于与匈奴作战畏懦者,则给以严厉地处罚,《汉书》卷 6《武帝纪》:"(天汉三年,公元前 98 年)秋,匈奴入雁门,太守坐畏懦弃市。"设赏于前,置罚于后,对于北边郡守、尉的激励警戒目的不可不谓明确。武帝年间,汉匈战争全面爆发,许多曾任或现任职北边郡者参与其中,因功封侯有平陵侯苏建(代郡太守)、丕离侯路博德(右北平太守)、义阳侯卫山(北地都尉)等。

随着汉匈战争的深入进展,汉代北边郡的建设也逐渐展开,武帝年间展开的河南、河西两大战役尤为重要。元朔二年(公元前 127 年),汉夺取河南地后,于秦九原郡故地置朔方、五原二郡,使京畿地区的安全得到可靠的保障。随后于元狩二年(公元前 121 年)展开的河西战役后,汉夺取河西走廊,于其地陆续设置敦煌、酒泉、张掖、武威四郡。至此,汉代北边郡基本建置完毕,加之边塞烽隧亭障等防御工事的修筑,形成更为完备的北边郡整体防御体系。劳幹先生依据出土的汉简,勾勒出北边郡兵制体系:太守—都尉—候官—鄣尉—候长—隧长。[②] 北边郡构成这样严密的防御工事与兵制体系,对于防御匈奴的侵扰起了重要的作用。至昭帝年间,《汉书·匈奴传上》称:"是时,汉边郡烽火候望精明,匈奴为边寇者少利,希复犯塞。"汉匈关系再次开始向缓和的态势发展,其中自然包含着众多北边郡守、尉所付出的艰苦努力以及不可忽略的重要作用。

原载《南都学坛》2005 年第 3 期。

---

① 《汉书》卷 16《高惠高后文功臣表》。文帝时,因父亲死于国事而封侯者共二人,除缾侯孙单外,还有黎顷侯召奴。召奴之父召平曾任齐国相,因受骗予齐中尉魏勃兵符而自杀(详见《汉书》卷 38《高五王传》)。防范诸侯王谋反与匈奴侵扰,是文帝急需解决的两大要务。孙单、召奴皆因父功封侯,正反映出文帝的意图所在。

② 劳幹:《释汉代之亭障与烽隧》,《中研院历史语言所集刊》第 10 本。

齐人延年决河出"胡中"考略

一

《汉书》卷 29《沟洫志》载，汉武帝时，"方事匈奴，兴功利，言便宜者甚人众"。齐人延年上书言：

> 河出昆仑，经中国，注勃海，是其地势西北高而东南下也。可案图书，观地形，令水工准高下，开大河上领，出之胡中，东注之海。如此，关东长无水灾，北边不忧匈奴，可以省堤防备塞，士卒转输，胡寇侵盗，覆军杀将，暴骨原野之患。天下常备匈奴而不忧百越者，以其水绝壤断也。此功壹成，万世大利。

书奏，武帝诏报："延年计议甚深。然河乃大禹之所道也，圣人作事，为万世功，通于神明，恐难改更。"[1] 事实上拒绝其议。

齐人延年决河出胡中之议，《汉书》卷 29《沟洫志》系于太始二年（公元前 95 年）"赵中大夫白公复奏穿（白）渠"事后，《资治通鉴》卷 22 "武帝太始二年"条仅录有白公秦请穿渠引泾水灌溉事，而无延年上书决河注胡中事，击匈奴与治河是汉武帝时期重要的军政大事，而且延年"开大河上领，出之胡中，东注之海"云云，是历史上首次黄河人工改道的建议，却没有引起《通鉴》编纂者的注意，似乎与延年之说过于

---

① 《汉书》卷 29《沟洫志》，中华书局 1962 年版，第 1686 页。齐人延年，颜师古注："史不得其姓。"

骇人有关。①

太始二年，时近武帝统治晚年，是时汉匈双方之形势，与《沟洫志》所言"方事匈奴，兴功利，言便宜者甚人众"，却不甚相符。从元光二年（公元前133年）武帝决意出击匈奴，至元狩四年（公元前119年）漠北之战后，对匈奴大规模的军事行动基本结束，在汉军的强势压制之下，迫使匈奴主力向漠北远遁，形成漠南无王庭的局面。至太始年间，虽然间或发生匈奴侵扰汉北部边郡的行为，但其入侵的规模与频率明显出现下降趋势。《汉书》卷94《匈奴传》载，元鼎三年（公元前114年）：

> 乌维单于立，而汉武帝始出巡狩郡县。其后汉方南诛两越，不击匈奴，匈奴亦不入边。乌维立三年，汉已灭两越，遣故太仆公孙贺将万五千骑出九原二千余里，至浮苴井，从票侯赵破奴万余骑出令居数千里，至匈奴河水，皆不见匈奴一人而还。

至齐人延年上书太始年间，匈奴远避漠北的态势并没有改变，所谓"北边不忧匈奴"的目的实际上已经基本实现，汉匈争夺的重点开始向西域转移。

在北部诸边郡匈奴威胁基本解决的情况下，尤其是经过元朔、元狩年间的几次重要的战役，匈奴曾经活动的"故地"——河南、河西等几个主要区域已经在汉人掌控之中，不仅郡县行政建置逐渐完备，塞、障、亭、燧等军事防范体系建设亦相当完整，基本可以遏制匈奴的侵扰。齐人延年所上决河注胡中之策，且先不论决河出胡中在技术上是否可行，仅就军事目的而言，事实上已经错过"方事匈奴"的最佳时机，②没有引起武帝的特别关注，似乎也在情理之中。

---

①　司马光编纂《资治通鉴》的重要助手范祖禹在《论回河状》文中曾提及齐人延年决河注胡中事（详见下文），显然这一史实为宋人所熟知，而《资治通鉴》不采，恐与《资治通鉴》编纂原则，即所谓"明君、良臣，切磨治道，议论之精语……"不符之故。（参见《资治通鉴序》，中华书局1956年版，第33页）

②　所谓"方事匈奴，兴功利，言便宜者甚众"，这是武帝时期常见之语，所表示的时间概念并不十分明确。如《汉书·卜式传》载："时汉方事匈奴，式上书，愿输家财半助边。"事在元朔年间（前128年—前123年）。《汉书》卷56《董仲舒传》载："是后，外事四夷，内兴功利，役费并兴，而民去本。董仲舒说上曰……"则事在武帝初年。

　　至于延年设想中欲决的黄河河道，由于没有留下更多的史料，其具体位置很难确定。但要想同时满足"关东长无水灾，北边不忧匈奴"这两个条件，似应在黄河上游，[①] 准确地说可能是在今内蒙古磴口至包头间的黄河河道上实施这一方案。

　　磴口至包头间的黄河，史称北河，约当于今乌加河，长期以来一直是黄河的径流，[②] 所流经区域主要在今内蒙古巴彦淖尔市辖区内。北河以北是东西走向阴山山脉，其南北麓均属于水草丰盛，适宜游牧的漠南地区，而汉廷的布防基本是沿阴山南麓展开，而阴山北麓的漠南地区，由于汉军的压迫，虽然匈奴王庭已迁至漠北，但匈奴人并没有完全退出漠南。因此，细绎齐人延年所谓"开大河上领，出之胡中，东注之海"之文义，似乎是指开凿位于北河北岸附近的阴山山脉，由北河导黄河水出阴山北麓的漠南地区，东流后再复归渤海。当然，由于相关的史料甚少，这仅是一种推测而已。

　　岑仲勉先生《黄河变迁史》有《齐人延年献河出胡中策》一节，认为齐人延年所谓出"胡中"之河水，当引自今包头以上之黄河，即历史上之北河；然而延年其策却不可行，原因是齐人延年虽然"晓得准高下，也非没有一点科学知识，但他却不晓得实际的地文"，并引清初陈潢语为证：

> 　　夫河之自西域而来，若无他水入之，止此一水，曲折行数千里，其势必衰，曷能为中国患。其所以为患中国者，大半皆中国之水助之也。设导西域本来之水，行于塞北，而域内之水，自湟、洮而东，若秦之沣、渭、泾、汭……凡此西北之水，安得不会为一大川以入于海哉。

岑先生文又引张含英文所列民国二十二年（公元1933年）黄河洪水数字，再次证明延年之策不可行：

---

　　①　参见林甘泉先生主编：《中国经济通史·秦汉经济卷》第3章第4节《汉代的治黄理论》：延年"上书建议在黄河上游处改变河流的方向，使河道从匈奴地区流过……这个设想十分大胆，但是以当时的生产水平，完成这样的工程事实上是不可能的"（经济日报出版社1999年版，第178页）。

　　②　关于"北河"，请参见谭其骧先生《北河》一文，载《长水集》，上海人民出版社1987年版，第331—333页。

就流域之面积论之，包头以上虽当全数之半，然以入河的支流无多，水势尚不甚大，迨至下游，泾、渭、汾、沁、伊、洛等水汇流入河，而后流势始猛，为害始烈。（民国）二十二年之水灾，其一例也。盖以估计是年洪流为二万三千秒公方，而来自包头以上者，仅二千二百秒公方耳。①

需要注意的是，张氏所言"包头以上"之黄河，虽不是指历史上的北河，但注入包头以上黄河的支流情况并没有改变，以包头以上洪流不到全河十分之一的流量推断，历史上的北河即使是在洪水期肯定"水势尚不甚大"。即便汉时能够克服困难，"开大河上领"，引河水北流，其流量既不足以使"北边不忧匈奴"，亦不可能使"关东长无水患"，况且"开大河上领"本身就是一个不切实际的幻想。

二

齐人延年决河注胡中的建策尽管骇人，但绝非没有史影可循。将河水作为战争之工具，早在战国时期即已出现。谭其骧先生指出，战国时期，黄河"溢了一次，决了三次，而这三次决口都不是黄河自动决口，都是在战争中为了对付敌人用人工开挖的……不容否认，那就是其森林、草原、支津、湖泊还很多，事实上在一般情况下，也确乎不会轻易决口改道，除非是遇到特大洪水"。② 史念海先生的研究进一步表明：

战国后期黄河河床的抬高，可由当时诸侯各国间的一些战争中得到证明。当时发生在黄河近旁的战争，近河的一方就往往决开河岸，引出河水，以灌敌军。楚国、赵国和秦国都曾使用过这样的战术。秦国灭魏之役，曾决河沟以灌大梁（今河南开封市）。河沟为汳水的一条支渠。汳水虽出自黄河，究竟还不是黄河的干流。赵国攻魏，所决

---

① 岑仲勉：《黄河变迁史》第 6 节《两汉的黄河》4《齐人延年献河出胡中策》，中华书局 2004 年版，第 260 页。至于延年"开大河上领"之说，则不在岑先生讨论的范围之内。

② 谭其骧：《何以黄河在东汉以后会出现一个长期安流的局面》，《长水集》下，人民出版社 1987 年版，第 2 页。

的正是黄河。

发生于战国时期黄河近旁的战争，主要集中于黄河下游，针对的都是对方重兵防御的城池，如魏之都城大梁，虽然决河注城在军事上能够产生效果，但河水的流向不会受重大影响。至于决河对野战的效果，《史记》卷43《赵世家》载，赵肃侯十八年（公元前332年），"齐、魏伐我，我决河水灌之，兵去"。此次决河影响范围可能较大，但涉及范围亦是有限。史先生认为：

> 其决河的地方就在宿胥口中（今河南浚县西南）。在这里决口，下面就淹至虚与顿丘。虚为殷墟，在今河南安阳市，去当时黄河较远。顿丘就在今浚县西北，正在宿胥口的下方。相距邻近，黄河一旦决口，殆难幸免冲淹。

不过，史先生特意强调：

> 这样的人工决口中未闻同时采取过其他措施，譬如在决口近处筑堰以提高水位，以便使河水能够顺利下流，等等。可能只是就近在黄河岸边掘开一条水路就能达到目的……可以想见那时的水面已接近于岸上的平地了。[①]

在黄河下游人工决口注敌，固然可以给敌方带来相当的损失，然而由于是时黄河河床抬高有限，平地决河只能冲淹部分近河地区，似乎并不能因此改变黄河的流向。

至于延年认为黄河人工改道流经"胡中"，除"北边不忧匈奴"之因素外，更重要的是为达到关东长无水灾之目的。入汉以来，黄河为患日趋严重，特别是元光三年（公元前132年）：

> 河决于瓠子（今山东巨野北），东南注钜野，通于淮、泗。上使

---

① 史念海：《黄土高原历史地理研究》第9编《治理篇管见》，黄河水利出版社2002年版，第834—835页。

> 汲黯、郑当时兴人徒塞之，辄复坏。是时武安侯田蚡为丞相，其奉邑食鄃（今山东平原西南）。鄃居河北，河决而南则鄃无水灾，邑收入多。蚡言于上曰："江河之决皆天事，未易以人力强塞，强塞之未必应天。"而望气用数者亦以为然，是以久不复塞也。

瓠子决口久而不塞，造成的后果极其严重，不仅"岁因以数不登，而梁楚之地尤甚"，而且亦成为"上书言便宜者"又一关注的焦点。齐人栾大，就是利用武帝"方忧河决而黄金不就"的心理，因鼓吹"黄金可成，而河决可塞，不死之药可得，僊人可致也"而骤然富贵。①

这些发生于战国时期利用黄河河水攻敌、御敌，以及去延年上书献策不远的治河实例，从现有的材料分析，尽管尚不清楚这些实例对齐人延年决河注胡中的建策产生多大影响；然而可以肯定的是，在汉匈关系及治理河患成为朝野共同关注的焦点之时，"忠言嘉谋之臣，曷尝不运筹策，相与争于庙堂之上乎！……人持所见，各有异同"。② 这些"忠言嘉谋之臣"，"相与争于庙堂之上"时，借用"故事"以申其说是常见之形式，如发生在元光二年（公元前133年）王恢与韩安国的关于匈奴和战的著名辩论，上至三代，下至秦汉以来与所谓与蛮夷之关系，均成为双方相互驳难的论据。③

与"相与争于庙堂之上"者不同的是，许多布衣之士的上书往往更喜作惊人之语，以期引起人主之重视，特别是汉时之齐人，更是如此。武帝时期著名的方士，如齐人少翁、公孙卿、栾大等，"皆以仙人黄冶祭祠事鬼使物入海求神采药贵幸，赏赐累千金。大尤尊盛，至妻公主，爵位重絫，震动海内。元鼎、元封之际，燕齐之间方士睽目扼掔，言有神仙祭祀致福之术者以万数"，④ 大有语不惊人誓不休之势。⑤ 无怪汲黯曾当廷诘难

---

① 以上所引均见《汉书》卷29《沟洫志》。

② 《汉书》卷94《匈奴传》班固"赞"。

③ 参见《史记》卷52《韩安国传》及《匈奴传》。

④ 《汉书》卷25《郊祀志》引谷永语。

⑤ 新莽时，由于王莽挑起匈奴事端，相类之事再现，甚至更为荒唐。《汉书》卷99《王莽传》载，王莽"博募有奇技术可以攻匈奴者，将待以不次之位。言便宜者以万数：或言能渡水不用舟楫，连马接骑，济百万师；或言不持斗粮，服食药物，三军不饥；或言能飞，一日千里，可窥匈奴。莽辄试之，取大鸟翮为两翼，头与身皆着毛，通引环纽，飞数百步堕"。

齐人公孙弘曰："齐人多诈而无情，始为与臣等建此议，今皆背之，不忠。"①

或许正是在这样的历史背景之下，身为布衣之士的齐人延年，很有可能借鉴战国以来人工决河攻敌、御敌的历史经验，故作惊人之语，提出一个更为大胆的决河注胡中的建议，尽管其议不可能为武帝所采用，但得到武帝诏报的响应，表明是议曾给武帝留下深刻印象。

三

齐人延年决河注胡中之策，首见《汉书》卷 29《沟洫志》，然在至北宋长达千余年的时间中，鲜有人提及，似乎更少评价之语；然而入宋之后，黄河为患日益严重，如何治理河患，朝野纷争不断，由是包括齐人延年在内的诸多汉人治河言论，一时成为宋人褒贬评议的对象。如曾巩言：

> 历三代千有余年无河患者，以禹故迹未尝变也。至周定王之时，禹迹遂改，故河之为败自此始。自是之后，言治河者尤众，有欲索故迹而穿之，许商、解光之说是也；有欲出之胡中，齐人延年之说是也；有以为天事可勿理者，田蚡、谷永之说是也……凡此数者各乖异。②

又如晁补之言："今考之，武帝时至于王莽，言河利害大概十五家：其言非忠而近似者一，其甚疏者一，其不切者一，其害焉者一，其一时或利或害者二，其可行无害者十，而十者之论，其详者曰贾氏。"所谓"甚疏者"则是延年之策，虽有"闳大"之虚誉，实有"归于狂悖"之确证，理由则是："且有天地则有此河，其行流有域，禹不能改，而延年欲改之，此甚疏者一也。"③

北宋初年，由于与契丹人相持于黄河下游流域，黄河为患，于北宋与契丹皆可为灾，特别是黄河决口北流，于契丹更是为患。因此，在宋人诸

---

① 《汉书》卷 50《汲黯传》。
② 曾巩：《元丰类稿》卷 49《本朝政要策·黄河》，文渊阁四库全书本。
③ 晁补之：《鸡肋集》卷 26《河议》，文渊阁四库全书本。

多治河方略中，虽然没有人主动提出决河注契丹之说，[①] 但河决于北，毕竟更不利于契丹。特别是庆历八年（公元 1048 年），"黄河于澶州商胡埽（今河南濮阳东北），河道自大名而北，经恩冀诸州，夺永济渠自乾宁军（河北青县）入海。嘉祐五年（公元 1060 年），黄河又自大名恩州之间的魏县决口中，东向德、沧，于无棣入海，河道分为二股，亦谓之东流"。[②]

　　黄河自商胡决后，宋廷就因治河引发所谓"北流"与"东流"之争。[③] 主张"北流"者反对堵塞商胡决口，听任黄河北流；而持"东流"者主张堵塞商胡决口，开六塔河，使黄河回归故道东流。但由于嘉祐元年（公元 1056 年）堵塞商胡决口失败，主持其议者获罪，持"东流"者更加式微，群臣鲜有主张"回河故道"者。元祐二年（公元 1087 年），中书舍人苏辙曾引嘉祐年间事说右仆射吕公著勿主"回河故道"时说："河决而北，自先帝不能回。今不因其旧而修其未至，乃欲取而回之，其为力也难，而为责也重，是谓智勇势力过先帝也。"[④]《宋史》卷 337《范镇传附从子百禄》记另一次关于"回河故返"争议时说：

> 都水王孝先议回河故道，大防意向之，命百禄行视。百禄以东流高仰，而河势顺下，不可回，即驰奏所以然之状，且取神宗诏令勿塞故道者并上之。大防犹谓："大河东流，中国之险限。今塘泺既坏，界河淤浅，河且北注矣。"百禄言："塘泺有限寇之名，无御寇之实。借使河徙而北，敌始有下流之忧，乃吾之利也。先帝明诏具在，奈何妄动摇之。"乃止。

吏部侍郎范百禄阻中书侍郎吕大防等议"回河故道"，事在哲宗元祐年间（公元 1086 年—1093 年），除以"先帝明诏"作为有力武器外，并针对吕大防等人恐"河且北注"，引发与契丹争端之忧虑，明确表示如果黄河北

　　① 下引范祖禹《论回河状》虽有李垂、孙民先欲导河北流，遗祸契丹事，然是在"复禹旧迹"的旗号下进行，与齐人延年完全无视"禹迹"的行为还是有所不同。另可参见李焘《续资治通鉴长编》卷 416，"哲宗元祐三年十一月甲辰"条引"户部侍郎苏辙言"，文渊阁四库全书本。

　　② 漆侠：《中国经济通史·宋代经济卷》（上），经济日报出版社 1999 年版，第 88 页。

　　③ 关于北宋治河"北流"与"东流"之争论，史学界研究甚多。本文仅就与齐人延年献策事有关部分进行讨论，并不涉及其他争论。

　　④《宋史》卷 339《苏辙传》。

流，只是敌国之忧而于己为利，完全没有必要考虑动用大量人力物力"回河故道"。

如果说范百禄为阻"回河故道"尚需借助"先帝明诏"，至于"河徙而北"，为患契丹只是无法避免的后果外，其子范祖禹之议则更为直白，径引齐人延年之说反对"回河故道"，主张河决塞南不塞北，甚乃希冀黄河决入北界，遗祸契丹：

> 熙宁中，河决曹村，东南注巨野，与汉武帝时瓠子正同。河决而南不可不塞，故大兴人徒塞之……河决而北，遂不复闭，盖幸其北去，无南决逼近都邑之患，而河薄西山，稍近禹之故道，李垂、孙民先尝欲导河使之北流，当时议者但以功费太大，力不能为而已。今河自行其地，此乃天意非人事也……夫延年犹欲决河以灌匈奴，武帝以其非禹迹，故不为也。今设使河入北界，此乃天送祸于契丹也。彼河入百里则失百里之地，入二百里则失二百里之地。河之所在，国之灾也，何利于我而必欲专之？议者又以为恐敌渡河入寇，此又私忧过计也。今河上流自西夏经北敌乃入中国，自古未有匈奴以舟师入寇者也，况其居下流乎？若北敌能以舟檝与中国校胜，此则书契以来未之闻也。[1]

军事上无法战胜契丹，与其签订"澶渊之盟"而又心余不甘，故有借治河"北流"、"东流"之争，寄希望于黄河自然决口北流，"天送祸于契丹"，尽管申引齐人延年之说以为证，其"弱者"心态颇堪玩味。

然至南宋之时，与契丹之宿怨早已不复存在，移居江南的南宋朝廷亦不需为北边黄河决堵再伤脑筋，时过境迁，反而易用平常之心评议延年之议，如著名学者林之奇曰：

> 汉武帝时，齐人延年言河出昆崙，逾中国，注渤海，是其地势西北高而东南下，可案地图，开大河上岭，出之湖（胡）中。如此则关中长无水灾，北边不忧匈奴。延年之言与白圭之见无异。夫弱水、黑水，本是塞外之水。禹既决之于塞外，犹必为之顺而导之，以归于流

---

① 范祖禹：《范太史集》卷16《论回河状》，文渊阁四库全书本。

沙、南海，然后其心安焉。河流本为中国之患，岂可以中国之患而决之于夷狄哉。本国景德澶渊之役，北虏请和，既已退师，议者请进兵袭击之，真宗皇帝曰："契丹幽蓟皆吾民也，何以多杀为？"大哉！圣人之言，与禹之心若合符契矣。[①]

然而，齐人延年之设想毕竟以其"闳大"易于引发人们之遐想：

> 陈虬光绪年间幕游东省，见治河无效，乃进三策。大旨谓循北干大界水之旧，顺地脉而循天纪，是为上策。引河出河套而北徙，于是蒙古荒漠之地顿致富强，东南罹祸之区可庆安澜，是为中策。河源广设水闸，以杀上游水势，而缓下游之流，是为下策。[②]

陈虬所献之"中策"，简直就是齐人延年决河出"胡中"之翻版，可是目的却截然相反，尽管这也是一个不切实际的方案，但以富强蒙古荒漠的良好愿望，为争议颇多的延年之说画上了一个圆满的句号。

原载《秦汉研究》第一辑，三秦出版社 2006 年版。

---

① 林之奇：《尚书全解》卷 10《导黑水至于三危入于南海》条，文渊阁四库全书本。
② 茅乃文：《图书馆学季刊》第 13 卷第 3 期，第 451 页。转引自岑仲勉《黄河变迁史》第 6 节《两汉的黄河》卷 4《齐人延年献河出胡中策》，第 260 页。

汉匈两种和亲模式下女性的命运与形象

汉高祖八年（公元前 199 年）平城之战后，刘敬献"和亲之策"，刘邦遣"刘敬奉宗室女翁主为单于阏氏，岁奉匈奴絮缯酒食物各有数，约为兄弟以和亲"。此类和亲可视为第一类模式，即汉匈双方在承认为"兄弟之国"的前提下所实行的和亲。

刘敬在向刘邦解释与匈奴和亲原因时说："天下初定，士卒罢于兵革，未可以武服也。冒顿杀父代立，妻群母，以力为威，未可以仁义说也。"因此只有遣嫡长公主外嫁，厚遗食资，"生子必为太子，代单于……可毋战以渐臣也"。可见和亲，从汉廷的角度讲，是不得已而采取的权宜之策。所谓嫡长公主之子继位单于的设想，反映的则是汉人"子以母贵"的思想，套用的是春秋时"秦晋之好"的模式，但秦晋还是于殽地大战，可证刘敬"岂尝闻外孙敢与大父抗礼者"云云，仅是一种奢望而已。刘邦最终未遣长公主出塞，似乎不单是由于吕后的哭阻，或如清人所云长公主已嫁，"刘敬之言悖矣"等因素，更可能是考虑其可行性甚微而未遣长公主，而以"家人子名为长公主，使刘敬往结和亲约"。

其后惠、吕、文、景及武帝初年，基本遵此模式实施和亲，汉匈双方关注的焦点不在女子的身份而在于金帛的数量。文帝遗单于书曰："先帝制：长城以北，引弓之国，受命单于；长城以内，冠带之室，朕亦制之……汉与匈奴邻国之敌，匈奴处北地，寒，杀气早降，故诏吏遗单于秫蘗金帛丝絮佗物岁有数……和亲之后，汉过不先。单于其察之。"武帝时御史大夫韩安国亦曰："（高祖）遣刘敬奉金千斤，以结和亲，至今为五世利。"汉宦官中行说降匈奴后，驳斥汉使对匈奴习俗的指责时说："汉使毋多言，顾汉所输匈奴缯絮米蘗，令其量中，必善美而已"，否则"候秋孰，以骑驰蹂乃稼穑也"，均是其例。

从汉武帝元光至元狩二十余年间，汉匈战争的爆发，使得汉匈已实行六十余年的和亲政策中断。战争使双方均付出巨大代价，因此武帝之时和亲之议重新提及，但由于汉匈双方实力的消长，在军事上占据优势的汉廷已经不肯再在"故约"的基础上与匈奴和亲，坚持要以匈奴为"外臣"，遣单于太子入汉为质，即由所谓"兄弟"式的和亲，变为匈奴在臣服于汉的前提下的和亲；而匈奴则以"非故约。故约，汉常遣翁主，给缯絮食物有品，以和亲，而匈奴亦不扰边。今乃欲反古，令吾太子为质，无几矣"为由而拒绝。终武帝之世，汉匈虽数议和亲，始终未果。

此类和亲就是本文所说的第二类和亲模式。

宣帝甘露三年（前51年），呼韩邪单于被其兄郅支单于逐出单于庭，为了寻求汉廷的支持，首次遣子入侍，称臣朝汉，在臣服于汉的前提下和亲关系重新恢复。呼韩邪单于第三次入朝时，元帝改元"竟宁"，以志纪念"边垂长无兵革之事"，并以后宫良家子王昭君赐予呼韩邪单于。"单于欢喜，上书愿保塞上谷以西至敦煌，传之无穷，请罢边备塞吏卒，以休天子人民。"

汉匈恢复和亲使北境首次出现长期平静的状态，史称"三世无犬吠之警，蔾蔗无干戈之役"。王昭君在匈奴所生子女及其兄子和亲侯王歙、展德侯王飒等，为两汉之际汉匈关系的重新调整做出了许多贡献。

汉初实行六十余年的"兄弟"式的和亲，众多担负"和亲"重任的汉宗室公主无一在历史留下任何痕迹；与之形成对照的则是身份不如宗室公主尊贵的后宫良家子王昭君，不仅出塞后的经历及其子女的事迹史乘详有记载，而且衍生出许多新的故事。武帝时和亲西域的乌孙公主等人记载亦是一证明。其间原因，恐怕不能完全以史乘阙载来解释。

对于前一类"和亲"，汉时已有人对朝廷屈尊纡贵与匈奴和亲表示强烈不满。贾谊指斥汉与匈奴和亲"是入贡职于蛮夷也，顾为戎人诸侯也……长此何穷！陛下胡忍以帝皇之号特居此"；《太平御览》卷779《奉使下》引《三辅故事》载刘敬"汝本处北海之滨，秦乱，汝侵其界，居中国地。今婚姻已成，当还汝本牧，还我中国地"云云，当是这种心态的反映。在汉廷采取守势而匈奴采取攻势的局势下，汉女出塞和亲对汉匈战争的进程不可能产生任何影响。反映于史书记载中，或对出塞和亲汉女个人之命运避而不谈，或以"和亲"云云笼统言之，似乎已是一种成例。

但对于第二类形式的和亲而言，在匈奴臣服已成事实，汉廷的尊严得到充分地体现；对匈奴呼韩邪单于而言，昭君出塞意味着汉廷的全力支持，才可能远逐郅支单于，重归单于庭，如颛渠阏氏曰："匈奴乱十余年，不绝如发，赖蒙汉力，故得复安。"在这样大的历史背景下，昭君及其子女的事迹被详细记载下来也就顺理成章了。

随着时间的推移，人们对汉匈和亲产生的背景、过程及其作用的关注逐渐淡化，而美丽女人——昭君的故事更容易引起人们诸多遐想。如果说《汉书》尚属实录的话，而《后汉书》则增添了诸如"昭君入宫数岁，不得见御，积悲怨，乃请掖庭令求行。呼韩邪临辞大会，帝召五女以示之。昭君丰容靓饰，光明汉宫，顾景裴回，竦动左右。帝见大惊，意欲留之，而难于失信，遂与匈奴"等故事性情节。再至诗人笔下，"图画失天真，容华坐误人。君恩不可再，妾命在和亲"；"汉道初全盛，朝廷足武臣。何须薄命妾，辛苦远和亲"等所谓"昭君怨"、"昭君叹"之类的歌咏之作。

透过这些故事与歌咏，或能为我们探讨汉匈两种和亲模式下的女性提供一个新的视角。

原载 2002 年 9 月 12 日《光明日报》，收入李小江等著：《历史、史学与性别》，江苏人民出版社 2002 年版。

（附录：答问与讨论）

宋超：刚才听了各位老师的高论，基本上是从宏观的角度，对历史上的女性问题发表了许多很好的见解。我不太擅长谈理论问题，这里只谈一个具体的问题；但这个具体的问题，跟刚才几位老师所讲的还是有所联系的。即从汉匈和亲模式下的女性视角来考察，确实可以发现，在历史记载的过程中间，由于记载者的角度不同，对同一事件是会得出不同的结论。

汉匈"和亲"之策，虽然延续时间较长，但基本上可以分为两种模式。第一种和亲模式，从汉高祖八年（公元前 199 年）起，一直到汉武帝元光年间决意攻击匈奴时止，大概实行了有六十多年的历史。在这六十多年中，汉廷一共派出多少"公主"到匈奴，现在已经不好统计，因为史籍记载本身就比较零乱，但至少是派出多位汉宗室公主到匈奴进行和亲。伴随着公主的外嫁，同时也送出大量的财物。汉人最初的解释，认为和亲第一可以或是阻止、或是缓解匈奴人对中原的侵略；另外，可以通过这种方式，送出一位身份尊贵的嫡长公主至匈奴，厚送财物，必然会被匈奴人立为阏氏，生子必然为太子，匈奴单于最后变成汉人的外孙，这样的话他就不敢再跟汉人发生战争了，即刘敬所说的"岂曾闻外孙岂敢与大父抗体哉？"

这个理论现在看来似乎很可笑，但在当时，汉匈和亲这个潜在的目的确实是存在的，而且也是有理论根据。高祖刘邦平城之战失败后，刘敬首献"和亲之策"，提出了以嫡长公主和亲匈奴，生子续为单于的设想，反映的正是汉人"子以母贵"的思想——和亲套用的方式，就是春秋时期"秦晋和好"的方式——虽然刘邦最终没有派出嫡长公主，而派出一位宗室女代替嫡长公主和亲匈奴。其后，汉匈这种和亲方式成为一种固定的模式，也为汉匈双方所接受，一直到汉武帝元光年间的六十多年中，基本上都按照这种模式进行的，似乎已经形成一种定制。这种定制，我想可以概括为：汉匈是在承认互为"兄弟之国"的前提下实行的和亲模式，也就是第一种和亲模式。

汉匈战争爆发后，第一种和亲模式已经被战争所取代。但是在武帝晚年，汉匈战争的后期，无论是汉人还是匈奴人都蒙受了巨大的损失，尤其是匈奴人的损失更为惨重。在这种情况下，匈奴要求与汉人和亲。这时候的和亲，汉人在军事上已经占据优势的情况下，所开出的条件已经明显提高，从原来的"兄弟之国"的平等地位，改变为要匈奴单于臣服于汉，遣太子入质的模式。这种变化，对于以后的汉匈关系的调整产生很大的影响。汉宣帝时，由于呼韩邪与其兄郅支争国不敌，为取得汉廷的支持而承认这一变化；元帝晚年，呼韩邪单于第三次入朝时，终于出现第二种和亲模式，这就是大家都熟知的昭君出塞的故事。但是昭君的出塞，是汉廷采取的一种"赐"的形式，与以前"遣"宗室公主和亲匈奴是完全不同的形式。此类和亲，即是在匈奴"臣服"的前提下的第二种和亲模式。

从现有的历史记载来看，在汉匈实行六十多年"兄弟"式和亲的历史中，许多担当和亲重任的宗室公主，不仅没有一点痕迹可以留下来，甚至连一个名字都没留下——尽管这并不能说明更多的问题。汉人议论这类和亲的时候，无论是赞成的还是反对的，都没少谈到这些女性。反对和亲者说：汉天子地位尊贵，却像臣子一样贡奉匈奴，岂不是足置头上，可为痛哭。赞成和亲者则曰：虽然汉廷送出很多财物，但是却会换来边境的安宁。他们争来议去，却从来没有关注过这些女性的存在。这种现象恐怕不能完全以史乘阙载来解释。武帝时为断匈奴右臂，远赴西域和亲乌孙的江都、解忧公主的情况则大不一样，甚至连至乌孙后苦闷心情都有详细的记载，也得到朝廷的关心，常有慰问使者往来长安乌孙。同是宗室公主，但境遇却大不相同，两相比较，不正能反映出汉人的某种心态吗？

但是，在匈奴已经臣服前提情况下出现的第二种和亲形式，情况则发生了根本变化。昭君的身份并不高，只是元帝后宫一个普通的女性，但是围绕她的出塞却产生了很多故事，不仅有昭君本人的故事，包括她生的子女，还有她哥哥的孩子，等等，这些人在后来汉匈之间都有很多故事流传。这里就提出了这样一个问题，我现在也理不清如何回答这个问题：为什么很多身份重要的女性人物出去和亲，在历史上却没有任何记录，而昭君的记录却能存在？而且顺着昭君的记录再往后看，我们还会发现一个奇怪的现象：在《汉书》中关于昭君的记载比较简略了，只是略略数语，可是到了《后汉书》中就发挥了很多，这个故事已经演变了很多，昭君入宫后如何不得皇帝宠爱而主动要求出塞，等等。后来到了诗人骚客的手中，发挥想象的余地就更多了，比如说像"昭君恨"、"昭君怨"、"昭君叹"之类的歌咏之作更是层出不穷。这些现象的出现，都是一种很有意思的文化现象。

虽然现在我不能对这个现象的产生得出一个明确的看法，但是从中可以看出，这些和亲女性的形象在历史记录中的变化，确实可以反映出一些问题。从汉匈和亲这种政治婚姻模式来说，和亲女性只是作为一种物质财富的附属品出现的，当时的政治家根本不必考虑女性的问题。特别是如果双方势力相等的情况下，双方关注的都是和亲可能产生的某些后果，而根本不会考虑到和亲女性的感受如何；但在匈奴臣服之后，汉人多年压抑屈辱的心态得到改变，对于和亲女性的命运与形象则关注起来，于是围绕着昭君这一漂亮女人产生这么多的故事。这种现象说明什么问题？我解释不了，但是从中至少反映出一种心态。从文化角度来讲，好像跟刚才徐先生说的不太一样，汉人不是把蛮夷女性化，而是恰恰相反，是把自己美好的东西女性化了，还是把对方视为蛮夷。因此，围绕昭君而产生的故事，差不多都是强调她出塞的苦闷与哀怨，实质上反映的还是两种文化的冲突。

通过这些故事和诗歌，以及后来形成的昭君现象，可以对汉匈关系中女性的作用，提供一个深刻的事例。这个问题我考虑的不是很成熟，是在做汉匈战争研究时发现了这个问题。由此我感到，大家谈到的历史书写与历史真实的问题确实存在。从这些材料的梳理可以看得出来，史家书写的东西跟当时的历史事实到底相差多远？后人追溯的这些东西与原来史家最初的记载究竟有多大差距？这确实值得我们深刻讨论。

提问：

定宜庄：我不是提问题，我就呼应一下。因为我做清代的满蒙通婚，有一个跟你的研究完全一样的问题，那个公主嫁出去之后，到了蒙古以后这些人生活得怎么样，根本找不到任何材料。按说像你研究的时候，比较早期，材料找不着，还是有可能，因为它本来材料就少啊。清代的档案，汗牛充栋，可是关于那些公主后来的生活，一点材料都没有。我当时的解释是对女性的一种漠视。是不是仅仅是一种漠视？

刘小萌：我也呼应一下吧。实行联婚、通婚啊，实际上在早期氏族社会就是一种最普遍的扩大联盟的手段，减少摩擦，扩大血缘群体或者队员群体之间联合的一种手段。中国历史上，隋唐实际上都有和亲问题，明代到近代实际上也有，明朝安抚蒙古人，当然不一定是公主了，他可能也把一些宗室女嫁给一些蒙古人。满族人早期，原来说努尔哈赤就娶了李成良的小妾嘛，这当然是一种传说了。可是到满族人定都北京之后，又同样用这种手段来笼络边疆的少数民族，一个是给蒙古派宗室女、派公主去和亲，另外对东北边疆的赫哲人，对黑龙江乌苏里江的少数民族，都是打着宗室女的旗号，甚至说是什么宫廷的格格呀。你说这些人为什么不见于史书的记载？我理解有一个问题，就是她本身的名分不是真的，要用现在的话说就是假冒顶替，是用一种假冒的身份来达到笼络对方的目的，这是一个原因。

定宜庄：清代不完全是这样。

刘小萌：实际上一直到康熙年间都在实行这个政策。当然我也有一个问题，比如说昭君出塞，这个过去文人骚客有关的诗歌就太多了，都是一种很哀怨的，可是这些年呢，搞民族史的也好，搞文学的也好，写的都是一种非常积极的、非常浪漫的，怎么做出牺牲啊，后来还专门编了一个剧，结果也是一个败笔。这实际上反映了一个什么问题？我就想，传统史学对这种历史现象的评价，和从性别的角度、从妇女史这个角度来评价，这两者有没有差异？如果有差异的话，那怎么理解这种差异？

李伯重：我也呼应一下。我想一个重要的原因是对方的原因，比方说文成公主，在汉人的记载中也非常简单，但在他们那边很重视这个事。我想这个事未必和性别有很大关系，嫁出去的他不记载，娶进来的他也不记载。比如唐朝，娶进很多胡人的贵族女子，甚至皇室他也通婚，他也不记。这个对他们来说，嫁出去娶进来，是不是一定会在皇室作为一个大事情来看？

赵世瑜： 就宋超文章的说法，和亲为什么被史学家记述下来？你讲第二类和亲，是由于汉匈之间的关系发生了变化，在这个时候属于很重要的一个事，所以就把它记述下来。但是在这些记述者眼里，就是在和亲最初的记载里，昭君这个事情，作为女性来讲，有没有特别的意义？还是压根什么特别的意义都没有，他们眼里只不过是和亲，她只是和亲里的一个棋子或者是一个工具而已？

然后你又讲到了关于昭君的文本，大家都讲到了在不同时代的变化，那么这个文本的变化的背后究竟都是一些什么东西？是不是仅仅是一些像我们通常可以归诸于意识形态，或者是对女性的看法变了，等等，有这些复杂的原因在里面？

徐新建： 我对宋先生对这个发言非常感兴趣。宋先生的材料和故事，包括对这些故事的书写，他做了很多分析，那么我想，这个分析的结论是否会回到我们的性别讨论当中，就是对它的意义怎么样看待？为什么女性在这中间变成了主角，而背后操控的是哪一些人？肯定是有这样一个结构，对这个结构怎样解释，我倒还想听到宋先生更多的分析。

另外，换一个角度，我们总是以中原为中心，包括满族入关以后，总是以这个视角看周边，那么反过来有没有对比，比如说周边的民族怎样看异民族的婚姻关系？我同样举一个例子，供宋先生作为一个参考。比如说最近很红的一本小说，藏族作家写到《尘埃落定》，里面也有一个很重要的人物，这个家庭的主人娶了一个汉族的妻子，就是这个主人翁"我"的母亲，这个人是谁呢？是出身很卑贱的一个汉族女性，被藏族娶来为妻，我的问题是，这样的叙述结构里面是否会有不同民族的共同的一种结构？就是在男性眼光里女性是很卑贱的，用人类学的话说，可以变成一种交换，女人总是在文化圈的一种交换工具。在中国历史当中，特别是多民族交往关系的过程当中，有没有可能引用性别这样一个视角去重新解读这样的历史？有没有可能换一个角度从周边来看中原？用双向的视角而不是单向的解读中国历史。

定宜庄：人类学的"交换"，和历史学讲的"核心"和"连接"，这都是非常值得我们对话的问题，要是对起话来，应该是有好多好多的东西可以做。

答问：

宋超：昨天我谈的问题比较具体，大家所提出的问题，更多是给我思路上的一种启发。特别是有的先生提到，和亲现象实际上自古以来就是民族或者部落联盟交往的一种方式，这就很值得研究了。

关于汉匈和亲前六十多年中，和亲女性没有任何记载的问题，定先生提到清史中对满蒙通婚的女性没有记载，我想这个情况可能不太一样。清朝的时候没有记载，可能因为这个事情可能太小了，也可能是一种惯例，所以史书没有必要特别提到那些女性。而在汉朝则不同，汉匈和亲是一个比较重大的事情，特别是在匈奴势力比较强大的情况下，能与匈奴和亲与否，对汉人来说更为重要，这方面的记载很多，可是对许多身份重要的和亲女性却没有任何记载，这可能更多地反映了汉人的心理状态，是对自己认为不甚光彩之事需要采取回避态度的一种表现。而像王昭君这种身份的女性有如此详细的记载，可能就是因为整个汉匈环境的变化，汉人是以胜利者的心态来接纳臣服的匈奴，很愿意记载这些事情，这可能跟心态的变化有关系。

赵先生提到的问题对我倒是一个很好的启发。昭君故事后来又演化出来很多文本，还有很多其他方面的东西，这背后的东西其实很有意思，这种现象一直延续到现在，为宣传民族团结，又制造出另外一种典型，如刘先生所说的新编历史剧之类。实际上，在这件事的背后反映的是不同的时期，在不同的需要之下，主流文化对于某种需要的特殊演示。这背后的东西，可能对研究社会形态的变化会更富有一些启发。

还有一个问题，关于匈奴史的研究，包括汉代以前的研究，确实我们没有看到可供反观的材料，这个问题很让人头疼。我们看到的只是一种文本的解释，这就是汉人的解释，其他的解释就没有了。这个问题带来的相关问题，就是我们现在所做的判断是否准确？是否能够真正还原当时历史的那些东西？如果真有匈奴人的文本在，很可能与汉人的解释完全不同。这确实是一个比较难办的问题，我也没有办法，只好凭着文本推理去想象吧。

定宜庄：这确实和满蒙通婚不一样，满清有大量的反观的问题，比如蒙语的资料，蒙古人就特别反感满族的史学家，这样的资料在你们的早期研究中就很难看到。

原载李小江等著《历史、史学与性别》，江苏人民出版社 2002 年版。

"乐府诗"中所反映的汉匈战争

中国古代历史上农业民族与游牧民族第一次大规模的冲突与交融——汉匈战争，不仅对两汉社会的历史进程产生了巨大的影响，对社会心态的变化也起到了重要的作用，也给后世刻下了难以泯灭的深刻印象。筹谋于御前、献策于阙门、决战于塞外、暴骨于荒漠、封爵于凌云、悲歌于朝野，凡此等等，是为当时社会生活中常见之景象。"平城之下亦诚苦，七日不食不能彀弩"的"歌吟之声"不绝于耳，在"乐府诗"中，围绕汉匈战争留下大量忧伤感叹的记录。尽管许多乐府诗歌都是后人所描绘的自己心目中的汉匈战争，但为我们今天多方面探讨汉匈战争的影响提供了一个新的视角。

一 阴山日不暮，长城风自凄

自古以来，任何形式的战争都必然会引起社会各个层面的广泛注视，自然也会成为诗歌创作的一个重要来源与体裁；汉匈战争由于持续时间长远，其影响广泛而深刻，备受世人关注。特别是作为汉匈战争的一个重要标志——长城，首先成为乐府诗人关注的对象。

长城的修筑，在战国中后期即是中原农业民族防范游牧民族侵掠的一个重要策略。是时边于北部游牧民族的秦、赵、燕三国，均相继修筑长城以保证其北境的安全。长城的修筑，确实也在一定程度上保障了秦、赵、燕三国北境的安全。如赵孝成王时，赵将李牧"常居雁门、代郡备匈奴"，曾依托赵长城的东段大破匈奴，"其后十余岁，匈奴不敢近赵边城"。① 不过，在秦国强大的军事压力下，修筑长城、防范北境毕竟不是各国战略重点所在，不可能引起社会各个层面的特别关注。

自秦始皇统一之后，北境形势发生重大变化。秦始皇三十二年（公元前215年），"使将军蒙恬发兵三十万人北击胡，略取河南地"。次年，秦"西北斥逐匈奴。自榆中并河以东，属之阴山，以为四十四县，城河上为塞。又使蒙恬渡河取高阙、阳山、北假中，筑亭障以逐戎人"。② 是时所修的秦长城，虽然是将原有秦、赵、燕长城连贯修缮而成，但也耗费无数劳役，其中北河地区自然是筑城防御的重点。③ 据《史记》卷15《六国年表》载，仅筑"河上"（泛指广义的北河地区）长城，就用卒三十万，工程规模之大，可以想见。

秦筑长城、逐匈奴，从军事战略角度讲具有重要的意义：漫长坚固的长城，成为匈奴难以逾越的防线；匈奴被逐出传统的游牧区域——河南地，京畿地区的安全得到了可靠的保障。然而，秦始皇这一重要的战略部署的意义，在当时并没有得到充分的显示，反而成为导致秦廷速亡的一个重要因素，并为继秦而立的汉人留下了无尽的"过秦"话题。在汉人对秦政诸多指摘中，秦始皇修筑长城与攻逐匈奴，无疑是秦政中最为失败的一笔。陆贾所谓"（秦始皇）筑长城于戎境，以备胡、越，征大吞小，威震天下，将帅横行，以服为国，蒙恬讨乱于外，李斯治法于内……事逾烦而天下逾乱，法逾滋而天下逾炽，兵马益设而敌人逾多"云云，④"欲知筑修城以备亡，不知筑修城之所以亡也！"⑤ 当是汉时诸多政论家、思想家的典型言论。

---

① 《史记》卷43《赵世家》。《集解》徐广曰："在朔方。"《正义》："《地理志》云朔方临戎县北有连山，险于长城，其山中断，两阙俱峻，土俗名为高阙也。"

② 《史记》卷6《秦始皇本纪》。

③ 《辞海》（缩印本）"北河"条："清以前黄河自今内蒙古磴口县以下，分为南北二支，北支约当今乌加河，时为黄河正流，对南支而言，称为北河"（上海辞书出版社1980年版，第332页）。此处所云北河为狭义"北河"。广义"北河"则如同谭其骧先生《北河》一文所云："黄河自宁夏北流过磴口而东流，西东流向一段对南北流向一段而言，彼为'西河'，此为'北河'，是为广义"（《长水集》下，上海人民出版社1987年版，第331页）。关于北河地区在汉匈战争中的战略地位问题，请参阅拙作《秦汉时期北河战略地位考察》（载《秦汉文化比较研究：秦汉兵马俑比较暨两汉文化研究论文集》，三秦出版社2002年版，第490—503页）。

④ 王利器：《新语校注》卷上《无为第四》，中华书局1986年版，第62页。

⑤ 《淮南子·人间训》。

不仅汉代社会上普遍存在激烈的"过秦"氛围，即使是去秦已远的后世，秦政基本上还是暴政的代名词，从而在更能形象地反映社会心态的乐府诗歌中，秦始皇筑长城自然成为人们指斥秦之暴政一个重要的载体。郦道元《水经注》曰："其始皇逐匈奴，并河以东，属之阴山，筑亭障为河上塞……始皇三十三年，起自临洮，东暨辽海，西并阴山，筑长城及南越也。昼警夜作，民怨劳苦，故杨泉《物理论》曰：'秦筑长城，死者相属。'民歌曰：'生男慎勿举，生女哺用脯。不见长城下，尸骸相支拄。'其冤痛如此。"① 逯钦立先生将杨泉《物理论》所引"民歌"判定为"秦始皇时民歌"。② 如果是说可信，这可能是最早倾诉长城给百姓带来"冤痛"的民歌。由此为发端，长城成为人们倾诉"冤痛"的歌咏对象。作为"孟姜女哭长城"原型的"杞梁妻"哭夫颓杞都城的故事，被移植改造为哭颓长城，唐僧贯休所撰《杞梁妻》，就是一个典型的例证：

> 秦之无道兮四海枯，筑长城兮遮北胡。筑人筑土一万里，杞梁贞妇啼呜呜。上无父兮中无夫，下无子兮孤复孤。一号城崩寒色苦，再号杞梁骨出土。疲魂饥魄相逐归，陌上少年莫相非。③

在以长城为歌咏对象的乐府诗歌中，至迟到东汉末年出现《饮马长城窟行》的古辞题体。宋人郭茂倩"解题"曰："（《饮马长城窟行》）一曰《饮马行》。长城，秦所筑以备胡者。其下有泉窟，可以饮马。古辞云：'青青河畔草，绵绵思远道。'言征戍之客，至于长城而饮其马，妇人思念其勤劳，故作是曲也。"又引《乐府解题》曰："古词，伤良人游荡不归，或云蔡邕之辞。若魏陈琳辞云：'饮马长城窟，水寒伤马骨。'则言秦人苦长城之役也。"郭氏又刻意强调："今白道南谷口有长城，自城北出有高阪，傍有土穴出泉，挹之不穷。歌录云：'饮马长城窟，'信非虚言也。"④ 虽然郭氏考订长城之下确有可以饮马的"泉窟"，以证实"饮马长城窟"非为虚言，略嫌拘泥刻板外，但仔细品味《乐府诗集》中所集上起东汉末

---

① 《水经注疏》卷3《河水三》，江苏古籍出版社1989年版，第225页。
② 《先秦汉魏南北朝诗》上，中华书局1983年版，第33页。
③ 《乐府诗集》卷73《杂曲歌辞十三》，中华书局1979年版，第1033—1034页。
④ 《乐府诗集》卷38《相和歌辞十三》，第555—556页。

蔡邕、下迄后梁荀昶所作十七首《饮马长城窟行》的古辞，虽然已经离秦有年，所谓"秦人苦长城之役"的遗痛尚存人们的记忆中，几许感伤之情充溢其间。如唐人王翰歌曰：

> 长安少年无远图，一生惟羡执金吾。骐骥前殿拜天子，走马为君西击胡……回来饮马长城窟，长城道傍多白骨。问之耆老何代人，云是秦王筑城卒。黄昏塞北无人烟，鬼哭啾啾声沸天。无罪见诛功不赏，孤魂流落此城边。当昔秦王按剑起，诸侯膝行不敢视。富国强兵二十年，筑怨兴徭九千里。秦王筑城何太愚，天实亡秦非北胡。一朝祸起萧墙内，渭水咸阳不复都。①

《太平御览》卷175《居处部三·殿》引《三辅黄图》曰："未央宫有骐骥殿。"骐骥殿又作麒麟殿。《汉书》卷93《董贤传》载有哀帝置酒麒麟殿，戏许禅位于董贤，受侍中王闳谏阻事。诗人通过描绘一位"西击胡"的长安少年，回来后"饮马长城窟"时的所见所闻，悲伤"长城道傍多白骨"，指斥"秦王筑城何太愚"，感叹"天实亡秦非北胡"，以诗歌的语言形象地诠释了秦筑城击胡之失政。

秦筑长城留下的是痛苦的回忆，对戍守长城的"远征人"而言，在乐府诗中留下的也是同样的记忆。特别是秦人的长城之戍与五岭之役几乎同时展开，造成社会震荡之巨，成为秦朝速亡的一个原因，则是一个不容置疑的事实。至于秦始皇为何于统一后不久即展开如此规模巨大的军事行动，汉人同样是站在"过秦"的立场进行审视，乃至出现秦始皇"利越之犀角、象齿、翡翠、珠玑"，信"亡秦者胡"② 之谶言而征服南越、攻逐匈奴的说法，也就不足为奇了。《乐府诗集》卷32《相和歌辞七·平调曲三》载有《从军行》多首，《乐府题解》曰："《从军行》皆军旅苦辛之辞。"指斥秦政、感叹秦人南征北戍之苦，自然成为后人歌咏的一个体裁。晋陆机《从军行》曰：

---

① 《乐府诗集》卷38《相和歌辞十三》，第560页。

② 《史记》卷6《秦始皇本纪》"集解"引郑玄曰："胡，胡亥，秦二世名也。秦见图书，不知此为人名，反备北胡。"可证这是汉人非常典型的看法。

　　苦哉远征人，飘飘穷四遐。南陟五岭巅，北戍长城阿。溪谷邈无底，崇山郁嵯峨。奋臂攀乔木，振迹涉流沙。隆暑固已惨，凉风严且苛。夏条焦鲜藻，寒冰结冲波。胡马如云屯，越旗亦星罗。飞锋无绝影，鸣镝自相和。朝餐不免胄，夕息常负戈。苦哉远征人，拊心悲如何！

刘宋颜延之《从军行》亦曰：

　　苦哉远征人，毕力干时艰。秦初略扬越，汉世争阴山。地广旁无界，岳阿上亏天。峤雾下高鸟，冰沙固流川。秋飙冬未至，春液夏不涓。闽烽指荆吴，胡埃属幽燕。横海咸飞骊，绝漠皆控弦。驰檄发章表，军书交塞边。接镝赴阵首，卷甲起行前。羽驿驰无绝，旌旗昼夜悬。卧伺金柝响，起候亭燧燃。遨矣远征人，惜哉私自怜！

人们在指斥暴虐的秦政，悲伤残酷的战争的同时，长城，作为汉匈战争的一个代表性标志，承载着过多的悲伤与感叹。"阴山日不暮，长城风自凄"，[①] 当是一个典型的写照。

二　冠军临瀚海，长平翼大风

　　汉时许多"过秦"论者，之所以对秦始皇的匈奴政策进行猛烈抨击，一个重要的原因，即是认定秦统一之后耗费巨大的国力筑城逐胡，并付出惨重代价，完全是秦始皇"贪戾而欲广大"的性格所致。秦始皇究竟有无必要对匈奴采取如此之强硬措施，这是汉人在"过秦"中坚决予以否定的问题。乐府诗歌中大量充斥着抨击秦人对匈奴政策的作品，正是对汉人这种"过秦"态度的认可。

　　然而，汉高祖刘邦承袭的却是一个饱经兵燹后残破不堪的中原大地，以及在楚汉战争中形成与坐大的异姓诸侯王的割据势力，同时又要面对着卷土重来、咄咄逼人的匈奴势力。尽管是时与匈奴的关系比秦始皇时期还要棘手复杂，但是种种错综复杂的矛盾交织在一起，致使刘邦对于防御匈

----

　　① 《乐府诗集》卷32《相和歌辞七·平调曲三》，戴嵩《从军行》，第479页。

奴的侵扰没有也无暇予以特别的关注。爆发于高祖七年（公元前 200 年）的平城之战，最终以汉军的失败而结束，足以证明汉初朝廷对匈奴问题尚无清醒认识就贸然与之交战，失败的结局也就不可避免了。而平城之败对汉廷的最大打击并不是在军事上，而是在于朝野间普遍弥漫着对匈奴的畏惧之情，曲调低沉哀伤的《平城歌》，"平城之下亦诚苦，七日不食不能彀弩"，正是这一社会心态的真实写照。

平城之战后，匈奴侵扰之势日炽。汉匈虽然缔结和亲之约，但匈奴并没有因此而停止侵扰。刘邦《大风歌》"安得猛士兮守四方"，深切表达了对四边未靖，尤其是对北境屡受侵扰局势的忧虑之情。特别是在文帝初年，匈奴驱逐月氏，完全占据河西地区，与河南地遥相呼应，对关中地区威胁更甚。当时从河西至辽东，漫长的北部边境烽火连绵、胡笳互动，几乎岁无宁日。战而不胜，和而不亲，汉廷重新审视与匈奴关系势在必行。

文帝初年，贾谊上疏陈述政事，率先对汉初实行的和亲政策予以激烈抨击，自请"为属国之官以主匈奴"，"必系单于之颈而制其命"。贾谊所上制匈奴之策，尽管在当时权臣眼中属于"年少初学，专欲擅权，纷乱诸事"之类，在后人的笔下亦为"谊于制患之术浅矣"，① 但却因其少年勇气赢得乐府诗人的好评：

> 雁塞日初晴，胡关雪复平。危关缘广漠，古窦傍长城。拔剑金星出，弯弧玉羽鸣。谁知系虏者，贾谊是书生。②

元光二年（公元前 133 年），大行王恢一反"过秦"的社会时尚，极力推崇秦始皇对匈奴的攻击："蒙恬为秦侵胡，辟数千里，以河为竟，累石为城，树榆为塞，匈奴不敢饮马于河，置烽燧然后敢牧马"，而今"以中国之盛，万倍之资，遣百分之一以攻匈奴，譬犹以强弩射且溃之痈，必不留行矣"。汉武帝最终采纳了王恢的建议，亲自部署发动了马邑之战，"自是后匈奴绝和亲，攻当路塞"。③ 至此，"秦家筑城备胡处，汉家还有

---

① 见《新书·匈奴》、《汉书·贾谊传赞》、叶适：《水心集》卷 4《外论一》。
② 《乐府诗集》卷 27《相和歌辞二·相和曲中》，唐李瑞《度关山》，第 394 页。
③ 《汉书》卷 52《韩安国传》。

烽火然。烽火然不息，征战无已时"，① 旷日持久的汉匈战争终于爆发。

汉匈战争的爆发，促使汉人重新审视与评价秦人曾经实行，而且取得显著效果的防御措施。汉人在抗御匈奴的过程中，同样付出了巨大的代价，修缮与新筑包括秦长城在内的庞大北境防御体系。一个典型的事例是在元朔二年（公元前127年），汉军发动河南战役，"于是汉遂取河南地，筑朔方，复缮故秦时蒙恬所为塞，因河而为固"。② 汉人在经历了初期的"过秦"冲动后，也认识到对匈奴这样作战机动能力甚强的游牧民族，除筑城戍守外似乎没有更好防御措施，还是因袭了秦人的做法。所不同的是，汉人较秦人相对和缓的驭民政策，也是后人对汉人批评远不如秦人严厉的一个重要原因。反映在乐府诗歌中，除诗人仍是普遍感叹筑城劳役之艰辛外，对汉人与秦人基本相类做法的批评却要和缓许多。《乐府诗集》卷75《杂曲歌辞十五》载唐元稹《筑城曲》曰：

> 年年塞下丁，长作出塞兵。自从冒顿强，官筑遮虏城。筑城须努力，城高遮得贼。但恐贼路多，有城遮不得。丁口传父口，莫问城坚不。平城被虏围，汉劚城墙走。因兹请休和，虏往骑来多。半疑兼半信，筑城犹嵯峨。筑城安敢烦，愿听丁一言。请筑鸿胪寺，兼愁虏出关。

诗中以筑城"塞下丁"的口吻，道出汉人筑城遮虏的劳辛，也表达对所谓高城遮虏效用的疑问，虽然"半疑兼半信"，但仍然表示了"筑城安敢烦"的心态，这与"秦王筑城何太愚"的严厉斥责有明显的区别。

不仅对待汉人"筑城"的态度如此，对于汉人大规模出击匈奴，甚至汉武帝晚年为此付出"海内虚耗，户口减半"的惨痛代价，已显"亡秦"征兆的情形，乐府诗人大都表达肯定与理解的态度。不过，后人之诗与《乐府诗集》卷16《鼓吹曲辞一》所录"月支臣，匈奴服。令从百官疾驱驰，千秋万岁乐无极"等"皆美当时之事"③的汉曲《上之回》还是有所不同的。

---

① 《乐府诗集》卷16《鼓吹曲辞一·汉铙歌上》李白《战城南》，第237页。

② 《汉书》卷94《匈奴传上》。

③ 《乐府诗集》卷16《鼓吹曲辞一·汉铙歌》，第227页。

　　在乐府诗集歌中，"东暨辽海，西并阴山"，绵延万里的汉匈战争疆场，乘胜逐北的将军，以及与汉匈战争相关的一切，几乎都成为诗人讴歌的对象。

　　就汉匈战争疆域而言，除长城外，阴山由于其独特的地理位置，也成为汉匈争夺的一个重要的地区。阴山南北麓属于水草丰盛，适宜游牧的漠南地区；再渡过北河而南，则是宜耕宜牧、毗邻秦汉京畿的河南地。正由于这种独特的地理位置，尤其是阴山以南地区，自古就是游牧与农耕两大民族相互冲突交会的一个敏感区域，秦汉长城的西段就是傍阴山南麓蜿蜒而东的。因此，在乐府诗歌中，常见将阴山与长城并称之语，如前引"阴山日不暮，长城风自凄"等语即是典型之例。《乐府诗集》卷32《相和歌辞七·平调曲三》录刘宋颜延之《从军行》，有"苦哉远征人，毕力干时艰。秦初略扬越，汉世争阴山"之语，对汉人与匈奴争夺阴山的重要性定位得相当准确。唐王昌龄的名诗"秦时明月汉时关，万里长征人未还。但使龙城飞将在，不教胡马度阴山"。亦是将能否御匈奴于阴山之北，视为战争成败的一个重要标志。

　　如果说将匈奴御于长城、阴山之北，只是为了保障汉地的安危；而与匈奴逐战于塞外，[①] 则是决定汉匈战争胜负的关键所在。元狩四年（公元前119年）的漠北之战，正是这样一场关键战役。《乐府诗集》卷21《横吹曲辞一》所录《出塞》诸篇，其中有一些诗歌对汉匈在塞外的逐战有生动地描绘。如隋杨素《出塞》辞曰：

　　　　漠南胡未空，汉将复临戎。飞狐出塞北，碣石指辽东。冠军临瀚海，长平翼大风。云横虎落阵，气抱龙城虹。横行万里外，胡运百年穷。兵寝星芒落，战解月轮空。严镞息夜斗，骍角罢鸣弓。北风嘶朔马，胡霜切塞鸿。休明大道暨，幽荒日用同。方就长安邸，来谒建章宫。

虽然诗词不应也不能以考实的方法一一释读，但诗中所涉及的一些具体地名、人名，确实与汉军出塞逐战匈奴，特别是与汉匈漠北大决战有密切关

---

　　① 汉人以长城为塞，《后汉书·鲜卑传》曰："天设山河，秦筑长城，汉起塞垣，所以别内外，异殊俗也。"

系。飞狐即飞狐口，位于代郡境内（今河北涞县北、蔚县南），自古以来就是著名关隘。扼守此地，即可以阻断匈奴南下侵掠北方诸边郡的通道。《汉书》卷4《文帝纪》载：

> 六年冬，匈奴三万骑入上郡，三万骑入云中。以中大夫令免为车骑将军屯飞狐，故楚相苏意为将军屯句注，将军张武屯北地，河内太守周亚夫为将军次细柳，宗正刘礼为将军次霸上，祝兹侯徐厉为将军次棘门，以备胡。

其中周亚夫等三将军所屯的细柳、霸上、棘门均在京城长安附近，而句注（即句注山）位于毗邻代郡的雁门郡，汉军在两地驻守，可以保障位于汉帝国中部北边诸郡的安全。碣石虽然不能确指，但在汉人的心目中，它不仅是神仙所居之地，亦是帝国东北部疆域起点的代名词。汉元帝时，待诏贾捐之议罢珠厓事，有"至孝武皇帝元狩六年，太仓之粟红腐而不可食，都内之钱贯朽而不可校，乃探平城之事，录冒顿以来数为边害，籍兵厉马，因富民以攘服之。西连诸国至于安息，东过碣石以玄菟、乐浪为郡，北却匈奴万里，更起营塞……"云云，[①] 将汉武帝经营西至安息，东抵碣石的漫长疆界，视为"北却"匈奴的一个重要原因。而《出塞曲》中"冠军临瀚海，长平翼大风"之句，更是对元狩四年的汉匈漠北大决战的直白描写：是年，冠军侯霍去病率军出代郡，直抵瀚海，封狼胥山而还；长平侯卫青则出定襄千余里，与匈奴单于鏖战于大风之中，趁胜逐北，直到寘颜山赵信城而还。《汉书》卷100《叙传下》曰：

> 长平桓桓，上将之元，薄伐狁允，恢我朔边，戎车七征，冲輣闲闲，合围单于，北登阗颜。票骑冠军，猋勇纷纭，长驱六举，电击雷震，饮马瀚海，封狼居山，西窥大河，列郡祁连。

如与是曲对照而读，更是相得益彰。

---

① 《汉书》卷64《贾捐之传》。

三　塞北江南共一家,何须泪落怨黄沙

自古以来,华夏民族在与四边所谓蛮夷戎狄的交往中,已经形成了一种固定的心态,对企图扰乱华夏者要防范戒备,对敢于侵扰中原者予以伐击,但最为理想的方式还是要以德服人,恩泽流于远方,达到"四夷宾服"的境界。班固在《匈奴传赞》中开宗明义地说:"《书》戒'蛮夷猾夏',《诗》称'戎狄是膺',《春秋》有道'守在四夷'",即是这种心态的写照。若以"四夷宾服"的标准衡之,秦始皇筑城御敌及汉武帝出兵征伐的行为,显然皆远离之。特别是秦人的匈奴政策与汉武帝"汉兵深入穷追二十余年",虽然遏止了匈奴侵扰的势头,但均付出或是"天下土崩",或是"海内虚耗,户口减半"的巨大代价。

武帝去世之后,重新检讨汉廷对匈奴政策,成为朝野共同关注的问题。昭帝始元六年(公元前81年),贤良文学在盐铁会议上与主张攻伐匈奴的御史大夫桑弘羊的辩议,以及宣帝初年长信少府夏侯胜非议诏书,斥责武帝"多杀士卒,竭民财力……亡德泽于民"等,[①] 皆是重新检讨汉匈政策的著名事例。新朝时,严尤谏王莽勿伐匈奴时曾言:

> 臣闻匈奴为害,所从来久矣,未闻上世有必征之者也。后世三家周、秦、汉征之,然皆未有得上策者也。周得中策,汉得下策,秦无策焉。当周宣王时,猃允内侵,至于泾阳,命将征之,尽境而还。其视戎狄之侵,譬犹蚊虻之螫,驱之而已。故天下称明,是为中策。汉武帝选将练兵,约赍轻粮,深入远戍,虽有克获之功,胡辄报之,兵连祸结三十余年,中国罢耗,匈奴亦创艾,而天下称武,是为下策。秦始皇不忍小耻而轻民力,筑长城之固,延袤万里,转输之行,起于负海,疆境既完,中国内竭,以丧社稷,是为无策。[②]

对于严尤之论,班固深表赞同:"若乃征伐之功,秦、汉行事,严尤论之

① 参见《汉书》卷75《夏侯胜传》;王利器《盐铁论校注(定本)》卷8《和亲》,中华书局1992年版。

② 《汉书》卷94《匈奴传》。

当也。"反映在乐府诗歌中,《乐府诗集》卷 92《新乐府辞三·乐府杂题三》所录唐李白《塞上曲》,以诗歌语言诠释了尤氏关于汉仅得"下策"的论点:

> 大汉无中策,匈奴犯渭桥。五原秋草绿,胡马一何骄。命将征西极,横行阴山侧。燕支落汉家,妇女无花色。转战渡黄河,休兵乐事多。萧条清万里,瀚海寂无波。①

然而,别说世之所无的所谓"上策",就是"驱之而已","天下称明"的周之"中策",在汉匈民族激烈冲突之时也是可求而不可得。这里除了有对生存空间与利益的争夺外,汉匈在文化认同上也存在巨大的差异。在"冠带之民"看来,"(匈奴)其俗,宽则随畜田猎禽兽为生业,急则人习战攻以侵伐,其天性也……利则进,不利则退,不羞遁走。苟利所在,不知礼义","夷狄譬如禽兽,得其善言不足喜,恶言不足怒也";在"控弓之民"的眼中,以"天之骄子"自诩的匈奴本来就"不为小礼以自烦",其俗"本上气力而下服役,以马上战斗为国,故有威名于百蛮。战死,壮士所有也"。② 正因如此,在《塞上曲》中希冀"休兵乐事多",对"燕支落汉家,妇女无花色"的匈奴深表同情的诗人李白,《乐府诗集》卷 16《鼓吹曲辞一·汉铙歌上》载其所著《战城南》曲曰:

> 去年战,桑干源;今年战,葱河道。③ 洗兵条支海上波,放马天

---

① "匈奴犯渭桥",实际应为"突厥犯渭桥"。《分类补注李太白诗》卷 5 杨齐贤注曰:"唐太宗初即位,颉利将十万袭武功(今陕西武功西北)。太宗与高士廉、房元龄驰六骑出元武门,幸渭上,与可汗隔水语,责其负约。群酋见帝皆惊,下马拜。翼日,刑白马与颉利盟于便桥(即唐代的西渭桥)上,突厥引退。"以"匈奴"指代"突厥",是唐代诗人常用的"借汉为喻"的一种修辞手法。白居易《长恨诗》"汉皇重色思倾国"语,就是典型一例。

② 参见《汉书》卷 94《匈奴传》、卷 37《季布传》。

③ "去年战,桑干源;今年战,葱河道",系指天宝元年(公元 742 年),朔方节度使兼灵州都督王忠嗣与突厥战于桑干河,"三败之,大虏其众,耀武漠北,高会而旋……明年,又再破(奚)怒皆及突厥之众"事(《旧唐书》卷 103《王忠嗣传》)。桑干河为永定河上游,源出今山西北部管涔山。葱河道所指不详。《资治通鉴》卷 217《唐纪》31"玄宗天宝元年条"及"二年条"未载《王忠嗣传》"明年又再破(奚)怒皆及突厥之众"事,《考异》按,"朔方不与奚相接,不知所云奚怒皆何也,今阙之"(中华书局 1956 年版,第 6855 页)。

山雪中草。万里长征战，三军尽衰老。匈奴以杀戮为耕作，古来唯见白骨黄沙田。秦家筑城备胡处，汉家还有烽火然。烽火然不息，征战无已时。野战格斗死，败马号鸣向天悲。乌鸢啄人肠，衔飞上挂枯树枝。士卒涂草莽，将军空尔为。乃知兵者是凶器，圣人不得已而用之。

诗中描写了惨痛的战争场面，充满了强烈的悲天悯人的情感，在如何对待"以杀戮为耕作"的匈奴时，虽然明明知道"兵者是凶器"，但是"圣人不得已而用之"，体现出一种无奈的情绪。

更有甚者，则是誓灭匈奴而后已，追求一种所谓"胡无人"的状态。《乐府诗集》卷40《相和歌辞十五·瑟调曲五》录有《胡无人行》六首，其中态度最为激烈者还是出自李白之手：

严风吹霜海草凋，筋干精坚胡马骄。汉家战士三十万，将军兼领霍嫖姚。流星白羽腰间插，剑花秋莲光出匣。天兵照雪下玉关，虏箭如沙射金甲。云龙风虎尽交回，太白入月敌可摧。敌可摧，旄头灭。履胡之肠涉胡血，悬胡青天上，埋胡紫塞旁。胡无人，汉道昌。陛下之寿三千霜，但歌大风云飞扬，安得猛士兮守四方。胡无人，汉道昌。

如此刺目之语，与悲天悯人的《战城南》相比，似乎很难相信是出于同一位诗人之手。曲中连续用了两个"胡无人，汉道昌"，表明李白对"胡人"的敌视达到了顶点。这一极端之态度，似乎并没有得到同代人的完全认可。贯休同样以《胡无人行》为题，表达的却是另外一种情感。

霍嫖姚、赵充国，天子将之平朔漠。肉胡之肉，烬胡帐幄。千里万里，唯留胡之空壳。边风萧萧，榆叶初落。杀气昼赤，枯骨夜哭。将军既立殊勋，遂有《胡无人》曲。我闻之，天子富有四海，德被无垠。但令一物得所，八表来宾。亦何必令彼胡无人！

贯休同样是站在汉人的角度上，体现的则是一种相对宽容的精神，对于"肉胡之肉，烬胡帐幄。千里万里，唯留胡之空壳"的残酷剿灭持有强烈的反感，而主张"德被四海"、"八表来宾"，这才是位于中央统治地位的"天子"，对周边少数民族所应采取的态度。

长期的汉匈战争，不仅给汉人带来巨大痛苦与损失，对于经济、军事实力都逊于汉人的匈奴而言，在汉军凛冽的攻势下，损失更为惨重，"孕重堕殰，罢极苦之"。"失我焉支山，令我妇女无颜色；失我祁连山，使我六畜不蕃息。"① 悲伤的歌词，道出了匈奴人在失去水草肥美的河西地后的痛苦与无奈。在匈奴已经无力在北境进行大规模的侵扰情况下，汉匈关系发生了新的变化。宣帝甘露三年（公元前 51 年），呼韩邪单于为寻求汉廷的支持，遣子入侍，称臣朝汉。经过长期艰苦的战争之后，在匈奴终于臣服于汉的前提下，汉匈和亲关系重新得以恢复。呼韩邪单于第三次入朝时，元帝因此改元"竟宁"，以志纪念"边垂长无兵革之事"。东汉和帝永元元年（公元 89 年），窦宪与耿秉等率汉军出塞三千余里，联合南匈奴军大破北匈奴，穷追至燕然山（今蒙古杭爱山），从此北匈奴一蹶不振，开始走上辗转西迁的道路。永元三年，耿夔率师远征，在金微山（今阿尔泰山）再次袭破北匈奴，单于逃亡，"不知所在"，至此，长达三个世纪的汉匈战争终于画上了一个休止符。

其后，汉匈关系虽有反复，但和亲的格局大体维持下来。活动于漠南的南匈奴，虽然与汉人的心理隔阂依然存在，但与汉民族融合似乎也成为一种趋势。《乐府诗集》卷 59《琴曲歌辞三》所录相传为蔡邕之女蔡琰所作的《胡笳十八拍》，对"入胡"、"归汉"、"别子"等悲喜交织的情节有真实描写，或许正是民族融合中不可避免的痛苦与波折：

> 越汉国兮入胡城，亡家失身兮不如无生。毡裘为裳兮骨肉震惊，羯膻为味兮枉遏我情……东风应律兮暖气多，汉家天子兮布阳和。羌胡踏舞兮共讴歌，两国交欢兮罢兵戈。忽逢汉使兮称近诏，遣千金兮赎妾身。喜得生还兮逢圣君，嗟别二子兮会无因……不谓残生兮却得旋归，抚抱胡儿兮泣下沾衣。汉使迎我兮四牡騑騑，胡儿号兮谁得知……胡笳本自出胡中，绿琴翻出音律同。十八拍兮曲虽终，响有余兮思未穷……胡与汉兮异域殊风。天与地隔兮子西母东，苦我怨气兮浩于长空。六合离兮受之应不容。

---

① 《乐府诗集》卷 84《琴曲谣辞二·匈奴歌》，第 1186 页。

但要想消除胡汉"异域殊风"的对立现实，变"边地胡笳声"为"陌头采桑曲"，① 只有通过民族不断地融合，才有可能达到诗人所祈盼的"塞北江南共一家，何须泪落怨黄沙"这一理想的"大和"境地。②

原载《汉文化研究》，河南大学出版社 2004 年版。

---

① 《乐府诗集》卷 32《相和歌辞七·平调曲三》录北周王褒《燕歌行》曰"遥闻陌头采桑曲，犹胜边地胡笳声"（第 472 页）。

② 《乐府诗集》卷 79《近代曲辞一·大和四》，第 1119 页。

两汉之际汉匈关系考略

——以江统《徙戎论》为中心

西晋末年，太子洗马江统深忧"四夷乱华"，为"宜杜其萌"，乃作《徙戎论》，建议将是时已居于关中多年的所谓"诸戎"徙出：

> 夫夷蛮戎狄，谓之四夷，九服之制，地在要荒。《春秋》之义，内诸夏而外夷狄……四夷之中，戎狄为甚。弱则畏服，强则侵叛。虽有贤圣之世，大德之君，咸未能以通化率导，而以恩德柔怀也。当其强也，以殷之高宗而惫于鬼方，有周文王而患昆夷、猃狁，高祖困于白登，孝文军于霸上。及其弱也，周公来九译之贡，中宗纳单于之朝，以元成之微，而犹四夷宾服。此其已然之效也……夫关中土沃物丰，厥田上上，加以泾渭之流溉其舄卤，郑国、白渠灌浸相通，黍稷之饶，亩号一锺，百姓谣咏其殷实，帝王之都每以为居，未闻戎狄宜在此土也。非我族类，其心必异，戎狄志态，不与华同。而因其衰弊，迁之畿服。当今之宜，宜及兵威方盛，众事未罢……廪其道路之粮，令足自致，各附本种，反其旧土，使属国、抚夷就安集之。戎晋不杂，并得其所，上合往古即叙之义，下为盛世永久之规。①

江统徙戎之议，固然是恪守传统"华夷之防"；然而能否如愿"徙戎"，则

---

① 《晋书》卷56《江统传》，中华书局1974年版，第1529—1532页。近年来关于江统《徙戎论》之研究，参见李鸿宾《〈徙戎论〉的命运与"天下一家"的格局》，《河北学刊》2005年第3期。

视形势使然，"帝不能用"，当是必然结果。所谓"未及十年，而夷狄乱华，时服其深识"，反映出时人无可奈何的情感。值得注意的是，在江统心目中"有道之君牧夷狄"之方式，是以西汉宣帝待呼韩邪单于"依阻塞下"为例，而东汉"建武中，南单于复来降附，遂令入塞，居于漠南，数世之后，亦辄叛戾"，似为失策之举。本文拟以《徙戎论》为中心，审视探讨两汉之际汉匈关系，以就正于方家。

一

在对待匈奴的关系上，秦始皇遣蒙恬北逐匈奴，"北据河为塞，并阴山至辽东"构筑长城，将匈奴势力阻于塞外，尽管消耗国力甚巨，是造成秦朝遽亡的重要因素之一，备受汉人，尤其是西汉初年的"过秦"之责，但是却得到江统的高度评价："始皇之并天下也，南兼百越，北走匈奴，五岭长城，戎卒亿计。虽师役烦殷，寇贼横暴，然一世之功，戎虏奔却，当时中国无复四夷也。"

西汉期间与匈奴关系基本遵循这一原则。在匈奴势力强盛、频频入扰中原之时，汉文帝致书军臣单于："先帝制：长城以北，引弓之国，受命单于；长城以内，冠带之室，朕亦制之。"[①] 而在汉廷势力强盛之后，汉武帝决策出击匈奴，将匈奴逐出河南、河西地，亦是修缮长城，移民实边，其做法与秦时几无二致。宣元之时，汉匈关系复新修复，汉亦是坚守长城一线，不肯罢除边塞守备。元帝竟宁年间，呼韩邪单于"上书愿保塞上谷以西至敦煌，传之无穷，请罢边备塞吏卒，以休天子人民。天子令下有司议，议者皆以为便"。唯郎中侯应举十条理由以为不可许：

> 周秦以来，匈奴暴桀，寇侵边境，汉兴，尤被其害……至孝武世，出师征伐，斥夺此地，攘之于幕北。建塞徼，起亭隧，筑外城，设屯戍，以守之，然后边境得用少安……今圣德广被，天覆匈奴，匈奴得蒙全活之恩，稽首来臣。夫夷狄之情，困则卑顺，强则骄逆，天性然也……如罢戍卒，省候望，单于自以保塞守御，必深德汉，请求无已。小失其意，则不可测。开夷狄之隙，亏中国之固……非所以永

---

① 《史记》卷110《匈奴列传》，第2902页。

持至安，威制百蛮之长策也。①

至于如何款待"稽首来臣"的匈奴单于，宣帝曾"诏公卿议其仪"，诸公卿建议，"其礼仪宜如诸侯王，位次在下"，唯太子少传萧望之独持异议：

> 单于非正朔所加，故称敌国，宜待以不臣之礼，位在诸侯王上。外夷稽首称藩，中国让而不臣，此则羁縻之谊……如使匈奴后嗣卒有鸟窜鼠伏，阙于朝享，不为畔臣。信让行乎蛮貉，福祚流于亡穷，万世之长策也。②

侯应、萧望之的议论，实际上表示出汉廷处理已经臣服的匈奴两个最基本的原则，正如江统《徙戎论》所云：

> 匈奴求守边塞，而侯应陈其不可；单于屈膝未央，望之议以不臣。是以有道之君牧夷狄也，惟以待之有备，御之有常，虽稽颡执贽，而边城不弛固守；为寇贼强暴，而兵甲不加远征，期令境内获安，疆场不侵而已。

江统对西汉宣、元时期与匈奴关系的观察相当准确。自宣、元汉匈再次"和亲"之后，双方关系正是遵循这一原则进行处理：

河平元年（公元前 28 年），匈奴右皋林王伊邪莫演奉单于命入汉奉献，请求降汉。一些大臣建议依照汉廷"故事"允纳其降。光禄大夫谷永、议郎杜钦认为："汉兴，匈奴数为边害，故设金爵之赏以待降者。今单于诎体称臣，列为北藩，遣使朝贺，无有二心，汉家接之，宜异于往时。今既享单于聘贡之质，而更受其逋逃之臣，是贪一夫之得而失一国之心，拥有罪之臣而绝慕义之君也。"③成帝采纳其议，拒绝受降。

建平四年（公元前 3 年），乌珠留单于上书请求明年入朝。哀帝因疾病缠身，又恐虚费府帑，群臣或言："黄龙、竟宁时，单于来朝中国，辄

---

① 《汉书》卷 94《匈奴传》，第 3803—3804 页。

② 《汉书》卷 78《萧望之传》，第 3282—3283 页。

③ 《汉书》卷 94《匈奴传》，第 3808 页。

有大故［指国丧。宣帝死于黄龙元年（公元前 49 年），元帝死于竟宁元年（公元前 33 年），均死于呼韩邪两次朝汉后不久］"，建议勿许。黄门郎扬雄上书谏劝哀帝曰："今单于归义，怀款诚之心，欲离其庭，陈见于前，此乃上世之遗策，神灵之所想望，国家虽费，不得已者也。奈何距以来厌之辞，疏以无日之期，消往昔之恩，开将来之隙！"① 哀帝于是允许单于来朝。元寿二年（公元前 1 年）正月，乌珠留单于率随从五百多人，与乌孙大昆弥伊秩靡同至长安朝贺正月。匈奴与乌孙的首领同时入朝，这在西汉历史上是仅有的一次，朝廷引以为荣。

对于汉匈间已有约定，汉廷基本上是遵循的。建平元年（公元前 6 年），匈奴乌珠留单于上书哀帝，状告汉中郎将夏侯藩受大司马王根遣使，以休天子百姓为名，强索匈奴土地，哀帝诏书回报："藩擅称诏，从单于求地，法当死，更大赦二，今徙藩为济南太守，不令当匈奴。"②

这一期间，对匈奴的军事行动，即使没有动用中原的兵力与财物，也常为时议所不容。建昭三年（公元前 36 年），西域副校尉陈汤与使西域都护骑都尉甘延寿矫制发西域诸国兵，攻灭郅支单于，稳定了西域的局势，元帝亦准备论功行赏。但丞相匡衡、中书令石显等大臣以为"延寿、汤擅兴师矫制，幸得不诛，如复加爵上，则后奉使者争欲乘危徼幸，生事于蛮夷，为国招难，渐不可开"，以致"议久不决"。③ 在刘向等人力争的情况下，甘延寿封为列侯，而主要筹划伐击郅支单于的陈汤仅被赐爵关内侯，颇有裁抑军功之意，与武帝时期大肆奖掖军功迥然有别。

史称自宣帝之后"三世无犬吠之警，黎庶亡干戈之役"，这一形势出现则是汉匈实力对比已经发生变化所致。早在甘露元年（公元前 53 年）呼韩邪决意附汉之前，匈奴几位单于均表示出愿意重新与汉廷和亲的意图，然而都坚持在"故约"，即所谓"约为兄弟"之国的基础之上恢复和亲，绝不肯臣服于汉。呼韩邪是时若不是屡败于其兄郅支单于，两度被逐出单于庭，似乎也不可能俯首臣服。即便如此，匈奴内部仍有"匈奴之俗，本上气力而下服役，以马上战斗为国，故有威名于百蛮。战死，壮士所有也。今兄弟争国，不在兄则在弟，虽死犹有威名，子孙常长诸国。汉

---

① 以上参见《汉书》卷 94《匈奴传》、卷 10《元帝纪》。

② 《汉书》卷 94《匈奴传》，第 3810 页。

③ 《汉书》卷 48《陈汤传》，第 3016 页。

虽强，犹不能兼并匈奴，奈何乱先古之制，臣事于汉，卑辱先单于，为诸国所笑"的争议；^①同样，在汉廷内部，许多大臣也主张趁匈奴内乱之际"举兵灭之"，只是宣帝采纳萧望之"不以义动兵，恐劳而无功。宜遣使者吊问，辅其微弱，救其灾患，四夷闻之，咸贵中国之仁义。如遂蒙恩得复其位，必称臣服从，此德之盛也"的建议，^②汉匈方再次恢复和亲。可见，汉匈双方经长期冲突累积的宿怨与矛盾，以及民族文化认同上的巨大差异，似乎不可能随着所谓和亲而完全消弭。两汉之际汉匈冲突再起，就是一个明显的佐证。

二

西汉末年，哀帝去世后，元后临朝称制，其侄王莽复任大司马，总揽朝纲，因议立平帝，晋封安汉公，刘汉天下名存实亡。王莽为取代汉室，对汉廷内外政策进行大规模改动，史称"托古改制"，与匈奴关系随之发生剧烈变化。

早在宣、元时期，汉廷曾与匈奴有三条约定："自长城以南天子有之，长城以北单于有之。有犯塞，辄以状闻；有降者，不得受。"这三条约定是汉朝处理与匈奴关系的原则，基本上得到遵守。上述河平元年成帝拒纳匈奴降者；建平元年（公元前6年），哀帝就汉使强索匈奴土地向单于致意，均依据三条约定妥善处理，得到较为完满的解决。但到元始二年（公元2年），西域车师后王姑句因开通新道之事与汉戊己校尉徐普发生冲突，被徐普无理囚禁；来去胡王唐兜因屡受羌人袭击，求救于西域都护但钦，但被但钦拒绝。两人在走投无路的情况下，率部众投降匈奴。乌珠留单于受降后，遣使至长安报告，王莽马上派遣中郎将韩隆等出使匈奴，以西域内属为由，责备单于不应受降。单于不愿意因此而影响与汉朝的关系，于是向使者谢罪，执二王交付使者，并请求朝廷赦免两人罪过。然而，王莽为立威于西域及匈奴，拒绝单于的请求，将二王缚至西域，召集西域诸国国王，当众斩首，借此恐吓诸国。二王叛降匈奴，起因完全是由于西域都护及戊己校尉处置失误，王莽又杀人立威，更是激起诸国的强烈不满。随

---

① 《汉书》卷94《匈奴传》，第3797页。

② 《汉书》卷78《萧望之传》，第3279—3280页。

后，王莽遣使赴匈奴，重造四条约定："中国人亡入匈奴者，乌孙亡降匈奴者，西域诸国佩中国印绶降匈奴者，乌桓降匈奴者，皆不得受。"[1] 同时宣布废除故约，强迫匈奴遵守新约，为汉匈关系的发展投下一道阴影。

王莽代汉建新后，亟于消除汉朝在周边区域长期形成的影响，遣派使者分赴周边颁授新室印绶，收缴汉朝故印，"西出者至西域，尽改其王为侯；北出者至匈奴庭，授单于印，改汉印文，去玺'曰'章'"。王莽随意贬斥匈奴与西域诸国地位的举动，激起匈奴与西域诸国强烈不满。王莽则更急于立威匈奴，于始建国二年（公元 10 年）募卒三十万，准备十道并出攻逐匈奴，甚至预分匈奴土地、人民为十五，分立呼韩邪子孙十五人为单于。新近出土的额济纳汉简"建国二年十一月甲戌诏书"记录了这一史实：

> 　　□匈奴国土人民，以为十五，封稽侯厩子孙十五人皆为单手（于）（简 2000ES9SF4：11）
> 　　校尉苞□□度远郡益寿塞，徼召余十三人当为单手（于）者。苞上书，谨□□为单手（于）者十三人，其一人葆塞，稽朝候威妻子家属及与同郡虏智之将业（2000ES9SF4：10）
> 　　今诏将军典五将军，五道并出，或渎虏智皆匈腹，或断绝其两肋（2000ES9SF4：8）[2]

然而，王莽如此大规模的调集部队，似乎只是为向匈奴炫示武力，事先并没有制订一个切实可行的计划，十二名将军又未指派主帅，各行其是，互不相辖，大军集屯于北境，只能是空耗粮谷，疲惫士卒。事实上王莽也动摇于和战之间，始终没有定策：一方面遣大军屯边示以兵威，另一方面派王昭君兄子和亲侯王歙、展德侯王飒等出塞以通"和亲"之意。这不仅没有恐吓倒匈奴，反而先扰乱自己。匈奴乌珠留单于宣称："先单于受汉宣帝恩，不可负也。今天子非宣帝子孙，何以得立？"因此大肆出兵侵扰，

---

① 《汉书》卷 94《匈奴传》，第 3819 页。

② 魏坚主编：《额济纳汉简》，广西师范大学出版社 2005 年。关于"建国二年十一月甲戌诏书"的释读考证，参见邬文玲《始建国二年新莽与匈奴关系史事考辨》，载《历史研究》2006年第 4 期。

"遣左骨都侯、右伊秩訾王呼卢訾及左贤王乐将兵入云中益寿塞，大杀吏民……是后，单于历告左右部都尉、诸边王，入塞寇盗，大辈万余，中辈数千，少者数百，杀雁门、朔方太守、都尉，略吏民畜产不可胜数，缘边虚耗。"[1] 宣帝之后数世不见烟火之警的安宁局势遭到彻底破坏。

王莽败亡后，更始年间曾经试图修复与匈奴关系，"汉遣中郎将归德侯飒、大司马护军陈遵使匈奴，授单于汉旧制玺绶，王侯以下印绶，因送云、当余亲属贵人从者"。然而中原动荡不安的形势，继任单于舆已经不屑遵守宣、元"故事"，谓陈遵、王飒曰：

> 匈奴本与汉为兄弟，匈奴中乱，孝宣皇帝辅立呼韩邪单于，故称臣以尊汉。今汉亦大乱，为王莽所篡，匈奴亦出兵击莽，空其边境，令天下骚动思汉，莽卒以败而汉复兴，亦我力也，当复尊我！[2]

对于王莽时期的匈奴政策，江统《徙戎论》没有直接涉及，仅有"汉兴而都长安，关中之郡号曰三辅，《禹贡》雍州，宗周丰、镐之旧也。及至王莽之败，赤眉因之，西都荒毁，百姓流亡"，寥寥数语。但由于王莽之败，已经出现"西都荒毁，百姓流亡"的严重后果，而赤眉军与刘秀围绕长安的争斗，使得关中地区更是残破不堪，人口锐减，江统继而论之：

> 建武中，以马援领陇西太守，讨叛羌，徙其余种于关中，居冯翊、河东空地，而与华人杂处。数岁之后，族类蕃息，既恃其肥强，且苦汉人侵之……自此之后，余烬不尽，小有际会，辄复侵叛。

显然，在江统眼中，尽管扰乱关中的并不是匈奴，而是所谓的"叛羌"，然而溯其根源，王莽扰乱匈奴及西域的行为，无疑是造成"西都荒毁，百姓流亡"，以致"叛羌"与"与华人杂处"关中的一个重要因素。

东汉初年的汉匈关系与西汉初年极为相似。匈奴趁两汉战乱之机坐大势力，不仅重占西域，而且联合北边割据势力彭宠、卢芳等及乌桓诸族大肆侵扰北境。是时形势之严峻，如《后汉书》卷89《南匈奴传》所云：

---

① 《汉书》卷94《匈奴传》，第3824页。
② 《汉书》卷94《匈奴传》，第3829页。

　　匈奴数与卢芳共侵北边。九年，遣大司马吴汉等击之，经岁无功，而匈奴转盛，钞暴日增。十三年，遂寇河东，州郡不能禁。于是渐徙幽、并边人于常山关、居庸关已东，匈奴左部遂复转居塞内……二十年，遂至上党、扶风、天水。二十一年冬，复寇上谷、中山，杀略钞掠甚众，北边无复宁岁。①

在匈奴频繁侵扰的情况下，刘秀苦于中原尚未完全一统，故以防御为主，"增缘边兵郡数千人，大筑亭候，修烽火"，并不寻求主动出击，甚至将边民内迁以避匈奴。②西域诸国不堪匈奴逼迫，曾数次遣使请求内附，派遣都护，刘秀更是鞭长未及，竟答复"今使者大兵未能得出，如诸国力不从心，东西南北自在也"，决意放弃西域。③刘秀之所以如此，既有天下未定，大乱之后亟须休养生息的因素，亦与是时其心态有关，史称："帝在兵间久，厌武事，且知天下疲耗，思乐息肩。自陇、蜀平后，非儆急，未尝复言军旅。"④然而更重要的是，刘秀汲取王莽末年地方势力拥兵割据之教训，于建武六年（公元 30 年）改革兵制，"省诸郡都尉，并职太守，无都试之役"。此举固然可以减轻编户齐民的负担，然其弊显而易见，东汉末年人应劭曰："自郡国罢材官骑士之后，官无警备，实启寇心……不及讲其射御，用其戒誓，一旦驱之以即强敌，犹鸠鹊捕鹰鹯，豚羊弋豺虎，是以每战常负，王旅不振。"⑤

　　建武二十四年，匈奴内乱，分为南北两部，部分朝臣主张趁匈奴内乱

---

　　①　《后汉书》卷 89《南匈奴列传》，第 2940 页。

　　②　东汉初年北边郡内迁人口，《后汉书》卷 18《吴汉传》载，建武十五年，"吴汉、马武又徙雁门、代郡、上谷、关西县吏民六万余口，置常山关、居庸关以东，以避胡寇"。但这只是内迁的部分边民。据葛剑雄先生研究，云中、五原、朔方、北地、定襄、雁门、上谷、代郡等八郡，"西汉末年约有 165 万人口，假定在两汉之际战乱中损失了一半，余下的一半被匈奴掳掠或留在原地，内迁的总数也有 40 万之多。建武十五年内迁的六万余口只是其中的一部分，其余几次没有留下具体数字"（《中国移民史》第 2 卷《先秦至魏晋南北朝时期》，福建人民出版社 1997 年版，第 166 页）。

　　③　《后汉书》卷 88《西域列传》，第 2942 页。

　　④　《后汉书》卷 1《光武帝纪》，第 85 页。

　　⑤　《后汉书·百官五》注引《汉官》，第 3622 页。刘秀改革兵制及对边地的负面影响，可参见陈晓鸣《筹边失当与东汉衰亡》一文，《江西师范大学学报》2002 年第 4 期。

出兵击之，《后汉书·臧宫列传》载："后匈奴饥疫，自相分争，帝以问宫，宫曰：'愿得五千骑以立功'。"《后汉纪》记此事为"匈奴国中乱，诸将多言可击之"。建武二十七年，臧宫与马武共同上书请击匈奴："匈奴贪利，无有礼信，穷则稽首，安则侵盗，缘边被其毒痛，中国忧其抵突。虏今人畜疫死，旱蝗赤地，疫困之力，不当中国一郡……今命将临塞，厚县购赏，喻告高句骊、乌桓、鲜卑攻其左，发河西四郡、天水、陇西羌胡击其右。如此，北虏之灭，不过数年。"面对诸将请战之声，刘秀诏报曰："'今国无善政，灾变不息，百姓惊惶，人不自保，而复欲远事边外乎？……诚能举天下之半以灭大寇，岂非至愿；苟非其时，不如息人。'自是诸将莫敢复言兵事者。"①

匈奴分为南北两部后，内部矛盾导致南北匈奴都希望得到汉廷支持。被八部大人共议立的南匈奴单于比，"以其大父尝依汉得安，故欲袭其号。于是款五原塞，愿永为蕃蔽，扞御北虏。帝用五官中郎将耿国议，乃许之。其冬，比自立为呼韩邪单于"。②南匈奴附汉对稳定北边形势意义重大，建武初年被迫内迁的北地边民，是时出现回迁的势头，史载建武二十六年，"云中、五原、朔方、北地、定襄、雁门、上谷、代八郡民归于本土。遣谒者分将施刑补理城郭。发遣边民在中国者，布还诸县，皆赐以装钱，转输给食"。在边民回迁的同时，也开启了南匈奴迁居塞内之端，是年春正月，"遣中郎将段郴授南单于玺绶，令入居云中，始置使匈奴中郎将，将兵卫护之。南单于遣子入侍，奉奏诣阙"。③而北匈奴单于亦是呼韩邪单于的后代，在南匈奴附汉后曾试图和亲。建武二十七年，"北单于遂遣使诣武威求和亲，天子召公卿廷议，不决。皇太子言曰：'南单于新附，北虏惧于见伐，故倾耳而听，争欲归义耳。今未能出兵，而反交通北虏，臣恐南单于将有二心，北虏降者且不复来矣。'帝然之，告武威太守勿受其使。"④

由于东汉初年南北匈奴并立的态势与宣帝年间极为相似，因此宣帝与呼韩邪和亲而羁縻郅支，则成东汉朝廷处理南北匈奴关系的"故事"。建

---

① 《后汉书》卷 18《臧宫列传》，第 695—696 页。

② 《后汉书》卷 89《南匈奴列传》，第 2942 页。

③ 《后汉书》卷 1《光武帝纪》，第 78 页。

④ 《后汉书》卷 89《南匈奴列传》，第 2945—2946 页。

武二十八年，北匈奴"复遣使诣阙，贡马及裘，更乞和亲"，司徒掾班彪奏曰："今既未获助南，则亦不宜绝北，羁縻之义，礼无不答。谓可颇加赏赐，略与所献相当，明加晓告以前世呼韩邪、郅支行事。""助南"而不"绝北"的方略很快发生效果，南匈奴单于为获得汉廷更有力的支持，自请为汉御边，频频联合汉军及鲜卑等族出击北匈奴，阻断北匈奴南侵的路线，北境已经出现一种较为安宁的状态，以至到明帝初年，"西自武威，东尽玄菟及乐浪，胡夷皆来内附，野无风尘。乃悉罢缘边屯兵"。[①]

北匈奴请求和亲被拒绝后，深怨汉廷护助南匈奴，于是在河西地区"复数寇钞边郡，焚烧城邑，杀略甚众，河西城门昼闭"。[②]东汉朝野间主战的呼声再次高涨。以重新收复西域而著名的定远侯班超，正是在这种形势下自明心志："大丈夫无他志略，犹当效傅介子、张骞立功异域，以取封侯，安能久事笔研间乎。"[③]重开东汉经营西域之道。永平十五年（公元72年），谒者仆射耿秉"数上言兵事，常以中国虚费，边陲不宁，其患专在匈奴。以战去战，盛王之道"。而明帝又"有志北伐"，[④]于是命奉车都尉窦固与耿秉等出屯凉州，于次年二月出兵击北匈奴，从而揭开了对北匈奴最后一战的序幕。在汉军与南匈奴的联合打击下，北匈奴极度衰败，内乱不已，自保不暇，再也无力侵扰边境。

章和二年（公元88年）七月，南匈奴单于上书请与汉军共击北匈奴，"破北成南，并为一国，令汉家长无北念"。由此在朝廷再次引发关于和战的争论。此时章帝已死，年幼的和帝即位，窦太后临朝执政，曾与匈奴多次征战的耿秉主张趁"北虏分争"之时"以夷伐夷"，完成武帝"臣虏匈奴"的夙愿；而以司徒袁安为首的朝臣则上书谏阻，"以为匈奴不犯边塞，而无故劳师远涉，损费国用，徼功万里，非社稷之计"。[⑤]最终窦太后采纳耿秉的建议，于永元元年（公元89年）六月命其兄窦宪与耿秉等率汉军出塞三千余里，联合南匈奴军大破北匈奴，穷追至燕然山，从此北匈奴一蹶不振，开始走上辗转西迁之路。随军出征的班固在燕然山刻石勒功，撰《燕然山铭》，其中有"上以摅高、文之宿愤，光祖宗之玄灵；下以安

---

① 《后汉书》卷20《祭遵传附从弟肜传》，第745页。

② 《后汉书》卷89《南匈奴列传》，第2949页。

③ 《后汉书》卷47《班超列传》，第1571页。

④ 《后汉书》卷19《耿弇列传附耿秉传》，第716页。

⑤ 《后汉书》卷45《袁安列传》，第1519页。

固后嗣，恢拓境宇，振大汉之天声。兹所谓一劳而久逸，暂费而永宁者也"。"一劳而久逸，暂费而永宁"之语，既有对袁安等人"劳师远征，损费国用"担忧的答复，亦有预示汉匈战争将即结束之意。永元三年，耿夔率师远征，在金微山再次袭破北匈奴，单于逃亡，"不知所在"。

随着强敌北匈奴的败亡，南匈奴与汉廷的矛盾立即显现出来。永元五年，汉廷介入南单于安国与左谷蠡王师子内部矛盾，遣兵至单于庭，"安国夜闻汉军至，大惊，弃帐而去，因举兵及将新降者欲诛师子。师子先知，乃悉将庐落入曼柏城。安国追到城下，门闭不得入。朱徵遣吏晓譬和之，安国不听。城既不下，乃引兵屯五原。崇、徵因发诸郡骑追赴之急，众位皆大恐，安国舅骨都侯喜为等虑并被诛，乃格杀安国"。① 是时距北匈奴败亡不足两年，汉廷就因处置不当，引发"格杀"南单于安国事件，对汉匈关系的维系造成不良影响。其后史乘或见"南匈奴寇常山"，"南匈奴及乌桓、鲜卑寇缘边九郡"② 之类记载，似乎不足为怪。而影响更为深远的是，由于南匈奴许多部众已经入塞居住，屡生寇犯之事，致使汉廷穷于应付，"戎车屡征"，其形势直如江统《徙戎论》所说：

> 并州之胡，本实匈奴桀恶之寇也。汉宣之世，冻馁残破，国内五裂，后合为二，呼韩邪遂衰弱孤危，不能自存，依阻塞下，委质柔服。建武中，南单于复来降附，遂令入塞，居于漠南，数世之后，亦辄叛戾，故何熙、梁慬戎车屡征。

何熙与梁慬于安帝时分任车骑将军与度辽将军，两人联合出征诸戎事见永初三年（公元 109 年）夏，"渔阳乌桓与右北平胡千余寇代郡、上谷。秋，雁门乌桓率众王无何，与鲜卑大人丘伦等，及南匈奴骨都侯，合七千骑寇五原，与太守战于九原高渠谷，汉兵大败，杀郡长吏。乃遣车骑将军何熙、度辽将军梁慬等击，大破之"。③ 至于两人分征"诸戎"事则更多，此不赘述。江统将汉晋之间所谓"并州之胡""叛戾"之原因，追溯至建

---

① 《后汉书》卷89《南匈奴列传》，第2955页。"格杀安国"事，《南匈奴列传》系于永元六年，《和帝纪》系于永元五年。本文从《南匈奴列传》。

② 《后汉书》卷5《安帝纪》，第251页；卷7《桓帝纪》，第317页。

③ 《后汉书》卷90《乌桓列传》，第2983页。

武年间汉廷容许南匈奴"入塞"之时,① 反映出对东汉初年匈奴政策之不满。

三

自古以来,华夏民族在与所谓"诸戎"的交往中,已经形成一种固定的心态与模式。《汉书·匈奴传赞》:"《书》戒'蛮夷猾夏'《诗》称'戎狄是膺',《春秋》有道'守在四夷'",即是这种心态与模式的真实写照。然而,"《书》戒"、"《诗》称"、"《春秋》有道"云云,虽是处理华夷关系的指导原则,但将之付诸实践,历史似乎并没有提供更多的机会。

爆发于秦汉之际的中原与匈奴的冲突则不同,尤以持续时间之长、进程之复杂、涉及范围之广而著称,双方关系无疑是朝野瞩目的焦点,诚如《汉书·匈奴传》"赞"中所说:

> 自汉兴以来,忠言嘉谋之臣曷尝不运筹策相与争于庙堂之上乎?高祖时则刘敬,吕后时樊哙、季布,孝文时贾谊、晁错,孝武时王恢、韩安国、朱买臣、公孙弘、董仲舒,人持所见,各有同异。然总其要,归两科而已,缙绅之儒则守和亲,介胄之士则言征伐,皆偏见一时之利害,而未究匈奴之终始也。

不过,已究秦及西汉一朝"匈奴之终始"的东汉人班固,对与匈奴关系之认识,仍以《诗》、《书》、《春秋》所论为基础:

> 故先王度土,中立封畿,分九州,列五服,物土贡,制外内……是以春秋内诸夏而外夷狄。夷狄之人贪而好利,被发左衽,人面兽心。其与中国殊章服,异习俗,饮食不同,言语不通,辟居北垂寒露之野,逐草随畜,射猎为生,隔以山谷,雍以沙幕,天地所以绝外内

---

① 南匈奴内迁并不仅限于并州,但主要居于并州则是不争之事实,南匈奴初附汉,单于庭初置五原,复迁云中,最后徙至西河郡美稷(治今内蒙古准格尔西北),五原、云中、西河均属并州,且单于庭愈迁距北境愈远,而其"叛戾"对内地影响则越大,这是江统对"并州之胡"尤为痛恨的主要原因。

也。是故圣王禽兽畜之，不与约誓，不就攻伐……来则惩而御之，去则备而守之。其慕义而贡献，则接之以礼让，羁縻不绝，使曲在彼，盖圣王制御蛮夷之常道也。①

但是，班固持如是说并不是单纯复述经典说教，而是以汉廷处理与匈奴关系的实践为基础：在匈奴势力强盛之时，遵循文帝约束，以长城为限，"引弓之国"与"冠带之室"分而治之；匈奴势衰求和，则如萧望之所议，"待以不臣之礼"以示"羁縻之谊"，如有"鸟窜鼠伏，阙于朝享，不为畔臣"。华夷之别、汉匈分野，泾渭分明，由此到江统的认同，并以西汉匈奴政策为参照，对东汉一朝匈奴政策多有批评。

值得注意的，所谓"徙戎"主张，早在晋初就已经出现，《晋书》卷97《北狄匈奴传》载侍御史郭钦上晋武帝疏曰：

> 戎狄强犷，历古为患。魏初人寡，西北诸郡皆为戎居。今虽服从，若百年之后有风尘之警，胡骑自平阳、上党，不三日而至孟津，北地、西河、太原、冯翊、安定、上郡尽为狄庭矣。宜及平吴之威，谋臣猛将之略，出北地、西河、安定，复上郡，实冯翊，于平阳已北诸县募取死罪，徙三河、三魏见士四万家以充之。裔不乱华，渐徙平阳、弘农、魏郡、京兆、上党杂胡，峻四夷出入之防，明先王荒服之制，万世之长策也。②

郭钦的"徙戎"主张，主要是以"西北诸郡"为界，并有具体的"徙戎"步骤，然而挟"平吴之威，谋臣猛将之略"的晋武帝仍无法实施；至于"徙戎"范围更广的江统之议，晋惠帝不可能将之付诸实践，亦在情理之中。而经历所谓"五胡之乱"的刘宋人范晔，于《后汉书》卷89《南匈奴列传》"论"中，对北匈奴败亡后，汉廷没有及时利用"单于震慑屏气，蒙毡遁走于乌孙之地，而漠北空矣"的大好时机，"因其时势，及其虚旷，还南虏于阴山，归西河于内地，上申光武权宜之略，下防戎羯乱华之变"，以致"自后经纶失方，畔服不一，其为疢毒，胡可单言！降及后世，翫为

---

① 《汉书》卷94《匈奴传》，第3830、3834页。
② 《晋书》卷97《匈奴传》，第2549页。

常俗，终于吞噬神乡，丘墟帝宅。"留下不尽的感叹。《南匈奴列传》李贤注表述则更为明确：

> 既勒燕然之后，若复南虏于漠北，引侍子于京师，混并匈奴之区，使得专为一部，则荒服无忿争之迹，边服息征戍之勤。此之不行，遂为巨蠹。自单于比入居西河美稷之后，种类繁昌，难以驱逼。魏武虽分其众为五部，然大率皆居晋阳。暨乎左贤王豹之子刘元海，假称天号，纵盗中原，吞噬神乡，丘墟帝宅。愍怀二帝沉没虏庭，差之毫端，一至于此。百代无灭，诚可痛心也。[①]

不过，王先谦《后汉书集解》卷89《南匈奴列传》"挍补"却表示出不同意见：

> 薛宗生值南北分争之世，痛惩五胡之乱华，故于《西羌》、《南匈奴传》论，皆归狱于迁戎内地，不早斥远之贻误。实则当时情势，固有不同，如使窦宪破北成南，遣南还北，南强犹北，能使终不为边患耶？是故存北亦即所以制南。苟中国无衅可乘，则用夏变夷，抑非无术也。[②]

显然，王氏"今案"较范晔之"论"、李贤之"注"见识似乎更高一筹，晋末"五胡乱华"不应"归狱"于没有及早逐徙内迁诸戎。况且北匈奴之败亡，致使南匈奴坐大，所谓"令汉家长无北念"，只能是一种良好的意愿，而不是汉匈关系之现实。归根结底，若不是"中国"有无衅可乘，"用夏变夷，抑非无术也"。

对江统《徙戎论》，清人阎若璩曾有极高的评价："上世及三代，衰皆戎夏错居，秦始皇兵威天下，始攘走于外，当时中国无复四夷，见江统《徙戎论》，盖西晋时先识远量者，特阐明其事，两汉人未之及。"[③] 阎若璩以晋末已竟之事衡之两汉时人，似乎过苛。其实，中原王朝如何处置与

---

① 《后汉书》卷89《南匈奴列传》，第2967、2970页。
② 《后汉书集解》卷89《南匈奴列传》，中华书局1984年版，第1047页下。
③ 阎若璩：《尚书古文疏证》卷2"第二十二"，文渊阁四库全书本。

包括匈奴在内的"诸戎",汉晋时人似乎都没有一个"上策",诚如新莽时严尤谏王莽勿伐匈奴所言:

> 臣闻匈奴为害,所从来久矣,未闻上世有必征之者也。后世三家周、秦、汉征之,然皆未有得上策者也。周得中策,汉得下策,秦无策焉。[1]

诸戎内迁则恐扰乱华夏,尽徙塞外又力不能逮,江统所上"徙戎"之论,与严尤讨论有无"上策"之语,在汉晋之时似乎都是一个难解之题。

原载吉林大学古籍研究所编《1—6 世纪中国北方边疆·民族·社会国际学术研讨会论文集》,科学出版社 2008 年版。

---

① 《汉书》卷 94《匈奴传》,第 3824 页。

明人眼中的汉匈战争

——以河套之议为中心的讨论

　　黄河河套地区，① 自古就是游牧民族与农耕民族交流融合的重要区域。特别是秦汉时期，汉匈两大民族围绕着河套地区展开了激烈的争夺。秦始皇三十三年（前 214 年），蒙恬首据河南地，修筑长城以防匈奴；汉元朔三年（前 126 年），汉军发动河南战役，重夺河南地，将匈奴拒之河套以北，这些不仅反映出秦汉王朝对河套地区的重视，亦为历代王朝所效法。有明一代，由于蒙古诸部曾入居河套，引发明廷所谓"搜套"、"复套"之议。值得注意的，明人对于"搜套"、"复套"无论赞同与否，秦汉王朝对匈奴的政策与措施，无疑都是一个重要的参照系数。透过明人对汉匈战争的解读，有助于我们加深理解围绕河套地区发生的游牧与农耕民族交流融合的过程。

一

　　明代蒙古诸部何时重入河套，由于史载不详，学界多有不同意见。《明史》卷 13《宪宗本纪》成化五年（1469 年）载："是年冬，阿罗出入居河套。"② 有学者主张："此为北元蒙古诸部入据河套之始。"③ 亦有学者

---

　　① 河套是明中叶出现的概念，泛指贺兰山以东，狼山、大青山以南的黄河沿岸地区。秦汉时期所谓河南地，正是河套地区的中心区域。为述事方便，本文有时沿用后起河套概念指称河南地，是为说明之处。

　　② 《明史》卷 13《宪宗本纪》，中华书局 1974 年版，第 166 页。

　　③ 胡长青：《嘉靖"议复河套"述略》，《江西社会科学》2002 年第 7 期，第 28 页。

主张蒙古诸部入居河套要早于此时，可能在宣德（1426—1435 年）末年和正统（1436—1449 年）初年已经进入河套。① 本文并不准备讨论蒙古复入河套时间的问题，而是关注蒙古诸部入居河套后，对明廷河套政策所产生的影响。

蒙古诸部重入河套，当与永乐初年东胜卫城的废除有直接关系。明朝建立之初，元朝残存势力占据东胜州（治今内蒙古托克托）一带。洪武四年（1371 年），明军进驻东胜州，改东胜州为东胜卫，撤销元丰州和净州的建制，所属地方划归东胜卫管领。洪武二十六年（1393 年），取消东胜中、前、后三卫，保留东胜左卫和右卫。永乐元年（1403 年），又撤销东胜左、右两卫，迁至内地，东胜卫城遂废。明英宗正统三年（1438 年），曾一度复置东胜卫，不久再废。

东胜卫地处黄河西东流转向南北流的河曲东岸，不仅扼控河套地区，也是与开平卫（今内蒙古多伦西北）、大宁卫（今内蒙古赤峰南）一样的防范蒙古诸部南下的重要军事要地。东胜卫的废除，黄河以北再无屏障，实际上等于放弃了河套地区的防御。《明史》卷 91《兵志三·边防》引正德元年（1506 年）春，总制三边都御史杨一清奏请复守东胜卫语曰："因河为固，东接大同，西属宁夏，使河套千里沃壤，归我耕牧，则陕右犹可息肩。"② 东胜卫对于明廷北边防御之重要，由此可见一斑。

不过，当明朝初年，蒙古诸部经过洪武、永乐年间的数次军事打击，远遁于漠北，河套遂成空虚无人之地，东胜卫废除的后果在相当长的时间内并没有显现出来。③ 然而，随着蒙古诸部势力的逐步恢复，重新入居游牧民族长期活动过的河套地区，只是一个时间问题。

对于东胜的地理形势与战略地位，明人章潢《九边图叙》有如下论述：

> 国家克定前元，混一寰宇，东至辽海，西尽酒泉，延袤万里，中间渔阳、上谷、云中、朔代，以至上郡、北地、灵武、皋兰、河西，

---

① 参见胡凡、徐淑惠《论成化年间的"搜套"之举》，《大同职业技术学院学报》2000 年第 3 期，第 26 页。

② 《明史》卷 91《兵志三·边防》，第 2238 页。

③ 参见胡凡、徐淑惠《论成化年间的"搜套"之举》，第 25 页。

山川联络，列镇屯兵，带甲六十万，据大险以制诸侯，全盛极矣。初设辽东、宣府、大同、延绥四镇，继设宁夏、甘肃、蓟州三镇，专命文武大臣镇守提督之，又以山西镇巡，统驭偏头三关，陕西镇巡，统驭固原，亦称二镇，遂为九边……自偏头关逾河跨西北，守在东胜。河套之南，又有榆林，实相掎角……正统以来，有司又失守东胜，套寇乃得逾河，而偏头关迤西，遂有失陷之虞。因循既久，有司又不肯以时巡套，东胜之镇，并近内地，形势愈弱……敌寇纵横，无复能为耕牧者矣。①

值得注意的是，在章潢总叙明代"九边"形势时，引用许多政区地理概念，诸如渔阳、上谷、云中、朔代、上郡、北地等，均沿袭秦汉时北边郡之称谓，似乎表明秦汉时期北边郡的经营措施，是为明代经营"九边"可供借鉴的一个重要的历史经验，尽管没有直接涉及匈奴事宜。

至于具体到东胜卫而言，历史上属云中郡所辖。云中郡，战国时赵国首置，秦因之，西汉时辖区虽有缩小，但始终是北边抵御匈奴的边防重地。云中与东边的定襄，西边的五原、朔方等四郡，共同构建成屏蔽河套，防御匈奴的西北防线。秦始皇时曾首次夺取河套地区，旋因秦末动荡而复失。汉武帝于元朔三年发动旨在夺取河套的"河南之战"。是役，车骑将军卫青率精骑出云中（即明东胜卫所在之地），西渡黄河，再渡北河（今内蒙古乌加河），转军向南，对游牧于河南地的匈奴白羊王、楼烦王部实施包围突袭，迫使白羊王、楼烦王北逃，从而将河套地区完全控制在汉廷手中，并采取移民徙民之措施，充实边郡。

汉廷全力经营河套的措施，与明初朝廷放弃河套之做法形成巨大反差，以至明人在论议河套历史沿革及"复套"之时，几乎无不以秦汉经营河套故事为例，批评明廷的河套策略，主张"复套"。如嘉靖时人王樵曰：

河从积石北流，北入北狄界中，折而东流，凡二千余里，汉人谓之北河，其内今谓之河套，即秦始皇所斥夺匈奴河南地也……秦楚刘项之际，复为匈奴所据。汉武帝开朔方复取之。唐筑三受降城即其处，宋时为西夏所据。河内外州郡凡二十有二，以一隅之地能抗衡中

①　章潢：《图书编》卷43《九边图叙》，文渊阁四库全书本。

国，盖其地肥饶，其人劲悍，又产健马，乃关中之屏蔽，得之则强，失之则弱，历代知其为边境之要害，而不知其为唐虞之故疆也……昔汉武帝驱匈奴阴山之外，而漠南无王庭，彼过之未尝不哭。漠南即阴山之南，黄河之北，敌所利以饱其力而内犯者也。奈何北河之内，复使得为巢窟哉！①

王樵对河套战略地位的认识是相当清醒的，故以秦汉经营河套为实例，指斥朝廷不应放弃河套，"复使得为巢窟"。但是，他为宣扬河套于明边防之重要，"得之则强，失之则弱"，甚至曲解河套沿革历史，声称河套唐虞以来即是中原之"故疆"，为"复套"之议寻求支持。

实际上，为了强调"复套"的合理性，许多明人均持与王樵相同之观点，将河套视为中国"故疆"或"故壤"，作为"复套"的依据，如翁万达《复河套议》曰：

河套本中国故壤，界以黄河，固天之所以限中外也。讵宜弃而不守，藉寇赍盗。然揆以今之时势，则有当复之理，而无可乘之机，多必奋之志。而鲜万全之算，是故不能不为图事者深长思也。河套自周秦以来，为国为郡，汉置朔方，唐城受降，据险扼寇，往迹具在。我太祖以神武定天下，成祖躬御六飞，三犁边廷，其寇既残破，我亦未暇。舍黄河而卫东胜，计则偏矣。后又撤东胜以就延绥，套地遂沦之外蕃矣……自捐天设之险，失沃野之利，此边疆之臣所宜卧薪尝胆，而有志之士所以扼腕而攘袂者也。②

翁万达，"嘉靖中，以兵部右侍郎总督宣大军务，谨侦堠，明赏罚，寇大入，率兵击败之。修筑边墙，自大同东路至宣府西路二百余里，敌台暗门悉具。后又修筑宣府东路及大同西路边墙，凡八百里。墙堞远近，濠堑深广，曲尽其宜。寇乃不敢轻犯，墙内得以耕牧，岁省边费几半"。③像翁万达这样久历边事的名宦，对朝廷弃河套亦持如是观，显然很能代表

---

① 王樵：《尚书日记》卷5，文渊阁四库全书本。
② 翁万达：《复河套议》，贺复征编：《文章辨体汇选》卷426，文渊阁四库全书本。
③ 《大清一统志》卷25《宣化府二·名宦》，文渊阁四库全书本。

明人的普遍看法。

不仅在经营河套总体策略上服膺秦汉者甚众；就是在"复套"的具体措施上，明人亦多有主张以汉匈战争的经验教训为鉴"复套"。如上引翁万达《复河套议》，即针对当时以"六万人"为限，"三年"为期收复河套的言论，认为没有一个进退可据的坚实后方，仅凭一时"深入寇境"的军事胜利就企图恢复蒙古诸部入居有年、生生息息于斯的河套地区，必将如汉将李陵一样，陷入矢尽援无的悲惨境地：

> 议者见近时捣巢之举，恒获首功，昔年城大同五堡之边，寇亦不来深竟，以为套地易复。然复套与是，二者实有不同。盖捣巢因其近塞，乘其不备，胜则悠忽而归，败亦支持以退，举足南向便是家门，壕堑城堡为援，可恃复套。则深入寇境，后援不继，胜固间关，败虏陷没，时势异也。夫必胜之兵，有限之矢，此李陵所以失也。今我之将士能为陵所不能为者乎？往城诸边，实近我土，又沿边之地，寇原不以为利。故虽城边筑垣，少有侵取，寇不恤也。套地则自和硕入寇以来，据以为家，四时之间，不离住牧，一旦欲取而有之，彼肯晏然耶！故曰杀虎易，夺虎子难，夺虎子易，夺虎穴而居难。今未能杀虎而夺其子，欲处其穴，得乎？

嘉靖时曾为淮扬巡抚的唐顺之甚至具体到以汉将卫青"武刚车自环为营"，迎击匈奴事为例，进呈"复套"之"阵图"：

> 战无常势，体无定用，如平原旷野，贼势重大，则当先用火器战车以摧其坚。火器者，中国之长技……敌之长技不过弓矢健马，彼来挑战，我以神机火炮制之，必挫衂而遁，遁则乘胜以逐之……套地山溪险阻，车战恐非所宜，本部尝据降卒及内地谍者，布呼齐、托托欢等俱报称，套中地形多平野沙漠，而山林险阻，十无二三，今车骑步兵表里兼用，未见其不可也。昔卫青击匈奴出塞千余里，以武刚车自环为营，可为明验然。

尽管四库馆臣宣称："是编虽纸上之谈，亦多由阅历而得，固未可概以书生之见目之矣。"[1] 然而，唐顺之的"阅历"，则是为淮扬巡抚时围剿倭寇，"负其宿望，虚憍恃气，一战而几为寇困……然其后部署既定，亦颇能转战蹙贼，捍御得宜"。可见唐氏只曾与"南倭"战而未逢"北虏"，故言及"复套"之"阵图"，确实难免获书生见解之讥。

二

虽然明初废除东胜卫，为蒙古诸部重返河套创造了条件。但由于是时蒙古诸部互不辖统，尚未形成相对统一的势力，对明朝边境没有产生实质性的威胁，河套问题似乎并没有引起时人的特别关注。然而，随着蒙古诸部势力逐渐扩大，河套问题才凸显出来，成为时议关注的重点。史称："景帝即位，十余年间，边患日多，索来、毛里孩、阿罗出之属，相继入犯，无宁岁。"鉴于日趋紧张的河套形势，明代河套防线亦逐步南移，固定于今陕西榆林一线，史称：

> （成化）七年，延绥巡抚都御史余子俊大筑边城。先是，东胜设卫守在河外，榆林治绥德。后东胜内迁，失险，捐米脂、鱼河地几三百里。正统间，镇守都督王祯始筑榆林城，建缘边营堡二十四，岁调延安、绥德、庆阳三卫军分成。天顺中，阿罗出入河套驻牧，每引诸部内犯。至是，子俊乃徙治榆林。由黄甫川西至定边营千二百余里，墩堡相望，横截套口，内复堑山堙谷，曰夹道，东抵偏头，西终宁、固，风土劲悍，将勇士力，北人呼为橐驼城。[2]

明代河套边城南移，为蒙古诸部在河套的活动留下足够的空间。但是，蒙古诸部是否能对明边城构成威胁，亦取决于其内部力量的整合。由于游牧民族自身特点，其诸部常常离合，很难形成统一的力量。天顺、成化年间，蒙古索来、毛里孩、阿罗出诸部均出入活跃于河套，明廷虽然为河套形势而担忧，于成化（1465—1487 年）年间数议并实施"搜套"。尽

---

① 唐顺之编：《武编》前集卷 3《阵图总说》，文渊阁四库全书本。
② 《明史》卷 91《兵志三》，第 2237—2238 页。

管成化年间的三次"搜套"效果并不十分明显，^① 然而由于蒙古诸部自身分散的原因，在明军的打击下，一些部落损失还是相当严重，如：

> （成化）九年秋，满都鲁等与孛罗忽并寇韦州。王越侦知敌尽行，其老弱巢红盐池，乃与许宁及游击周玉率轻骑昼夜疾驰至，分薄其营，前后夹击，大破之。复邀击于韦州，满都鲁等败归，孳畜庐帐荡尽，妻孥皆丧亡，相顾悲哭去。自是，不复居河套，边患少弭；间盗边，弗敢大入，亦数遣使朝贡。^②

红盐池之战，由于蒙古诸部精锐围攻韦州（今甘肃吴忠东南），尽留老弱于红盐池，故明军可奇袭建功。是役，明军不仅于红盐池袭击成功，并截击攻掠韦州所而归的蒙古诸部，同样大有斩获，史称：

> 擒斩三百五十五级。获其女稚、驼马、牛羊、器械不可胜计，焚其庐帐而还。时满达勒等行剽至韦州。颇有所获，欲归而遇诸镇兵，邀而败之，斩首级一百四十九，夺所卤男妇二千，马骡牛羊十三万，甲仗千六百余。贼既以失利归，则庐帐妻子畜产皆荡尽，相顾恸哭，远徙，不敢居河套故地。^③

仅就军事行动而言，蒙古诸部虽然损失严重，但考虑到明军常有虚报军功的习惯，红盐池之战究竟给蒙古诸部造成多大损失，明廷内部还是有争议的：

> 适王越自红盐池还，妄以大捷闻，玺书嘉劳。顷之，纪功兵部员外郎张谨劾（刘）聚及总兵官范瑾等六将杀被掠者冒功，部科及御史交章劾。诏遣给事中韩文往勘，还奏，如谨言，所报首功百五十，仅十九级，帝以寇既遁，置不问聚。^④

---

① 参见胡凡、徐淑惠《论成化年间的"搜套"之举》。
② 《明史》卷387《鞑靼》，第8474页。
③ 王世贞：《弇州四部稿》续稿卷88，文渊阁四库全书本。
④ 《明史》卷155《刘聚传》，第4265页。

　　尽管如此，蒙古诸部还是放弃河套远遁，除了蒙受军事打击外，其中一个重要的原因是蒙古部尚未形成统一的格局，几乎无法独自抗击明军的攻击，因此只能远遁以避兵锋。

　　然而，明代成化年间的"搜套"之议，似乎并没有一个比较清楚的战略目标。彭时撰《侍郎叶文庄公神道碑》曰：

　　　　（成化）八年，敌人出没河套，为西边患。有言增兵守险者，有言大举搜套，驱出河外，沿河筑城堡抵东胜，徙民耕守其中者。公受命往议方略，奏言："搜河套，复东胜，此皆事势所难，不敢妄议。惟增兵守险，可为远图，宜令守臣铲削边墙，增筑城堡，收新军以实边，选土兵以助守。此不但可责近效，而亦足为长便也。"上是其言。①

　　对于"搜套"所达到的目的，明廷群臣似乎并没有统一的见解。特别是"搜河套，复东胜"，将蒙古诸部拒之于河套之北，对当时明廷而言，几乎是一个不可完成的任务。因此，叶盛所言"增筑城堡，收新军以实边，选土兵以助守"之策，得到宪宗皇帝的认同。② 显然，在当时形势下，固守边城，不要轻率出兵"搜河套，复东胜"，是现实可行的持重方案。

　　持与叶盛观点相同者，明时亦多有人在。正统嘉靖时人夏良胜，借"吾恐后世子孙，倚中国富强，贪一时战功，无故兴兵，致伤人命，切记不可。但鞑靼与西北边境，互相密迩，累世战争，必选将练兵，时谨备之"的"皇明祖训"大发议论，不赞同主动出击蒙古诸部。认为近者如"英略盖古"的明成祖，"尝统六师出塞，仅得额森图罕之附。其后大宁故土，捐以为赏……东胜州既亡，黄河套既失，而北戎南牧，已无宁岁"；远者如"英雄勇略"之汉高祖，谋臣武将如云，"拥兵且数十万，而平城之辱几于不免。况其他守成主哉！"至于"从古御戎，汉文帝最为得策。

────────────

① 《明文衡》卷79，彭时：《侍郎叶文庄公神道碑》，文渊阁四库全书本。
② 《明史》卷177《叶盛传》记载是事曰："八年春，敕盛往会总督王越，巡抚马文升、余子俊、徐廷璋详议。初，盛为谏官，喜言兵，多所论建。既往来三边，知时无良将，边备久虚，转运劳费，搜河套、复东胜，未可轻议。乃会诸臣上疏，言守为长策……帝善其言。"（第4723页）

圣祖之见，盖出于此"：

> 匈奴寇云中，烽火通甘泉，但遣兵屯飞狐、句注，命将出细柳、棘门、霸上，亲往劳之，边陲自足备御，而京师大为声援。戎知有备而不敢轻，将知应援而有可恃，彼戎且自敝，而图归也必矣。圣祖谓选将练兵，为谨备之策者，意不取之，必不与之也。若使边备废弛，而故疆要地，弃不之惜，一有议及，自度不任，而辄以不征远戎籍口，恐非为国之忠谋也。臣愚以为祖训所戒贪战功，无故兴师致伤人命者，谓贪彼无用之地。①

　　成化年间，明军的"搜套"虽然取得一时之效，但"边境稍息"的状况维持时间不长。弘治年间，随着蒙古鞑靼部（明人称其首领为"小王子"）统一蒙古各部，势力大增，复率众入河套驻牧，对于明朝北境之威胁更甚以前。至嘉靖时，史称："时小王子最富强，控弦十余万，多畜货贝，稍厌兵，乃徙幕东方，称土蛮，分诸部落在西北边者甚人众。曰吉囊、曰俺答者，于小王子为从父行，据河套，雄黠喜兵，为诸部长，相率躏诸边。"② 嘉靖二十五年（1546）秋八月，"套骑三万余入犯延安府，至三原、泾阳，杀掠人畜无算。总督三边侍郎曾铣请复河套，条为八议"。③ "请以锐卒六万，益以山东枪手二千，每当春夏交，携五十日饷，水陆交进，直捣其巢"，彻底解决河套问题，"此一劳永逸之策，万世社稷所赖也。"④

　　曾铣"复套"之议，初因嘉靖皇帝的支持，首辅夏言等朝臣"一如铣言"；旋因嘉靖皇帝的反复，严嵩趁机"倾（夏）言"，"极言套不可复"，从而导致曾铣、夏言被杀，时距曾铣上"复套"之议不足两年，"复套"之事便告夭折。对此学界研究甚多，不再赘言。本文关注的是，曾铣"复套"的主张，在秦汉时期，特别是汉武帝时期对河套的经营则是最重要的依据。如嘉靖二十五年曾铣所上《请复河套疏》，在追述河套经营历史

---

① 夏良胜：《中庸衍义》卷12，文渊阁四库全书本。
② 《明史》卷327《鞑靼》，第8478页。
③ 谷应泰：《明史纪事本末》卷58，文渊阁四库全书本。
④ 《明史》卷204《曾铣传》，第5387页。

时说：

> 臣谨按：河套古朔地方，三代以来，悉隶中国。《诗》曰："天子命我，城彼朔方。赫赫南仲，猃狁于襄。"汉武帝遣卫青出塞，取河南地为朔方郡，筑城缮塞，因河为固，后世称之曰雄才大略……

而于"复套"的"八议"中，秦汉"故事"，多次被曾铣征引以充实其说。如"八议"中第一议"定庙谟"，以"赵充国屯湟中，汉宣帝主之于始，而魏相卒成其终。淮蔡之平，唐宪宗之独见，而赞襄者裴度也"为例，恳请君臣同心，"不以同异之说而疑，不以浩民之费而止"，全力支持"复套"。在第六议"足刍饷"中，则以"夫千里馈粮，士有饥色，樵苏后爨，师不宿饱。萧何给馈饷，汉高帝所以破强楚；李牧日击牛飨士，而强敌大破远遁"为例，请求朝廷充足刍饷，以供"复套"军用。第八议"备长技"，则以"匈奴之长技三，中国之长技五"为例，请求朝廷拨以银两，铸造火器，发挥中国兵器之"长技"，在两军争锋中以压制蒙古骑兵之"长技"。[1]

嘉靖二十六年，曾铣再上《重论复河套疏》，依旧保持立论必称秦汉之风格，如疏中再次重申，"夫河套者，西北之枢，全陕之喉吭也。三代秦汉，并列中原，迨我皇明，尽入版图"，只因"承平日久，武备寝疏，敌因窃据，渐致繁衍……遂为门庭勍敌，贻中国之患"，并引汉人贾谊"谓一胫之大几如腰，一指之大几如股者"之说，力图证明是时河套形势极为严峻，不能不复；又引宋人苏洵评晁错"为一身谋则愚，而为天下谋则智"之语，希冀嘉靖皇帝不要囿于群臣非议，"舍天下之谋而用一身之谋……惟赖圣明辨之于早，断之于独，审其势，运其机，以起夫天下之沈痼"。[2]

然而，曾铣此疏奏上，仅得"兵部定了来说"的六字旨意，较之前年所上《请复河套疏》所得几近二百字的褒扬旨意相比，无疑大异其趣。

---

[1]　《御选明臣奏议》卷24，曾铣：《请复河套疏》，文渊阁四库全书本。

[2]　《御选明臣奏议》卷25，曾铣：《重论复河套疏》，文渊阁四库全书本。

三

嘉靖二十七年，曾铣、夏言因"复套"之议而引发的政争中被杀，"廷臣不敢言复套事"，[①] 当在情理之中。然而，深究曾铣"复套"事废身死之原因，固然与严嵩"用河套事构言及曾铣"[②] 有直接关系，但其他一些因素同样不可忽视。

细绎有明一代收复河套之议，几乎无不以汉武帝经营河套为例，强调河套地区对于北边安全的重要性。上引明人诸论，大多反复申明这一点，当然有其道理。但是关键在于，处于不同的历史时期，河套地区的经营实际上呈现出多种不同的方式。汉匈战争期间所形成的河套经营方式，从较长的历史时段考察，并不是唯一可行的方式。

秦及西汉时期为何注重对河套的经营，原因并不复杂。秦都咸阳、汉都长安，均是直面河套，与活动于内的游牧民族相望相邻。西汉初年，刘敬向初都长安的高祖进言，徙山东之民充实关中，一个重要的原因就是："匈奴河南白羊、楼烦王，去长安近者七百里，轻骑一日一夜可以至秦中。"[③] 显然，匈奴在河套地区的存在与活动，对于定都关中的秦汉王朝都是一个现实的威胁。汉文帝十四年（前168年），匈奴老上单于亲率大军入河套侵掠，骑兵先锋侵入雍县与甘泉宫，京城长安为之震动，文帝调动十万车骑戒备长安，就是典型一例。因此，只要时机成熟，定都关中的王朝几乎无不试图解决河套的防务问题。汉武帝发动的河南之战，不仅将匈奴逐出河套，同时设置郡县，徙民实边。这些措施为后世所推崇，视为解决河套问题的楷模。显然，效法汉武帝经营河套，当是定都关中为前提的。因此，反对"复套"或主张缓复的明人正是以此为立论出发点的。如嘉靖时进士王世贞的看法就很有代表性：

> 思复河套者乎，藉令国家都长安，借河套之地以为外屏，而益斥远敌，可复也。长安，今不得言重矣。我以十万之众逐敌，而敌果去

---

① 《明史》卷327《鞑靼传》，第8480页。

② 《明史》卷308《严嵩传》，第7916页。

③ 《史记》卷99《刘敬列传》，中华书局1959年版，第2719页。

也，势必设八卫。卫五千人，而后成军，何所取调也。若移镇，何镇可移也，势必错卫所州邑，得二万民户以配之，何户可徙也。势必筑五六城以犬牙错，河所取瓦石材木也。敌必争，争当以兵数万卫之，何所取饷也。河池饶即可屯，敌不能无蹂践乎？何以能且耕且战也。敌既失地，独不能合东大酋而并力我乎，大酋即不东，独不能从之而西，以取偿于京辅乎？我竭天下以奉陕，而陕不益安，乃以京辅委者，非策也。故曰：海运可暂通，而河套卒不当复也。海纵不暂通，吾不可遽而废其道。河套纵可复，吾且缓而待数十年之后。①

　　且不论如何解决王氏所言"复套"后所必须面对的种种经营难题，仅就长安于明朝"不得言重"这一事实，是否值得付出"竭天下以奉陕"这样巨大的代价，甚至包括"取偿于京辅"的严重后果值得考虑。因此，王氏主张"河套纵可复，吾且缓而待数十年之后"，名曰"缓复"，实为"反复"。不过，王氏的诘问相当有力，并非全无道理。曾铣所上《请复河套疏》即言蒙古诸部"出套则逼宣、大、三关（偏头、宁武、雁门）；入套则扰延、宁、甘，固生民荼毒，全陕困敝已极"。如是，对于远在东部京师而言，"出套"与"入套"相比，后者的威胁显然少于前者。明于此，就不难理解嘉靖皇帝对"复套"出现始赞而旋否之态度。何况是时所谓"复套"尚未真正进入实施阶段，曾铣就"请大司农金钱以数十万计，调山东、河南良家子亦不下万余"，②耗费如此巨大的人力物力用于"不得言重"之地，一旦最高统治者态度发生变化，"复套"之议难免夭折。

　　实际上，河套地区由于自身的气候与地理特点，自古以来就是宜耕宜牧的区域，游牧民族与农耕民族于此长期冲突交汇，至于何种经营方式占据主导地位，并没有一定之规，完全视当时形势而定。汉武帝时将匈奴驱逐出河套，徙内地民众实边，农耕经济曾一度占据主导地位。但是，随着两汉之际的时局动荡，河套地区形势也出现反复。得到汉廷支持的南匈奴部越过长城，开始进入河套地区，初置单于庭于五原（今内蒙古包头西北），后移庭西河美稷（今内蒙古准格尔旗西北），肇起游牧民族整体返回河套之先例，西汉年间将游牧民族拒之长城以北的治理模式不复存在。

---

①　王世贞：《弇州四部稿》卷116《第五问》，文渊阁四库全书本。

②　王世贞：《嘉靖以来首辅传》卷3，文渊阁四库全书本。

西晋年间，北境少数民族内迁之势更炽，甚至深入到关中地区，鉴此，西晋末年太子洗马江统作《徙戎论》，建议将已居于关中多年的所谓"诸戎"徙出。江统认为，关中"帝王之都，每以为居，未闻戎狄宜在此土也"，当令诸戎，"廪其道路之粮，令足自致，各附本种，反其旧土，使属国、抚夷就安集之。戎晋不杂，并得其所，上合往古即叙之义，下为盛世永久之规。"[①] 然而，不久出现所谓"五胡乱华"的局面，不仅"徙戎"未果，反而连长江以北均捐"诸戎"，更遑论河套地区。

唐朝由于定都长安，实际面临与秦及西汉时期一样的形势。唐初，突厥部落出入河套，对长安都城形成极大威胁。景龙二年（708年），朔方道大总管张仁愿趁突厥首领默啜啜西征之机，在黄河北岸、阴山以南地带建筑东、中、西三受降城，中断突厥南下的通道，其中东受降城在今内蒙古托克托，中受降城在今包头，西受降城在今乌拉特中旗。三受降城之建，使河套地区的安全得到保障。入宋之后，河套地区属西夏统辖，元自不待言。加之明初即弃河套，蒙古诸部复入河套，虽然明人多有鼓荡"复套"者，但这一形势直至清代并没有改变。

由此可见，在河套地区发展史上，游牧民族与游牧经济似乎已经占据了主导地位（这仅是相对而言）。而明时许多主张"复套"者，尽管其议也存在着诸多合理因素，但试图通过军事方式一举解决河套问题，当是不现实的。况且河套问题在嘉靖年间陡然激化，虽然蒙古鞑靼部应负相当责任，但嘉靖皇帝始终坚持对蒙"绝贡"政策，给明蒙双方均造成重大伤害，甚至诱发嘉靖二十九年（1550年）俺答率军突入京畿杀掳的"庚戌之变"。"隆庆君臣正是总结了嘉靖年间对蒙政策的失误，对其所造成的危害有了深刻的认识，因而才能纠正弊端，抓住历史的机遇，遂有隆庆年间'俺答封贡'的实现。"[②] 可见随着朝廷政策的调整，即使相当紧张的明蒙关系，也可以得到一定程度的缓解。

对发生于嘉靖年间的"复套"之争，清康熙帝的见解无疑更胜一筹，颇值后人深思。录之以结束本文。

---

① 《晋书》卷56《江统传》，中华书局1974年版，第1532页。

② 以上参见胡凡《论明世宗对蒙"绝贡"政策与嘉靖年间的农牧文化冲突》，《中国边疆史地研究》2005年第4期，第43—55页。

塞外情形不可臆度，必身历其境乃有确见。昔朕欲亲征噶尔丹，众皆不欲，惟费扬古与朕欲讨，之后两次出师，众愈不欲，若非朕亲统大军追袭噶尔丹，使之少留余息，彼必复聚，难以遽灭矣。明时为恢复河套，议论纷纭，致大臣夏言、曾铣受戮。自朕观之，此地无甚关系。若控驭蒙古有道，则河套虽为所据，安能为患？控驭无道，则何地不可为乱。蒙古游行之地，防之不可胜防，专言收复河套，亦何益乎。①

原载《河套大学学报》2007 年第 3 期。

---

① 《圣祖仁皇帝圣训》卷 18，文渊阁四库全书本。

蒙恬再评议

秦帝国从勃兴到骤亡，其间不过十余年光景，一个庞大的帝国就烟灭灰飞，"秦政"亦成为"暴政"的代名词。指谪"亡秦之失"，在西汉相当长的一段时间内，竟成为朝廷君臣议政的中心。然而，在汉人对秦政诸多指摘中，秦始皇修筑长城与攻逐匈奴，无疑是秦诸多暴政中最为浓烈的一笔。[①] 值得注意的，秦廷这两项失政，均与秦之名将蒙恬有着直接关系，更是评价蒙恬是非功过的关键所在。[②]

一

蒙恬，先世战国齐人，祖父蒙骜自秦昭王时由齐至秦，后代世为秦将。祖父蒙骜、父亲蒙武皆为秦国的重要将领，曾攻略韩、赵、魏、楚诸国，为秦统一战争立下功勋。蒙恬正是以这样的家世为依托，于秦始皇二十六年（前221年）为将军，统兵攻齐，参与了秦统一六国的最后一役，以功拜为内史。不过，蒙恬真正跻身秦国权力中枢，则是在秦始皇三十三年（前214年）攻逐匈奴、修筑长城之后，"是时，蒙恬威震匈奴。始皇

---

① 对"秦政"的种种批评，学界已有诸多研究成果，此处不再枚举。关于汉人对秦与匈奴的关系批评，笔者曾撰《秦人与匈奴关系考察——以汉人"过秦"言论为中心》一文进行讨论，请参见（载《秦都咸阳与秦文化研究》，陕西人民教育出版社2003年版）。

② 对于蒙恬之评价，在秦史研究中是一重要话题，举凡涉及秦政治史、军事史、社会史等研究，蒙恬皆是一个主要研究的对象。就笔者管见，与本文直接相关的专题论文有：贺润坤先生的《蒙氏祖孙》（张文立主编《秦历史人物论》，西北大学出版社199年），杨爱民先生的《秦朝蒙氏家族的悲剧述评》（《昆明师范高等学校学报》1999年第1期），白音查干先生的《卢生其人与秦王朝的速亡》（《内蒙古师大学报》2000年第3期）等。另，北京大学历史系刘华祝先生惠赐未刊稿《论蒙恬》。已有诸多研究成果，对本文的撰写多有参考启迪。

甚尊宠蒙氏，信任贤之。而亲近蒙毅，位至上卿，出则参乘，入则御前。恬任外事而毅常为内谋，名为忠信，故虽诸将相莫敢与之争焉"。① 同时，攻逐匈奴、修筑长城成为后世对蒙恬评价产生歧义的主要焦点。

秦始皇于三十三年决策攻逐匈奴、修筑长城，以武力在岭南设置郡县，是秦统一之后最大规模的军事行动，《史记》卷 6《秦始皇本纪》载：

> 三十三年，发诸尝逋亡人、赘婿、贾人略取陆梁地，为桂林、象郡、南海，以適遣戍。西北斥逐匈奴。自榆中并河以东，属之阴山，以为四十四县，城河上为塞。又使蒙恬渡河取高阙、阳山、北假中，筑亭障以逐戎人。徙谪，实之初县……三十四年，適治狱吏不直者，筑长城及南越地。

秦始皇于南北二地同时用兵，所动用的民力自然十分巨大，除南方"以谪徙民五十万戍五岭"外，而与蒙恬有关的，则是率三十万人北逐匈奴，修筑长城，以及次年的另一重大工程——连接北部地区与关中联系的重要道路，由云阳（今陕西淳化西北）到九原（治今内蒙古包头西），"堑山堙谷千八百里"的直道。② 尽管学界一般认为蒙恬所修长城，"大体上是在战国时边于匈奴三国所建筑的长城的基础上加以修缮与增建，使其首尾贯连起来"③ 而成，但工程规模之大仍十分惊人。尽管我们并不十分清楚修筑长城与开通直道一共投入多少民力，但据《史记》卷 15《六国年表》载，仅筑"河上"一段长城，就用卒三十万人之多。至于直道，司马迁以曾亲身所行，感叹曰："吾适北边，自直道归，行观蒙恬所为秦筑长城亭障，堑山堙谷，通直道，固轻百姓力矣。"对当时主持其事、后被迫自杀的蒙恬，司马迁曾有严厉批评：

> 夫秦之初灭诸侯，天下之心未定，痍伤者未瘳，而恬为名将，不以此时强谏，振百姓之急，养老存孤，务修众庶文和，而阿意兴功，

① 《史记》卷 88《蒙恬列传》。其后再引是传者，不另出注。

② 关于长城与直道及北边交通之关系，及在防御匈奴中之作用，请参见王子今先生《秦汉交通史稿》第 9 章第 6 节《北边交通》，中央党校出版社 1994 年版。

③ 陈序经遗作：《匈奴史稿》，天津古籍出版社 1989 年版，第 163 页。

此其兄弟遇诛，不亦宜乎！何乃罪地脉哉？

值得注意的是，司马迁指责蒙恬"阿意兴功"，"不以此时强谏"始皇"振百姓之急"云云，是以汉初的"无为"政治为参照，强调以秦政为鉴，提倡"与民休息"，避免重蹈覆辙，这一点无疑是正确的。但从中也反映出，对秦政之认识，汉人与秦人实际上存有巨大的差异。

《史记》卷 6《秦始皇本纪》是这样记录始皇决策攻逐匈奴的："始皇巡北边，从上郡入。燕人卢生使入海还，以鬼神事，因奏录图书，曰'亡秦者胡也'。始皇乃使将军蒙恬发兵三十万人北击胡，略取河南地。"这种说法曾经得到许多汉人的认可，甚至形成始皇"利越之犀角、象齿、翡翠、珠玑"而伐南越，见"亡秦者胡也"之谶语而击匈奴，"秦祸北构于胡，南挂于越，宿兵于无用之地"① 的固定认识。

但从秦廷决策的角度考察，备受指摘的修筑长城，攻逐匈奴（包括征服南越）之举，当时不仅蒙恬没有"强谏"，在秦廷内也没有引起其他重臣的特别关注。汉人主父偃于武帝时上书"谏伐匈奴"，曾引李斯谏阻秦始皇攻逐匈奴语曰："匈奴无城郭之居，委积之守，迁徙鸟举，难得而制也。轻兵深入，粮食必绝；踵粮以行，重不及事。得其地不足以为利，遇其民不可役而守。胜必杀之，非民父母也。靡弊中国，快心匈奴，非长策也。"这一记载是否可信，后人基本上持否定态度。《史记会注考证》卷 112《主父偃列传》"考证"引吕祖谦语："李斯方助始皇为虐，必无此谏。"徐孚远曰："李斯谏伐胡，本传不载，非实事也。意者欲沮蒙恬之功，故为正言邪？"虽然吕、李二氏否认李斯之谏，主要是基于对李斯"助虐"的人品考虑，但核之史实，"必无此谏"也不为无据。《史记·李斯列传》载其狱中上书，有"地非不广，又北逐胡貉，南定百越，以见秦之强。罪二矣"之语，名为"有罪"，实为"表功"，可见李斯是赞同始皇"北逐胡貉"的决策的。

对于秦廷的决策机制，尽管始皇被时人认定"天性刚戾自用……意得欲从，以为自古莫及己"，而群臣"皆受成事，倚办于上。上乐以刑杀为威，天下畏罪持禄，莫敢尽忠"。② 实际上在涉及帝国的政体制度、统治

---

① 《汉书》卷 64《严安传》。

② 《史记》卷 6《秦始皇本纪》。

思想等重大问题时，始皇并非是一意孤行，朝臣的议政对秦始皇的决策也起到了重要的影响作用。白音查干先生认为："根据《史记》中的有关《纪》、《传》记载，秦王朝的重大决策都要经过廷议、辩论等程序。如皇帝名称的确立、郡县制度的推行，均经过了上述严格的程序"，这一分析是正确的；不过，白音查干先生又认为："唯独北击匈奴这个干系全局的重大事件的决策，未经严格的决策程序，显得特别草率，结果酿成不可挽回的严重后果"，其原因在于"身为方士的卢生，在神秘色彩下大搞反秦破坏活动。他编造'亡秦者胡也'的谎言，引发了一场大规模北击匈奴的战争"。① 这一观点基本认同于汉人的说法，似有可商榷之处。

从《史记》等相关史料分析，是时确实没有发现匈奴直接威胁秦帝国安全的记载，秦帝国似乎为并不存在的"强敌"付出了惨重代价，因此汉人或将之归为始皇"贪戾而欲广大"的性格所致；或有所谓信图谶"亡秦者胡也"而击匈奴的解释。凡此种种，均是以匈奴没有直接威胁秦廷这样的事实分析为基点。

然而，拙意以为，秦人之所以在统一之前并没有对游牧于河南地的匈奴人采取攻势，一是与秦人坚持的"蚕除六国，混一华夏"的立国策略有关；二是对秦北境的安全威胁，主要是赵国而不是匈奴，而且后一因素似乎更为重要。

当赵国强盛之时，赵武灵王不遗余力向北河地区扩张，"将士大夫西北略胡地"，正是为了实现"从云中、九原直南袭秦"这一战略目的。② 赵国筑长城"自代并阴下，至高阙为塞。而置云中、雁门、代郡"。③ 除对匈奴的防范外，从西东两个方向加强对秦国的压迫，也是赵国经营北河地区的一个重要战略目的。但在赵国败亡后，匈奴实际上已经越过长城进入河南地。由于河南地直接迫近秦帝国政治重心所在咸阳，这一态势当然

---

① 白音查干：《卢生其人与秦王朝的速亡》，《内蒙古师大学报》2000 年 3 期。

② 《史记》卷 43《赵世家》。

③ 《史记》卷 110《匈奴列传》。关于赵武灵王修筑长城的时间，张维华先生认为："（司马）迁述武灵筑长城事，未有确定之年代。按《史记》卷 43《赵世家》之记载……武灵长城之建立，必在二十五六年之后，盖可知矣。"（《赵长城》，《中国长城建置考》，中华书局 1979 年版，第 103 页）从张先生考订赵灵王长城修筑的时间看，更能证实赵修长城之目的兼有防范匈奴与压迫秦人的双重目的，而且后一个目的更为重要。

为秦始皇所不能容忍，也为其后秦人攻逐匈奴埋下伏笔。① 不同的是，在何种时机、以何种方式解决这一问题而已。极言之，既使没有卢生"亡秦者胡也"的谶语，始皇也势必展开攻逐匈奴的行动。②

事实上，蒙恬的军事行动确实也收到良好的效果，慑于秦军的强大声势，匈奴人不得不举族北徙七百余里，以避秦人兵锋。随着长城、直道的修筑开通与大规模的徙民实边行动，不仅保证秦北境及都城咸阳的安全，同时密切了北境与关中地区的联系，也有利于对所谓"新秦中"地区的开发。"任外事"的蒙恬与"为内谋"的蒙毅，同时得到秦始皇的宠信，"诸将相莫敢与之争"，其原因也不难理解。

二

秦始皇之死与二世胡亥夺位，对蒙恬及其家族而言固然是悲剧性命运的开端；但随着蒙恬之死，对秦廷群臣的心理变化也产生了深刻的影响。

早在沙丘政变时，赵高敢发"亡国之言"，正是以"君侯自料能孰与蒙恬？功高孰与蒙恬？谋远不失孰与蒙恬？无怨于天下孰与蒙恬？长子旧而信之孰与蒙恬"的发问突破了李斯的心理防线，迫使其同意"诈为受始皇诏"，"立子胡亥为太子"；扶苏自杀后，如愿以偿的二世胡亥对于是否诛灭蒙氏尚在两可之间时，蒙恬曾上书自明心迹：

> 自吾先人，及至子孙，积功信于秦三世矣。今臣将兵三十余万，身虽囚系，其势足以倍畔，然自知必死而守义者，不敢辱先人之教，以不忘先主也……凡臣之言，非以求免于咎也，将以谏而死，愿陛下为万民思从道也。

---

① 参见拙作：《秦汉时期北河战略地位考察》，《秦汉文化比较研究》论文集，三秦出版社2002年版。

② "亡秦者胡也"，汉人或释为"胡亥"，始皇误以为匈奴而击之。对此种解释，《史记会注考证》引日人中井积德语曰："谶文元无所斥，所以为胡亥者，亦后人所解谜，此不当以为注释。愚按，始皇欲击胡，托言图谶，以为口实耳。"两者相较，中井的解读更为合理。至于始皇是否"托言图谶"而"击胡"，以始皇独断之性格言之，实不需要什么"托言"。图谶与击胡同时出现，或许只是时间上的一种巧合而已。汉人强调这一点，显然是出于指斥秦政之需要。

宗室子婴亦谏二世胡亥曰：

> 今蒙氏，秦之大臣谋士也，而主欲一旦弃去之，臣窃以为不可。臣闻轻虑者不可以治国，独智者不可以存君。诛杀忠臣而立无节行之人，是内使群臣士之意离也，臣窃以为不可。

虽然二世胡亥曾一度产生"欲释蒙恬"的念头，但在"日夜毁恶蒙氏"赵高的坚持下，这些努力并没能挽救蒙氏悲剧性的结局。然而，子婴预言的"使群臣士之意离"的严重后果，很快的在秦末农民起事中体现出来。陈余曾遗书阻击起事军最为有力、功劳也最多的秦少府章邯曰：

> 蒙恬为秦将，北逐戎人，开榆中地数千里，竟斩阳周。何者？功多，秦不能尽封，因以法诛之。今将军为秦将三岁矣，所亡失以十万数，而诸侯并起滋益多。彼赵高素谀日久，今事急，亦恐二世诛之，故欲以法诛将军以塞责，使人更代将军以脱其祸。①

以蒙恬之死为例来说降秦将，竟成为起事军屡试不爽的利器。"秦朝最高统治集团的分裂，严重动摇了秦朝的统治，并进一步激化了社会矛盾，加速了秦朝的灭亡……带来了极大恶果是开始于扶苏及蒙氏兄弟的遇害。"②

然而，从更广阔的历史角度考察，随着蒙恬之死而出现更严重的后果是：秦人经营多年的北境防御体系的崩溃，趁中原地区兵连祸结之机，匈奴趁机重夺河南地。公元前202年，汉王刘邦击败项羽称帝，匈奴的势力已趋强盛，成为新兴汉朝最为强悍的对手。如果说对初都于洛阳的汉廷，匈奴的侵扰尚未构成太大的威胁；然而在刘邦迁都长安之后，活跃于河南地匈奴的威胁立即就凸显出来。"匈奴河南白羊、楼烦王，去长安近者七百里，轻骑一日一夜可以至秦中"，③匈奴人的威胁较之秦朝则更为现实，自然是定都于长安的刘邦不能不关注的一个重要问题。

据明人王世贞《弇州四部稿》卷143《说部》载，汉高祖刘邦曾与群

---

① 《史记》卷7《项羽本纪》。
② 杨爱民：《秦朝蒙氏家族的悲剧述评》，《昆明师范高等学校学报》1999年第1期。
③ 《史记》卷99《刘敬列传》。

臣议战国时三武安君（即苏秦、白起与赵牧）孰贤，群臣意见不一，刘邦赞同季布以赵牧为贤的意见：

> 季将军曰……武安君牧贤也。夫武安君当衰季之赵，厉残伤之卒，北摧虏，西遏强嬴若拉朽……牧存赵存，牧亡赵亡，臣故曰武安君牧贤。[①]

此事未见汉人记载，其真实性无法考订。但从当时的汉匈形势看，"强嬴"虽已不存，但"北虏"却势力正盛，刘邦推崇"北摧虏""若拉朽"的赵牧，着眼点当在对匈奴的防范之上。此评尽管没有涉及蒙恬，若是单就"北摧虏"而言，蒙恬所采取的一系列措施，显然较赵牧于汉廷更有借鉴价值。尽管虽然在"过秦"已成时尚的西汉初年，不可能对蒙恬其人有过高的评价，但较秦时更现实的匈奴的威胁，致使汉廷君臣对蒙恬无论褒贬与否，实际上都与探讨汉与匈奴的政策密切相关。

一个有趣的现象是，是时对于蒙恬其人及行事评价，常存有"是其事"而"非其人"的现象。虽然这不足以完全改变汉人"过秦"的时尚，但蒙恬曾采取过一些行之有效的防范措施，却成为汉人效法之对象。

高帝七年（前200年），刘邦平城兵败匈奴后，首倡"和亲"之策的刘敬进言曰：

> 秦中新破，少民，地肥饶，可益实……臣愿陛下徙齐诸田，楚昭、屈、景，燕、赵、韩、魏后，及豪桀名家居关中。无事，可以备胡；诸侯有变，亦足率以东伐。此强本弱末之术也。

晁错亦建议文帝"募民实边"：

> 募民之欲往者。皆赐高爵，复其家。予冬夏衣，廪食，能自给而止……塞下之民，禄利不厚，不可使久居危难之地。胡人入驱而能止其所驱者，以其半予之，县官为赎其民。如是，则邑里相救助，赴胡

---

① 王世贞：《弇州四部稿》卷143《说部》，文渊阁四库全书本。

不避死……其与秦之行怨民，相去远矣。①

徙民实边、戍边之策，自蒙恬攻逐匈奴后即于河南地实施，除强徙"七科谪"外，亦有徙普通民户于边地的实例，如《秦始皇本纪》载，三十六年"迁北河榆中三万家。拜爵一级"。秦这些政策也曾取得一些较好的效果，《汉书》卷24《食货志》颜师古注引应劭语："秦始皇遣蒙恬攘却匈奴，得其河南、造阳之北千里地甚好，于是为筑城郭，徙民充之，名曰'秦中'。"但由于秦法之暴虐急切，加之边地之苦寒，"秦民见行，如往弃市，因以谪以之，名曰'谪戍'"。刘敬、晁错之策总体而言，是在汲取秦鉴的前提下，借鉴蒙恬曾经采取的秦人防范匈奴的措施。

班固在《汉书·匈奴传赞》中所说，自汉兴以来，"忠言嘉谋之臣，曷尝不运筹策，相与争于庙堂之上乎……人持所见，各有异同。然总其要，归两科而已：缙绅之儒则守和亲，介胄之士则言征伐"。移班固此语于汉人对蒙恬之评价，则不难发现："守和亲"者无不引蒙恬为鉴，坚决反对出击匈奴；而"言征战"者则以蒙恬为榜样，强烈主张出击匈奴。不同的是，在武帝元光二年以前，由于"和亲"之策成为汉廷处理与匈奴关系的基本国策，"非蒙恬"而"主和亲"的议论充斥史乘，不需烦举。直至汉武帝元光二年（前133年）决意全面反击匈奴之后，对蒙恬的评价随之也发实质性的变化：

元光二年，雁门马邑豪强聂翁壹献策伏兵诱击匈奴，武帝表示出反击匈奴的意图，主张出击匈奴的王恢一反"过秦"的社会时尚，极力推崇蒙恬秦人对匈奴的攻击。《史记》卷52《韩安国传》载王恢语曰：

> 蒙恬为秦侵胡，辟数千里，以河为竟，累石为城，树榆为塞，匈奴不敢饮马于河，置烽燧然后敢牧马。夫匈奴独可以威服，不可以仁畜也。今以中国之盛，万倍之资，遣百分之一以攻匈奴，譬犹以强弩射且溃之痈也，必不留行矣……臣故曰击之便。

以元光年间爆发的马邑之战为标志，不仅终结了汉廷实行近六十余年

---

① 《汉书》卷49《晁错传》。

的和亲政策，也促使社会心态迅速发生重大的变化。① 特别是元朔三年（前126年），汉军发动河南战役，重夺河南地，置朔方郡以御匈奴。汉军所发动的河南战役，简直就是蒙恬逐匈奴出河南地的翻版，在此形势下，一些原来强烈抨击蒙恬，反对出击匈奴者，是时纷纷改弦易辙，以取悦于人主，趋同于时尚，前引曾上书"谏伐匈奴"，猛烈抨击秦始皇遣蒙恬攻逐匈奴，经营河南地的主父偃就其中一个的典型人物。在河南战役的前一年，主父偃上书"盛言朔方地肥饶，外阻河，蒙恬城之以逐匈奴，内省转输戍漕，广中国，灭胡之本也"，首先倡议设置朔方郡。主父偃态度前后如此矛盾，清人何焯推测是由卫青推荐而晋身，而河南地又为卫青率军所夺，"故偃变前说以建此计"；王鸣盛则斥主父偃为"倾险浮薄之徒"，虽然最初"上书言事，皆能谏止用兵"，"犹倚正论以行其说"，而一旦得委重任，便违背"正论"，"遂请城朔方以为灭匈奴之本，与初进议论大相矛盾矣"。② 何、王二氏因鄙主父偃为人而否其议，其实汉人于蒙恬之评议，何尝又不存在着类似之现象。

从元光年间起，"汉兵深入穷追二十余年"，虽然遏止了匈奴侵扰的势头，但也付出"海内虚耗，户口减半"的巨大代价，实际上也面临着与"亡秦"相同的问题。始元六年（前81年），《盐铁论·和亲》载来自民间的文学们猛烈抨击武帝之政曰：

> 王恢误谋马邑，匈奴绝和亲，攻当路塞，祸纷挐而不解，兵连而不息，边民不解甲弛弩，行数十年，介胄而耕耘，锄耰而候望，燧燔烽举，丁壮弧弦而出斗，老者超越而入葆。言之足以流涕寒心，则仁者不忍也。③

倘若移此评议于蒙恬，真可谓无一字不确，甚至连言辞也有相似之处，且与《汉书》卷45《伍被传》对照比较，则更为清楚：

> 昔秦绝圣人之道……尚诈力，任刑罚，转负海之粟致之西河。当

---

①　参见拙作《汉匈战争对两汉社会心态的影响》，《史学理论研究》1997年第4期。

②　《史记》卷112《主父列传》及《史记会注考证》卷112同传。

③　王利器：《盐铁论校注（定本）》卷8《和亲》，中华书局1992年版，第513页。

是之时，男子疾耕不足于糟糠，女子纺绩不足于盖形。遣蒙恬筑长城，东西数千里，暴兵露师常数十万，死者不可胜数，僵尸千里，流血顷亩，百姓力竭，欲为乱者十家而五。

不同的是，秦人已经无法修正其过失，蒙恬只能留下"恬罪固当死矣。起临洮属之辽东，城渐万余里，此其中不能无绝地脉哉？此乃恬之罪"之浩叹；而武帝则有时间更弦易张，"晚而改过，顾托得人，此其所以有亡秦之失而免亡秦之祸乎！"①

三

随着时间之流逝，特别是在光武帝刘秀中兴汉室后，社会舆论已明显由"过秦"向"宣汉"而转移，暴秦之痛渐成历史之遗迹，显然已不是众人关注的要点，如《后汉书》卷49《王符传》曰："季世之臣，以谄媚主，不思顺天，专杖杀伐。白起、蒙恬，秦以为功，天以为贼"之类的议论虽然不时见于史乘，但更多给人以旧调重弹之感，没有多少无新意。而于蒙恬之评价，特别是蒙恬临死前言辞恳诚之上书，忠而见诛之悲剧，引起后人，特别是一些身处相似境遇的权臣们的共鸣，其中最著名者当推曹操的"让县自明本志令"，《三国志·魏书·武帝操》注引《魏武故事》载：

> 孤始举孝廉，年少，自以本非岩穴知名之士，恐为海内人之所见凡愚，欲为一郡守，好作政教……而遭值董卓之难，兴举义兵……遂平天下。身为宰相，人臣之贵已极，意望已过矣……或者人见孤强盛，又性不信天命之事，恐私心相评，言有不逊之志……昔乐毅走赵，赵王欲与之图燕，乐毅伏而垂泣，对曰："臣事昭王，犹事天王；臣若获戾，放在他国，没世然后已，不忍谋赵之徒隶，况燕后嗣乎！"胡亥之杀蒙恬也，恬曰："自吾先人及至子孙，积信于秦三世矣；今臣将兵三十余万，其势足以背叛，然自知必死而守义者，不敢辱先人

---

① 《资治通鉴》卷22"武帝后元二年"条"臣光曰"，中华书局1956年版，第747—748页。

之教以忘先王也。"孤每读此二人书，未尝不怆然流涕也……今上还阳夏、柘、苦三县户二万，但食武平万户，且以分损谤议，少减孤之责也。①

曹操是令作于建安十五年（210 年），引燕人乐毅不肯为赵谋故国，及蒙恬"自知必死而守义"的典故，表明自己身为汉臣，但绝没有"不逊之志"。是时曹操新败于赤壁，虽然在其操控之下的朝廷并没有人敢作伏马之鸣，但曹操先"自明本志"，以却封的方式"少减孤之责也"，从策略上讲是极其明智的。

无独有偶，早在建安元年（196 年），初掌朝廷的曹操，以汉帝名义下诏书于袁绍，"责以地广兵多而专自树党，不闻勤王之师而但擅相讨伐"，袁绍上书引蒙恬故事自辩：

> 臣以负薪之资，拔于陪隶之中……会董卓乘虚，所图不轨……陛下播越非所，洛邑乏祀，海内伤心，志士愤惋。是以忠臣肝脑涂地，肌肤横分而无悔心者……臣爵为通侯，位二千石。殊恩厚德，臣既叨之，岂敢窥觊重礼，以希彤弓玈矢之命哉？诚伤偏神列校，勤不见纪，尽忠为国，翻成重愆。斯蒙恬所以悲号于边狱，白起歔欷于杜邮也……臣虽欲释甲投戈，事不得已……若使得申明本心，不愧先帝，则伏首欧刀，襄衣就镬，臣之愿也。

细绎袁绍书中之意，诚可谓曹操"让县自明本志令"的范本。非独曹操、袁绍这样的权臣如此，蜀汉的"叛臣"孟达，亦引蒙恬上书为其去蜀投魏事辩护。《三国志·蜀书·刘封传》引《魏略》载孟达"辞先主表"曰：

> 臣内无辅佐之器，外无将领之才，列次功臣，诚自愧也……况臣卑鄙，无元功巨勋，自系于时，窃慕前贤，早思远耻。昔申生至孝见疑于亲，子胥至忠见诛于君，蒙恬拓境而被大刑，乐毅破齐而遭谗

---

① 对于曹操此文之评价，《三国志集解》引李安溪语曰："文词绝调也，惜出于操，令人不喜读也。"颇给人以因人废文之感。

佞，臣每读其书，未尝不慷慨流涕，而亲当其事，益以伤绝……臣诚
小人，不能始终，知而为之，敢谓非罪。

活动于东汉季世的曹操、袁绍、孟达三人，不约而同地皆征引蒙恬故
事"申明本心"，或是出于"分损谤议"之目的，或是表明"事不得已"
之苦衷，或是自居于为"小人"，不愿"至忠见诛"云云，虽然出发点不
尽相同，但对蒙恬忠于秦而见诛的悲剧性结局均寄予极大的同情。同时也
表明，在形势完全不同于西汉初年的历史背影下，人们关注的焦点实际上
已经发生了转移，借蒙恬故事而申诉"本志"，成为后人评说蒙恬的一种
习见现象。例如，西晋年间，"时关陇屡为氐羌所扰"，江统"统深惟四夷
乱华，宜杜其萌，乃作《徙戎论》"。《晋书》卷56《江统传》载其辞曰：

春秋之义，内诸夏而外夷狄……是以有道之君牧夷狄也，惟以待
之有备，御之有常……始皇之并天下也，南兼百越，北走匈奴，五岭
长城，戎卒亿计。虽师役烦殷，寇贼横暴，然一世之功，戎虏奔却，
当时中国无复四夷也……并州之胡，本实匈奴桀恶之寇也。汉宣之
世，冻馁残破，国内五裂，后合为二，韩邪遂衰弱孤危，不能自存，
依阻塞下，委质柔服。建武中，南单于复来降附，遂令入塞，居于漠
南，数世之后，亦辄叛戾……此等皆可申谕发遣，还其本域，慰彼羁
旅怀土之思，释我华夏纤介之忧。

西晋年间，所谓"夷狄"入居中原已有数世，江统企图以"徙戎"方
式令"还其本域"，晋惠帝不能用其计当在情理之中。但江统对秦始皇
"北走匈奴"的决策特别推崇（当然也包括具体执行者蒙恬），赞为"一世
之功"，在此前提下，其所带来的"师役烦殷，寇贼横暴"的后果，自然
被置于次要地位。

于蒙恬评价另一个值得注意的现象是，作为一位"名将"，人们关注
其功绩及其所带来的影响并不奇怪，而将"筝"与"笔"之发明归于蒙恬
名下，不仅是令人备觉兴趣之事，或许能为蒙恬名将的形象减少一些肃杀
之气。

关于蒙恬造笔，似乎争议较少，《太平御览》卷605《文部》11"笔"
条引《博物志》曰："蒙恬造笔"，语焉不详。同卷又引崔豹《古今

注》曰：

> 牛亨问曰：古有书契以来便应有笔也，世称蒙恬造笔，何也？答曰：自蒙恬始作秦笔耳，以柘木为管，以鹿毛为柱，羊毛为被，所谓苍豪，非兔豪竹管也。

是种解释将蒙恬造笔划定为"秦笔"，较泛言蒙恬造笔更易接受，似乎没有引起更多的争议。

与蒙恬造笔说不同，蒙恬筑筝说却引发了绝大争议。据应劭《风俗通义》卷 6《声音》载："按，《礼乐记》，五弦，筑身也。今并凉二州筝形如琴，不知谁所改作也，或曰秦蒙恬所造筑。"筝，作为秦地的一件古老乐器，至少在东汉末年，已有蒙恬所造的说法。这种说法的起源已不能确考，但可能考虑到一般认为筝发明于秦地，所谓"筝，秦声也"，并流行西北之地，魏晋时间已有"齐瑟以东舞，秦筝奏西音"之说，[①] 很可能由于蒙恬是秦朝长期驻守西北之地最为著名的人物，故将其与筝的发明联系在一起。这种说法，与中国古代常将一些器物的发明与某些著名历史人物相联系的做法是一致的。

然而，这一说法，遭到晋人傅玄的斥责，《宋书·乐志》引傅玄"筝赋"序曰："世以为蒙恬所造。今观其体合法度，节究哀乐，乃仁智之器，岂亡国之臣所能关思哉。"《西晋文纪》卷 10 载"筝赋序"更为详细：

> 以为蒙恬所造，今观其器，上圆似天，下平似地，中空，准六合，弦柱十二，拟十二月，设之则四象存，鼓之则五音发，体合法度，节究哀乐，斯乃仁智之器也，岂亡国之臣所能开思运巧哉。或以为蒙恬所造，非也。

否认筝为蒙恬所造，并非傅玄一人之观点。应劭"或曰"云云，口气已经不十分肯定。《旧唐书·乐志九》明确说："筝，本秦声也。相传云蒙恬所造，非也。"问题并不在于筝是否为蒙恬所筑，《旧唐书·乐志九》的说法肯定更为准确；而是傅玄认为蒙恬为"亡国之臣"，不可能"开思运

---

① 《北堂书钞》卷 108《乐部六·筝十一》引"魏文帝诗"。

巧”，筑出如筝之“仁智之器”，则是以道德评价作为事实判断之标准，或有因人废事之嫌。如果以此衡之，《全唐诗》卷 59 载李峤《筝》诗亦可作一反证：

> 蒙恬芳轨设，游楚妙弹开。新曲帐中发，清音指下来。钿装模六律，柱列配三才。莫听西秦奏，筝筝有剩哀。

全诗最后两句最为传神，所以“莫听西秦奏”，只因“筝筝有剩哀”。若是套用傅玄之语，蒙恬若真是“亡国之臣”，岂能如此“开思运巧”，筑出音有“剩哀”之筝哉。

近者马非百先生有言：

> 世传蒙恬尝以兔毛造笔，又曾造筝。而傅子则云：“筝者……岂蒙恬亡国之臣所能开思运巧”。此真最不合理之怀疑，非天下之公论也。李斯、赵高、胡母敬能造小篆，王次仲、程邈能造隶书，彼独非亡国之臣耶？恬云……霭然仁者之言，安其不能“开思运巧”，以造“仁智之器”哉？吾故附之《传》末而明辨之，使后人读而知秦之亡，非蒙氏之罪，而其能否“开思运巧”，又与亡国无关云。[①]

马非百先生之观点或有可商榷之处，但其将能否“开思运巧”，与是否为“亡国之臣”两者应区别开来，当是确评。尽管马先生此语针对性甚为明确，但对我们重新评价认识蒙恬其人，还是有所启迪的。

原载《秦文化论丛》第 13 辑，三秦出版社 2006 年版。

---

① 马非百：《秦集史·人物传·蒙恬传》，中华书局 1982 年版，第 253 页。

汉文帝与代臣

——兼论昌邑王刘贺与昌邑臣

西汉一朝，曾以诸侯王身份入主朝廷的共有四人，即代王刘恒、昌邑王刘贺、定陶王刘欣与中山王刘衎。定陶王汉刘欣在成帝晚年已被立为皇太子，中山王刘衎幼冲即位，是为权臣王莽手中傀儡，不在本文讨论范围之内。在西汉初期及中期发生的激烈政局变动中，代王刘恒与昌邑王刘贺均以诸侯王身份入承大统，由于缺乏皇位法定继承人的权威性，不得不在相当程度上依靠王国旧臣以维系统治。因此，如何调整王国旧臣与朝廷重臣的关系，成为能否稳定政治格局的关键所在。

由于文帝较为妥善地处理了代臣与汉大臣之间的关系，既将宫廷宿卫力量控制在心腹代臣手中，又没有因重用擢升代臣而引起汉大臣的不满与警觉，因此迅速稳定了其统治，亦为开启"文景之治"奠定了基础。反观昌邑王刘贺，既不能审时度势，又缺乏处理复杂政治局势之能力，虽然力图效法文帝故事，但不仅没有收到任何效果，反而促使权臣霍光迅速采取行动，加速了被废黜的过程。在文帝成功与昌邑王刘贺败亡的背后，都见有代臣与昌邑臣的影子。从这一角度进行探讨，对于理解西汉初期及中期政局变化的某些侧面或有裨益。

一

代王刘恒是汉高祖刘邦"中子"，高祖十一年（前196年）立为代王，时年六岁。其母薄太后，原是魏王魏豹侍姬。魏豹败亡后，薄姬"输织室……汉王入织室，见薄姬有色，诏内后宫"，① 后生刘恒。薄姬无宠于刘邦，因此在刘恒被封为代王后，随子就国，其弟薄昭亦如代。代王母子得以摆脱朝廷险恶的政治争斗，在代地平安度过十七年的光阴。

在刘邦八子中，除惠帝刘盈、代王刘恒与淮南王刘长外，其余五子都在不同程度上受到吕后集团的压迫，而以前后三位赵王的结局最为悲惨：赵王如意因其母有宠于刘邦，几代太子位，因此刘邦死后即被吕氏招至京城鸩杀；赵王刘友及刘恢，或被吕后"幽闭"而死，或因王后吕氏女擅权而自杀。燕王刘建死后，其子被吕后遣人所杀，后立吕通为燕王。齐王刘肥，封国多达七十余城，为吕氏所忌，遂献城阳郡尊平辈鲁元公主为齐王太后，方得脱身归国。刘肥先于吕后而卒，子刘襄继为齐王。唯高帝少子淮南王刘长，因"早失母，常附吕后，孝惠、吕后时以故得幸无患"。②

刘恒虽安居代地，但吕后打压翦除刘氏诸王的酷烈手段给其留下深刻印象。高后六年（前182年）秋，在赵王刘友"幽闭"、刘恢自杀的情况下，吕后曾欲徙刘恒王赵，《史记》卷9《吕太后本纪》载："太后使使告代王，欲徙王赵。代王谢，愿守代边。"对于刘恒不愿徙赵的原因与心态，《史记》诸注家无说，《史记会注考证》引清人茅坤语曰："文帝不敢徙赵，使有畏吕后而自远之识。"茅氏之语只是道出其中一个原因，在吕后称制时代，刘氏诸王几乎没有不畏惧吕后的，然而能否"自远之"，则视形势使然，特别是时赵国几乎成为不祥之地的代名词，刘如意最初就封于代国，后徙赵国，由于其母戚姬与吕后结有宿怨，罹祸当在情理之中；而刘友由淮阳、刘恢由梁徙赵，初始恐是吕氏笼络的对象，故均以吕氏女为王后，但终因与吕氏矛盾激化而死，可证"自远之"并非是能够如愿避难的主要因素。更可能吕后欲徙刘恒王赵本是虚意，所以在刘恒表示"愿守代边"后，吕后立即封吕禄为赵王，以加强吕氏集团的势力。

关于赵、代之地，《史记》卷49《外戚世家》记载景帝母窦太后的一段故事颇堪玩味：

---

① 《史记》卷10《孝文本纪》，第1970—1971页。以下凡引是纪者不再另出页码。
② 《汉书》卷44《淮南王传》，第3076页。

窦太后，赵之清河观津人也。吕太后时，窦姬以良家子入宫侍太后。太后出宫人以赐诸王，各五人，窦姬与在行中。窦姬家在清河，欲如赵近家，请其主遣宦者吏："必置我籍赵之伍中。"宦者忘之。籍奏，诏可，当行。窦姬涕泣，怨其宦者，不欲往，相强，乃肯行。至代，代王独幸窦姬……孝文帝立数月，公卿请立太子，而窦姬长男最长，立为太子。①

景帝生于惠帝七年（前 188 年），窦太后如代当在此之前，而是时赵王应是惠帝元年由淮阳徙赵的刘友。窦姬因家近赵地，愿到赵国，但被宦官"误置其籍代伍中"，虽不欲往，然终被迫赴代。但从另一角度观察，赵国由于位处中原，较之位于边地的代国地位更为优越，是时的赵王刘友当是吕氏试图笼络的对象，② 窦姬又是出自宫中，对这些情况可能有所了解，当然不愿赴位于边地又远离家乡的代国。

上述两条记载，是《史记》中所能见到的关于刘恒居代时仅有的记录，从中或可反映出，由于刘恒母子没有对吕氏构成任何威胁，且代国又不似赵国、齐国一样备受吕氏集团的特别关注，必欲夺之或削之而后快。这些因素交织在一起，使刘恒避免卷入吕后时期残酷政治争斗的旋涡，得以全力经营代地。

高后八年（前 180 年），功臣集团与刘氏王侯趁吕后去世之机，联合翦除吕氏集团，而在废立的问题上则出现分歧。《史记》卷 9《吕太后本纪》载：

诸大臣相与阴谋曰："少帝及梁、淮阳、常山王，皆非真孝惠子也……今皆已夷灭诸吕，而置所立，即长用事，吾属无类矣。不如视诸王最贤者立之。"或言"齐悼惠王高帝长子，今其適子为齐王，推本言之，高帝適长孙，可立也"。大臣皆曰："吕氏以外家恶而几危宗庙，乱功臣，今齐王母家驷钧，钧，恶人也。即立齐王，则复为吕

① 《史记》卷 49《外戚世家》，第 1972 页。

② 淮阳王刘友于惠帝元年（前 194 年）徙王赵，高后七年（前 181 年）因王后吕氏女"谗言"被招至长安"幽闭"而死，王赵长达十三年，可证在惠帝时刘友与吕氏关系并没有严重恶化。

氏。"欲立淮南王，以为少，母家又恶。乃曰："代王方今高帝见子，最长，仁孝宽厚。太后家薄氏谨良。且立长故顺，以仁孝闻于天下，便。"①

诸吕诛灭，少帝被诛在情理之中。② 至于将齐王刘襄舅驷钧比之"恶人"，然其具体为恶之事例于史无证，恐真正原因当与齐王刘襄以驷钧相，中尉魏勃为将军，与在长安的二弟朱虚侯刘章、东牟侯刘兴居暗通消息，以诛诸吕为名发兵齐地，觊觎帝位之心毕显相关。对诸大臣这种心理，明人王世贞一语道破底蕴：

> 绛侯之与诸大臣共议，谓驷钧虎而冠，恐以外家握权而乱天下而置之，非本心也，其意实患哀王之果锐。且其举兵时名以诛诸吕，则必以薄诸吕之共事者，虑他日之见诛，而贪代王之仁弱，建策立之。夫舍有功之齐，而推不意之代王，王必德我，嗟乎！③

至于淮南王刘长因"母家又恶"见弃，见诸史籍，淮南王母家仅存周阳侯赵兼一人，并无所谓恶行之记载。淮南王刘长所以见弃，恐与其少年时"常附吕后"这一段经历相关。因此，既与诸吕无涉，又与在朝刘氏没有联系者，是时唯有代王刘恒一人，这亦是诸大臣愿意接受刘恒的一个重要原因。

是时，远在代地的刘恒虽置身事外，但对长安的动向却时刻关注，当诸大臣拥立的"阴谋"传至代地时，在代臣中引发了争议：

> 张武等议曰："汉大臣皆故高帝时大将，习兵，多谋诈，此其属意非止此也，特畏高帝、吕太后威耳。今已诛诸吕，新喋血京师，此

---

① 《史记》卷9《吕太后本纪》，第410—411页。

② 少帝以非惠帝子而见诛。但少帝是否为惠帝之子，历来就有不同看法。《史记会注考证》引清人何焯、梁玉绳言，均以为少帝为惠帝子，而所云非惠帝子乃"诸大臣阴谋而假之词，以绝吕氏之党，不得不诛也"。另，清人俞正燮《癸巳类稿》卷15"汉少帝本孝惠子考"也认为"此一少帝也，真惠帝子"。可见少帝是否为惠帝子，在当时特定的情况下并不重要，最重要的则是汉大臣们的现实利益不能受到侵害。

③ 王世贞：《读书后》卷2《书齐悼惠王世家后二》，文渊阁四库全书本。

以迎大王为名，实不可信。愿大王称疾毋往，以观其变。"中尉宋昌进曰："群臣之议皆非也。夫秦失其政，诸侯豪桀并起，人人自以为得之者以万数，然卒践天子之位者，刘氏也，天下绝望，一矣。高帝封王子弟，地犬牙相制，此所谓盘石之宗也，天下服其强，二矣。汉兴，除秦苛政，约法令，施德惠，人人自安，难动摇，三矣。夫以吕太后之严，立诸吕为三王，擅权专制，然而太尉以一节入北军，一呼士皆左袒，为刘氏，叛诸吕，卒以灭之。此乃天授，非人力也。今大臣虽欲为变，百姓弗为使，其党宁能专一邪？方今内有朱虚、东牟之亲，外畏吴、楚、淮南、琅邪、齐、代之强。方今高帝子独淮南王与大王，大王又长，贤圣仁孝，闻于天下，故大臣因天下之心而欲迎立大王，大王勿疑也。"

张武所云汉大臣"多谋诈"并非无端猜疑，就在诸大臣诛灭诸吕时，其种种"谋诈"手段已毕显；特别是决意除去少帝，另立代王后，却始终没有对少帝采取行动，直到刘恒准备入进未央宫时，方清宫诛杀少帝及其三弟，更彰显出诸大臣"谋诈"之深。因此，张武"称疾毋往，以观其变"的建言虽未被刘恒采纳，然其力主持重，警惕汉大臣"多谋诈"，则被刘恒付诸实践，并在赴长安即位过程中表现得淋漓尽致：

乃命宋昌参乘，张武等六人乘传诣长安。至高陵休止，而使宋昌先驰之长安观变……昌至渭桥，丞相以下皆迎。宋昌还报。代王驰至渭桥，群臣拜谒称臣。代王下车拜。太尉勃进曰："愿请间言。"宋昌曰："所言公，公言之。所言私，王者不受私。"太尉乃跪上天子玺符。代王谢曰："至代邸而议之。"……群臣皆伏固请。代王西乡让者三，南乡让者再……遂即天子位。

较之张武"称疾毋往"建议，宋昌劝刘恒赴长安即位的主张则是从大局着眼，所谓"大臣因天下之心而欲迎立大王"云云，虽是为坚刘恒之意而极言之，然称誉刘恒"贤圣仁孝，闻于天下"，却与汉诸大臣所谓"仁孝宽厚……以仁孝闻于天下"之说如出一辙，可证从当时的形势衡之，拥立刘恒为帝，可能是参与诛除诸吕、阴谋废帝的汉诸大臣最好的一种选择。至于宋昌其人，《史记·文帝本纪》"索隐"有"《东观汉记·宋杨传》

宋义后有宋昌。又《会稽典录》昌，宋义孙也"之记载，不知确否，但宋昌早年以家吏随刘邦起兵反秦，楚汉战争时为都尉，曾与楚军战于荥阳，史载所见代臣中，宋昌可能是唯一一位有过从刘邦起事经历的人，应对汉初诸大臣较其他代臣有更多的了解，所以刘恒在知晓诸大臣真实态度后，故有"果如公言"之语，坚定了赴长安即位的决心。

二

代王刘恒毕竟久居代地，一直没有介入朝廷事务，所以能在吕后时期激烈的政争中保持超然的态度，取得诸大臣对其"仁孝宽厚"性格的认同；但同时也说明文帝在朝中并没有得力的奥援，乃至在诸大臣"阴谋"废立时，须遣薄太后弟薄昭往返于长安与代地，探知诸大臣的真实意图。这与同样是远在藩国齐王刘襄不同，随时可与在长安的二弟刘章、刘兴居互通消息。这样，也就不难理解，刘恒所以在即位过程如此慎重行事，几近狐疑的原因。这里有一个细节值得注意，就在东牟侯刘兴居与太仆灌婴"清宫"后：

> 乃奉天子法驾，迎代王于邸。报曰："宫谨除。"代王即夕入未央宫。有谒者十人持戟卫端门，曰："天子在也，足下何为者而入？"代王乃谓太尉。太尉往谕，谒者十人皆掊兵而去。代王遂入而听政。①

《考证》引徐孚远语曰："是时禁卫之士皆有守，不贰其心，犹有仆御正人之意，非后代所及。"虽然是赞扬谒者的"不贰"之心，但也映出在"喋血"不久的长安城，天子法驾的权威竟不及太尉周勃的"往谕"，所以，刘恒一入主未央宫，立即启用心腹代臣控制京师宫廷宿卫力量，既是出自保证自身安全的需要，也表现出对诸大臣的防范心理。《史记》卷10《孝文本纪》载：

> 皇帝即日夕入未央宫。乃夜拜宋昌为卫将军，镇抚南北军。以张武为郎中令，行殿中。还坐前殿。于是夜下诏书曰："间者诸吕用事

① 《史记》卷9《吕太后本纪》，第411—412页。

擅权，谋为大逆，欲以危刘氏宗庙，赖将相列侯宗室大臣诛之，皆伏
其辜。朕初即位，其赦天下，赐民爵一级，女子百户牛酒，酺五日。"

史迁是段文字，将刘恒初入未央宫后的举措刻画得细致入微："夜
拜"，反映出刘恒急于控制未央宫的迫切心态；"还坐前殿"，表明刘恒在
完成宫廷护卫部署后心绪稍安；"夜下诏书"，则意在宣告新君已临天下，
混乱局势已经结束，似乎也在隐约告诉刘氏诸侯王，不要再作非分之想。

实际上，刘恒非常清楚，要想真正地控制朝廷局势，就必须迅速调整
与刘氏王侯及诸大臣之间的关系。而在这两方面关系的调整中，刘恒逐渐
显示出其老练的政治手段及持重的性格，这一切均在"仁孝宽厚"的表象
下有条不紊的逐步展开，《史记》卷10《孝文本纪》载：

> 孝文皇帝元年十月庚戌，徙立故琅邪王泽为燕王。
>
> 元年十月"辛亥，皇帝即阼，谒高庙。右丞相平徙为左丞相，太
> 尉勃为右丞相，大将军灌婴为太尉。诸吕所夺齐楚故地，皆复与之"。
>
> 壬子，遣车骑将军薄昭迎皇太后于代。皇帝曰："吕产自置为相
> 国，吕禄为上将军，擅矫遣灌将军婴将兵击齐，欲代刘氏，婴留荥阳
> 弗击，与诸侯合谋以诛吕氏。吕产欲为不善，丞相陈平与太尉周勃谋
> 夺吕产等军。朱虚侯刘章首先捕吕产等。太尉身率襄平侯通持节承诏
> 入北军。典客刘揭身夺赵王吕禄印。益封太尉勃万户，赐金五千斤。
> 丞相陈平、灌将军婴邑各三千户，金二千斤。朱虚侯刘章、襄平侯
> 通、东牟侯刘兴居邑各二千户，金千斤。封典客揭为阳信侯，赐金
> 千斤。"
>
> 正月，立皇太子，"因赐天下民当代父后者爵各一级，封将军薄
> 昭为轵侯"。
>
> 三月……上从代来，初即位，施德惠天下，填抚诸侯，四夷皆洽
> 驩，乃循从代来功臣。上曰："方大臣之诛诸吕迎朕，朕狐疑，皆止
> 朕，唯中尉宋昌劝朕，朕以得保奉宗庙。已尊昌为卫将军，其封昌为
> 壮武侯。诸从朕六人，官皆至九卿。"……上曰："……封淮南王舅父
> 赵兼为周阳侯，齐王舅父驷钧为清郭侯。"

在文帝元年十月至三月间，除十二月下诏"除收帑诸相坐律令"外，

其余举措均与安抚刘氏诸侯王①与奖掖诛诸吕功臣相关，然后才相机"循从代来功臣"，这对于稳定是时纷乱的政局相当重要。

不过，在所谓"代来功臣"中，外戚薄昭似乎并不在其中，《史记》卷19《惠景间侯者年表》述薄昭"侯功"曰："高帝十年为郎，从军十七岁，为太中大夫，迎孝文代，用车骑将军迎太后，侯。薄太后弟。"② 表中所记与纪传所载不符，纪传中不见薄昭以太中大夫迎文帝于代之记载，不知孰是。但在吕氏外戚乱政殷鉴不远的情况下，文帝为避遽擢外戚与代臣的双重嫌疑，可能将迎代之功录在朝官太中大夫薄昭的名下，再令薄昭以车骑将军迎太后于代，于是功而封侯则为顺理成章之事。由此，代来功臣中真正封侯者仅见宋昌一人，且是在汉诸大臣或益封、或始封完毕后才付诸实施。至于文帝诏中所谓"诸从朕六人，官皆至九卿"语，似乎并不完全准确。代来之臣六人仅有宋昌、张武二人进为九卿，其余四人情况不详，《史记会注考证》引清人王先谦语，对代来之臣六人皆为九卿之说表示怀疑："官皆至九卿，非诏文，诏文应是'从朕六人，进秩有差'。而修史家者终言之耳。"再查《汉书》卷18《百官公卿表》，文帝元年为九卿者除宋昌、张武外，另有河南守宋公为廷尉，虽然不排除可能出现失载之现象，但从文帝谨慎地处理代来之臣与汉诸大臣的关系看，在元年立即将代来之臣皆擢升九卿的可能性并不大，王氏所谓"进秩有差"，当是言之有据。

由于文帝较为妥善地处理了汉大臣与代臣的关系，既将宫廷宿卫的力量控制在心腹代臣手中，又没有大量擢升代来之臣，从而引起汉大臣的不满与警觉，朝中的格局力量也没有因此发生重大变化。但文帝绝非仅有"仁孝宽厚"的一面，其高超的驭臣之术，随着即位日久而逐渐显现出来。

---

① 汉初刘氏诸侯王具有极大的独立性，其官制大抵与朝廷相似，除国相由朝廷任命外，余者均由诸王自置。齐王刘襄能与"舅父驷钧、郎中令祝午、中尉魏勃阴谋发兵"，迫使汉置齐相召来自杀，并与宿卫长安的二弟相通谋，几夺帝位而自为，这种情形不能不引起文帝的重视，就在刻意安抚诸王的同时，抑制之术也同步进行。特别是元年齐王刘襄之死，为文帝重新调整王国政策提供了机会。二年三月，文帝分赵为二（赵王刘遂、河间王刘辟强），齐为三（齐王刘则、城阳王刘章、济北王刘兴居），代为二（代王刘武、太原王刘参），刘揖为梁王。

② 《史记》卷19《惠景间侯者年表》与《汉书》卷18《外戚恩泽侯表》记载略有不同，"高帝十年"作"高帝七年"，"太中大夫"作"中大夫"。

　　绛侯周勃不仅是诛灭诸吕的功臣，也是决策拥立刘恒的关键人物。文帝初即位，即擢周勃为右丞相，陈平死后，周勃独为相。就是这样一位"受厚赏，处尊位"，"威震天下"的汉初功臣的代表人物，与文帝之关系逐渐发生了变化：

　　　　绛侯为丞相，朝罢趋出，意得甚。上礼之恭，常自送之。袁盎进曰："陛下以丞相何如人？"上曰："社稷臣。"盎曰："绛侯所谓功臣，非社稷臣，社稷臣主在与在，主亡与亡。方吕后时，诸吕用事，擅相王，刘氏不绝如带．是时绛侯为太尉，主兵柄，弗能正。吕后崩，大臣相与共畔诸吕，太尉主兵，适会其成功，所谓功臣，非社稷臣。丞相如有骄主色。陛下谦让，臣主失礼，窃为陛下不取也。"后朝，上益庄，丞相益畏。①

　　文帝三年，索性诏令周勃"免相就国"。以至周勃"每河东守尉行县至绛，绛侯勃自畏恐诛，常被甲，令家人持兵以见之。其后人有上书告勃欲反，下廷尉。廷尉下其事长安，逮捕勃治之。勃恐，不知置辞……"后经太后、薄昭纾解，文帝方"使使持节赦绛侯，复爵邑"。②其实，文帝何尝不知周勃决无反意，但仍是先扬后抑，此举恐怕并不是仅针对周勃一人，亦是对汉初功臣集团的一个警示。不过，文帝对代国功臣也同样讲求驭使之术，只不过相对宽宏一些，如代来旧臣张武，后因恃功骄纵，"受赂遗金钱，觉，上乃发御府金钱赐之，以愧其心，弗下吏"。③

　　总体而论，在调整代来之臣与原功臣集团的关系上，文帝处理的还是相当成功，基本维持了朝局的稳定，不仅为处理更为棘手的与刘氏诸侯王

---

　　①　《史记》卷101《袁盎列传》，第2737页。
　　②　《史记》卷97《周勃世家》，第2072页。
　　③　《史记》卷10《孝文本纪》。宋昌自封侯后事迹，《史记》、《汉书》纪、传中不见记载；而《史记》表言景帝中四年"有罪，国除"，《汉书》表则为"有罪，夺爵一级，为关内侯"。若如《汉书》表所言，代来之臣在景帝时还可能受到一些特殊的关照。至于张武，于文帝一朝相当活跃。前十四年（前166年）匈奴大举入侵，候骑竟至甘泉宫，形势相当严峻，"文帝以中尉周舍、郎中令张武为将军，发车千乘，骑十万，军长安旁以备胡寇。"（《史记》卷110《匈奴列传》）可见文帝对代来旧臣相当信任，故委以拱卫长安的重任。

的关系创造了条件，^① 也为开启"文景之治"奠定了基础。

三

在距代王刘恒入主朝廷一百多年后，长安城中再次上演了诸侯王入承大统的一幕，其主角就是昌邑王刘贺。尽管有文帝即位故事可资参照，亦有众多昌邑臣居中殚精竭智为之筹划，但仅过二十七日，刘贺就被以"行淫乱"的罪名废黜，二百余名昌邑臣以"坐亡辅导之谊，陷王于恶"而被诛杀，其间原因更值得深思。^②

昌邑王刘贺是武帝之孙，昌邑哀王刘髆之子。刘髆为武帝宠姬李夫人所生，在外戚卫氏集团因巫蛊之祸被诛灭后，以贰师将军李广利为首的外戚李氏集团一度有取卫氏而代之的迹象，因此刘髆似乎大有被立为太子之势。征和三年（前90年），李广利奉命率大军出击匈奴前夕，曾私下与丞相刘屈氂商议为刘髆谋求太子之位，^③ 不料被宦官郭穰告发，引起武帝震怒，刘屈氂腰斩，李广利兵败后投降匈奴，宗族尽诛，李氏集团彻底覆灭。经过这样一番激烈的变故，刘髆已经无望嗣位，且于后元元年（前88年）去世。其子刘贺继承王位，不过是众多刘氏诸侯王中的一员。

然而，元平元年（前74年），二十一岁的昭帝突然去世，因无嗣子，帝位空悬，议立新君自然成为朝廷中的首要大事。是时武帝六子中仅广陵王刘胥尚在，因此群臣皆主张立广陵王，而大权在握的霍光却另有一番考虑。广陵王为人颇具勇力，行为举止不循法度，不为武帝所喜，早在卫太子兵败自杀之后，武帝就没有考虑过立其为嗣的意图。何况霍光能够顺利辅政的一个重要条件就是皇帝年幼，而此时广陵王正值壮年，如果一旦入主长安，霍光独揽大权的局面立刻就会发生动摇，这当然是霍光不能容忍

---

① 《史记》卷10《孝文本纪》。关于文帝调整诸侯王的政策，学界研究成果甚多，请参见李开元《汉帝国的建立与刘邦集团》第3章第4节第4条《文帝即位与诸侯王国之调整》（三联书店2000年版，第95—100页）；陈苏镇《汉代政治与〈春秋〉学》第1章第4节第2条《文景二帝对诸侯王权力的收夺和东方政策》（中国广播电视出版社2001年版，第103—116页）、《汉文帝"易侯邑"及"令列侯就国"考辨》（《历史研究》2005年第5期）等论著。本文不再赘述。

② 关于刘贺废黜事，廖伯源先生曾著《昌邑王废黜考》（收入氏著《秦汉史论丛》，五南图书出版公司2003年版）一文，条分缕析，翔实考证，几近题无剩义。本文仅从与文帝比较这一角度着眼，略陈拙意。

③ 参见《汉书》卷66《刘屈氂传》。

出现的情况。但是广陵王毕竟是武帝唯一尚存之子，继承帝位亦在情理之中，这亦是群臣"咸持广陵王"而霍光"内不自安"的一个重要原因。立嗣之议月余而不能决。① 或是揣摩到霍光的心理，或是出于霍光的授意，一位郎官上书朝廷，言："周太王废太伯立王季，文王舍伯邑考立武王，唯在所宜，虽废长立少可也。广陵王不可以承宗庙。"② 此言正合霍光心意，随即以承皇太后诏为由，遣行大鸿胪事少府乐成、宗正刘德等人迎立昌邑王刘贺。而刘贺则立即从山东封国昌邑（今山东巨野东南）直奔京师长安。"夜漏未尽一刻，以火发书。其日中，贺发，晡时至定陶，行百三十五里，侍从者马死相望于道。"其急迫之态，由此可见一斑。完全没有代王刘恒那种谋后而定，行而又止，"西乡让者三，南乡让者再"，反复探求诸大臣真实意图的持重心态。

刘贺所以能以诸侯王的身份入主朝廷，则完全取决于大将军霍光一人之态度。是时霍光之权势，也绝非是文帝初年汉诸功臣所能比拟的，《汉书》卷68《霍光传》载：

> 自昭帝时，光子禹及兄孙云皆中郎将，云弟山奉车都尉侍中，领胡越兵。光两女婿为东西宫卫尉，昆弟诸婿外孙皆奉朝请，为诸曹大夫，骑都尉，给事中。党亲连体，根据于朝廷。③

连号称百官之首的丞相，亦成为霍光手中的牵线木偶，除了秉承霍光旨意，在处理重大朝务之时循制领衔上奏之外，再无其他作为可言。时人所谓"光置宰相不选贤，苟用可颛制者"，当是确评。对此，昌邑中尉王吉曾有深刻认识，在随同刘贺奔赴京城的途中就告诫刘贺曰：

> 大将军仁爱勇智，忠信之德天下莫不闻，事孝武皇帝二十余年未尝有过。先帝弃群臣，属以天下，寄幼孤焉，大将军抱持幼君襁褓之

---

① 参见廖伯源《昌邑王废黜考》注9，收入氏著《秦汉史论丛》，五南图书出版公司2003年版，第35页。

② 《汉书》卷68《霍光传》，第2397页。郎官上书可能是出于霍光指使，所以霍光立即"以其书视丞相敞等，擢郎为九江太守，即日承皇太后诏，遣行大鸿胪事少府乐成、宗正德、光禄大夫吉、中郎将利汉迎昌邑王贺"。

③ 《汉书》卷68《霍光传》，第2948页。

中，布政施教，海内晏然，虽周公、伊尹亡以加也。今帝崩亡嗣，大将军惟思可以奉宗庙者，攀援而立大王，其仁厚岂有量哉！臣愿大王事之敬之，政事壹听之，大王垂拱南面而已。愿留意，常以为念。①

昌邑郎中令龚遂，亦援《诗》为谏，建议尽逐"昌邑故人"：

> 陛下之诗不云乎？"营营青蝇，至于藩；恺悌君子，毋信谗言。"陛下左侧谗人众多，如是青蝇恶矣。宜进先帝大臣子孙亲近以为左右。如不忍昌邑故人，信用谗谀，必有凶咎。愿诡祸为福，皆放逐之。臣当先逐矣。②

不仅昌邑臣有此类看法，朝廷属官太仆丞张敞亦有类似上书：

> 孝昭皇帝蚤崩无嗣，大臣忧惧，选贤圣承宗庙，东迎之日，唯恐属车之行迟。今天子以盛年初即位，天下莫不拭目倾耳，观化听风。国辅大臣未褒，而昌邑小辇先迁，此过之大者也。③

昌邑臣及张敞等极力谏阻刘贺应擢升"昌邑故人"，龚遂甚至激烈表示自己"当先逐"，而后再逐昌邑故人。但查诸史记，随刘贺至长安的昌邑臣虽然多达二百余人，可是除故昌邑相安乐迁长乐卫尉外，所谓"昌邑小辇先迁"云云，多不能落实。显然，刘贺并非不想效法刘恒，将宫廷宿卫权控制在自己手中；但霍光毕竟经营朝廷多年，刘贺显然无从措手，而以昌邑相安乐为长乐卫尉事，不仅不能损抑霍光权力，反而会透露出与霍光争权之消息，④ 引起霍光的警觉，加速废黜刘贺的过程。事实也是如此，刘贺即位二十七日后，霍光突然发动，"尽驱出昌邑群臣，置金马门外。车骑将军安世将羽林骑收缚二百余人，皆送廷尉诏狱。令故昭帝侍中中臣侍守王"。随即宣布刘贺"行淫乱"之罪状而废黜之。"昌邑群臣坐亡

---

① 《汉书》卷72《王吉传》，第3061—3062页。
② 《汉书》卷63《昌邑王传》，第2766页。
③ 《汉书》卷76《张敞传》，第3216页。
④ 参见廖伯源《昌邑王废黜考》注20，收入氏著《秦汉史论丛》，第44页。

辅导之谊，陷王于恶，光悉诛杀二百余人。诸昌邑臣临刑前，号呼市中曰：'当断不断，反受其乱'。"然而这一切均是于事无补的后话。

数年后，豫章故太守卒史孙万世曾问已被贬为海昏侯的刘贺曰："前见废时，何不坚守毋出宫，斩大将军，而听人夺玺绶乎？"刘贺则颇为后悔地答曰："然。失之。"① 其实，以当时形势衡之，在霍光尽控京师与宫廷宿卫力量的情况下，当时刘贺绝无据宫而守的实力，至于"斩大将军"云云，更是不着边际的无稽之谈；反而显示出刘贺既不能审时度势，又缺乏处理复杂政治局势之能力。尽管刘贺亦曾努力效法文帝故事，但除了促使霍光迅速采取行动外，并没有收到任何实际效果，其败亡当在意料之中了。

刘贺的败亡，对继立的宣帝无疑是一严重的告诫。况且宣帝是以"庶人"之身一登"九五"之尊，较之以诸侯王身份入主长安、有众多昌邑旧臣辅助的刘贺更显得势单力薄。在这种情况下，"政事壹听之"大将军霍光，只能是宣帝的唯一抉择。宣帝的做法是极其明智的，在一定程度解除了霍光的戒备防范之心，为其后翦除霍氏家族创造了条件。② 刘贺失之"东隅"，宣帝收之"桑榆"，历史就是以这样的方式完成了一个循环。

原载《晋阳学刊》2006 年第 6 期。

---

① 《汉书》卷 63《昌邑王传》，第 2769—2770 页。

② 参见拙作《"霍氏之祸，萌于骖乘"发微——宣帝与霍氏家族关系探讨》，《史学月刊》2000 年第 5 期。

"霍氏之祸，萌于骖乘"发微

——宣帝与霍氏家族关系探讨

汉宣帝刘询与大将军霍光及其家族的关系，经历了一个复杂的变化过程，在西汉君臣关系发展史上颇具典型意义。没有大将军霍光的首肯，刘询不可能取代立而旋废的昌邑王刘贺，以"食之县官"的"庶人"身份入主未央宫，自然也无从开启汉室的"中兴"大业。宣帝"思报大将军恩德"，也是题中应有之义；然而霍光死后不到三年，霍氏家族就以谋反的罪名被宣帝彻底诛灭，两者之间形成巨大的反差。究其原因，当与昭宣之际政局的复杂多变，宣帝谨慎周密及外宽内忌的性格，霍光权力过度集中且为政严酷，以及其继承者缺乏必要的政治才干等诸多因素密切相关。重新审视宣帝与霍氏家族的关系，除了应注意一般意义上的君臣矛盾之外，还应注意其中复杂的深层原因。

一

元平元年（前 74 年）四月，昭帝去世，大将军霍光征昌邑王刘贺即位。是时，养于掖庭的宣帝虽然已年满十八岁，但尚未进入当时参与议立帝嗣的任何一位大臣的眼中。七月，昌邑王刘贺突然被废，在"霍光与张安世诸大臣议所立，未定"的特定的情况下，曾经在武帝末年主持过郡邸狱，养视幼年宣帝，时为光禄大夫的丙吉奏记大将军霍光曰："方今社稷宗庙群生之命在将军之壹举。窃伏听于众庶，察其所言，诸侯宗室在位列者，未有所闻于民间也。"① 丙吉所谓要"有所闻于民间"，正是他在奏记中所盛赞的"通经术，有美材，行安而节和"的武帝曾孙刘询。在丙吉和另一位大臣杜延年的共同劝说下，大将军霍光与车骑将军张安世决心迎立刘询为帝。

从宣帝即位的过程看，霍光此举似乎有些不得已而为之的意味在内。从昌邑王刘贺六月癸巳被废，到宣帝七月庚申入主未央宫即位，"汉朝无君二十七日"，② 这与昭帝去世后，霍光立遣大鸿胪事少府乐成等人急赴昌邑（今山东巨野南）迎刘贺即位。同样是定策安宗庙之大计，两者迟速大不相同；但就当时的具体情况而言，在武帝直系子孙中，除了"先帝已不用"的广陵王刘胥外，实际上也没有其他可以选择的余地，③ 丙吉正是深知这一底蕴，方才谏言霍光在遍察"诸侯宗室在列位者"无所得之后，也应"有所闻于民间"者。

昭帝在位期间，所谓当有"匹夫"崛起于民间的传闻一直没有止息过，《汉书·眭弘传》载，昭帝元凤三年（前 78 年），泰山有大石自立，昌邑"枯社木卧复生"，上林苑枯断柳复生，虫食树叶成文字曰"公孙病已立"等奇异现象出现，眭孟以《春秋》之意推之："石柳皆下民阴类，下民之象，泰山者岱宗之数，王者易姓告代之处。今大石自立，枯柳复起，此当有从匹夫为天子者。"于是上书以"汉家尧后有传国之运"为由，要求昭帝"求索贤人，禅以帝位"。④ 结果眭孟以"大逆无道，妖言惑众"的罪名被诛。

值得注意的是，眭孟首次提出"汉家尧后，有传国之运"的"妖言"，实际上与武帝晚年激烈动荡的政治局势息息相关。巫蛊之祸的爆发，卫太子兵败自杀，卫氏集团悉灭，致使嗣位之争陡趋白热化，燕王刘旦谋取太子之位，遭到武帝严厉地惩处。征和三年（前 90 年），另一著名外戚李氏集团的首要人物贰师将军李广利与丞相刘屈氂因谋立昌邑王刘髆，被告发"祝诅主上，有恶言，及与贰师共祷祠，欲令昌邑王为帝"，⑤ 以与卫氏集

---

①　《汉书》卷 74《丙吉传》。

②　《资治通鉴》卷 24"昭帝元平元年"条胡三省注，中华书局 1956 年版，第 792 页。

③　《汉书》卷 100《叙传下》"孝武六子，昭、齐亡嗣。燕剌谋逆，广陵祝诅。昌邑短命，昏贺失据。戾园不幸，宣承天序。"反映出武帝子孙凋零的情况。

④　《汉书》卷 75《眭孟传》。

⑤　《汉书》卷 66《刘屈氂传》。

团相似的罪名族诛。武帝临终始定幼子昭帝为嗣，更引起朝野诸多猜疑，正如《史记》卷60《三王世家》司马贞"索隐"所云：

> 昭帝，钩弋夫人所生，武帝崩时，年才七八岁，胥、旦早封在外，实合有疑。然武帝春秋高，惑于内宠，诛太子而立童孺，能不使胥、旦疑怨。亦由权臣辅政，贪立幼主之利，遂得钩弋子当阳。

但是在五年之后（即元平元年），睦孟这些"妖言"果然都逐一"兑现"：所谓"昌邑枯社木复生"，王先谦《补注》以为是"此则昌邑嗣立之应"；而所谓"公孙病已立"，此处的"公孙"，虽然连睦孟"亦不知其所在"，然而宣帝本名"病已"，果然又以"匹夫"兴起民间，与此倒也吻合得丝丝入扣。难怪宣帝即位之后，立即征睦孟子为郎，其中未必没有对睦孟所谓"妖言"的酬谢之意在内。

不过，昭帝在位期间，作为"得罪先帝，亡不即死"的"罪人"[1]卫太子后裔的刘询，能属籍宗正，承认其皇室血统，养于掖庭，在当时的情况下已是较为圆满的结局。睦孟上书之时，对于所谓将崛起于民间的"匹夫"，实际上也"不知其所在"，只是要求汉帝广泛求索"贤人"，并没有附会刘询之意。事实亦是如此，对于是时生活在民间的刘询，群臣基本上采取一种视而不见，甚或带有一些轻蔑的目光，作为霍光副贰的车骑将军张安世的态度就十分典型。当张安世兄长掖庭令张贺"数赞皇曾孙"，欲将女儿嫁与刘询时，张安世认为"今幼主在，不宜赞之"，怒止其兄曰："'曾孙乃卫太子后也，幸得以庶人衣食县官，足矣，勿复言予女事。'于是贺止。"[2]对于张安世是时的态度，宣帝即位后虽然曾宽宏地表示："掖庭令平生称我，将军止之，是也"。但是实际上内嫌极深。赵充国之子中郎将赵卬曾对破羌将军辛武贤言道："车骑将军张安世始尝不快上，上欲诛之，卬家将军（指赵充国）以为安世本持橐簪笔事孝武帝数十年，见谓忠谨，宜全度之。安世用是得免。"[3]张安世素以"忠信谨厚"而著称，其兄张贺对宣帝"养视抚循，恩甚密焉"，险些由于"始尝不快上"的嫌

---

① 《汉书》卷71《隽不疑传》。
② 《汉书》卷97《外戚传下》。
③ 《汉书》卷76《赵充国传》。

隙而罹祸；而霍光及其家族于宣帝既无"旧恩"可言，又因拥立之功而"威震其主"，其子霍禹甚至以"县官非我家大将军不得至此"的"恩主"自居，对宣帝侵削霍氏权力深存怨恨，不能不说是恶化与宣帝的关系，触犯宣帝尊严，自速灭族之祸的一个重要原因。

宣帝十八年的民间生活，《汉书》卷8《宣帝纪》中曾有详细的描述："时掖庭令张贺尝事戾太子，思顾旧恩，哀曾孙，奉养甚谨，以私钱供给教书。既壮，为取暴室啬夫许广汉女，曾孙因依倚广汉兄弟及祖母家史氏。受《诗》于东海澓中翁，高材好学，然亦喜游侠，斗鸡走马，具知间里奸邪，吏治得失。"略略数语，刻画出一个性喜游侠、行为豁达、性格宽宏，又高材善学的形象；如果与霍光等大臣请立宣帝的奏疏比较，后者呈现的则是行为中矩、通晓经书、"躬行节俭，慈仁爱人"的人主形象。然而，在其后政局的发展，尤其是与霍氏集团的争斗中，人们更多看到是宣帝性格持重，外宽内忌的形象。

二

宣帝即位之初，如何处理与大将军霍光的关系，不仅关系到政局能否稳定，实际上也关系到宣帝自身的安危。是时，霍氏家族的势力膨胀到了极点。早在昭帝之时，"（霍）光子禹及兄孙云皆为中郎将，云弟山奉车都尉侍中，领胡越兵。光两女婿为东、西宫卫尉，昆弟诸婿外孙皆奉朝请，为诸曹、大夫、骑都尉、给事中"，已经形成了"党亲连体，根据于朝廷"的态势，昌邑王刘贺被废黜后"光权益重"。[①] 前车覆鉴不远，宣帝不能不谨慎行事，以免重蹈刘贺覆辙。

宣帝对霍光的提防主要表现是汲取了刘贺的教训，以"无为"的姿态缓解了霍光的防范之心。昌邑王刘贺所以能被霍光立为皇帝，一个重要的原因就是他远较广陵王刘胥年轻，[②] 更容易被操纵控制之故；而大将军霍光所以力排"咸持广陵王"的群臣之意，表面上的理由是"王本失道，先

① 《汉书》卷68《霍光传》。以下凡引此传者不再出注。
② 刘贺生年无载，其父刘髆卒于后元元年（前88年），据山阳太守张敞地节四年（公元前66年）九月见刘贺时，目测其岁数为"二十六七岁"。如果张敞所云无误，元平元年（前74年），刘贺不过十八九岁，与刘询相仿，但与元狩六年（前117年）就封为广陵王的刘胥（生年亦无载，但至元平元年时至少应在四十三岁以上）相较，则年轻甚多。

帝所不用"，但真正原因则在于是时广陵王已逾壮年，一旦入主未央宫，霍光则无法继续维持独揽朝纲的局面。而刘贺的立而复废，症结也不完全在于其行为昏乱、荒淫失道，而是与霍光争权密切相关。早在刘贺被征立之时，昌邑中尉王吉就告诫刘贺曰：

> 今帝崩亡嗣，大将军惟思可以奉宗庙者，攀援而立大王，其仁厚岂有量哉！臣愿大王事之，敬之，政事壹听之，大王垂拱南面而已。

然而刘贺并没有听从王吉的告诫，而是将"昌邑官属皆征至长安，往往超擢拜官，昌邑相安乐迁长安卫尉"。[①] 急于以昌邑群臣取代朝臣的意图十分明显。太仆丞张敞也上书谏曰："今天子以盛年初即位，天下莫不拭止倾耳，观听风代。国辅大臣未褒，而昌邑小辈先迁，此过之大者也。"[②] 依然没有引起刘贺的注意。刘贺的举动显然是仿效文帝以藩王入主未央宫时，即拜代国旧臣"宋昌为卫将军，领南北军，张武为郎中令，行殿中"的做法。[③] 然而，刘贺效颦式的模仿不仅没有收到预期的效果，反而引起霍光的高度警觉，促使霍光立即采取措施捕杀昌邑群臣，废黜刘贺。

刘贺废黜，二百多名昌邑臣被杀，显示出霍光赫赫的权势与统治手段的冷酷，对继位的宣帝不啻是一严重的告诫。况且宣帝是以"庶人"之身一登"九五"之尊，朝中没有任何可以凭借的势力，较之以诸侯王身份入主长安、有众多昌邑旧臣辅助的刘贺更显得势单力薄。在这种情况下，"政事壹听之"大将军霍光，"垂拱南面"，只能是宣帝的唯一选择。鉴于刘贺"国辅大臣未褒，而昌邑小辈先迁"的失策，宣帝即位初始，即诏"有司论定策安宗庙功"，[④] 霍光等权臣益封。对于大将军霍光表示的"稽首归政"，宣帝"谦让不受"，依然委政于霍光，"诸事皆先关白光，然后奏御天子。光每朝见，上虚己敛容，礼下之已甚"。宣帝的做法是极其明智的，在一定程度上解除了霍光的戒备防范之心。但就宣帝本心而言，

---

① 《汉书》卷 72《王吉传》。

② 《汉书》卷 76《张敞传》。

③ 《汉书》卷 4《文帝纪》。

④ 《资治通鉴》卷 16"宣帝本始元年"条，中华书局 1956 年版，第 793 页。

"甚尊惮大将军，然内亲安世，心密于光"。① 在君臣表面上和睦相处的背后，则是对霍光细致入微地提防。

地节二年（前68年）春，霍光去世。此时霍氏家族的势力依旧存在，霍禹嗣父爵为博陆侯，迁右将军，乐平侯奉车都尉霍山复领尚书事，中郎将霍云封冠阳侯，诸婿、亲戚依旧兵权在握。但是霍光的去世，毕竟为打破霍氏家族左右朝政的局面提供了难得的机遇。于是宣帝着力强化皇帝权威，采纳御史大夫魏相的建议，废除"副封"制度，同时诏魏相给事中，引入内朝，从中牵制霍氏集团；旋即又以"老病"免除丞相韦贤，代之以魏相，将中外朝都牢固地控制自己手中。与之同时，封皇太子外祖父许广汉为平恩侯，位特进，② 与其弟中郎将许舜共同监护太子，免除祸生腋下之虑。宣帝此举断绝了霍氏家族以外戚身份继续操纵朝政的企图。难怪霍夫人显闻知许皇后子立为皇太子后"怒恚不食，欧血，曰：'此乃民间子，安得立！即后（霍皇后）有子，反为王邪？'"不久，宣帝又进一步采取措施，更任霍禹为大司马，罢除其右将军屯兵及官属，诸霍及亲戚掌握兵权者皆削除兵权，或外放任为郡太守，或更任为文职，京师屯兵的及宫廷宿卫均以外戚许氏、史氏子弟代领。地节四年秋九月，大司马霍禹等被人告发密谋反叛，家族尽诛，霍皇后废黜，"与霍氏相连坐诛灭者数十家"。③

从宣帝为翦除霍氏家族而进行精心部署来看，与其谨慎周密及外宽内忌的个性有着直接的关系。这与同样也喜欢"斗鸡走马"，但性格外露、处事草率，刚入主未央宫就急于有所动作，因而最终被废的刘贺相较，宣帝长达十八年的民间生活所锻炼出来的坚忍的性格及丰富的处世阅历，确

① 《汉书》卷59《张安世传》。

② 宣帝即位之初，立许广汉女为皇后，按汉制，许氏应以皇后父的身份封侯。但当政的大将军霍光以"刑人不宜君国"为由，岁余始封许氏"昌成君"之虚衔。查《汉书》诸侯表，刑人封侯者，仅吕氏称制时大谒者建陵侯张释一人。且吕氏所封王侯，违背高祖盟誓，所以吕氏死后，所封王侯或诛或免，无一幸存，不足为例。因此霍光以此为由阻许氏封侯，宣帝无法与之抗争。霍光死后，宣帝亲政，许许皇后已卒，许氏只能以皇太子外祖父身份封侯，开西汉封侯又一特例。在许氏封侯曲折经历的背后，隐含着宣帝与霍光的矛盾。

③ 《汉书》卷68《霍光传》作"相连坐诛灭者数千家"，《资治通鉴》述是事时可能认为此数字骇人听闻，因而改为"数十家"。王先谦《补注》认为："此言其株连之多。《通鉴》作数十，疑非。"但从宣帝地节四年七月所发布的诏书看，"诸为霍氏所诖误未发觉在吏者，皆赦除之"，急于稳定政局，不愿广泛株连的意图十分明确，"数十家"的数字可能较为准确。

实与"少失父母，孤弱处深宫中，独与宦者婢妾居，渐渍小国之俗，加以质性下愚，有不可移之姿"① 的刘贺有不可同日而语之处。

三

导致霍氏灭族的毒杀许后、谋废宣帝两个直接动因，吕思勉先生曾评议道：

> 霍氏诚有取祸之道，然谓禹谋自立，则与上官桀欲杀燕王而自立，同一无稽。即弒许后亦莫须有之事，附子非能杀人，尤不能杀人于俄倾也。宣帝非愚駯者，即视许后死不能救，又宁待魏相、许伯而后知之乎？②

否认霍氏灭族是因谋反之故，吕先生的评议自有道理。霍氏谋反的方式几乎与上官氏如出一辙。在上官氏父子一为左将军、一为车骑将军，兵权在握的情况下尚且不能杀霍光，废除昭帝；霍氏家族在兵权尽解，护卫京城与皇宫的兵权早已掌握在宣帝亲信的许氏、史氏子弟手中的情况下，采取如此必败之道，确实有许多令人难以思议之处。③

若从问题的另一方面考察，宋代史家司马光认为："乡使孝宣专以禄秩赏赐富其子弟，使之食大县，奉朝请，亦足以报盛德矣；乃复任之以政，授之以兵，及事丛衅积，更加裁夺，遂至怨惧以生邪谋，岂徒霍氏之自祸哉？亦孝宣酝酿以成之也。"④ 则是在肯定霍氏因"怨惧"而生"邪谋"的前提下，认定霍氏罹祸不仅有其自身之原因，亦与宣帝"酝酿以成之"不无关系。司马氏的看法更具有代表性。霍光尚在世之时，"霍氏尊盛日久，内不能善"的说法在民间已广泛流传，茂陵徐生曾断言："霍氏

① 《汉书》卷 47《文三王传》引哀帝时梁王刘立向朝廷使者请罪时语。从《汉书》卷 63《刘贺传》所载昌邑王刘贺即位前后种种"荒淫无道"的劣迹来看，与刘立的情况当有许多相似之处。

② 吕思勉：《秦汉史》，上海人民出版社 1983 年版，第 167 页。

③ 关于霍氏、上官氏谋反的详情，可参见《汉书》昭、宣两帝《纪》及《霍光传》、《外戚传上》，此处不再赘述。

④ 《资治通鉴》卷 25 "宣帝地节四年"条"臣光曰"，中华书局 1956 年版，第 821 页。

必亡。夫奢则不逊，不逊必侮上。侮上者，逆道也。在人之右，众必害之。霍氏秉权日久，害之者多矣。天下害之，而又行以逆道，不亡何待！"于是上书宣帝建议："霍氏泰盛，陛下即爱厚之，宜以时抑制，无使至亡。"

如果说来自民间徐生的上书不可能引起宣帝充分注意的话，在翦除霍氏集团中最为得力的丞相魏相，在霍光死后不久亦上书宣帝，表达了相近的意愿："自后元以来，禄去王室，政繇冢宰。今光死，子复为大将军，兄子秉枢机，昆弟诸婿据权势，在兵官……宜有以损其权，破散阴谋，以固万世之基，全功臣之世。"地节四年五月，山阳太守张敞也上书宣帝：

> 乃者，大将军决大计，安宗庙，定天下，功亦不细矣……朝臣宜有明言，曰："陛下褒宠故大将军，以报功德足矣。间者辅臣颛政，贵戚太盛，君臣之分不明，请罢霍氏三侯皆就弟。及卫将军张安世，宜赐几杖归休，时存问召见，以列侯为天子师。"明诏以恩不听，群臣以义固争而后许，天下必以陛下为不忘功德，而朝臣为知礼，霍氏世世无所患苦。

是时霍氏家族日见侵削，其势危如累卵。张敞的上书显然是在试图为保全霍氏家族做最后一次努力。但是这一努力同样也没有成功，宣帝虽然"甚善其计"，却没有采纳张敞的建议。就在张敞上书后不到五个月，霍氏家族就以谋反的罪名族诛。

细绎徐生、魏相、张敞诸人所言，实则都表达了一个共同的意愿：即在消除霍氏权力的前提下，保全霍氏家族，同时也是为了保全宣帝"褒宠故大将军，以报功德"仁慈之主的令名。实际上，自霍光去世后，削霍氏权力的部署已经有条不紊地完成了，"罢其三侯（霍禹、霍云、霍山），令就第，亲属皆出补吏"，张敞所说"天下必以陛下为不忘功德"，魏相所云"全功臣之世"的可能性已经存在，但是霍氏最终仍难逃灭族之祸，其中因素，大致有三：

首先，霍氏灭族虽是在霍光死后，但是祸因在霍光生前业已埋下。霍光自后元元年受武帝遗诏辅弼昭帝以来，至地节三年去世，运作汉廷朝纲整整二十年，其间废帝立帝，权势熏天，为西汉之时前所未有的权臣，俨然是一位无冕之王。在君权至上的古代社会中，霍光所为显然已经严重侵犯了皇帝的权威。如果说昭帝在位期间，由于受到上官父子、燕王刘旦夺位的威胁，不能不全力支持霍光，以至形成"成王不疑周公，孝昭委任霍光，各因其时以成名"的局面，霍光也博得了一个汉廷"周公"美名的话；那么在昭帝死后，昌邑、宣帝次第即位，已经不存在着其他权臣觊觎朝政的情况，权臣与君主的矛盾则立即凸显出来。刘贺征立后不顾王吉等人的良苦告诫，立即重用昌邑群臣，旨在褫夺霍光的权力，反映出亟于解决这种矛盾倾向。宣帝则汲取了刘贺轻举妄动，自蹈覆辙的教训，以"垂拱无为"的形式拒绝霍光"归政"的表示，暂时缓解了与霍光的权力之争，但是君臣矛盾依旧存在，不过是将爆发的时间推迟到霍光死后三年而已。

其次，霍光当政之初，鉴于其辅政地位尚未完全巩固，曾采纳一位史佚其名者"宜纳宗室，又多与大臣共事，反诸吕道"的建议，① 实行内结宗室，外联群臣，为政尚宽的方针，在处置宗室刘泽谋反案时仅诛杀刘泽等数人，连幕后策划者燕王刘旦也以"至亲"的名义"有诏勿治"，即是一明显例证。但是在翦除了上官氏集团及燕王刘旦之后，霍光为了确保权力的独立运作，"遂遵武帝法度，以刑罚痛绳群下"。② 元凤三年（前 78 年），在距上官桀等谋反事已经平定两年之后，霍光竟借朝臣审治侯史吴藏匿桑迁的事件发难，廷尉王平、少府徐仁及左冯翊贾胜胡因"坐纵反者"③ 被诛杀，并险些祸及丞相田千秋，在朝臣中引起强烈震撼。为了进一步削弱早已式微的外朝官的权力，霍光先后以杨敞、蔡义、韦贤三人为丞相。其中杨敞曾为霍光的属吏，"素谨畏事"；蔡义为相时年逾八十，"貌似老妪，行步俛偻，常两吏扶夹乃能行"；韦贤也是七十余岁的老翁，仅以通经学，曾为昭帝师的资历为相。霍光以在政事上毫无作用、唯大将军马首是瞻的三人为相，早已蒙受"置宰相不选贤，苟用可颛制者"之讥。④

霍光的作为固然可以保证政由己出，集中外朝权力于一身，再无掣肘之虑，但是却违背了"宜纳宗室，多与大臣共事"的初衷，从而使自身也

---

① 《汉书》卷 36 《楚元王传》。

② 《汉书》卷 89 《循吏·黄霸传》。

③ 《汉书》卷 7 《昭帝纪》。左冯翊贾胜胡"坐纵反者"被腰斩事，具体史实不详，然与王平、徐仁以同一罪名论处，恐怕也是受侯史吴所谓"匿反"案牵连之故。

④ 参见《汉书》卷 76 《张敞传》、卷 66 《蔡义传》、卷 73 《韦贤传》。

处于一种孤立无助的地位。所以霍光死后，一些与霍氏渊源较深者，纷纷以各种方式疏离霍光集团。如霍光女婿、秺侯金赏在"霍氏有事萌牙"时"上书去妻"，以求避祸；曾为霍光一手擢升、位居其次，又有拥立之功的车骑将军张安世更是"小心畏忌"，闻知宣帝欲以其"继大将军后"时惶恐不安，恳请"天子财哀，全老臣之命"，深惧朝臣将其视为霍光第二，①亟于消弭与霍氏交往甚密的心迹显见。金氏、张氏尚且如此，更遑论那些久在霍氏的威慑之下，早已心存怨望的其他朝臣。当霍禹对宣帝侵削霍氏权位怨望不已之时，霍禹故长史任宣就直言相告："大将军时何可复行！持国权柄，杀生在手中"，积怨甚多，"大司马欲用是怨恨，愚以为不可"。表明霍氏集团内部一些人也认识到，霍光过分集权及为政严酷，已经严重地削弱了霍氏集团的统治基础。

再次，从霍光之死至霍氏灭族将近三年，客观上为霍氏集团重新调整与宣帝的关系留下足够的时间。然而长期处于霍光权势荫庇之下的霍禹诸人，显然缺乏必要政治才干，不仅没能利用这段宝贵的时间，反而以贵胄子弟的奢侈妄为的行为加速了自身的灭亡。平心而论，霍光对其子霍禹的才干曾有清醒的认识：当初，张安世之子张千秋与霍禹皆以中郎将随度辽将军范明友击乌桓，还见霍光，"问战斗方略，山川地形，千秋口对兵事，画地成图，无所忘失。"再问霍禹，"禹不能记，曰'皆有文书'"。于是霍光"以禹不材，叹曰：'霍氏世衰，张氏兴矣'"。②但是为了保证霍氏权力的延续性，霍光在弥留之际还是借上书谢恩之机巧妙地为"不材"的霍禹求官。③身居权力中枢又无相应政治才干的恶果很快地就显现出来，面对着霍氏权力日益被削夺的严峻局势，霍禹诸人除了"缮治第宅，走马驰逐"，骄恣享乐，纵奴逞威外，就是相对啼泣，自怨自艾，几乎没有任何收敛的迹象及应变措施。如此之才干与作为，即使有心"谋反"，也只能是拙劣仿效上官氏，自罹其祸而已。正因为"禹、云、山皆庸才"，所以

① 《汉书》卷59《张安世传》。张安世的忧惧并不是没有根据的，山阳太守张敞在上书宣帝就曾建议解除张安世的权力，"赐几杖归休，时存问召见，以列侯为天子师"。张敞所以出此议，自然是由于张安世与霍光有较深渊源之故。

② 《汉书》卷59《张安世传》。

③ 霍光上书仅表示愿分国邑三千户封兄孙霍山为列侯，以奉兄霍去病祀。虽然没有言及霍禹，但深谙霍光心理的宣帝还是"即日拜光子禹为右将军"。霍光葬后，方封霍山为侯。

宣帝在诛除霍氏时才能"匕鬯不惊",吕思勉先生之语,实为确评。[①]

宣帝初立,谒见高庙,大将军霍光骖乘,"上内严惮之,若如芒在背……及光身死而宗族竟诛,故俗传'威震主者不畜,霍氏之祸萌于骖乘'"。班固《霍光传》赞曰:霍光"处废置之际,临大节而不可夺,遂匡国家,安社稷。拥昭立宣,光为师保,虽周公、阿衡,何以加此!然光不学亡术,闇于大理,阴妻邪谋,立女为后,湛溺盈溢之欲,以增颠覆之祸,死财三年,宗族诛夷,哀哉!"来自民间的"俗传"与史家颇具感伤的赞叹,均道出了霍氏灭族的重要原因,但并不足以涵盖宣帝与霍氏关系的全部内容。

在错综复杂的历史事件中,左右其发展运行的因素甚多,仅就西汉君臣关系而言,既有汉初名相萧何,韬光晦迹保全自身及后裔的史实;也有同为汉初功臣之后,政治军事才干皆为一时之俊的周勃之子周亚夫,仅仅因为被景帝视为"此鞅鞅,非少主之臣",就被诬谋反下狱,呕血而死的史例;亦有自恃帝舅身份的丞相田蚡,"权移主上",受到武帝警告后始有收敛,得以全身而终的史事。同样,影响宣帝与霍氏家族关系变化的因素众多,其中固然有霍氏的原因,但是与宣帝外宽内忌的性格,是时政治局势的变化等诸多因素相关。通过对宣帝与霍氏关系的重新审视,不仅有助于深入分析西汉时期的君臣关系,亦可从中探究武帝末年昭宣之际政治局势发展演变的轨迹。

原载《史学月刊》2000年第5期。

---

① 吕思勉:《秦汉史》,第167页。

"五陵"与"五陵少年"

——以诗赋为中心的考察

西汉年间，经过长期的陵邑建设，在渭河以北的咸阳原上，分布着汉高祖长陵、惠帝安陵、景帝阳陵、武帝茂陵、昭帝平陵的五座陵墓，咸阳原又称"五陵原"，即著名的汉五陵。早在汉高祖筑长陵时，就开始徙天下豪家大户于陵邑，这些徙民凭借原有的基础，加上关中三辅号称土地膏腴，很快五陵就成为富民的聚居区，在西汉中后期政治生活中曾发挥了重要的作用，直至唐代依然长盛不衰。[①] 以至骚客诗人的笔下，出现众多"英俊之域，黻冕所兴"的"五陵"，与以"任侠"与"纨绮"为特色的所谓"五陵少年"的形象。[②] 检讨这一形象，对于认识具有"五陵"及"五陵少年"之特色的社会风尚的变迁或有裨益。

一 英俊之域，黻冕所兴

西汉继承秦朝陵寝制度，诸帝多于即位后开始经营陵墓，其建制虽然无法与规模浩大的秦始皇陵相比，但规模依然相当惊人。[③] 常常一陵役使

① 除汉五陵外，亦有唐五陵之说，即高祖献陵、太宗昭陵、高宗乾陵、中宗定陵、睿宗泰陵。

② 此处需要说明的是，本文所引诗辞歌赋，是以其作为分析社会风尚的对象，许多诗赋所体现的时代特征并不明显，很难确指为汉为唐。

③ 《后汉书》志第6《礼仪下》注引《汉旧制》载西汉陵墓制度曰："天子即位明年，将作大匠营陵地，用地七顷，方中用地一顷；深十三丈；堂坛高三丈，坟高十二丈"，"方中百步，已穿筑为之城，其中开四门，四通，足放六马。然后错浑杂物、杆漆、缯绮、金宝、米谷及埋车马虎豹禽兽。发近郡卒徒，置将军尉侯，以后宫贵幸者皆守园林"，内部构造为"明中高一丈七尺，四周二丈，内：梓棺、柏黄肠题凑"。

数万人，工作数年方造完成。这些陵墓少数位于渭水南岸，多数在咸阳以西渭水北阪上，地位高敞，陵体宏伟，远望极为醒目。

汉帝诸陵多设有陵邑。汉长安城的东南与北面设置了七座城市——陵邑（长陵、安陵、霸陵、阳陵、茂陵、平陵、杜陵），这些陵邑大都从各地强制迁移豪富之家来此居住，用以削弱地方豪强势力，加强中央政权的控制。陵邑制度也为后世继承，作为保卫、供奉、管理陵园的措施。

早在刘邦定都长安后，为了防范近在河南地活动的匈奴之威胁，以及消除可能存在的山东六国遗裔的反抗，刘敬献策徙民曰：

> 今陛下虽都关中，实少人。北近胡寇，东有六国之族，宗强，一日有变，陛下亦未得高枕而卧也。臣愿陛下徙齐诸田，楚昭、屈、景，燕、赵、韩、魏后，及豪桀名家居关中。无事，可以备胡；诸侯有变，亦足率以东伐。此强本弱末之术也。[①]

西汉徙民充实关中，诸帝陵邑徙民自然也在其中。从汉初到永光四年（前40年）九月，汉元帝下诏："今所为初陵者，勿置县邑，使天下咸安土乐业，亡有动摇之心"，[②] 不再徙民充实陵邑时止，汉陵邑之建设几近140多年的时间。[③] 至于徙陵邑者虽以"豪桀名家"笼统言之，但据《汉书》诸帝纪，大体应有关于家赀多少的具体标准。如《武帝纪》载："徙郡国豪杰及訾三百万以上于茂陵"；《昭帝纪》载："本始元年春正月，募郡国吏民訾百万以上徙平陵。"如是，徙陵邑者家赀恐当在百万以上。[④]

汉五陵陵邑建置规模均较为庞大，户口数众多。据《汉书》卷28《地理志》载元始二年（公元2年）户口数：汉高祖长陵有"户五万五十七，口十七万九千四百六十九"，武帝茂陵有"六万一千八十七，口二十

---

① 《汉书》卷43《刘敬传》。

② 《汉书》卷9《元帝纪》。

③ 汉成帝时曾一度恢复陵邑制度，但这仅是一次不成功的尝试。《汉书》卷10《成帝纪》载："是时起昌陵，作者数万人，徙郡国吏民五千余户以奉陵邑。作治五年不成，乃罢昌陵，还徙家。"

④ 据《汉书》卷4《文帝纪》"赞"曰："孝文皇帝……尝欲作露台，召匠计之，直百金。上曰：'百金，中人十家之产也。吾奉先帝宫室，常恐羞之，何以台为！'"汉制，"一金"值"万钱"，所谓"中人之家"家产约十万钱。家赀至少百万钱以上方有徙陵资格，因此将徙陵者视为豪富之家似不为过。

七万七千二百七十七"。长陵属左冯翊,以左冯翊 24 县县均口数 9.1 万计,长陵口数几近均数一倍;茂陵属右扶风,以右扶风 21 县县均口数 10.3 万计,茂陵口数几近均数的二倍。[①] 其余惠帝安陵、景帝阳陵、昭帝平陵三陵由于史乘无载,具体户口数不详,据《太平寰宇记》卷 22 记载:"汉初徙关东豪族以奉陵邑,长陵、茂陵各万户,其余五陵各五百户。"安陵、阳陵、平陵等户口数肯定不及长陵、茂陵之多,[②] 但安陵等三邑的规模亦相当可观。[③]

汉制,陵邑"皆属太常,不隶于郡"。《汉书》卷 18《百官公卿表》颜师古注:"太常,王者旌旗也,画日月焉,王有大事则建以行,礼官主奉持之,故曰奉常也。后改曰太常,尊大之义也。"所谓"大事",当指对帝陵的祭祀而言。正是由于诸陵邑的特殊地位,故在西汉年间,在诸如徙陵、举荐、赋税、刑罚诸方面,对奉陵邑者或多有优待。

如徙陵:《汉书》卷 5《景帝纪》:"五年春正月,作阳陵邑。夏,募民徙阳陵,赐钱二十万。"《汉书》卷 6《武帝纪》:"赐徙茂陵者户钱二十万,田二顷。"

如举荐:《汉书》卷 7《昭帝纪》:"朕以眇身获保宗庙,战战栗栗,夙兴夜寐,修古帝王之事,通保傅,传《孝经》、《论语》、《尚书》,未云有明。其令三辅、太常举贤良各二人,郡国文学高第各一人。"太常所掌陵邑所举贤良数等同于郡。

如赋税:《汉书》卷 8《宣帝纪》:"诏曰:'朕闵百姓未赡……其令郡国毋敛今年马口钱,三辅、太常郡得以叔粟当赋。"颜师古注:"诸应出赋算租税者,皆听以叔粟当钱物也。叔,豆也。"

如刑罚:《汉书》卷 10《成帝纪》:"诏曰:'乃者徙泰畤、后土于南郊、北郊,朕亲饬躬,郊祀上帝。皇天报应,神光并见。三辅长无共张繇役之劳,赦奉郊县长安、长陵及中都官耐罪徒。"而对陵邑的侵犯,处罚亦相当严厉。武帝年间,丞相李蔡有罪自杀,其罪即是"坐侵陵墙地。"

---

① 参见梁方仲《中国历代户口、田地、田赋统计》第 14 页"甲表 3",上海人民出版 1980 年版。

② 此处所言五陵包括不在五陵范围之内的霸陵与杜陵。《元和郡县志》卷 1《关内道一》作"汉徙关东豪族以奉陵邑,长陵、茂陵各万户,其余五陵各千户",亦备一说。

③ 陈直按:"《惠帝纪》注引《关中记》曰:'徙关东倡优乐人五千户以为陵邑。善为啁戏,故俗称女啁陵也'。"(《三辅黄图校证》,陕西人民出版社 1980 年版,第 143 页)。

所谓"陵壖地",仅是陵旁空余地而已。

在西汉政府的极力扶持下,汉五陵成为除都城长安之外另一豪势之家聚居的重要区域。特别是武帝中期以降,开国重臣及其后裔逐渐退出权力中枢,而出身陵邑者成为朝廷高官的一个重要来源。班固《西都赋》有云:

> 若乃观其四郊,浮游近县,则南望杜、霸,北眺五陵,名都对郭,邑居相承,英俊之域,黻冕所兴,冠盖如云,七相五公。与乎州郡之豪桀,五都之货殖,三选七迁,充奉陵邑,盖以强干弱枝,隆上都而观万国。

赋中所谓"七相五公",《后汉书·班固传》注曰:"七相,谓丞相车千秋,长陵人;黄霸、王商,并杜陵人也;韦贤、平当、魏相、王嘉,并平陵人也。五公,谓田蚡为太尉,长陵人;张安世为大司马,朱博为司空,并杜陵人;平晏为司徒,韦赏为大司马,并平陵人也。"西汉朝中众多高官出身于五陵,[①] 或可表明"五陵"的政治地位从西汉中后期开始飙升,享有"英俊之域,黻冕所兴"之声誉。

正是在这种社会政治文化的背景下,"五陵"成为后世骚客诗人抒发胸臆的一个重要载体。或豪放,或感叹,留下了诸多可供今人咀嚼回味的著名诗赋:

北周庾信所撰《三月三日华林园马射赋》云:

> 马似浮云向坶,雁失群而行断,猿求林而路绝,控玉勒而摇星,跨金鞍而动月。乃有六郡良家,五陵豪选,新回马邑之兵始,罢龙城之战。将军戎服,来参武燕,尚带流星,犹乘奔电……[②]

是赋描绘北周武成二年(560年)三月三日,明帝集群臣诸将与突厥使者于华林园,陈列军阵,行"大射礼"事。赋中借用汉家将良兵精,数破匈奴之故事,将"名将多出"的"六郡",与集聚"英俊"、"黻冕"的

---

① 宣帝杜陵虽然不在五陵之列,但同属于汉陵邑的范畴。

② 庾信:《三月三日华林园马射赋》,《庾子山集》卷1,文渊阁四库全书本。

"五陵"相提并论，① 以此向突厥使者耀示武力。

唐代诗人王维的《燕支行》曰：

> 汉家天将才且雄，来时谒帝明光宫。万乘亲推双阙下，千官出饯五陵东。誓辞甲第金门里，身作长城玉塞中。卫霍才堪一骑将，朝廷莫数贰师功。赵魏燕韩多劲卒，关西侠少何咆勃……画戟珊戈白日寒，连旗大旆黄尘没。迭鼓遥翻瀚海波，鸣笳乱动关山月。

诗中所表现的是以卫青、霍云病为代表的"汉家天将"，率领"劲卒"、"侠少"，由五陵饯行后奔赴塞外，展示出汉代军人建功立业的豪迈气象。

然而，随着西汉王朝的覆亡，东汉王朝政治中心的东移，"英俊之域，黻冕所兴"的"五陵"繁华荣贵不再，反映在后人诗赋之中，对汉代"五陵"的描写，更多是读之令人惆怅不已的意境。杜牧《登乐游原》："长空澹澹孤鸟没，万古销沉向此中。看取汉家何事业，五陵无树起秋风。"李频《乐游原春望》："五陵佳气晚氛氲，霸业雄图势自分。秦地山河连楚塞，汉家宫殿入青云。未央树色春中见，长乐钟声月下闻。无那杨华起愁思，满天飘落雪纷纷。"与韦应物《骊山行》"秦川八水长缭绕，汉氏五陵空崔嵬"等名句，展示出的正是这样一种意境。

"五陵佳气"虽然铸就了西汉一代"霸业雄图"，然随着时间之流逝，一切都不可避免地"销沉"了，融入于"满天飘落雪纷纷"之中，虽然"崔嵬"的"汉氏五陵"依旧在，无奈一个"空"字了得。

二　五陵多任侠，轻骑自连群

汉"五陵"之说首见正史者，出于《汉书》卷92《游侠·原涉传》：

---

① "六郡"，指金城、陇西、天水、安定、北地、上郡。"良家"，即"良家子"，指除医、巫、商、百工之外的平民之家的子弟。六郡由于毗邻匈奴，民风强悍，"六郡良家子"成为汉与匈奴作战中的一支主要力量。《汉书》卷28《地理志》载，汉兴，"六郡良家子选给羽林、期门，以材力为官，名将多出焉"。"飞将军"李广，即是以陇西良家子的身份从军的。

先是涉季父为茂陵秦氏所杀，涉居谷口半岁所，自劾去官，欲报仇。谷口豪桀为杀秦氏，亡命岁余，逢赦出。郡国诸豪及长安、五陵诸为气节者皆归慕之。涉遂倾身与相待，人无贤不肖阗门，在所闾里尽满客。①

"五陵"首次出现于正史，并与所谓"任侠"联系在一起，这似乎并不是一个偶然之现象，而与是时弥漫于社会中"任侠"的风尚密切相关。

关于秦关中地，特别是包括五陵在内的"诸陵"社会风尚的变迁，《汉书》卷28《地理志》曾有详细地勾勒：

故秦地于禹贡时跨雍、梁二州……其民有先王遗风，好稼穑，务本业……始皇之初，郑国穿渠，引泾水溉田，沃野千里，民以富饶。汉兴，立都长安，徙齐诸田，楚昭、屈、景及诸功臣家于长陵。后世世徙吏二千石、高訾富人及豪桀并兼之家于诸陵。盖亦以强干弱支，非独为奉山园也。是故五方杂厝，风俗不纯。其世家则好礼文，富人则商贾为利，豪桀则游侠通奸。

至于秦地风尚由"好稼穑，务本业"，到"风俗不纯"，"豪桀则游侠通奸"之变迁，是否仅与"徙陵"这一因素相关，不在本文讨论的范围之内。但从司马迁、班固、范晔这些著名史家的评议看，对所谓西汉"任侠"风尚的评判，则有一个"初宽渐严"的过程。从《史记·游侠列传》序曰："今游侠，其行虽不轨于正义，然其言必信，其行必果，已诺必诚，不爱其躯，赴士之阸困，既已存亡死生矣，而不矜其能，羞伐其德，盖亦有足多者焉"；到班固虽为《游侠传》，但主旨已与司马迁大异其趣，所谓"述游侠则进奸雄而退自士"；再到范晔拒为游侠著传，而另撰《独行列传》，并批评班固"其论议常排死节，否正直，而不杀身成仁之为美，则轻仁义，贱守节愈矣"看，这一趋势的变化相当明显。②

---

① 颜师古注曰："五陵，谓长陵、安陵、阳陵、茂陵、平陵也。班固《西都赋》曰'南望杜霸，北眺五陵'，是知霸陵、杜陵非此五陵之数也。而说者以为高祖以下至茂陵为五陵，失其本意。"

② 关于这一社会风尚的变化，可参见拙作《〈史记〉〈汉书〉游侠传试探——兼论两汉社会风尚的变迁》，《学术月刊》1990年第10期。

　　与史家的评议相比，骚客诗人笔下的五陵任侠风尚，与诸史家对"游侠"这一社会现象更侧重于理性、道德判断或有不同，似乎更注重对五陵任侠者外在形象之描写，于其中体现出更强烈的感情色彩。《乐府诗集》卷24《汉横吹曲》录有从梁元帝起，迄唐卢照邻，以《刘生》为题九首曲辞，《乐府解题》有"刘生不知何代人，齐梁已来为《刘生》辞者，皆称其任侠豪放，周游五陵三秦之地"诸语云云。"刘生"，恐怕这是在诗赋中较早将任侠与五陵联系在一起的形象，显然是骚客诗人笔下杜撰出来的一个人物，《解题》所云"不知何代人"，难免给人以拘泥之感；而更令笔者感兴趣的是，在九首横吹曲辞中，除陈人江总、唐人卢照邻二首时代特征不明显外，其余七首或多或少皆可与"五陵"及汉家故事联系在一起。如梁元帝《刘生》诗云：

　　　　任侠有刘生，然诺重西京。扶风好惊坐，长安恒借名。榴花聊夜饮，竹叶解朝醒。结交李都尉，遨游佳丽城。

陈人徐陵《刘生》诗云：

　　　　刘生殊倜傥，任侠遍京华。戚里惊鸣筑，平阳吹怨笳。俗儒排左氏，新室忌汉家。高才被摈压，自古共怜嗟。

陈人江晖《刘生》诗云：

　　　　五陵多美选，六郡尽良家。刘生代豪荡，标举独荣华。宝剑长三尺，金樽满百花。唯当重意气，何处有骄奢。

　　不同时代的骚客诗人，所以将时代不明的"刘生"与汉家及五陵尚侠的时俗联系在一起，不约而同地将"刘生"塑造成一位仗剑行侠、豪荡倜傥、诺重西京、五陵美选而绝无骄奢之气的形象，显然出自于对五陵任侠风尚的认同与赞美。

　　与上引三首曲辞中将任侠时尚聚于"刘生"一身所不同，在许多诗人骚客的笔下，对游侠形象的认同与赞美，则聚焦于一个所谓的"五陵少年"的群体身上。如刘宋时人袁淑《白马篇》：

　　剑骑何翩翩，长安五陵间。秦地天下枢，八方凑才贤。荆魏多壮士，宛洛富少年。意气深自负，肯事郡邑权。籍籍关外来，车徒倾国廛。五侯竞书币，群公亟为言。义分明于霜，信行直如弦……①

隋人何妥《长安道》：

　　长安狭斜路，纵横四达分。车轮鸣凤辖，箭服耀鱼文。五陵多任侠，轻骑自连群。少年皆重气，谁识故将军。②

唐人崔涂咏史诗《东晋》：

　　五陵豪侠笑为儒，将为儒生只读书。看取不成投笔后，谢安功业复何如。

　　然而，从另外一种角度考察，汉代所谓"游侠"，确实亦有如同班固所说的，"以匹夫之细，窃杀生之权，其罪已不容于诛矣。观其温良泛爱，振穷周急，谦退不伐，亦皆有绝异之姿。惜乎不入于道德，苟放纵于末流，杀身亡宗，非不幸也"的情况存在。武帝时期的游侠郭解，就是一个性格复杂的人物，"解为人静悍，不饮酒。少时阴贼感慨，不快意，所杀甚众。以躯籍友报仇，臧命作奸剽攻，休乃铸钱掘冢，不可胜数……及解年长，更折节为俭，以德报怨，厚施而薄望。然其自喜为侠益甚。既已振人之命，不矜其功，其阴贼著于心本发于睚眦如故云。而少年慕其行，亦辄为报仇，不使知也"。西汉年间，三辅素称"难治"，像郭解之侠魁及大量追慕者的存在，当是一个重要的原因。仅就诗赋而言，我们亦能看出与前述风尚有别，性格其实更为复杂，但在时人眼中仍属"任侠"范畴的另一类"五陵少年"之存在。如唐李白《白马篇》：

　　龙马花雪毛，金鞍五陵豪。秋霜切玉，落日明珠袍。斗鸡事万

---

　　① 《乐府诗集》卷63《杂曲歌辞三》，中华书局1979年版。
　　② 《乐府诗集》卷23《横吹曲辞三》。

乘，轩盖一何高。弓摧宜山虎，手接太山猱。酒后竞风彩，三杯弄宝刀。杀人如剪草，剧孟同游遨。发愤去函谷，从军向临洮。叱咤万战场，匈奴尽波涛。归来使酒气，未肯拜萧曹。羞入原宪室，荒径隐蓬蒿。

一个金鞍宝马，秋霜切玉，使酒任性，傲然权贵，既能"杀人如剪草"，又不惮"叱咤万战场"的五陵豪侠的形象越然纸上。

至于唐人王建《羽林行》所描写的"长安恶少"之形象，则属于空有侠名，而无其实之类：

> 长安恶少出名字，楼下劫商楼上醉。天明下直明光宫，散入五陵松柏中。百回杀人身合死，赦书尚有收城功。九衢一日消息定，乡吏籍中重改姓。出来依旧属羽林，立在殿前射飞禽。

或许唯因如此，唐人李颀所作的《缓歌行》，描写的竟是一位少年任侠，后易节而行，成就功业后深悔曾经"任侠"的形象：

> 小来托身攀贵游，倾财破产无所忧。暮拟经过石渠署，朝将出入铜龙楼。结交杜陵轻薄子，谓言可生复可死。一沉一浮会有时，弃我翻然如脱屣。男儿立身须自强，十五闭户颍水阳。业就功成见明主，击钟鼎食坐华堂。二八蛾眉梳堕马，美酒清歌曲房下。文昌宫中赐锦衣，长安陌上退朝归。五侯宾从莫敢视，三省官僚揖者稀。早知今日读书是，悔作从来任侠非。

三　五陵年少金市东，银鞍白马度春风

在汉代相关的典籍中，常见有所谓"少年"的称呼，《史记》卷7《项羽本纪》："陈婴者，故东阳令史，居县中，素信谨，称为长者。东阳少年杀其令，相聚数千人，欲置长，无适用，乃请陈婴……""少年"首见于《史记》，就是与"素信谨"的"长者"相对而言。可见，汉人心目中之"少年"，多是以其行事及性格作为判断之标准，而年少并不是一个主要的因素。在秦汉之际的乱世，所谓"少年"，其时为各路起事军一个

主要构成部分，相关史料甚夥，此不赘举。需要指出的，此处所言的"少年"，一般还不具有强烈的褒贬之义，与所谓的"恶少年"不同。颜师古注《汉书》卷6《武帝纪》"恶少年"曰："谓无赖子弟也"，而一般意义上的"少年"并不具有"无赖"的特质。[①]

然而，具体到本文所要论的"五陵少年"而言，并不能等同于上面所述的"少年"与"恶少年"。《史记·高祖本纪》注引"《括地志》云：新丰故城在雍州新丰县西南四里，汉新丰宫也。太上皇时凄怆不乐，高祖窃因左右问故，答以平生所好皆屠贩少年，酤酒卖饼，斗鸡蹴踘，以此为欢，今皆无此，故不乐。高祖乃作新丰，徙诸故人实之，太上皇乃悦。"汉初最早徙居关中者，为太上皇所喜的"酤酒卖饼，斗鸡蹴踘"之"屠贩少年"，就是这样一些充满市井气息者。而五陵之徙民，成分更为复杂，但基本上是郡国豪杰高赀、外戚、吏二千石等富贵人家，五陵已成为富贵之乡的代名词。所谓"五陵少年"，凭借其富有家赀及与统治高层广泛之联系，或以"富贵"，或以"轻佻"，或以"跋扈"等形象现身于社会之上。与"五陵少年""任侠"风尚相似，其富贵、轻佻、跋扈之行为与性格，亦成为诗人骚客竞相歌咏的对象。

《乐府诗集》卷82录有唐人于鹄《公子行》一首新乐府辞曰：

> 少年初拜大长秋，半醉垂鞭见列侯。马上抱鸡三市斗，袖中携剑五陵游。玉箫金管迎归院，锦袖红妆拥上楼。更向苑东新买宅，碧波清水入门流。

略略数语，将五陵"公子"且富且贵、飞扬跋扈之形象展现于世人面前。

家赀豪富，出身尊贵，常常铸就其子弟的"轻佻"、"轻薄"的行为。《乐府诗集》卷66录有李白《少年行》三首，其一曰：

> 五陵年少金市东，银鞍白马度春风。落花踏尽游何处，笑入胡姬酒肆中。

---

① 关于"少年"与"恶少年"，王子今先生曾撰有《说秦汉的"少年"与"恶少年"》（载《中国史研究》1991年第4期），对此有翔实讨论，请参见。

同卷韦庄《少年行》亦曰：

> 五陵豪客多，买酒黄金贱。醉下酒家楼，美人双翠幰。挥剑邯郸市，走马梁王苑。乐事殊未央，年华已云晚。

同卷还录有唐崔颢《渭城少年行》一首：

> 长安道上春可怜，摇风荡日曲河边。万户楼台临渭水，五陵花柳满秦川。秦川寒食盛繁华，游子春来喜见花。斗鸡下杜尘初合，走马章台日半斜。章台帝城称贵里，青楼日晚歌钟起。贵里豪家白马骄，五陵年少不相饶。双双挟弹来金市，两两鸣鞭上渭桥。渭城桥头酒新熟，金鞍白马谁家宿。可怜锦瑟筝琵琶，玉台清酒就君家。小妇春来不解羞，娇歌一曲杨柳花。

《乐府诗集》卷 67 录有晋人张华《杂曲歌辞》一首，则径以《轻薄篇》为题：

> 末世多轻薄，骄或好浮华……被服极纤丽，肴膳尽柔嘉。僮仆余粱肉，婢妾蹈绫罗。文轩树羽盖，乘马鸣玉珂。横簪刻玳瑁，长鞭错象牙。足下金镶履，手中双莫耶……朝与金、张期，暮宿许、史家。甲第面长街，朱门赫嵯峨……浮醪随觞转，素蚁自跳波。美女兴齐、赵，妍唱出西巴。一顾倾城国，千金不足多……淳于前行酒，雍门坐相和。孟公结重关，宾客不得蹉……念此肠中悲，涕下自滂沱。但畏执法吏，礼防且切磋。

同卷 67 亦录有唐僧齐己《轻薄行》一首：

> 玉鞭金镫骅骝蹄，横眉吐气如虹霓。五陵春暖芳草齐，笙歌到处花成泥。日沉月上且斗鸡，醉来莫问天高低。伯阳道德可涕唾，仲尼礼乐徒卑栖。

　　上引诸辞，将五陵少年跨下金鞍白马，手挥玉鞭，横眉吐气，恣意而行；或驰骋五陵，饱览春色；或走马斗鸡，耀富于市井；或交通权贵，行走势家；饮则"笑入胡姬酒肆中"，眠则"青楼日晚歌钟起"之形象刻画的如此真实。面对这些"五陵年少轻薄客"之行为，无怪诗人以"南国佳人大堤女"的口吻，留下"无端嫁与五陵少，离别烟波伤玉颜"之感叹。①

　　对五陵少年之认识，或许以元人金仁杰《萧何月夜追韩信》杂剧中"五陵年少，端的一言而难尽"之语，可能最为准确和传神。②

原载《咸阳师范学院学报》2005年第1期。

---

① 《乐府诗集》卷48《清商曲辞五》，唐杨巨源《大堤曲》。
② 金仁杰：《萧何月夜追韩信》杂剧第三折，《元刊杂剧三十种》下册，第174页。

东汉末年中原士民徙居扬荆交三州考

——兼论永嘉迁徙前客家先民的早期形态

一

中原士民南迁的历史，对于探讨客家的源流具有重要的意义。罗香林先生提出的五次迁徙的著名论点，将西晋永嘉年间中原士民的大规模南迁，视为客家先民迁徙的初始阶段，迄今仍是研究客家源流的基础。[①]

值得注意的，在永嘉迁徙之前，东汉末年中原士民已经开始大规模南迁历程。尤其是占据江东的孙吴政权，[②] 所据之地较之祸乱频仍的中原地区，则处于相对安宁的阶段，因此成为饱经兵燹之苦的中原士民避难迁徙的一个重要目的地。但在建安初年，孙权始承父兄余业经营江东时，尚未完全控制整个江东地区，《三国志·吴书·孙权传》载："是时惟有会稽、吴郡、丹阳、豫章、庐江、庐陵（兴平二年时孙策分豫章郡置），然深险之地犹未尽从，而天下英豪布在州郡，宾旅寄寓之士以安危去就为

[①]　对于罗先生的观点，近年来一些研究者提出不同的意见。如谢重光先生认为："晋至南朝时北方汉民的南迁，包括部分迁入闽中的人民，基本上与客家民系的形成没有直接关系。"（参见《客家源流新探》，福建教育出版社1995年版，第42页。）

[②]　江东，"长江在芜湖、南京间作西南、东北北流向，隋、唐以前，是南北往来的主要渡口，习惯上称自此以下的长江南岸地区为江东。三国时江东是孙吴的根据地，故当时称孙吴统治下的全部地区为江东"（《辞海》（缩印本），上海辞书出版社1979年版，第888页）。可见江东也有狭义与广义之分。狭义的江东，指自芜湖、南京以南的区域，大体上和扬州相当；广义的江东，则指东吴后来所辖的扬州、荆州（部分）及交州。本文此处所用江东之概念，取其狭义。

意，未有君臣之固。"是处所言会稽等六郡，大体位于汉时扬州所辖之域。① 孙权在南方士族周瑜诸人的全力支持下，又"委心服事"来自北方的名士张昭诸人，迅速稳定了局势，为其后立国江东奠定了基础。东汉末年不仅南下扬州避乱的中原"宾旅寄寓之士"甚众，也是构成孙氏政权的一个重要组成部分。

《三国志·吴书》中记载的著名吴臣共有六十余位，其中因东汉末年动乱，南渡徙居扬州者占据相当的比例，详见下表②：

姓名	籍贯	南迁原因及地区
张昭	彭城（今江苏徐州）	汉末，南渡江避乱于扬州
诸葛瑾	琅邪阳都（今山东沂南）	汉末，避乱江东
步骘	临淮淮阴（今江苏淮阴）	避难江东，居会稽（属扬州）种瓜自给
张纮	广陵（今江苏扬州）	避难江东，刘策创业，遂委质焉
严畯	彭城（今江苏徐州）	避乱江东，与诸葛瑾、步骘齐名
鲁肃	临淮东城（今安徽定远东南）	因天下乱，携老弱百余人随周瑜南渡
吕蒙	汝南富陂（今安徽阜南东南）	少南渡，随姊夫郑当讨山越
徐盛	琅邪莒（治今山东莒县）	遭乱，客居吴
潘璋	东郡发干（今河南濮阳）	建安初年入吴③
吕范	汝南（治今河南上蔡）细阳	少为县吏，后避乱寿春（属扬州）
吕岱	广陵海陵（今江苏泰州）	避乱南渡

① 扬州刺史部辖上述江南诸郡外，位于江淮间还有九江与庐江两郡。但在建安初年，此两郡主要控制在袁术手中，孙吴势力尚未达此。因此本文所言扬州，实际上是专指长江以南的扬州诸郡而言。

② 此表所收仅为《吴书》诸列传的传主，附传及裴注中所记者未统计在内。"中原"之概念，历来有狭义与广义之分。狭义中原专指今河南一带，广义的中原泛指整个黄河流域地区。此处所用的"中原"，泛指与孙吴实际占有的江东相对而言的江北地区。表中所列者，南迁时间均在东汉末年，故不再逐一指明；表中凡泛言"渡江"、"渡江东"者，大抵上都是在汉末建安前后徙抵江东，辅佐孙权的，是时孙权仅据扬州一地，尚未完全领有江南，因此断言是时南迁"江东"者大抵都徙居于扬州，似乎不误。关于江东之概念，可参见前页注②。

③ 《潘璋传》云："孙权为阳羡（今江苏宜兴）长，（潘璋）始往随权。"孙权任阳羡长事在建安元年（196年），可证潘璋是时已迁徙至吴，虽原因不详，但肯定与是时中原的动荡相关。

续表

姓名	籍贯	南迁原因及地区
是仪	北海营陵（今山东昌乐东南）	初为县吏，避乱江东
胡综	汝南固始（今河南固始）	少孤，母将避难江东
刘惇	平原（今山东平原西南）	避乱江东，客游庐陵
赵达	河南（治今河南洛阳）	谓东南有王者气，避难渡江依孙辅
滕胤	北海剧（今山东寿春）	以世扰乱，渡江依刘繇（扬州）
濮阳兴	陈留（治今河南开封东南）	随父于汉末避乱江东

　　表中所记共有十七人，如果再加上徙居交州的程秉、薛综二人（详后），来自中原者共有十九人，几占《吴书》所载的六十余位著名吴臣的三分之一，可以肯定其中主要是徙居于扬州者，但尚不足以完全反映中原士民南徙扬州的全貌。早在孙策经营江东之前，东莱牟平（今山东福山西北）人刘繇，初"避难于淮浦，诏书以为扬州刺史。时袁术在淮南，不敢之州"，[①] 遂南渡江东，一度势力曾达到数万人，其中应有许多随其东渡的中原士民。著名者如刘繇的部将、同郡人太史慈不仅随其南渡，而且后来投靠了孙策。此外，北平土垠（今河北丰润东南）人程普、辽西令支（今河北迁安西）人韩当等东吴著名将领，由于史载不详，不知是先南渡江东，再随孙坚征战中原；或是先随孙坚征战中原，后随孙坚徙居江东的。但不论出于哪种情况，类似情况徙居江东的中原士民当不在少数。

　　另外，还有许多南渡的中原士人，因不愿依附孙氏，或因其他原因而返回中原亦不在少数。如《三国志·魏书·徐奕传》载，东莞（今山东沂水）人徐奕，初"避难江东，孙策礼命之。奕改姓名，微服还本郡。太祖（曹操）为司空，辟为掾史"。

　　汉代扬州诸郡，特别是毗邻长江南岸的地区，属于开发较早、政治经济都较为发达的区域。早在春秋末年，崛起于此的吴国之君，就喜欢招徕

---

　　① 《三国志·吴书·刘繇传》。东汉末年扬州治所先后设于寿春与合肥（俱在今安徽境内），均在长江之北、淮河之南，正是袁术的势力范围所在，故刘繇"不敢之郡"而南下渡江。

中原士民。齐人孙武，就曾以兵法见用于吴王阖庐。汉初，吴王刘濞经营是地，王东郡、鄣郡、会稽三郡。除东郡属江北外，鄣郡（后改丹阳）、会稽两郡皆在江南。刘濞依仗"即山铸钱，煮海为盐"聚敛的财富，"诱天下亡人谋作乱逆"，其中自然有不少中原士民南下投靠。

　　两汉之际的大动乱，扬州亦是中原士民避难的一个重要场所。《后汉书·任延传》载："时天下新定，道路未通，避乱江南者皆未还中土，会稽颇称多士。"在东汉末年的动乱中，因主要战场在今河南（黄巾起事）、江苏（曹操与袁术、陶谦诸部之争）河北、山东（曹操与袁绍诸部之争）等长江以北的区域展开。因此，上述区域的中原士民多南下江东，赴距离较近的扬州避难。《吴书·张昭传》云："汉末大乱，徐方士民多避难扬土。"正是这种形势的反映。表中所列避难江东的中原士民以籍贯今江苏、河南、山东者为多，似乎也可以与此相互印证。①

二

　　荆州刺史部为汉武帝所置十三刺史部之一，辖南阳、南郡、江夏、武陵、零陵、桂阳六郡及长沙国。新莽时长沙国为郡，共有七郡，东汉时因之。由于荆州东毗扬州，南邻交州，西抵益州，北接司隶、冀州，战略地位十分重要。建安十三年（208年）爆发的赤壁之战，就是在荆州江夏郡展开的。是役不仅奠定了三国分立的政治格局，也开启了曹、蜀、吴三股势力争夺荆州的序幕。但在赤壁之战前，曹操正在全力扫荡河北袁绍的势力，孙吴则着力经营江东，刘备还未形成势力，兵燹祸乱波及不甚，荆州呈现出一种相对安宁的局势。这种局势的出现，与是时任荆州刺史的刘表对荆州的经营不无关系。

　　刘表经营荆州的历史较长。献帝初平元年（190年），刘表出任荆州刺史。此时，"关东州郡皆起兵讨董卓，推渤海太守袁绍为盟主"。迫于诸侯联军的压力，董卓裹挟献帝迁都长安以避其锋，战争在荆州以北一线激

----

① 袁绍极盛时据冀、青、幽、并四州，大抵相当于今河南、河北、山东及辽宁与山西部分地区。决定曹、袁命运的官渡之战是在今河南展开，河北亦是一重要战场。但南下江东避难者有籍贯今河南、山东人士，而籍贯今河北者唯有程普、韩当两人，又不能断定是否为先南下避难者。这种情况的出现，可能与河北（包括辽宁、山西）与江东相对遥远有关。

烈展开，"寇贼纵横，道路梗塞"。《三国志·魏书·刘表传》注引司马彪《战略》曰："刘表之初为荆州也，江南宗贼盛，袁术屯鲁阳，尽有南阳之众。吴人苏代领长沙太守，贝羽为华容长，各阻兵作乱。表初到，单马入宜城（今湖北宜城）。"可见当时荆州形势也是混乱不堪。刘表在荆州名士蒯良、蒯越、蔡瑁等人的支持下，首先荡清荆州内部的"宗贼"势力，继之又挫败了孙坚觊觎荆州的企图，移治襄阳（今湖北襄阳）。刘表据境自守，坐观曹、袁之争，爱民养士，南收零、桂，北拒汉川，形成带甲十余万，地方千里的态势。在刘表的经营下，相对战乱频仍的中原地区，荆州尚处于相对安宁的状态，因此也成为中原士民避乱迁徙的一个重要地区。

据史载，汉末战乱中迁徙荆州的中原士人主要有：

《后汉书·儒林·颖容传》，陈国长平（今河南周口北）人，"初平中，避乱荆州，聚徒千余人。刘表以为武陵太守，不肯起"。

同书《祢衡传》，平原般（今山东乐陵西南）人，"少有才辩，而尚气刚傲，好矫时慢物。兴平中，避难荆州"。

《三国志·蜀书·诸葛亮传》，琅邪阳都（今山东沂南）人，"遭汉末扰乱，随叔父玄避难荆州，躬耕于野，不求闻达"。

《魏书·刘表传》注引《先贤行状》，义阳人韩嵩，"知世将乱，不应三公之命，与同好数人隐居于郦西山中。黄巾起，嵩避难南方，刘表逼以为别驾，转从事中郎"。[1]

《魏书·司马芝传》，河内温（今河南温县）人，"少为书生，避乱荆州，于鲁阳山遇贼，同行者皆弃老弱走，芝独坐守老母。贼至，以刃临芝，芝叩头曰：'母老，唯在诸君！'贼曰：'此孝子也，杀之不义。'遂得免害，以鹿车推载母。居南方十余年，躬耕守节"。[2]

《魏书·王粲传》，山阳高平（今山东邹县）人，"年十七，司徒辟，

---

[1] 义阳在汉时为乡，《三国志集注》赵一清引《方舆纪要》卷五十曰，义阳属"汉南阳郡平氏县（今河南唐河东南）"。郦国在今河南内乡北，亦属南阳郡。郦西山当位于郦国境内西部。汉时，南阳郡虽属荆州所辖，但其大部均在今河南境，是典型的中原地区。特别是东汉定都洛阳，南阳的地位尤为重要。《后汉书》卷1《光武帝纪》载："河南帝城，多近臣；南阳帝乡，多近亲。"可见在东汉人的眼中，南阳郡与京都洛阳所在的河南尹并没有多少区别。韩嵩先隐居南阳郦西山，后避乱"南方"。此"南方"虽不知确指荆州何处，但在南阳郡之南，似无疑问。司马芝最后徙居的"南方"，也应作如是观。这也是本文将南阳人韩嵩、韩暨作为中原士民徙居荆州的一个主要依据。

[2] 鲁阳（今河南鲁山），位于南阳郡北部。鲁阳山即鲁山，位于鲁阳县北部。

诏除黄门侍郎，以西京扰乱，皆不就。乃之荆州依刘表"。

《魏书·和洽传》，汝南西平（今河南西平西）人，以刘表"无他远志，爱人乐士"，荆州"土地险阻"，"遂与亲旧俱南从表"，其后再南徙武陵郡。

《魏书·杜袭传》，颍川定陵（今河南舞阳北）人，"曾祖父安，祖父根，著名前世。袭避乱荆州，刘表待以宾礼"。

《魏书·赵俨传》颍川阳翟（今河南禹县）人，"避乱荆州，与杜袭、繁钦通财同计，合为一家"。①

《魏书·裴潜传》，河东闻喜（今山西闻喜）人，"避乱荆州，刘表待以宾礼。潜私谓所亲王粲、司马芝曰：'刘牧非霸王之才，乃欲西伯自处，其败无日矣。'遂南适长沙"。

《魏书·韩暨传》，南阳堵阳（今河南方城东）人，"隐居避乱鲁阳山中。山民合党，欲行寇掠。暨散家财以供牛酒，请其渠帅，为陈安危。山民化之，终不为害。避袁术命召，徙居山都之山。荆州牧刘表礼辟，遂遁逃，南居孱陵界，所在见敬爱，而表深恨之"。②

以上所列当然不能完全涵盖东汉士民徙居荆州的现象，但基本上也能反映出其大致情况。不过，刘表在荆州虽然自保有方，但统治像荆州这样衔接中原与江南，扼控巴蜀与江东，具有重要战略意义的广阔区域，在天下大乱、诸侯纷起争雄的时代，仅求自保是不可能长久的。上引《裴潜传》所谓："刘牧非霸王之才，乃欲西伯自处，其败无日矣。"正反映出徙居于此避乱的中原士人心中普遍存在的隐忧，同时这也是造成徙居于此的人士情况变化最大的一个原因。

早在建安初年，曹操挟献帝定都许都，粗定朝廷之时，先时徙居荆州的人士，如杜袭"逃还乡里，太祖以为西鄂长"；赵俨"扶持老弱谐太祖，太祖以为朗陵长"，已经陆续有人回徙本郡。建安十三年（208 年），曹操兵向荆州，刘表病死，少子刘琮继任荆州牧，旋即投降曹操。在劝说刘琮降曹的过程中，徙居荆州的部分士人发挥了很大的作用。如王粲在劝说刘琮降曹后，曾对曹操云："刘表雍容荆楚，坐观时变，自以为西伯可规。

---

① 繁钦也是颍川人，从杜袭所云："吾所以与子（指繁钦）俱来者"云云，表明他也是在汉末与杜袭一起避乱来荆州的。

② 山都，位于南阳郡南部，今湖北襄阳西。孱陵，属武陵郡，今湖北公安西。

士之避乱荆州者，皆海内俊杰也。表不知所任，故国危无辅……及平江、汉，引其贤俊而置之列位，使海内回心，望风而愿治，文武并用，英雄毕力。"是语虽不无有迎奉曹操之嫌，但参之上引裴潜之语，大抵上能反映出这些士人的普遍心态。核以史实亦是如此。上述诸人除诸葛亮后随刘备入蜀，颖容于建安中已卒，繁钦结局不详外，其余诸人基本上都归属并仕宦于曹氏政权，自然大部分都回徙于中原。

正因为荆州政治格局在建安十三年后发生巨大变化，因此，东汉末年避乱徙居荆州的中原士民变化的情况也最大，这与徙居于扬州并多仕宦于吴者迥然有别。

至于东汉末年中原士民因躲避战乱而徙居交州者，史书记载不多，诸如：

《魏书·袁涣传》载陈郡扶乐（今河南太康西）人袁涣从弟袁徽事迹曰："遭天下乱，避难交州。司徒辟，不至。"

《吴书·程秉传》，汝南南顿（今安徽项城西）人，初"逮事郑玄，后避乱交州，与刘熙考论大义，遂博通五经。士燮命为长史"。

《吴书·薛综传》，沛郡竹邑（今安徽宿州北）人，"少依族人，避地交州，从刘熙学"。

《蜀书·许慈传》南阳（治今河南南阳）人，"师事刘熙，善郑玄学……建安中，与许靖等俱自交州入蜀"。①

《蜀书·许靖传》，河南平舆（今河南平舆北）人，初仕于扬州，"孙策东渡江，皆走交州以避其难……既至交阯，交阯太守士燮厚加敬待"。②

与扬州、荆州相比，东汉末年中原士民因避乱迁徙此地相对要少得多，这与交州远僻在岭南的地理位置有关。许靖在与曹操书中自陈由扬州徙居交州的艰辛历程时云："经历东瓯、闽、越之国，行经万里，不见汉地，漂薄风波，绝粮茹草，饥荐荐臻，死者大半"；若是从荆州南下交州，

---

①　从程秉、薛综、许慈三人在徙居交州后，均有或师事汉末学者、《释名》作者，北海（治今山东潍坊东南）人刘熙的经历。刘熙约在建安初年因避本郡举荐，"避地交州，往来苍梧、南海，客授生徒数百人"（郭棐：《粤大记》卷13）。可见当刘熙"避地"交州时，肯定有部分中原士人相随。许慈徙居交州的原因虽不详，但从他师事刘熙看，随其师"避地"交州的可能性极大，故本文将其列入汉末中原士民避难交州者中。

②　许靖自云曾与袁沛、邓子孝、徐元贤等人共同"浮涉沧海，南至交州"。三人的籍贯史书无载。但从他们与许靖具有同样的迁徙经历这一点上看，似应属于中原避乱徙居交州者。

似乎也同样难行。许靖在是书中继曰："承此休问，且悲且喜，即与袁沛及徐元贤复共严装，欲北上荆州。会苍梧诸县夷、越蜂起，州府倾覆，道路阻绝，元贤被害，老弱并杀……荆州水陆无津，交部驿使断绝。"扬州、荆州均与交州相接，行路尚如此艰难，若从更为遥远的中原徙居交州，其困难可想而知。[①]

虽然如此，但东汉末年交州在"体器宽厚，谦虚下士"的交趾太守士燮的统领下，加之远离中原的地理位置，基本上没发生大的战事，"中国士人往依避难者以百数"，大抵上可以反映出是时交州局势相对稳定安宁，适于中原士民徙居避乱的特点。士燮本人虽为苍梧广信（今广西梧州）人，但其先祖本为鲁国汶阳（今山东泰安北）人，两汉之际时避难迁徙交州，遂世代定居于此，属于汉代中原士人远徙交州的先行者之一。士燮在献帝初年即出任交趾太守，虽仅领交州之一郡，但因其兄弟壹、黈、武分领合浦、九真、南海太守，交州实际上是在士氏的控制之下。史称士燮"当时贵重，震服百蛮，尉佗（即南越王赵佗）不足逾也"。[②]建安十五年（210年），孙权遣步骘出任交州刺史，士燮依附孙氏，深得信任，使交州逐步平稳地纳入孙氏统辖的范围。这也是徙居交州的中原士人或任职孙吴（如程秉、薛综），或西徙入蜀（如许慈、许靖），鲜有投靠曹氏者的一个主要原因（袁徽拒曹氏征辟后事迹不详）。

三

严格而言，以上所述多涉及于"士"，少涉及于"民"，这种现象的出现，与史书记载主要是以社会上层人物的活动有关。[③] 关于"民"迁徙的

---

① 据《三国志·蜀书·许靖传》，许靖徙居交州最终落足于交趾（治今越南河内东北），若是应曹操之募北上，似乎没有必要经过位于交趾东北方向的苍梧，然后北经荆州而抵中原，途经郁林郡亦可北过荆州。许靖实际上不愿应曹氏之募北上，故极言由扬州北下交州，或由交州经荆州北上中原行路之艰难。但许氏所云绝非虚言，由交州北上的交通因山川纵横的自然条件所限本来就极为不便，尤其是在汉末大动乱的时代，迁徙之艰难更是不争的事实。

② 《三国志·吴书·士燮传》。

③ 李剑农先生在《魏晋南北朝民户的大迁徙》一文中说："传中（指《三国志·吴志》诸传）明言由避乱渡江而南者……此辈皆属士流，后皆跃居吴政府的重要地位，故有名籍可稽。其无名籍的流亡群，不知凡举，即附于此辈士流南徙者亦不知几何。"（转引自丘权政《客家的源流与文化研究》，中国华侨出版社1999年版，第65页。）

史料，虽然不及"士"那样翔实，但仍踪迹可寻。

秦到西汉时期的家庭模式一般是以"五口之家"为主，但到东汉时期，不仅家庭呈现出逐渐扩大的趋势，而且随着依附关系的加强，荫庇于大族的人口也日益增多。虽然在记载中原士民迁徙扬、荆、交三州的典籍中，一般只记事主本人的徙居过程，很少涉及其家族情况，但这并不意味着迁徙只是个人的行为。离弃世代居住的地区而远徙陌生的他乡，在"安土重迁"的国人心目中本是不得已的选择；而浓郁的家族气氛，更使徙居者常是举家甚乃是举族（也包括依附于大族的人）同行，其中许多人自然都是"民"的身份。如《三国志·吴书·鲁肃传》载："肃见（袁术）无纲纪，不足与立事，乃携老弱、将轻侠少年百余人，南到居巢就（周）瑜，瑜之南渡，因与同行，留家曲阿（今江苏丹阳）。"再如〈蜀书·许靖传〉载，许靖自扬州南下交州时，"靖身坐岸边，先载附从，疏亲悉发，乃从后去。当时见者莫不叹息"。

据葛剑雄先生研究，东汉末年的大规模迁徙主要有五次，与本文所述扬、荆、交三州相关的有：初平元年（190年），关东诸侯讨伐董卓，董卓挟献帝及洛阳周围居民数百万西迁长安，引发第一次大迁徙。"今山东西部和河南人口主要向南迁至今湖北江陵荆州一带投靠荆州牧刘表。"此次迁徙至荆州的人数不详，葛文也没有作详细的统计。但据《后汉书·刘表传》载："关西、兖、豫学士归者盖有千数，表安慰赈赡，皆得资全。"此处"学士"，当然是指下层士人而言，若考虑到所谓避难迁徙一般均是举家同行，可见此次迁徙的士民当不在少数。第二次大迁徙始于初平三年（公元192年），董卓部将李傕、郭汜攻陷长安，关中再次大乱之后。兴平二年（公元195年）"孙策渡长江经营江东，江淮间不少人随之南迁。"建安四年（公元199年），"孙策攻下皖城，俘获袁术留下的'百工及吹鼓部曲三万余人'，迁至吴"。第四次大迁徙，也是规模最大的一次发生在建安十八年（213年），曹操与孙权相持不下后北归时，"恐沿江郡县为权所略，征令内迁"，引起江淮间百姓恐慌，"户十余万皆东渡江"，"人数达数十万之多"。第五次大迁徙发生在魏正元二年（255年，吴五凤二年），扬州刺史毌丘俭等人讨伐司马氏失败后，"淮南有数万人渡江南迁至吴国境内"。①

---

① 参见《中国移民史》第2卷，福建人民出版社1999年版，第271—273页。

　　尽管东汉末年中原士民南徙扬、荆、交三州者为数不少，但在当时大迁徙的狂潮中毕竟不是主流。仅以发生于初平元年的第一次大迁徙为例，被董卓裹挟而西的人口就高达数百万之多。① 另据同书《三国志·魏书·刘虞传》，是时"青、徐士庶避黄巾之难者归虞者百余万口"。这两次大迁徙不仅规模巨大，数量众多，其迁徙的方向是由中原腹地（京城洛阳及附近地区）西向关中，及由青（治今山东淄博）、徐（治今山东郯城）二州北向幽州（治今北京西南）的迁徙为主。而南向扬、荆、交三州，及西南向巴蜀地区的迁徙，无论在规模还是在数量上，都无法与上述两次迁徙相比。

　　若与永嘉年间发生的大迁徙相比，汉末中原士民向扬、荆、交三州的迁徙有其不同的特点。

　　首先，永嘉大迁徙的动因有少数民族入主中原、晋室南播的历史背景，从而引起历来讲求"华夷之辨"的中原士民南迁的狂潮，其中应以主动迁徙避乱者居多。而汉末的迁徙，无论是徙出地还是徙入地，都是在汉人的统治之下，不存在所谓"华夷之辨"的心理隔阂，从上面的陈述中亦不难发现，当中原士人决定徙居某地避乱时，主要考虑的是实际统辖其地者的政治才能以及该地的安宁程度，而数量众多的人口迁徙更多是出于军阀间掠夺人口的需要，因而产生了主动徙居者为少，被动徙居者为多的现象。

　　其次，从迁徙的人口数量上看，也以习称的永嘉迁徙为多。《晋书·王导传》云："洛京倾覆，中州士人避乱江左者十六七。"据谭其骧先生研究：

　　　　若即以侨州、郡、县户口数当南渡人口之约数，则至宋世止，南渡人中约共有九十余万，占当时全国境人中约共五百四十万之六分之一。西晋时北方诸州及徐州之淮北，共有户约百四十万，以一户五口计，共有口七百余万则南渡人口九十万占其八分之一强。换言之，即永嘉之丧乱，致北方平均八人之中，有一人迁徙南土；迁徙之结果，遂使南朝所辖之疆域内，其民六分之五为本土旧民，六分之一为侨民

---

① 《后汉书·董卓传》载："于是尽徙洛阳人数百万口于长安……二百里内无复孑遗。"

是也。①

　　而汉末中原士民向扬、荆、交三州的迁徙最多不过二十多万人，② 自然不能与永嘉大迁徙相比。

　　尽管在规模与数量上汉末中原士民向扬、荆、交三州的迁徙无法与永嘉迁徙相比，但作为永嘉迁徙的前期形态，实际上是表明中原士民首次较大规模地迁入江南地区，对江南地区开发，以及居民成分的改变都起到了重要的作用。至于汉末中原士民徙入扬、荆、交三州的栖止地，除少数有明确记载外（如步骘"避难江东，居会稽"等），大多数并没有确指，或仅言栖止之州名，或泛言江东云云。然而从上述诸迁徙者的情况分析，徙居扬州者多仕宦于吴，可以肯定地讲一般都是栖止于邻近长江南岸的吴国都城建业（今江苏南京）附近，这一区域自古以来就是经济较为发达的地区；徙居荆州者一般都是投靠刘表而来，可能都栖止荆州州治江陵附近，这一区域也是邻近中原较为发达的地区；徙居交州者一般是投靠交趾太守士燮，故徙止于交趾郡的可能性最大，即交州的西南部。以上所言虽然仅是就士人而论，但是从规模较大的士民迁徙的情况看亦是如此。前述建安十八年南渡江东的十多万人，尽管史载未言具体的栖止地，但从徙居者一

----

　　① 谭其骧：《晋永嘉丧乱后之民族迁徙》，《长水集》上，人民出版社1987年版，第219—220页。

　　② 关于建安十八年江淮百姓南渡的数字，史书记载并不一致。《三国志·吴书·吴主传》载，曹操"征令内迁"后，"民转相惊，自庐江、九江、蕲春（建安十三年分江夏郡及庐江郡部分所置）、广陵户十余万皆东渡江，江西遂虚，合肥以南惟有皖城"。《资治通鉴》从其说。若以每户五口而计，十余万户至少应有五十余万口。然据《三国志·魏书·蒋济传》，"江淮间十余万众皆惊走吴"。一以户计，一以口计，数量自然相差甚多。若以顺帝永和五年（140年）的人口计，庐江郡42万、九江郡43万、江夏郡26万、广陵郡41万，四郡合计达162万余口（参见《后汉书》《郡国志》三、四）。永和时是东汉人口记载最多之时。但在其后次递发生的黄巾起事及军阀混战中，各郡国人口都遭受到不同程度的严重损失。庐江等四郡位于江淮之间，建安初年，曹操与占据其地的袁术相争，"江淮间空尽，人民相食"，（《后汉书·袁术传》）人口损失已经相当惨重。建安十八年曹操与孙权相争时，曹氏实际控制九江重镇合肥以北的广大区域，孙氏仅控制沿长江北岸四郡的狭长地带，即使这一区域的人口全部南渡，恐怕也不足五十余万口。综合上述诸种因素，似应以《蒋济传》所云的十余万众更为准确。此外，还需指出，有些人口虽然已从中原迁徙到江南，但由于各种原因又迅速回迁于中原者没有统计于内。如《三国志·魏书·卫觊传》载："顷遭荒乱，人民流入荆州者十余万家，闻本土安宁，皆企望思归。"这些人在曹操占据荆州后大部分都返回本土。

般只求能暂时躲避兵燹即可的心态而言，继续南下的可能性不大。① 因此，在史书上虽然可看到已经徙居至扬、荆二州者继续南迁的事例，但其中常有个人的因素，如许靖不愿意仕于吴，故从扬州再次南迁交州；再如裴潜虽已徙居"荆州"（当作江陵解），并且得到刘表的礼遇，因认为"刘牧非霸王之才"，于是再南迁长沙。汉末徙居江南的中原士民对栖止地的选择，似与东晋侨州郡县设置的原则十分相似。据谭其骧先生研究，东晋时"接受移民只限江域诸州，宁、交、广三州无"（宁州位于汉益州东南部，晋交、广二州是析汉交州而置）。具体而言，今江苏省（位于汉扬州的东北部）设侨县最多，安徽（位于于汉扬州的东南部）、湖北（位于汉荆州中部）次之，而"江西、湖南（江西位于汉扬州西南部，湖南位于汉荆州东南部）处皖、鄂之南，距中原已远，故流民之来处者较少，且地域仅限于北边一小部分"。②

从东汉末年中原士徙居扬、荆、交三州栖止地的选择，到东晋侨州郡县的设置，都体现出尽可能邻近中原地区的特点，不仅反映出中原移民中普遍存在浓郁的中原情结，而且也与这些区域在江南地区（东晋时包括江淮地区）均属于开发较早、经济较为发达的区域。而对于客家聚居最为集中的闽、粤、赣边区，以及再宽泛至湖南及广西部分地区，即大体上相当于汉扬州南部、交州东北部、荆州南部，从上面所引史料来看，尚没有直接证据可以证明东汉末年徙民曾直接迁居于此，或再迁此地者。这自然与这些区域在秦汉时期开发较晚、经济相对落后、自然条件恶劣有着直接的关系。不过史料缺乏相应记载，并不能证明东汉末年中原士民没有徙居于此处者。其实就是在规模更大的永嘉大迁徙中，也没有在这些区域设置侨州郡县，但也不能排除有中原士民迁徙至此者。正如谭其骧先生所说："此据侨州、郡、县之记载而立言。实际其时中原流民之栖止地，自不限于侨州、郡、县之所在。林谓《闽中记》，中原仕族林、黄、陈、郑四姓，先入闽。客家初次南徙，据近人研究，亦在此时。则中原人有远徙福建、广东者。"③ 对汉末中原徙居江南的士民也应作如是观。

---

① 在古代交通不便的情况下，长途迁徙对于普通百姓而言无疑是一件十分困难的事，如果没有一定财力的支持（如许靖南下交州时有置船的能力）也是不可能的。

② 参见谭其骧《晋永嘉丧乱后之民族迁徙》，《长水集》上，第200、211页。

③ 同上书，第200页，注二。

再从行政区域的设置上看，随着三国东吴对江南地区的逐步开发，人口与经济均有了长足的增长。以会稽郡（跨今浙江、福建两省）为例，两汉时虽然置县二十六，但主要分布在其北部，即今浙江一带，在今福建省仅有东冶一县（今福建福州），又是带有军事性质的东部都尉的治所。东吴从会稽郡中另析临海与建安两郡，在大体相当于今福建的建安郡则新置七县（建安、吴兴、建平、昭武、将乐、南平、东安）。建安郡大体相当于秦汉时的闽越地；自汉武帝元封元年（前110年），因其地险阻难治，于是迁其民于江淮间，虚其地；直至建安初年，许靖南徙交州路经此地时，"行经万里，不见汉地"，足见其人口仍是十分稀少，更罕有汉人居此者；而至孙休永安三年（260年），"以会稽南部为建安郡"，建安等六县早已先后设置完成。① 从建安至永安，不过六十多年的光景，"虚其地"已达三百多年的闽越地区，郡县建置齐备，足以表明其人口有了相当的增长。其中除了原有的山越居民外，由中原迁徙而来的移民也占据一定的比例。

关于客家先民的研究，一些研究者认为，由于罗先生与许多人"都将注意力集中于纯客家聚居主要地区——闽、粤、赣边区，尤其是今粤东地区，而忽视了最早的、始于秦代较大规模的客家先民自黄河中下游地区即中原地区的南移"。② 因此，有些研究者将客家先民迁徙史的起始时限上移至秦朝经营岭南之时，认为秦南征统帅之一的赵佗，"在平定了岭南设郡县之初，首任龙川令。龙川自是设县至今，为纯客家县之一。赵佗虽在后来任南海尉、南越王，而其作为开辟客家聚落之初祖，其所率南来之人居于龙川一带及繁衍的后裔，便是岭南最早的客家先民"。③ 或将秦至东汉末年中原士民向江南地区的迁徙，包括"有政府组织的军事性拓展戍边移民"及"民间自发的生态性移民"，认为其中"陆续迁入客家大本营地区"的部分移民，是"构成'原生形态的客家先民'的重要组成部分"。

对于将客家先民上溯至秦末的观点，一些研究者表示了不同的意

---

① 《三国志·吴书·孙休传》。建安置郡在永安三年，而建安等六县设置先后不一。如建安置于建安元年，建成平置于建安十年等（参见《后汉书·郡国志二》"会稽郡"及注、《三国志书·吴主传》等）。

② 丘权政：《客家的源流与文化研究》，中国华侨出版社1999年版，第52页。

③ 李吉奎：《佗城开基客安家》，载同名论文集，第1—2页。

见，如陈支平先生认为："事实上，这次秦汉戍卒（汉戍卒指武帝元鼎时征南越军队）的南来，并没有直接证明可以说明他们成了客家人的祖先。"并引罗先生语曰："至于秦汉东晋以前戍卒，亦与客家无直接关系，客家先民的南徙，始于东晋五胡之乱。东晋以前，入粤的汉人，虽不能说与客家全没一点交涉，然此交涉决非民系源流上的交涉。"①

两者意见尽管分歧较大，但对客家先民是肇始自中原南迁士民的这一点上并无歧义，只是在时间的断限上有所分歧。从秦朝以数十万大军经营岭南，在岭南设置郡县，开始对岭南地区的直接统治时起，至西晋末年的永嘉之乱后，大批中原士民南下时止，中经大约五百多年的漫长时间。其间中原士民南下迁徙的事例虽然史不绝书，但迁徙士民数量之众多，当然以习称的永嘉迁徙为最，与客家产生的因果关系最为直接，但作为永嘉迁徙前奏的东汉末年中原士民向扬、荆、交三州的徙居，似乎也不应当被忽略。

原载《齐鲁学刊》2000 年第 6 期。

---

① 参见王东《客家学导论》第 4 章第 2 节《"原生形态的客家先民"之由来》，上海人民出版社会 1996 年版，第 81—85 页。

刘表与荆州

　　荆州刺史部为汉武帝所置十三刺史部之一，辖南阳、南郡、江夏、武陵、零陵、桂阳六郡及长沙国。新莽时长沙国为郡，共有七郡，东汉时因之。由于荆州东毗扬州，南邻交州，西抵益州，北接司隶、冀州，战略地位十分重要。建安十三年（208年）爆发的赤壁之战就是在荆州江夏郡开展的。是役不仅奠定了三国分立的政治格局，也开启了曹、蜀、吴争夺荆州的序幕。但在赤壁之役前，荆州较战乱频仍的中原地区则呈现出一种相对安宁的局势。这种局势的出现，与荆州牧刘表的长期惨淡经营不无关系。

　　刘表虽然坐镇荆州，"带甲十余万，地方千里"，又有清流名士"八俊"、"八顾"、"八及"之誉，以"西伯自处"，然其"多疑无决"特点常为世人诟病，甚而蒙受"木禺（通偶）"、"坐谈客"之讥；死后不久，嗣任荆州牧的少子刘琮举州而降，与同是继承父业，但能保守江东、抗衡曹操的孙权相比则形成明显的对照。曹操遂有"生子当如孙仲谋，刘景升儿子若豚犬"之感叹。[①] 如此相左的评价集于一身，探讨其中内在原因，对深入认识刘表之人及此时错综复杂的历史进程当有裨益。

一

　　刘表，山阳高平（今山东滕县西北）人，字景升，汉室宗室。史称"少知名"，[②] 年十七，曾从南阳太守王畅而学。王畅因感"郡中豪族多以

---

　　① 分见《三国志·魏书·刘表传》、《三国志·魏书·司马芝传》、《后汉书·刘表传》、《后汉书·党锢传》、《三国志·魏书·贾诩传》注引《傅子》、《三国志·吴书·吴主传》等。

　　② 《三国志·魏书·刘表传》。以下凡引此传者不再出注。

奢靡相尚，常布衣皮褥，车马羸败，以矫其敝"。刘表进谏曰："夫奢不僭上，俭不逼下，循道行礼，贵处可否之间。蘧伯玉耻独为君子。府君不希孔圣之明训，而慕夷、齐之末操，无乃皎然自贵于世乎？"①"奢不僭上，俭不逼下"之语，当综合《礼记·札记下》"君子不僭上，上不逼下"，及《论语·述而》"奢则不逊，俭则固"之意。显然刘表不取王畅为矫其敝而采取的极端做法，而劝谏太守应以孔子"明训"为诫，勿矫过正，行事处世当取中庸之意。刘表少年时既谙熟儒家经典，应是其"少知名"的一个因素。

刘表的早期仕宦经历史载付阙。但从刘表十七岁从南阳太守王畅学，党锢解除后被大将军何进辟为掾史，再任北军中候的仕途看，其间适值桓、灵二帝相继当朝之际。是时，官僚士大夫、太学生与专权的宦官集团激烈相争，"党锢"盛行。刘表作为刘氏宗室、士大夫之一员，被宦官视为"党人"，当属无疑。所谓"八俊"、"八顾"、"八及"之称号（"俊者，言人之英也"，"顾者，言能以德行引人者也"，"及者，言其能导人追宗者也"），为天下名士"其相擦榜"所为。"党人"固然是与"邪枉"抗争的"正直"之士，但也常常具有东汉后期许多士大夫长于品评人物朝政，短于辅政济民，刚直倔强有余，顺通变达不足之通病。诚如范晔所曰：

> 逮桓灵之间，主荒政缪，国命委于阉寺，士子羞与为伍，故匹夫抗愤，处士横议，遂乃激扬名声，互相题拂，品核公卿，裁量执政，婞直之风，于斯行矣。②

虽然不能一概认定所有"党人"都具有这样的品性，但从刘表执政荆州，对祢衡这样典型的"坐谈客"的事例看，或许可以反映出这种风尚还是有所影响的，史载：

> （刘表）服其才名，甚宾礼之，文章言议，非衡不定。表尝与诸文人共草章奏，并极其才思。时衡出，还见之，开省未周，因毁以抵地。表怃然为骇。衡乃从求笔札，须臾立成，辞义可观。表大悦，益

① 《后汉书·王龚传附子畅传》。
② 以上引文，均见《后汉书·党锢传》。

重之。①

　　然而，刘表毕竟在宦海沉浮多年，又任北军中候一职多年，《续汉书·百官志》："北军中候一人，六百石。本注曰：掌监五营。"五营，即屯骑、越骑、步兵、长水、射声五校尉所掌宿卫兵卒。《后汉书·刘表传》曰，自党锢解除后（灵帝中平元年，184年），刘表辟大将军府，任北军中候，至初平元年已达六年之久。《后汉书集注》引惠栋曰："《镇南碑》云辟大将军府，迁北军中候，在位十旬，以贤能特选拜刺史。"两者说法不一，但无论六年或十年，皆可证明刘表任北军中候多年无疑，积累了相当的从政经验，对其日后治理荆州十分重要。献帝初平元年（190年），"诏书以表为荆州刺史"，出任一方诸侯，从而成为东汉末年政治舞台上的一位颇为重要的人物。

　　此前，中原局势早已混乱不堪。是年正月，"关东州郡起兵讨董卓，推渤海太守袁绍为盟主"。战事在中原一带激烈展开，迫于诸侯联军压力，董卓于二月裹挟献帝及朝臣迁都长安以避其锋。在迁都过程中，董卓采取残暴手段掠夺人口，劫抢财物，"尽徙洛阳人数百万口于长安，步骑驱蹙，更相蹈藉，饥饿寇掠，积尸盈路。卓自屯留毕圭苑中，悉烧宫庙官府居家，二百里内无复孑遗。又使吕布发诸帝陵，及公卿下冢墓，收其珍宝"。②荆州所辖的南阳郡，历有"南阳帝乡，多近亲"之称，③因毗邻京城洛阳所在河南尹，人口财物损失自然也相当严重。

　　荆州形势同样也是一片混乱。原刺史王叡虽与长沙太守孙坚、后将军袁术等参与众诸侯讨伐董卓的行动，但各怀异志，未及先攻董卓，反先自相攻伐。由于孙坚与王叡早就结有宿怨，孙坚趁机勒兵袭杀王叡，继之又诱杀不肯供给其军粮的南阳太守张咨，与袁术合兵于鲁阳（今河南鲁山）。由于得到孙坚的支持，袁术逐占据南阳郡，屯于有"其地重险，楚之北塞"之称的鲁阳，④试图阻止刘表之州。刘表尚未赴任，荆州已非全璧。不仅如此，"江南宗贼盛……吴人苏代领长沙太守，贝羽为华容长，各阻

　　①　《后汉书·文苑下·祢衡传》。

　　②　《后汉书·董卓传》。

　　③　《后汉书》卷1《光武帝纪》。

　　④　《三国志集解》卷6《刘表传》。

兵作乱"。① 刘表正是在外伺强敌，内乱不已，"寇贼纵横，道路梗塞"的险恶形势下，仅奉一纸"诏书"，"单马入宜城"，开始长达近二十年经营荆州的历史。刘表的这一举动，无疑具有相当的胆识。

刘表既不赴荆州州治寿春（今湖北临沅东北），也不至南郡郡治江陵（今湖北江陵），而首先进入南郡宜城（今湖北宜城），这一赴任路线事先可能也经过一番筹划。寿春虽为荆州州治所在，然而邻近"阻兵作乱"的苏代所领的长沙郡；至于南郡郡治江陵，亦与贝羽华容县相去不远。刘表先至宜城，可以避苏代、贝羽之锋芒，以免在立足未稳之时即被逐出荆州。而宜城位于汉水北岸，与南郡另一重镇、后被刘表作为州治的襄阳相去不远，可以汉水为依托，抵御占据汉水以北南阳郡袁术的攻击。

更为重要的是，东汉中后期，地方豪强大族势力迅速崛起，甚至可以左右一方政局；朝廷命官如果得不到地方豪强大族的支持，也难以宰州主郡。蒯良、蒯越兄弟是中卢（今湖北襄樊西南）人，多有智谋，尤其是蒯越更为知名，"深中足智，魁杰有雄姿"，曹操在平定荆州后曾与荀彧书曰："不喜得荆州，喜得异度（蒯越字）耳"，② 对蒯越也很是推崇。蔡瑁是襄阳人，《三国志集解·刘表传》注引《襄阳耆旧传》有"汉末诸蔡最盛"之语。蒯氏兄弟与蔡瑁对刘表的支持，代表了南郡豪强集团对刘表已经认可。刘表当然深知其中底蕴，因此一到宜城，就延请南郡地方豪强大族人物蒯良、蒯越兄弟与蔡瑁"相与谋"。当刘表对荆州局势深表忧虑，"宗贼甚盛，而众不附，袁术因之，祸今至矣！吾欲征兵，恐不集，其策安出"时，蒯良、蒯越兄弟先后献策曰：

> 　　众不附者，仁不足也，附而不治者，义不足也；苟仁义之道行，百姓归之如水之趣下，何患所至之不从而问兴兵与策乎？
> 　　治平者先仁义，治乱者先权谋。兵不在多，在得人也。袁术勇而无断，苏代、贝羽皆武人，不足虑。宗贼帅多贪暴，为下所患。越有所素养者，使示之以利，必以众来。君诛其无道，抚而用之。一州之人，有乐存之心，闻君盛德，必襁负而至。兵集众附，南据江陵，北

① 《三国志》卷6《魏书·刘表传》注引司马彪《战略》。
② 《后汉书·刘表传》注引《傅子》。

守襄阳，荆州八郡可传檄而定。术等虽至，无能为也。①

蒯良献策虽然显得空洞无物，但以"仁义"说之，倒也符合刘表"儒雅"的心态；而蒯越之言，为刘表剖分荆州形势，制定"南据江陵，北守襄阳"，以南郡为基础，再定"荆州八郡"的策略具有现实可行性，更是深得刘表赞许："子柔（蒯良字）之言，雍季之论也。异度之计，曰犯（曰通舅，曰犯即晋文公重耳舅狐偃）之谋也。"于是刘表使蒯越"遣人诱宗贼，至者五十五人，皆斩之。袭取其众，或即授部曲。唯江夏贼张虎、陈生拥众据襄阳，表乃使（蒯）越与庞季单骑往说降之，江南遂悉平"。初平二年（191 年），刘表移治襄阳，开始莅临荆州的统治。

<h2 style="text-align:center">二</h2>

刘表于初平二年移治襄阳，"以观时变"，只是初定荆州形势，而近在南阳郡的袁术，并不愿意刘表从此坐大荆州，企图趁其立足未稳之时一举攻灭之。尽管袁术占据荆州七郡中最为富庶、户口众多的南阳郡，但因其"奢淫肆欲，征敛无度，百姓苦之，稍稍离散"，②反而严重削弱了自身实力。初平三年，袁术指使豫州刺史孙坚围攻襄阳，轻敌冒进被杀。不久，袁术被曹操、袁绍合力击败，率余部逃至扬州九江郡，失去了继续与刘表争夺荆州的资本。而是时各路诸侯在中原地区混战正酣，无暇南顾，客观上也为刘表全力经营荆州创造了条件。刘表得以据境自守，坐观群雄争斗，爱民养士，形成"带甲十余万，地方千里"的态势。

刘表在荆州的成功统治，引起了正"播越"在外的朝廷的重视。兴平元年（194 年），献帝准备还都洛阳，派遣卫将军董承修理宫室。太仆赵岐说董承曰：

　　今海内分崩，唯有荆州境广地胜，西通巴蜀，南当交趾，年谷独登，兵人差全。岐虽迫大命，犹志报国家，欲自乘牛车，南说刘表，

① 《续汉书·郡国志》曰荆州有七郡，《汉宫仪》曰有章陵郡，故为八郡，但是为建安十八年时事，初平元年尚未置该郡。《三国志集解》卷6《刘表传》卢弼注对此考证甚详，可参见。
② 《资治通鉴》卷60"献帝初平二年"条，中华书局1956年版，第1927页。

可使其身自将兵来卫朝廷，与将军并心同力，共奖王室。此安上救人之策也。

此时，全国形势并不明朗，像曹操、袁绍这样势力强盛的诸侯，尚都没有建立自己十分稳固的基业。曹操虽然据有兖州，但吕布趁曹操率军出击陶谦之时袭击兖州，几乎攻下兖州全境，如果不是程昱等人"据城坚守"，力保鄄城、范、东阿三城不失，曹操将"无所归矣"。① 袁绍的处境则如其谋士逢纪所说："将军举大事而仰人资给，不据一州，无以自全。"② 于是袁绍驱逐冀州牧韩馥，夺取冀州为基业。后来占据江东的孙策，此时正在率部渡江与扬州刺史刘繇激战。而刘备正寄寓于徐州陶谦的麾下，陶谦死后领徐州牧，在曹操、吕布诸人兵锋的威胁下苦苦求生。曾一度把持朝政的董卓部将李傕诸人也刻意结交刘表，初平三年十月，趁刘表"遣使奉贡"之机，"以表为镇南将军、荆州牧，封成武侯，假节，以为己援"。③ 可见是时"海内分崩，唯荆州境广地胜，西通巴蜀，南当交趾，年谷独登，兵人差全"的形势，是刘表一生中最有可能捷足先登，"挟天子以令诸侯"，成就一代霸业的绝好时机。

然而，刘表并没有这样的政治远见与抱负，虽然在赵岐的游说下，"即遣兵诣洛阳助修宫室，军资委输，前后不绝"，④ 但是仅此而已，并没有如同赵岐所冀望的那样亲自将兵"以卫朝廷"、"共奖王室"。袁绍当时没有接受谋士沮授趁"今州城粗定，兵强士附"之时，"西迎大驾，即宫邺都（今河北磁县南），挟天子而令诸侯，蓄士马以讨不庭"的建议，待曹操于建安元年（196年）将献帝迎至许都，以朝廷名义"下诏书于绍，责以地广兵多而专自树党，不闻勤王之师而但擅相讨伐"⑤ 时，又深表后悔。刘表所为，较之袁绍尚且不如，更遑论早有"四方之图"的曹操了。

刘表虽无"共奖王室"的雄心，但拒境自保尚有余力。在刘表的经营下，相对战乱频仍的中原地区，荆州处于相对安宁的状态，加之从东汉初

① 《三国志·魏书·程昱传》。

② 《三国志·魏书·袁绍传》注引《英雄记》。

③ 《后汉书·刘表传》。

④ 《后汉书·赵岐传》。

⑤ 《后汉书·袁绍传》。

年"中兴以来，荆州无破乱，及刘表为牧，民又丰乐"，① 因此，荆州也成为中原士民避乱迁徙的一个重要地区。

据史载，汉末战乱中迁徙荆州的中原士人主要有：

《后汉书·儒林·颖容传》：颖容，陈国长平（今河南周口北）人，"初平中，避乱荆州，聚徒千余人。刘表以为武陵太守，不肯起"。

《后汉书·儒林·祢衡传》：祢衡，平原般（今山东乐陵西南）人，"少有才辩，而尚气刚傲，好矫时慢物。兴平中，避难荆州"。

《三国志·蜀书·诸葛亮传》：诸葛亮，琅邪阳都（今山东沂南）人，"遭汉末扰乱，随叔父玄避难荆州，躬耕于野，不求闻达"。

《三国志·魏书·刘表传》注引《先贤行状》：韩嵩，义阳人，"知世将乱，不应三公之命，与同好数人隐居于郦西山中。黄巾起，嵩避难南方，刘表逼以为别驾，转从事中郎"。

《三国志·魏书·司马芝传》：司马芝，河内温（今河南温县）人，"少为书生，避乱荆州，于鲁阳山遇贼，同行者皆弃老弱走，芝独坐老母。贼至，以刃临芝，芝叩头曰：'母老，唯在诸君！'贼曰：'此孝子也，杀之不义。'遂得免害，以鹿车推载母。居南方十余年，躬耕守节"。

《三国志·魏书·王粲传》：王粲，山阳高平（今山东邹县）人，"年十七，司徒辟，诏除黄门侍郎，以西京扰乱，皆不就。乃至荆州依刘表"。

《三国志·魏书·和洽传》：和洽，汝南西平（今河南西平西）人，以刘表"无他远志，爱人乐土"，荆州"土地险阻"，"遂与亲旧俱南从表"，其后再南徙武陵郡。

《三国志·魏书·杜袭传》：杜袭，颍川定陵（今河南舞阳北）人，"曾祖父安，祖父根，著名前世。袭避乱荆州，刘表待以宾礼"。

《三国志·魏书·赵俨传》：赵俨，颍川阳翟（今河南南禹县）人，"避乱荆州，与杜袭、繁钦通财同计，合为一家"。

《三国志·魏书·裴潜传》：裴潜，河东闻喜（今山西闻喜）人，"避乱荆州，刘表待以宾礼。潜私谓所亲王粲、司马芝曰：'刘牧非霸王之才，乃欲西伯自处，其败无日矣。'遂南适长沙"。

《三国志·魏书·韩暨传》：韩暨，南阳堵阳人（今河南方城东），"隐居避乱鲁阳山中，山民合党，欲行寇掠。暨散家财以供牛酒，请其渠帅，

① 《续汉书·五行志一》。

为陈安危。山民化之,终不为害。避袁术命召,徙居山都之山。荆州牧刘表礼辟,遂遁逃,南居屏陵界,所在见敬爱,而表深恨之"。

以上所列当然不能完全涵盖东汉士民徙居荆州的现象,但基本上也能反映出其大致情况。若考虑到有资格列名于史传者,大都是上层士人这一事实,是时徙居荆州的士民肯定为数不少。如《后汉书·刘表传》载:"关西、兖、豫学士归者盖有千数,表安慰赈赡,皆得资全。"此处"学士",当然是指下层士人而言。然而,刘表在荆州虽然自保有方,但统治像荆州这样衔接中原与江南,扼控巴蜀与江东,具有重要战略意义的广泛区域,在天下大乱、诸侯纷起争雄的时代,仅求自保是不可能长久的。上引《裴潜传》所谓:"刘牧非霸王之才,乃欲西伯自处,其败无日矣。"正反映出徙居于此避乱的中原士人心中普遍存在的隐忧,同时这也是造成徙居于此的士人情况变化最大的一个原因。

早在建安初年,曹操挟献帝定都许都,朝廷初定之时,先时徙居荆州的士人,如杜袭"逃还乡里,太祖以为西鄂长";赵俨"扶持老弱谐太祖,太祖以为朗陵长",已经陆续有人回徙本郡。建安十三年,曹操兵向荆州,刘表病死,少子刘琮继任荆州牧,旋即投降曹操。在说刘琮降曹的过程中,徙居荆州的部分士人发挥了很大的作用。如王粲在劝说刘琮降曹后,曾对曹操云:

> 刘表雍容荆楚,坐观时变,自以为西伯可规。士之避乱荆州者,皆海内俊杰也。表不所任,故国危无辅。明公定冀州之日,下车即缮其甲卒,收其豪杰而用之,以横行天下;及平江、汉,引其贤众而置之列位,使海内回心,望风而愿治,文武并用,英雄毕力,此三王之举也。

是语虽不无有奉迎曹操之嫌,但参之上引裴潜之语,大抵上能反映出这些士人的普遍心态。核以史实亦是如此。上述诸人,除诸葛亮后随刘备入蜀,颍容于建安中已卒,繁钦结局不详外,其余诸人基本上都归属并仕宦于曹氏政权,自然大部分都回徙于中原。有"智士"而刘表"不知所任,故国危无辅"。

建安十二年(207 年),刘备在司马徽、徐庶的举荐下,屈驾三顾隐居于襄阳隆中(今湖北襄阳西)的名士诸葛亮,讨教争霸天下之大势。诸葛亮答曰：

> 今操已拥百万之众，挟天子而令诸侯，此诚不可与争锋。孙权据有江东，已历三世，国险而民附，贤能为之用，此可以为援而不可图也。荆州北据汉、沔，利尽南海，东连吴会，西通巴蜀，此用武之国，而其主不能守，此殆天所以资将军，将军岂有意乎？益州险塞，沃野千里，天府之土，高祖因之以成帝业。刘璋阇弱，张鲁在北，民殷国富而不知存恤，智能之士思得明君。将军既帝室之胄，信义著于四海，总揽英雄，思贤如渴，若跨有荆、益，保其岩阻，西和诸戎，南抚夷越，外结好孙权，内修政理；天下有变，则命一上将将荆州之军以向宛、洛，将军身率益州之众出于秦川，百姓孰敢不箪食壶浆以迎将军者乎？诚如是，则霸业可成，汉室可兴矣。①

这就是历史上著名的"隆中对"。其中重点是规劝刘备北不可与"挟天子而令诸侯"的曹操"争锋"，南引"据有江东，已历三世"的孙权为援好，先取"其主不能守"荆州为基业，再兼并"刘璋阇弱"、"思得明君"的"天府之土"益州，兵分益、荆两路直取中原，如是"则霸业可成，汉室可兴矣"。刘备虽被曹操视为与己并俦的"英雄"，但在天下大乱、群雄逐鹿的局势下，一直漂浮不定，没有一块真正属于自己可以安身立命、徐图发展的基业。建安五年（200年），刘备在再败于曹操后，不得不于次年托身于荆州牧刘表的麾下，"表自郊迎，以上宾礼待之，益其兵，使屯新野"，②始获得一段相当宝贵的休养生息的时机。从这一意义上讲，刘表可谓是刘备的"恩主"。诸葛亮却献策刘备谋夺"恩主"的基业，其中除了刘表"不能守"的因素外，另一个重要的原因与荆州所处的战略地位有关。

无独有偶，建安十二年，曹操北征乌桓，彻底消灭了袁绍的残余势力，平定中原后，即有意征伐刘表。曹操"问彧所策"。荀彧献策曰："今华夏以平，荆、汉知亡矣，可声出宛、叶而间行轻进，以掩其不意。"所谓"荆、汉"，是指刘表所言。宛、叶均属南阳郡，宛县为南阳郡治（今

---

① 《三国志·蜀书·诸葛亮传》。
② 《三国志·蜀书·先主传》。

河南南阳），叶县（今河南叶县西南）为南阳郡北部重镇。荀彧所曰的
"宛、叶"，与诸葛亮所云的由荆州北上直取"宛、洛"，虽然在用兵的方
向上有北上与南下之不同，但对荆州尤其是南阳郡战略地位的重视则是一
致的。宛、叶之间的通道，自秦汉以来，无论是南征或是北伐一直是必经
之道。刘邦与项羽争霸天下、平定九江王英布之乱，就曾数次出兵宛、叶
之间。东汉初年，冯衍曾赞扬光武帝"以圣德灵威，龙兴凤举，率宛、叶
之众，将散乱之兵，嗃血昆阳，长驱武关，破百万之陈，摧九虎之军。雷
震四海，席卷天下"。[1] 可见无论是兵向"宛、洛"的北伐，或是"声出
宛、叶而间行轻进"的南征，荆州都是必先夺取的首要目标。建安十三
年，曹操依从荀彧的策划，兵出宛、叶，直抵襄阳，迫使继任荆州牧不久
的刘琮举州而降。

荆州对于孙氏集团所控制的江东，也同样具有重要的战略意义。早在
建安五年（200 年），孙权承父兄遗业，初领江东之时，鲁肃进言曰：

> 汉室不可复兴，曹操不可卒除。为将军计，惟有鼎足江东，以观
> 天下之衅。规模如此，亦自无嫌。何者？北方诚多务也。因其多务，
> 剿除黄祖，进伐刘表，竟长江所极，据而有之，然后建号帝王以图天
> 下，此高帝之业也。

鲁肃之语，除"鼎足江东"不确外，[2] 但先"剿除"与江东近在咫
尺的江夏太守黄祖，进而攻伐刘表，占据荆州，以保证江东上流的安
全，当是东吴保守江东的基本国策。不过此时孙氏集团立足江东未稳，
"惟有会稽、吴郡、丹阳、豫章、庐江、庐陵（兴平二年时孙策分豫章
郡置），然深险之地犹未尽从，而天下英豪布在州郡，宾旅寄寓之士以
安危去就为意，未有君臣之固"。[3] 孙权只能暂时收起经营荆州的雄心，
"以观天下之衅"。建安十三年春，内部已稳的孙氏开始实施夺取荆州的

---

[1] 《后汉书·冯衍传》。

[2] 《三国志·吴书·鲁肃传》。鲁肃向孙权进此言时，《三国志》系年不详；《资治通鉴》
系于建安五年，若《通鉴》系年无误，则鲁所谓"鼎足江东"语似有不确之处。《三国志集解》
引何焯语曰："此时何缘便知鼎足乎？亦事后傅会之词。"何氏所说甚为有理。《资治通鉴》述
是事时改"鼎足江东"为"保守江东"。（第 2038 页）当符合此时实际情况。

[3] 《三国志·孙权传》。

策略，攻杀黄祖，只是由于曹操迅速南下荆州，迫降刘琮，尽得荆州水军，"自江陵东下"，水陆并进，东吴自身安危反而受到严重威胁，只能与刘备集团联合抵御曹军，图谋荆州之事只好暂缓，但为日后与曹操、刘备再夺荆州埋下了伏笔。

曹操、刘备、孙权这样的"英雄"与"枭雄"，对荆州或虎视眈眈，或暗中觊觎，关键如同鲁肃所说荆州"外带江汉，内阻山陵，有金城之固，沃野万里，士民殷富，若据而有之，此帝王之资也"。而刘表握"帝王之资"却不知所用，是为世人诟病、轻视的一个重要原因。《三国志·魏书·荀攸传》载，建安八年：

> 太祖方征刘表，谭、尚争冀州。谭遣辛毗乞降请救，太祖将许之，以问群下。群下多以为表强，宜先平之，谭、尚不足忧也。攸曰："天下方有事，而刘表坐保江、汉之间，其无四方志可知矣。袁氏据四州之地，带甲十万，绍以宽厚得众，借使二子和睦以守其成业，则天下之难未息也。今兄弟遘恶，此势不两全。若有所并则力专，力专则难图也。及其乱而取之，天下定矣，此时不可失"。

《后汉书·刘表传》注引《九州春秋》载："曹公征乌桓，诸将曰：'今深入远征，万一刘表使（刘）备袭许，悔无及也。'郭嘉曰：'刘表坐谈客耳，自知才不足以御备，重任之则恐不能制，轻之则备不为用。虽违国远征，无忧矣，'公遂征之。"这是最为典型的事例。

不但曹氏集团中有如此看法，就是刘表麾下亦有许多人持相似的看法。《三国志·刘表传》注引《英雄记》曰：

> 太祖与袁绍方相持于官渡，绍遣人求助，表许之而不至，亦不佐太祖，欲保江汉间，观天下变。从事中郎韩嵩、别驾刘先说表曰："豪杰并争，两雄相持，天下之重，在于将军。将军若欲有为，起乘其弊可也；若不然，固将择所从。将军拥十万之众，安坐而观望。夫见贤而不能助，请和而不得，此两怨必集于将军，将军不得中立矣。夫以曹公之明哲，天下贤俊皆归之，其势必举袁绍，然后称兵以向江汉，恐将军不能御也。故为将军计者，不若举州以附曹公，曹公必重德将军；长享福祚，垂之后嗣，此万全之策也。"

　　曾经辅佐刘表平定荆州的蒯越也劝其采纳韩嵩、刘先之策，刘表却狐疑不决，既不能"若欲有为，起乘其弊"，又不愿"举州以附曹公"，恰恰选择一条被他人视为最不可行的"中立"之道。这一事例似乎可以表明，早在建安五年，刘表势力正在极盛之时，荆州集团中许多人对刘表的见识、才干及保守荆州的能力已产生严重的疑问。因此，当刘表死后不久，荆州几乎所有上层人物，包括早期佐助刘表经营荆州的蒯越、蔡瑁诸人都规劝刘琮投降曹操，便正是这种心态的集中反映。

　　纵观刘表经营荆州近二十年的历程，与活跃于汉末的群雄相较，刘表与袁绍确实多有相同之处。《三国志·魏书·袁绍刘表传》史家"评曰"："袁绍、刘表咸有威容、器观，知名当世。表跨蹈汉南，绍鹰扬河朔，然皆外宽内忌，好谋无决，有才而不能用，闻善而不能纳，废嫡立庶，舍礼崇爱，至于后嗣颠蹙，社稷倾覆，非不幸也。"袁绍这里暂且不论，对刘表的"评曰"虽然大体"准确"，但似乎不如贾诩的评价最为中肯：若是处于升平治世，刘表无疑胜任"三公"之职；但在云谲波诡的乱世，刘表"不见事变，多疑无决，无能为也"①。

　　原载《诸葛亮与三国文化》论文集，四川大学出版社 2001 年版。

---

① 《三国志·魏书·贾诩传》。

"南北纷争，以南阳为孔道"

——东汉末年南阳战略地位考察

南阳郡，秦昭公二十五年始置（前 257 年），治宛（今河南南阳），两汉时均属荆州刺史部。因南阳郡地处荆、襄与关、洛交通孔道，战略地位十分重要，自古就是兵家相争之地。在东汉末年的战乱纷争中，袁术、刘表、刘备、孙权、曹操等集团，围绕南阳曾展开激烈地争夺，并对东汉末年政治格局的改变产生过重大的影响。由于介入的势力集团众多，致使南阳局势呈现出错综复杂的纷争态势。直至建安末年，以关羽的败亡为标志，围绕着南阳的争夺落下帷幕，同时也开启了魏、蜀、吴三国鼎立之势。本文拟以此为线索进行考察。不当之处，敬祈指正。

一

对于南阳郡重要的战略地位，以考证历代郡县变迁，记录"山川险易，古今用兵战守攻取之宜，兴亡成败得失之迹"而著称的清代历史地理学名著《读史方舆纪要》曰：

> 府南蔽荆、襄，北接汝、洛，当春秋时已为要地……秦惠王时，楚魏战于陉山，楚败于南阳，秦又攻陉，使人驰南阳之地。自南阳入秦，楚遂不复振。及沛公起义师，西伐秦，战洛阳东，遂略南阳，围宛城。陈恢见沛公：宛，大郡之都也，连城数十。沛公于是下南阳，入武关，而秦以亡。司马迁曰：南阳西通武关、郧关，东南受汉、

江、淮，宛亦一都会也。及光武中兴，肇自南阳，于是建为南都……汉德既衰，曹公破张绣，取南阳，而刘表之荆州，在囊中矣。南北纷争，以南阳为孔道。[①]

顾祖禹之论，将自春秋以降，迄止曹魏，[②] 各种势力集团围绕南阳而展开的纷争描绘得相当清晰。核之史实，顾氏所云"南北纷争，以南阳为孔道"，绝非是过分渲染。战国之事姑且不论，秦朝季年，陈胜称王，即遣宋留略定南阳，企图西入武关而灭秦；刘邦入关亦是故伎重演，趁项羽与秦军主力激战河北地时，说降秦南阳守齮，得以顺利西入武关，直取秦都咸阳，迫使秦王子婴投降；东汉光武帝刘秀，不仅本人是南阳人，而且起事所依赖的集团也是以南阳人为主体，所谓："光武中兴，肇自南阳。"以至并州刺史郭伋曾谏言刘秀："选补众职，当简天下贤俊，不宜专用南阳人。"[③]

由于南阳在两汉时期具有如此重要的战略地位，故两汉王朝对南阳均极为关注。《汉书·诸侯王表》载："汉兴之初，海内新定，同姓寡少，惩戒亡秦孤立之败，于是剖裂疆土，立二等之爵。功臣侯者百有余邑，尊王子弟，大启九国……"几乎占据天下大半区域，而在"天子自有"的十五郡中，南阳名列其中，处于中央政府直接管辖之下。东汉时期，由于南阳位于都城洛阳之南，又有所谓"南都"之称。《后汉书·刘隆传》所谓"河南帝城，多近臣，南阳帝乡，多近亲"云云，正是南阳这种特殊地位的真实写照。

东汉末年围绕南阳展开的争夺，虽然没有像两汉之初那样产生重大影响，以至对整体政局的转变都具有重要的战略意义；但是，由于介入的势力集团众多，致使局势呈现出错综复杂的纷争态势。顾氏以"曹公破张绣，取南阳，而刘表之荆州，在囊中矣"为例，证明南阳是为"南北纷争"的一个重要孔道。实际上，在东汉末年，围绕南阳不仅存在着以袁

---

① 以上引文见魏禧《读史方舆纪要叙》及顾祖禹《读史方舆纪要》卷51《河南六》"南阳府条"。上海书店1998年。"南阳府"，金代改南阳郡故地为"南阳府，明代因之"，故《读史方舆纪要》沿用"南阳府"之称。

② 顾氏论南阳，直至"近者群盗盘踞其间"云云，虽然"近者"的准确时间概念不甚清楚，但大抵可止于顾氏著书的清代。由于本文所述限于汉魏，故引顾氏之论止于曹魏。

③ 《后汉书·郭伋传》。

术、曹操与刘表、刘备为主角的南北之争，而且也存在着孙氏集团与刘表、刘备的东西之争，尽管东西之争并不像南北之争明显，但同样对东汉末年的南阳之争有着不可忽略的影响作用。

灵帝中平元年（184年），遍布青、徐、幽、冀、荆、扬、兖、豫八州的太平道信徒同时起事，由于南阳位于荆州北部、毗邻京都洛阳，是最先被卷入到混争局势之中的州郡之一。是年三月，南阳黄巾张曼成攻杀郡守褚贡。六月，继任南阳太守秦颉击杀张曼成，三年二月，"江夏兵赵慈反，杀南阳太守秦颉。"① 在不到三年的时间内，南阳两位郡守或被黄巾所杀，或死于乱军之中，南阳形势之混乱由此可见。不过，续任南阳郡守的羊续极具治郡才干，《后汉书·羊续传》载，"当入郡界，乃赢服行，侍童子一人，观历县邑，采问风谣，然后乃进。其令长贪絜，吏民良猾，悉逆知其状，郡内惊竦，莫不震慑"，迅速与荆州刺史王敏连兵击斩赵慈，续而"班宣政令，候民病利，百姓欢服"。南阳获得一段暂短的安宁时期。但在献帝初平元年（190年），张咨出任南阳太守，其冬即被孙坚攻杀，开启东汉末年各地方势力集团争夺南阳之序幕。

张咨被杀并不是一独立事件，而与当时政局变化相关。灵帝死后，外戚大将军何进辅政，与司隶校尉袁绍合谋召并州牧董卓入京诛杀宦官，但在董卓尚未进京之际，何进为宦官所杀，旋即宦官集团又被袁绍诛灭。这一事件对东汉政局影响甚大，不仅标志着自东汉中后期轮番执掌朝政的宦官与外戚两大集团的彻底覆灭，同时也意味着朝廷所残存的最后一点政治权威丧失殆尽，沦为各地方势力集团角逐控制的对象。董卓正是在这一背景之下，轻易攫取东汉政权；但如何调整与其他地方势力集团的关系，及争取才智之士，即所谓"名士"的支持，对于甫入中枢的董卓而言则是其事业成败的关键所在。而董卓在争取地方势力集团与"名士"的支持上，基本上都遭受失败。"树恩四世，门生故吏遍天下"的袁氏集团首先与董卓决裂，就是依赖地方势力集团与所谓"名士"的支持。

平心而论，董卓对此并不是没有认识，而且也采取了一些实际步骤。《后汉书·董卓列传》在激烈抨击董卓执政"凶暴"的同时，也

认为："卓素闻天下同疾阉官诛杀忠良，及其在事，虽行无道，而犹忍性矫情，擢用群士。乃任吏部尚书汉阳周珌、侍中汝南伍琼、尚书郑公业、长史何颙等。以处士荀爽为司空。其染党锢者陈纪、韩融之徒，皆为列卿。幽滞之士，多所显拔。以尚书韩馥为冀州刺史，侍中刘岱为兖州刺史，陈留孔伷为豫州刺史，颍川张咨为南阳太守。卓所亲爱，并不处显职，但将校而已。"至于董卓"敬重"著名文士蔡邕事，更为世人所知。然而，这些举措似乎并不足以消除各地方势力集团与"名士"对董卓的敌忾之心。初平元年（190 年），关东州郡起兵讨伐董卓，推勃海太守袁绍为盟主，参与其中的各地方集团则有袁绍从弟后将军袁术、冀州牧韩馥、豫州刺史孔伷、兖州刺史刘岱、陈留太守张邈、广陵太守张超、河内太守王匡、山阳太守袁遗、东郡太守桥瑁、济北相鲍信等人。

值得注意的是，在讨伐联军中，冀州牧韩馥、豫州刺史孔伷、兖州刺史刘岱，以及南阳太守张咨，均是董卓擢任的"幽滞之士"，其心态颇值得考察。《后汉书·袁绍列传》载：

> 是时豪杰既多附绍，且感其家祸，人思为报，州郡蜂起，莫不以袁氏为名。韩馥见人情归绍，忌其得众，恐将图己，常遣从事守绍门，不听发兵。桥瑁乃诈作三公移书，传驿州郡，说董卓罪恶，天子危逼，企望义兵，以释国难。馥于是方听绍举兵。乃谋于众曰："助袁氏乎？助董氏乎？"治中刘惠勃然曰："兴兵为国，安问袁、董？"馥意犹深疑于绍，每贬节军粮，欲使离散。

可见韩馥起兵时多受裹挟，"助袁氏乎？助董氏乎？"狐疑之态，跃然纸上。[1] 至于豫州刺史孔伷、兖州刺史刘岱，于起兵态度实际与韩馥相差无几。《后汉书·臧洪列传》载："诸牧守大会酸枣。设坛场，将盟，既而更相辞让，莫敢先登，咸共推洪。洪乃摄衣升坛，操血而盟曰：'汉室不

---

① 李贤注引《英雄记》曰："刘子惠（即刘惠），中山人。兖州刺史刘岱与其书，道'卓无道，天下所共攻，死在旦暮，不足为忧。但卓死之后，当复回师讨文节（韩馥字）。拥强兵，何凶逆，宁可得置'。封书与馥，馥得此大惧，归咎子惠，欲斩之……"刘岱遗书刘惠，却"封书与馥"，险至韩馥杀掉力劝其起兵的刘惠，而刘岱于起兵态度，也由此可见。

幸，皇纲失统，贼臣董卓，乘衅纵害……兖州刺史岱、豫州刺史仙、陈留太守邈、东郡太守瑁、广陵太守超等，纠合义兵，并赴国难……'洪辞气慷慨，闻其言者，无不激扬。"实际上却是："诸军各怀迟疑，莫适先进，遂使粮储单竭，兵众乖散。"可见在"兴兵为国"的名义下，各牧守更关心的是各自的地方利益，只不过是曾受惠于董卓的韩馥等人的态度似乎更为游移不定。也正是由于各牧守相互深为防范的态度，不仅使联军攻伐董卓的军事行动无功而返，反而直接导致了袁术、孙坚、刘表争夺南阳的纷争。

二

初平元年，与洛阳所在的河南尹毗邻的是兖州、豫州、荆州，如果三州共同起兵攻取洛阳，讨董联军则会形成东、南夹击的态势；特别是由南阳郡北上河洛地区，更是自秦汉以来传统的用兵路线，身为盟主的袁绍自然懂得这个道理。因此，将三州刺史刘岱、孔伷、王叡接纳于联军之中，自然有顾全地方利益，缩短进讨董卓行军路程的意图在内；再从联军的军事部署看，也是遵循了这一原则。豫州刺史孔伷屯兵颍州（治今河南禹县），是为豫州与河南地最为相接之郡；其余讨卓诸部皆屯兵陈留郡酸枣县（今河北延津西南），亦是兖州最为邻近洛阳之地；唯有荆州的军事布置最为奇怪，袁术是以后将军的名义屯兵鲁阳（今河南鲁山），却没有南阳与荆州地方势力的参与，与联军在兖、豫的军事布置截然不同。而荆州刺史王叡与长沙太守孙坚皆起兵参与讨卓，但王叡似乎并不急于北上，反而南下欲清除与己素有积怨的武陵太守曹寅，不料被曹寅与孙坚合谋所杀，而后荆州兵始在孙坚的率领下北上，到南阳时已聚数万人，声势颇大。

此时，南阳太守张咨的处境相当不妙：袁术屯兵南阳郡内，觊觎之心显而易见；孙坚自率数万之众再入南阳，不啻又是一大威胁；至于张咨对等兴兵讨伐董卓的态度，史书未见记载，以当时形势推之，恐以据境自保为宗旨。然而，以南阳重要的战略地位而言，张咨即使想置身事外也绝无可能。果然，孙坚至郡不久，即以张咨不肯资助军粮为由将其诱杀。① 张咨治郡政绩如何，未见史书记载，据《三国志·蜀书·刘巴传》注引《零陵先贤传》曰：刘巴"父祥，江夏太守、荡寇将军。时孙坚举兵讨董卓，以南阳太守张咨不给军粮，杀之。祥与同心，南阳士民由此怨祥，举兵攻之，与战，败亡"。似可表明张咨治郡还是较得民心，以致南阳士民怨恨助孙坚诱杀张咨的江夏太守刘祥，乃至起攻之，导致刘祥败亡。

孙坚与袁术合兵于鲁阳后，南阳则落入袁术掌控之中。为酬谢孙坚，袁术表孙坚为破虏将军，领豫州刺史，又为袁、孙势力向豫州发展埋下伏笔。

面对南阳及荆州发生的巨大变化，是时控制东汉朝廷的董卓，当然不希望南阳及整个荆州落入袁、孙势力的掌握之中，于是诏令北军中候刘表为荆州刺史，从而将对南阳及荆州的争夺推向一个新的阶段。

刘表虽是山阳高平（今山东微山西北）人，但早年曾游学南阳，从南阳太守王畅学。《后汉书·王龚附子畅传》载，刘表曾以"奢不僭上，俭不逼下"，劝谏王畅勿为矫枉南阳"奢靡"之敝而过正，显示出刘表谙熟儒家经典而性格持重的特点，或对其日后治理荆州谨慎有余而不求进展的心态有极大影响。

初平元年（190 年），就在刘表开始经营荆州之时，中原形势已发生重大变化。是年二月，董卓在以袁绍为盟主的联军压迫下，裹挟汉献帝与朝臣迁都长安以避其锋，同时"尽徙洛阳人数百万口于长安，步骑驱蹙，更相蹈藉，饥饿寇掠，积尸盈路。卓自屯留毕圭苑中，悉烧宫庙官府居家，二百里内无复孑遗。又遣吕布发诸帝陵，及公卿下冢墓，收其珍宝"。② 南阳历有"南阳帝乡，多近亲"之称，人口财物损失恐怕也较为

---

① 对于孙坚诱杀张咨，《后汉书》与《三国志》孙坚本传提供了两个不同的文本。《后汉书·袁术列传》注引《吴历》曰："孙坚至南阳，咨不给军粮，又不肯见。坚欲进兵，恐为后害，乃诈得急疾，举军震惶，迎呼巫医，祷祀山川，遣所亲人说咨，言病困欲以兵付咨。咨闻之，心利其兵，即将步骑五六百人入营看坚……遂执斩之。"《三国志·吴书·孙破虏讨逆传》载："（孙坚）比至南阳，众数万人。南阳太守张咨闻军至，晏然自若。坚以牛酒礼咨，咨明日亦答诣坚。酒酣，长沙主簿入白坚：'前移南阳，而道路不治，军资不具，请收主簿推问意故。'咨大惧欲去，兵陈四周不得出。有顷，主簿复入白坚：'南阳太守稽停义兵，使贼不时讨，请收出案军法从事。'便牵咨于军门斩之。郡中震栗，无求不获。"不论是诈之以计，或是虚责大义，皆反映出孙坚所谓"轻侠"的性格，以及张咨缺乏权变的政治才能。

② 《后汉书·董卓列传》。

严重。刘表虽为荆州刺史，但荆州最为富庶、战略地位最为重要的南阳郡已在袁术的控制之中。袁术屯兵于素有"其地重险，楚之北塞"之称的鲁阳，企图阻止刘表赴州。刘表尚未赴任，荆州已非全璧。而且荆州其他诸郡也同样混乱不堪。《三国志·魏书·刘表传》注引司马彪《战略》载："江南宗贼盛……吴人苏代领长沙太守，贝羽为华容长，各阻兵作乱。"正是在外伺强敌，内乱不已的形势下，刘表"单马入宜城"，开始经营荆州。

刘表莅郡首赴南阳宜城（今湖北宜城），除了为躲避南阳袁术及依托长沙郡"阻兵作乱"的苏代诸人的因素外，更重要的一个原因是为谋求南郡地方豪强的支持。东汉中后期，地方豪强势力极度强盛，朝廷命官如果得不到地方豪强的支持很难宰州主郡。刘表当然深谙此道，故一至宜城，即延请南郡豪强蒯良、蒯越兄弟与蔡瑁与谋。刘表所谓"宗贼甚盛，而众不附，袁术因之，祸今至矣！吾欲征兵，恐不集，其策安出"，当是刘表对此时荆州形势深为忧虑心态的真实表白。因此，蒯越进言：

> 治平者先仁义，治乱者先权谋。兵不在多，在得人也。袁术勇而无断，苏代、贝羽皆武人，不足虑。宗贼帅多贪暴，为下所患。越有所素养者，使示之以利，必以众来。君诛其无道，抚而用之。一州之人，有乐存之心，闻君盛德，必襁负而至矣。兵集众附，南据江陵，北守襄阳，荆州八郡可传檄而定。术等虽至，无能为也。[1]

依据蒯越的谋略，刘表"遂使越遣人诱宗贼，至者五十五人，皆斩之。袭取其众，或即授部曲。唯江夏贼张虎、陈生拥众据襄阳，表乃使越与庞季单骑往说降之，江南遂悉平"，迅速平定了除南阳郡以外的荆州全境。初平二年（191年），刘表初定荆州形势，移治襄阳（今湖北襄樊），正式开始对荆州的统治。

对于刘表在荆州的坐大，占据南阳的袁术自然不肯善罢。《三国志·魏书·刘表传》载，初平二年，孙坚在袁术的支持下，"欲袭夺表州"，结

---

[1] 《三国志·魏书·刘表传》注引司马彪《战略》。《续汉书·郡国志》曰荆州有七郡，《汉官仪》曰有章陵郡，故为八郡。但置章陵郡为建安十八年事，初平尚未置郡。《三国志集解》卢注对此有翔实考证，可参见。

果，"坚为流矢所中死，军败，术遂不能胜表"。虽然刘表在赴荆州之前即上表朝廷，请任袁术为南阳太守，以此表明对南阳并无觊觎之心；在刘表始营荆州之时，蒯越所云"荆州八郡可传檄而定"之语，于南阳却为虚指，至少可以表明在荆州形势未稳之时，刘表无意与袁术争夺南阳。但是，由于南阳处于荆州与中原交通"南北孔道"的咽喉地位，失去南阳的屏蔽，荆州其余六郡的安全则很难保全。刘表移州治于紧邻南阳的襄阳，除依汉水为屏障，其中或有伺机收复南阳的意图在内。反之亦然，占据南阳而不取荆州其余诸郡，特别是毗邻的南郡，南阳自身安危实际上也难保全。正是基于南阳这种地理位置，袁术指使孙坚以南阳为基地，先取南郡襄阳，进而再夺取荆州，亦在情理之中。然而，袁术尽管占据荆州七郡之中最为富庶的南阳郡，却缺乏必要的政治才干。《三国志·魏书·袁术传》称："南阳户口数百万，而术奢淫肆欲，征敛无度，百姓苦之；既与绍有隙，又与刘表不平而北连公孙瓒；绍与瓒不和而南连刘表。其兄弟携贰，舍近交远如此。"因此，孙坚死后，袁术势力大衰。初平四年（193 年），在袁绍与曹操诸军的打击下，袁术率余部逃至扬州九江郡，再也无力与刘表争夺荆州。

袁术势力退出南阳，而此时各路诸侯正在中原地区混战，无暇南顾，像曹操、袁绍这样势力的强盛诸侯尚且没有建立自己稳固的基业，更遑论刘备、孙策诸人。这种混沌不清的形势，客观上为刘表经营包括南阳在内的荆州提供了一个难得的机遇，虽然刘表实际上也充分把握了这一时机，据境自保、爱民养士，造就如赵岐所云的"今海内分崩，唯有荆州境广地胜，西通巴蜀，南当交趾，年谷独登，兵人差全"的形势。[①] 但在天下大乱、诸侯纷争的局势下，仅求据境自保是不可能长久的。《三国志·魏书·裴潜传》载，避乱于荆州的河东闻喜人裴潜，虽然"刘表待以宾礼"，但裴潜却私下与自己交好的王粲、司马芝诸人曰："刘牧非霸王之才，乃欲以西伯自处，其败无日矣"，于是再南徙长沙。裴潜的看法实际上具有相当的代表性，亦是当时徙居荆州许多士人的共同看法。[②]

---

① 《后汉书·赵岐列传》。

② 参见拙作《刘表与荆州》，成都市诸葛亮研究会编《诸葛亮与三国文化（一）》"论文集"，四川大学出版社 2001 年版，第 1—15 页。

从刘表经营荆州的策略看，裴潜诸人的看法具有相当的道理。刘表以"西伯"自处，全力经营襄阳以南的荆州诸郡当在情理之中；但以"霸王之才"衡之，经营荆州而不全力据守南阳这样重要的战略要地，实为刘表一重大失策。初平四年，袁术势力退出南阳后，实为刘表经营南阳的一个最好时机，但刘表似乎并没有充分重视这一问题，从初平四年至建安二十一年（216年）的二十多年间，史乘居然不见南阳太守的记载，这恐怕不单是史乘阙载问题，而与刘表经营荆州的策略相关。如上所述，是时中原诸侯混战态势不甚明晰，对于"南北孔道"南阳的争夺暂时被搁置；而与刘表有杀父之仇的孙氏集团于兴平二年（195年）开始经营扬州，为防范孙氏集团西侵，刘表于毗邻扬州庐江郡的江夏郡的防卫相当重视，以主要部将黄祖任江夏太守。建安十三年（208年），黄祖被孙权攻杀后，又以长公子刘琦继任，[①] 足证刘表防范的重点是防孙氏集团的西侵，以保障荆州六郡之安全。因此，刘表既无北上争霸之雄心，又需重点布防与之有世仇的孙氏集团，是时南阳暂无来自中原诸侯之威胁，于是其有意无意间放松了对南阳的直接控制。

三

上文所述刘表于南阳之态度，主要是着眼于刘表经营荆州的总体战略之考虑，但南阳毕竟是屏蔽荆州治所襄阳的最后一道防线，对此刘表不能不有所考虑，因此，对南阳的经营，刘表主要是采取的是笼络、利用进入南阳其他势力集团的模式，其中主要是通过张济族子张绣与刘备集团间接控制南阳。

建安元年（196年），原董卓部将、屯驻关中的张济因军中乏粮而南下，在攻取南阳穰县（今河南邓县）时中流矢而死。《后汉书·刘表传》载："荆州官属皆贺，表曰：济以穷来，主人无礼，至于交锋，此非牧意，牧受吊，不受贺也。使人纳其众；众闻之喜，遂服从。"张济余部由族子

---

① 参见严耕望《两汉太守刺史表》，台北：商务印书馆1991年版，第193、197页。表中所见除初平元年袁术为南阳太守外，直至建安二十一年，曹魏始任杨俊为太守。关于江夏郡，黄祖出任江夏太守具体时间不详，可能是在初平元年，与孙坚交好的原江夏太守刘祥被南阳士民"败亡"后继任。

张绣代领，得以驻守宛城（今河南南阳）。① 刘表对张绣的笼络还是发挥了一定的效用。建安二年（197 年），曹操进攻张绣，企图夺南阳，张绣降而复反，在刘表的支持下，大败曹军，"杀操长子昂，操中流矢"，以至极善用兵的曹操深悔，纳张绣降而不取其质，以至惨败。《三国志·魏书·荀攸传》载，建安三年，曹操再征张绣，谋士荀攸进言："'绣与刘表相恃为强，然绣以游军仰食于表，表不能供也，势必离。不如缓军以待之，可诱而致也；若急之，其势必相救。'太祖不从，遂进军之穰，与战。绣急，表果救之，军不利。太祖谓攸曰：'不用君言至是'。"直至建安四年秋，曹操与袁绍对峙于官渡之时，张绣在谋士贾诩的劝说下，拒投袁绍，归降曹操。张绣此举，不仅使曹操可以避免与袁绍及刘表（包括刘表支持的张绣）两线作战的困扰，得以全力北攻袁绍，又初步夺取了对南阳的控制权。

张绣归降曹操，致使刘表依靠所谓"游军"护卫南阳的企图落空，但由于曹操是时主要精力集中于扫平中原群雄，一时无暇南顾，其虽初步控制了南阳，但对刘表荆州统治重心所在的襄阳并没有形成实际的威胁。特别是在建安六年（200 年），刘备于屡败穷途之际投奔刘表，"表自郊迎，以上宾礼待之，益其兵，使屯新野（今河南新野）"。② 再次重现依靠"游军"屏护荆州之模式。

刘表统治荆州而不全力经营南阳，仅仅企图依靠张绣、刘备这样的"游军"护卫战略要地南阳，尽管这可以为荆州的安宁争取十余年的时间；然而，像张绣、刘备这样的"游军"一旦兵败南阳，荆州治所襄阳将直接处于敌军兵锋的攻击之下。建安十三年，曹操大举南下，顺利通过南阳，直抵襄阳，迫使刘表之子刘琮举荆州而降即是明证，南阳战略地位之重要，由此可见一斑。不论刘表是否认识到南阳的战略地位，都难免给世人留以示弱的印象。《三国志·魏书·贾诩传》注引《傅子》载，张绣谋士贾诩初见刘表，就产生了"表，平世三公才也；不见事变，多疑无决，无能为也"的印象。建安四年，张绣不顾刘表对其支持而降曹操，不能不说

---

① 参见《资治通鉴》卷 62 "献帝建安元年"条。《后汉书·刘表传》注引《献帝春秋》曰："济引众入荆州……为流矢所中。济从子绣收众而退。刘表自责，以为己无宾主礼，遣使招绣，绣遂屯襄阳，为表北藩。"所谓"绣遂屯襄阳"事恐有误。

② 《三国志·蜀书·刘备传》。

与此不无关系。

建安十二年（公元 207 年）春，曹操准备倾军而出远征乌桓，彻底扫荡袁氏残余势力。诸将皆对虚国远征表示担忧："袁尚，亡虏耳，夷狄贪而无亲，岂能为尚用？今深入征之，刘备必说刘表以袭许。万一为变，事不可悔。"唯有郭嘉认为："表，坐谈客耳，自知才不足以御备，重任之则恐不能制，轻任之则备不为用，虽虚国远征，公无忧矣。"① 事态发展果如郭嘉所料，曹操出兵平定乌桓，消除袁绍残余势力，尽管刘备曾献策趁机袭击许都，但刘表这位"坐谈客"果然没有任何举动，坐视曹操平定中原后兵锋南指，准备征伐荆州。

寄寓南阳新野的刘备，于建安十二年向隐居于隆中的名士诸葛亮讨教争霸天下大势。诸葛亮除建议刘备北拒曹操，南和孙权，夺取荆、益两州为基地的总体策略外，同样表现出对南阳战略要地的高度重视。《三国志·蜀书·诸葛亮传》载"隆中对"曰：

> 荆州北据汉、沔，利尽南海，东连吴会，西通巴、蜀，此用武之国，而其主不能守，此殆天所以资将军，将军岂有意乎……天下有变，则命一上将将荆州之军以向宛、洛，将军身率益州之众出于秦川……则霸业可成，汉室可兴矣！

刘备托身于刘表，不仅获得一段重要的休养生息之机，而且结交笼络众多荆州（当然也包括南阳）人士，从而构成蜀汉政权两支柱之一的荆州集团。从这一意义上讲，刘表可谓是刘备的"恩主"，诸葛亮献策夺取刘表基业，除"其主"不能守的因素外，更重要的原因是着眼于荆州尤其是南阳的重要战略地位。而且持相同观点者绝非诸葛亮一人。《三国志·魏书·荀彧传》载，建安十三年，曹操准备南下荆州，谋士荀彧献策曰："今华夏已平，荆、汉知亡矣。可声出宛、叶而间行轻进，以掩其不意。"所谓"南土"，当指割据荆州的刘表所言。宛、叶均属南阳。宛历为南阳郡治，叶（今河南叶县东南）为南阳郡北部的重镇。宛、叶之间的通道，自古就是兵家必争之地。汉高祖刘邦与项羽争霸天下及讨伐九江王英布，就数次出兵于宛、叶之间。诸葛亮所谓"以向宛、洛"，与荀彧所云"声

---

① 《三国志·魏书·武帝纪》、《郭嘉传》。

出宛、叶",除用兵方向有北上、南下之别外,其实质均体现出对南阳的特殊重视。

建安十三年,曹操虽南下受阻于孙、刘集团,失利于赤壁,铩羽北归,但彻底控制了南阳及南郡、江夏北部地区;而刘备则开始实施诸葛亮筹划的兼跨荆、益的战略计划,关羽镇守是时仅余长沙、武陵、零陵、桂阳四郡的荆州,兵向中原,与曹军激战于南郡襄阳、樊城一线,并引发南阳的震荡,《三国志·魏书·武帝纪》注引《曹瞒传》曰:

> 是时(建安二十三年,218年),南阳间苦繇役,(宛守将侯)音于是执太守东里衮,与吏民共反,与关羽连和。南阳功曹宗子卿往说音曰:"足下顺民心,举大事,远近莫不望风;然执郡将,逆而无益,何不遣之。吾与子共戮力,比曹公军来,关羽兵亦至矣。"音从之,即释遣太守。子卿因夜踰城亡出,遂与太守收余民围音,会曹仁军至,共灭之。

侯音南阳举事虽未成功,却反映出南阳在关羽兵锋威胁下动荡不安的局势。面对关羽的猛烈攻势,曹操一度曾考虑徙都以避关羽。[①] 然而,随着次年关羽被孙权袭杀,以及黄初二年(222年)刘备兵败夷陵,刘备势力被彻底封闭于益州,再也无法实施"兼跨荆、益"的两线作战计划;而孙权如愿以偿地夺取荆州之后,亟与曹魏、蜀汉修补关系,无意也无力图谋中原。以关羽的败亡为标志,不仅东汉末年围绕着南阳的争夺落下帷幕,同时也开启了魏、蜀、吴三国鼎立之势。

原载《诸葛亮与南阳学术研究文集》,三秦出版社 2004 年版。

---

① 参见《三国志·魏书·蒋济传》。

长江三峡与"跨有荆、益"

——魏晋时期三峡战略地位考察

西起重庆奉节，东迄湖北宜昌的长江三峡，是沟通蜀地与长江中下游联系的重要通道，在军事上具有重要的战略地位。魏晋时期，围绕三峡地区，各种政治集团曾经展开激烈的争夺，其中如吴蜀的夷陵之战、晋王濬平吴之役就是著名的战例。而东晋时期，面对着来自蜀地前秦苻坚的军事压力，荆州刺史桓冲出于"全重江南，轻戍江北"的考虑，由江北江陵移镇于江南的上明，有"北枕大江，西接三峡"之语，更是着眼三峡与荆、益二州的战略考虑。虽然史家对此多有研究，但似乎仍有拾遗补阙之处。本文拟在已有研究成果的基础之上，重点考察魏晋时期长江三峡的战略地位。不当之处，敬请方家指正。

一 沟通荆、益的战略通道

对于三峡沟通的荆州南郡及益州巴郡的战略地位，当以考证历代郡县变迁、记录"山川险易，古今用兵战守攻取之宜，兴亡成败得失之迹"而著称的顾祖禹历史地理学名著《读史方舆纪要》为要：

> 荆州府，《禹贡》荆州地。春秋时为楚郢都。秦拔郢，置南郡。汉高元年，为临江国，项羽立共敖为临江王，国于此。五年，复曰南郡。景帝二年，复为临江国。中二年，复曰南郡。后汉因之。三国初，属蜀汉，寻属吴。晋平吴，亦曰南郡……府控巴、夔之要路，接襄、汉之上游，襟带江、湖，指臂吴、粤，亦一都会也。太史公曰：

江陵，故郢都，西通巫、巴，东有云梦之饶……自三国以来，常为东南重镇，称吴、蜀之门户。①

对于与荆州相邻的益州，顾氏亦曰：

　　夔州府，《禹贡》荆、梁二州之域。春秋为庸国地，后属巴国。战国时属楚。秦属巴郡。汉因之。后汉末，置固陵郡，又改为巴东郡。三国汉因之……府控带二川，限隔五溪，据荆楚之上游，为巴蜀之喉吭。《史记》楚肃王四年，为捍关以拒蜀。《班志》鱼复县有江关，后《志》鱼复有捍关。盖即以江关为捍关也……江关，蜀之东门也。入江关，则已过三峡之险，夺全蜀之口矣。②

　　上引顾氏所论，虽然主要着眼于两汉时荆州的南郡与益州的巴郡，但从中不难看出，控制长江三峡这一沟通两郡的重要战略通道，则是实现"跨有荆、益"的重要步骤。

　　建安十二年（207 年），寄居于荆州的刘备"三顾茅庐"，问策于诸葛亮，诸葛亮说出久经酝酿的战略思考，即著名的"隆中对"：

　　荆州北据汉、沔，利尽南海，东连吴会，西通巴蜀，此用武之国，而其主不能守。此殆天所以资将军，将军岂有意乎……若跨有荆、益，保其岩阻，西和诸戎，南抚夷越，外结好孙权，内修政理，天下有变，则命一上将将荆州之军以向宛、洛，将军身率益州之众出于秦川……诚如是，则霸业可成，汉室可兴矣！③

　　从战略上看，荆州地处要冲，居长江中游，水道四通，陆路八达，东毗扬州、西抵益州、南邻交州，"带甲十余万，沃野千里"。在东汉末年中原军阀互相争伐之际，荆州一时无战火之灾，因而大批才俊之士涌入避

---

① 参见魏禧《读史方舆纪要叙》及顾祖禹《读史方舆纪要》卷 78《湖广四·荆州府》，上海书店 1998 年版，第 1、527 页。

② 顾祖禹：《读史方舆纪要》卷 69《四州四·夔州府》，第 471—472 页。

③ 《三国志》卷 35《蜀书·诸葛亮传》，中华书局 1963 年版，第 912—913 页。

乱。但终因荆州是四方"用武"之地，当时各种政治势力没有不觊觎荆州的，东有孙权之垂涎，北有曹操之虎视，而是时统治荆州的刘表，虽名列"八俊"，但徒有其名，史称"外宽内忌，好谋无决，有才而不能用，闻善而不能纳"。① 诸葛亮言"而其主不能守"，当是确评；其建议经营荆州，"跨有荆、益……西和诸戎，南抚夷越，外结好孙权，内修政理"；最后，兵出荆州与秦川，合击曹魏，实现复兴汉室的目标。

诸葛亮"隆中对"中"跨有荆、益"的方略是有历史依据的。② 西汉末年，公孙述为蜀郡太守，割据称王。李熊劝说公孙述称帝：

> 蜀地沃野千里，土地膏腴，果实所生，无谷而饱，女工之业，覆衣天下，名材竹干，不可胜用。又有鱼盐铜银之利，浮水转运之便。北据汉中，杜褒、斜之险。东守巴郡，拒扞关之口。地方数千里，战士不下百万。见利则出兵而略地，无利则坚守而力农。东下汉水以窥秦地，南顺江流以震荆、扬。所谓用天因地，成功之资。③

李熊所谓"东守巴郡，拒扞关之口"，当是指利用三峡可守可攻的地理优势，即可自保益州，又可"南顺江流以震荆、扬"。关于"扞关"的关址，说法不一。李贤注引《史记》曰："楚肃王为扞关以拒蜀，故基在今硖州巴山县。"④《禹贡锥指》卷7曰：

> 《水经注》：江水自江关东径弱关、扞关。注云：弱关在建平秭归界。秭归今归州也。盖大江出三峡径弱关，江沱出佷山径扞关，划然两道……后汉建武中，公孙述遣将田戎等乘枋箄下江关，拔夷道、夷陵。光武命岑彭、吴汉伐之。彭击破戎等，率舟师长驱入江关。汉留夷陵，装露桡船将三万人，溯江而上，则皆取道于三峡，而不复由夷水矣。盖其时水已浅狭，不胜战舰。自后荆梁有事，苟用舟师，未有

---

①《三国志》卷6《魏书·董二袁刘传》"评曰"，第216页。

② 参见田余庆《〈隆中对〉再认识》第6节"跨有荆益的认识来源"，原载《历史研究》1989年第5期，后收入氏著《秦汉魏晋史探微》（重订本），中华书局2004年版，第185—189页。

③《后汉书》卷13《公孙述列传》，中华书局1963年版，第535页。

④ 同上书，第536页。

不由峡江者。①

胡氏所考甚明，战国时楚扞关在今湖北秭归县境内，是扼控巫峡与西陵峡的关口；而汉时的扞关即江关，位于瞿塘峡与巫峡之间，今重庆奉节长江边，②亦是长江沟通益州与荆州的重要关口。李熊如此重视"拒扞关之口"，其原因在于可"南顺江流以震荆、扬"，通过长江三峡沟通益州与荆、扬诸地的意图甚明。

公元 208 年赤壁之战以后，辖长江南北七郡的战略要地荆州为曹操、刘备、孙权三方瓜分。曹操占据南阳和江夏北部，孙权据有南郡和江夏南部，刘备则夺取长沙、武陵、零陵、桂阳四郡。公元 210 年，在刘备请求和鲁肃规劝之下，为共拒曹操，孙权又把扼控长江三峡的战略要地南郡等地"借"给刘备。③如是，刘备基本控制荆州。不久，刘备又先后夺取益州和汉中，魏、吴、蜀三国鼎立局面基本形成。

汉中和荆州是蜀汉的两个战略基地：从汉中可北攻关中；从荆州北上可以经襄阳攻打许昌，东下则直捣吴地，使蜀汉处于进可以攻，退可以守的有利地位，而三峡对于沟通益州与荆州起着重要的作用。

处于长江中下游的东吴当然不安于这种格局的形成。事实上，对荆、益二州，孙吴政权同样也十分关注。早在"隆中对"之前，鲁肃为孙权筹划霸业，即有："汉室不可复兴，曹操不可卒除。为将军计，惟有鼎足江东，以观天下之衅……剿除黄祖，进伐刘表，竟长江所极，据而有之，然后建号帝王以图天下，此高帝之业也。"④公元 219 年，孙权趁蜀汉荆州

---

① 胡渭：《禹贡锥指》卷 7 "沱、潜既道"条，邹逸麟整理，上海古籍出版社 1996 年版，第 213 页。

② 参见魏嵩山《楚捍关考——兼及清江和大溪源流及巴族迁徙路线》，《江汉论坛》1980 年第 5 期。

③ 《资治通鉴》卷 58 "献帝建安十五年（210 年）"条记是事曰：刘备"求都督荆州"，胡注："荆州八郡，（周）瑜既以江南四郡给备，备又欲兼得江、汉间四郡也。"（中华书局 1956 年版，第 2102 页）两汉时荆州辖江北南郡、江夏、南阳三郡，及江南长沙、武陵、零陵、桂阳四郡，共七郡。约在东汉末年刘表治荆州时，由南阳析出章陵，遂辖成八郡。所谓江、汉间四郡，是指南郡、江夏、南阳、章陵。

④ 《三国志》卷 54《吴书·鲁肃传》，第 1268 页。鲁肃向孙权进言时，《三国志》系年不详，《资治通鉴》系为建元五年，并将"鼎足江东"改为"保守江东"。（中华书局 1956 年版，第 2038 页）

守将关羽率军北攻襄阳、樊城时（今湖北襄樊），派遣大将吕蒙袭占关羽的后方基地江陵（今湖北江陵），关羽兵败被杀，孙权遂全据荆州。孙、刘矛盾激化，导致蜀吴夷陵之战爆发。

二　围绕三峡展开的夷陵之战

公元 221 年四月，刘备在成都称帝，国号汉，史称蜀汉，年号章武。七月，刘备亲率蜀汉军队十多万人，对吴国发动大规模的战争，史称"夷陵之战"。刘备执意伐吴，意味着蜀汉最高统治已经改变了"隆中对"中联吴抗曹的基本策略，因此引起蜀臣诸多反对之声，其中以赵云的态度最为典型。《三国志·蜀书·赵云传》注引《云别传》曰：

> 孙权袭荆州，先主大怒，欲讨权。云谏曰："国贼是曹操，非孙权也，且先灭魏，则吴自服。操身虽毙，子丕篡盗，当因众心，早图关中，居河、渭上流以讨凶逆，关东义士必裹粮策马以迎王师。不应置魏，先与吴战；兵势一交，不得卒解。"[1]

是时由于孙吴已经据有荆州，诸葛亮筹划的"跨有荆、益"的战略不再有实施的可能，赵云所谓"当因众心，早图关中，居河、渭上流以讨凶逆"之议，"是在新的战略格局下揆情审势，提出的正确主张。实际上，诸葛亮后来持续多年的北伐努力，可以看作对于这一隆中对战略设计之修正案的具体实践"。[2]

值得注意的是，刘备虽然决意伐吴，但似乎并没有明确的战略目的。史称刘备"忿孙权之袭关羽，将东征"。对于蜀伐吴之举，魏文帝曾"诏问群臣令料刘备当为关羽出报吴不"，众臣皆以为："蜀，小国耳，名将唯羽。羽死军破，国内忧惧，无缘复出。"唯侍中刘晔独曰："蜀虽狭弱，而备之谋欲以威武自强，势必用众以示其余。且关羽与备，义为君臣，恩

---

① 《三国志》卷 36《蜀书·赵云传》注引《云别传》，第 950 页。
② 王子今：《诸葛亮与夷陵之战》，《诸葛亮与三国文化（一）》，四川大学出版社 2001 年版，第 216 页。

犹父子；羽死不能为兴军报敌，于终始之分不足。"① 刘晔之言为理解刘备伐吴提供了一个解释。所谓刘备"忿孙权之袭关羽"，只是其中一个因素；而向孙吴示威，"欲以威武自强"，则可能是刘备征吴的真实目的。其中应有重跨荆益的战略目的，但从刘备的军事部署看，这一点似乎并不明确。

章武元年（221 年）七月，刘备亲率诸军出三峡击孙吴。初时战事进行极为顺利，蜀将吴班、冯习率四万余众攻破驻守巫县（今重庆巫山）的吴将李异、刘阿等，进军于秭归（今湖北秭归），蜀军实际控制了长江三峡中最为险峻的瞿塘峡与巫峡。次年二月，"先主自秭归率诸将进军，缘山截岭，于夷道猇亭（今湖北宜昌北）驻营，自佷山通武陵，遣侍中马良安慰五溪蛮夷，咸相率回应。镇北将军黄权督江北诸军，与吴军相拒于夷陵道"。②

是时形势对蜀军相当有利，蜀军已尽出长江三峡峡口，活动于夷水与佷山（今湖北长阳西）一带的武陵蛮夷在蜀人的鼓动下亦遣兵助势，已经完全具备了如同李熊所说"南顺江流以震荆、扬"的态势。然而，刘备却没有如此行事，而是连兵立屯，"从巫峡、建平连围至夷陵界，立数十屯"，③ 作固守状，没有进一步展开军事行动的意图。刘备如此进退失据，不能不说与是次伐吴没有明确的战略目标相关。④

事实上，孙吴集团也一直关注长江三峡的战略地位。早在孙、刘集团迫于曹操压力，"宜相辅协，与之同仇"之时，吕蒙即与孙权密谋偷袭关羽：

> 蒙乃密陈计策曰："令征虏（孙皎）守南郡，潘璋住白帝，蒋钦将游兵万人，循江上下，应敌所在，蒙为国家前据襄阳，如此，何忧于操，何赖于羽？且羽君臣，矜其诈力，所在反复，不可以腹心待也。今羽所以未便东向者，以至尊圣明，蒙等尚存也……"权深纳其策，又聊复与论取徐州意，蒙对曰："……至尊今日得徐州，操后旬

① 分见《三国志》卷 32《蜀书·先主传》，第 890 页；卷 14《魏书·刘晔传》，第 446 页。
② 《三国志》卷 32《蜀书·先主传》，第 890 页。
③ 《三国志》卷 58《吴书·陆逊传》，第 1346 页。
④ 田余庆先生在《〈隆中对〉再认识》一文中对此曾有全面精辟的论述，可参见。

必来争，虽以七八万人守之，犹当怀忧。不如取羽，全据长江，形势益张。"权尤以此言为当。①

从吕蒙与孙权的密议中不难看出，活动于荆州的关羽始终是孙吴的心腹之患，根本原因则在于如果关羽控制长江中上游，对于位于长江中下游的孙吴集团当是一个严重威胁，尽管是时关羽并无任何"东进"的企图，吕蒙还是建议孙权"不如取羽，全据长江"，以求万全。至于"令征虏（孙皎）守南郡，潘璋住白帝，蒋钦将游兵万人，循江上下，应敌所在"云云，可能是吕蒙献策时的建议，并非实事。特别是所谓令"潘璋住白帝"一语，更令人怀疑，白帝城始终在蜀汉的控制之下，未曾属吴。② 不过，吕蒙"全据长江"，特别是控制长江三峡地区的战略考虑是正确的。建安十九年（214 年）五月，刘备已取益州，孙吴因荆州事险些与刘备发生军事冲突：

> 是岁，刘备定蜀。权以备已得益州，令诸葛瑾从求荆州诸郡。备不许……权大怒，乃遣吕蒙督鲜于丹、徐忠、孙规等兵二万取长沙、零陵、桂阳三郡……未战，会曹公入汉中，备惧失益州，使使求和。权令诸葛瑾报，更寻盟好，遂分荆州长沙、江夏、桂阳以东属权，南郡、零陵、武陵以西属备。③

孙权不得已将南郡之西等地划归刘备，意味着刘备集团完全据有了长江三峡的控制权，隆中对中"跨有荆、益"战略目标初步得以实现，这是孙吴所不愿见到的，亦是建安二十四年（公元 219 年），孙权趁关羽北上与曹军激战襄阳、樊城时，遣吕蒙袭杀关羽，全据荆州的根本原因。事后，孙权曾与陆逊论周瑜、鲁肃及吕蒙三人之短长时最为推崇周瑜；论及

---

① 《三国志》卷 54《吕蒙传》，第 1277—1278 页。同传亦载，鲁肃素较轻吕蒙，戏称为"吴下阿蒙"。鲁肃曾路过吕蒙驻地，在部属下劝说下："遂往诣蒙。酒酣，蒙问肃曰：'君受重任，与关羽为邻，将何计略，以备不虞？'肃造次应曰：'临时施宜'。蒙曰：'今东西虽为一家，而关羽实熊虎也，计安可不豫定？'因为肃画五策。肃于是越席就之，拊其背曰：'吕子明，吾不知卿才略所及乃至于此也'。"（第 1274 页）惜吕蒙"五策"不见史载，否则可以提供更多信息。

② 参见《三国志集解》卷 54 注引清人何焯语。中华书局 1982 年版，第 1021 页。

③ 《三国志》卷 47《吴主权传》，第 1119—1120 页。

鲁肃则曰："劝吾借玄德地，是其一短"；至于吕蒙，"筹略奇至，可以次于公瑾，但言议英发不及之耳。图取关羽，胜于子敬"。① 孙权如此盛赞"吴下阿蒙"，当然是由于吕蒙为之筹划全取荆州，重新控制长江三峡战略要地的缘故。

章武元年（221 年），在刘备的伐吴行动中，三峡对吴蜀的同样重要战略地位再次凸显出来。特别是蜀军占据夷陵之后，尽出三峡峡口，"将军吴班、陈式水军屯夷陵，夹江东西岸"，② 进入兵力易于展开的开阔地带，从军事角度讲具备了顺江而下的优势。同样，对吴军而言，夷陵之失守，无疑亦是一个巨大威胁。建安二十四年，吕蒙袭破军势正盛的关羽，与陆逊"别取宜都，获秭归、枝江、夷道，还屯夷陵，守峡口以备蜀"③ 不无关系。而刘备再次控制夷陵之后，屯兵于峡口，没有继续顺江而下的意图不论出于何种动机，蜀军止于夷陵，对吴军而言，都是一个难得的重新部署兵力的时机。时为吴军主帅的陆逊上书孙权曰：

> 夷陵要害，国之关限，虽为易得，亦复易失。失之非徒损一郡之地，荆州可忧。今日争之，当令必谐。备干天常，不守窟穴，而敢自送。臣虽不材，凭奉威灵，以顺讨逆，破坏在近。寻备前后行军，多败少成，推此论之，不足为戚。臣初嫌之，水陆俱进，今反舍船就步，处处结营，察其布置，必无他变。伏愿至尊高枕，不以为念也。

陆逊的观察非常准确。刘备夺取夷陵之后，如果"水陆俱进"，这是孙吴最忧虑之处；但刘备却"舍船就步，处处结营"，所以陆逊有"不足为戚"之语。事态发展正如陆逊所料，就在蜀军连营七百余里，主力屯于夷陵，进退不定，"兵疲意沮，计不复生"之际，陆逊"通率诸军同时俱攻"，大破蜀军，"备因夜遁，驿人自担，烧铙铠断后，仅得入白帝城。其舟船器械，水步军资，一时略尽，尸骸漂流，塞江而下"。④

夷陵之战，蜀汉败于东吴，真正确立了三国鼎立之势：吴国占据荆、

---

① 《三国志》卷 54《吕蒙传》，第 1280—1281 页。

② 《三国志》卷 32《蜀书·先主传》，第 890 页。

③ 《三国志》卷 47《吴主权传》，第 1120 页。

④ 《三国志》卷 58《吴书·陆逊传》，第 1346—1347 页。

扬二州，蜀汉保有西川，三峡通道不再具有"跨有荆、益"的战略意义。同时，蜀吴联盟的削弱，也减少了魏国所受到的军事压力，基本确定了魏蜀吴三方此后数十年的战略格局。

三　三峡与王濬平吴之役

公元263年，魏将钟会兵临成都，后主刘禅请降，蜀亡。泰始元年（265年）十二月，司马炎禅魏建晋，是时吴国不仅面临晋人南下之胁，而且由于蜀地尽为晋人掌控，防止晋军利用三峡顺流直下，遂成为吴人最急迫的任务。对于这一态势，吴人中亦有清醒认识者。在晋禅魏之前，泰始元年八月，镇守西陵（即夷陵）的步阐上书吴主孙晧，建议从建业西徙至武昌（今湖北鄂城），既可以加强长江中上游的防线，又可以屏障建业，正是出于这样的战略考虑。然而，吴主孙晧对此似乎并没清醒的认识，甚至听从出使吊祭晋文帝的丁忠之建议，企图偷袭位于武昌正北的晋弋阳郡（治今河南潢州西），是议虽为镇西大将军陆凯谏阻，但孙晧不明敌我形势变化，"欲徼幸求胜"的心态毕显无遗。其后不久，孙晧又复都建业，留皇后之父卫将军滕牧镇守武昌，旋又将滕牧远徙苍梧。至于代滕牧镇守武昌者不见史载，虽然个中原因不详，但从中亦可窥知孙晧不以武昌防务为重的态度。

孙晧复都建业，固然与永安山人施但企图谋立孙晧庶弟孙谦，进兵攻取建业相关。但在施但兵败，孙谦已经自杀的情况下仍然坚持还都建业，可谓自动放弃西可支持三峡、东可屏障建业的最后一个战略要地武昌，其后果在晋发动的平吴战役中很快显现出来。史载，当王濬率军突破三峡险地，攻取武昌之后，晋别驾何恽劝说随王浑攻吴的扬州刺史周浚曰："今王龙骧既破武昌，兵威甚盛，顺流而下，所向辄克，土崩之势见矣。窃谓宜速渡江，直指建邺，大军卒至，夺其胆气，可不战而擒。"[1] 虽然王浑没有听从周浚之言，然可足见居于长江中游的武昌战略地位之重要。孙晧对武昌防务尚且如此疏慢，如是也不难理解"不从"吴臣请求加强扼控三峡要地西陵、建平的态度了。

晋代魏之后，攻伐东吴成为晋面临首要之任务，史载：

---

① 《晋书》卷61《周浚传》，中华书局1974年版，第1657页。

　　咸宁初，除（羊祜）征南大将军、开府仪同三司，得专辟召。初，祜以伐吴必藉上流之势。又时吴有童谣曰："阿童复阿童，衔刀浮渡江。不畏岸上兽，但畏水中龙。"祜闻之曰："此必水军有功，但当思应其名者耳。"会益州刺史王濬征为大司农，祜知其可任，濬又小字阿童，因表留濬监益州诸军事，加龙骧将军，密令修舟舰，为顺流之计。①

　　其中除王濬因小名"阿童"而被留任益州，加龙骧将军事多有附会外，所谓"伐吴必藉上流之势"，当是晋国君臣一致的见解。因此，晋武帝诏使益州刺史王濬修建舟舰，训练水军，图谋灭吴："濬乃作大船连舫，方百二十步，受二千余人。以木为城，起楼橹，开四出门，其上皆得驰马来往。又画鹢首怪兽于船首，以惧江神。舟楫之盛，自古未有。"②

　　面对晋人的军事威胁，特别是泰始八年（272 年），王濬在巴蜀建造战船，大量碎木顺流而下，建平太守吾彦知晋将发兵顺流而下，并把漂来的碎木拿告孙晧："晋必有攻吴之计，宜增建平兵。建平不下，终不敢渡，"③ 结果"晧不从"。无奈之下，"（吾）彦乃辄为铁锁，横断江路"，④ 企图以此延宕晋军进攻。

　　凤凰三年（273 年）七月，陆逊之子、荆州牧陆抗抱病亦上书孙晧曰：

　　　　西陵、建平，国之蕃表，既处下流，受敌二境。若敌泛舟顺流，舳舻千里，星奔电迈，俄然行至，非可恃援他部以救倒县也。此乃社稷安危之机，非徒封疆侵陵小害也。臣父逊昔在西垂陈言，以为西陵国之西门，虽云易守，亦复易失。若有不守，非但失一郡，则荆州非吴有也。如其有虞，当倾国争之。臣往在西陵，得涉逊迹，前乞精兵三万，而至者循常，未肯差赴。自步阐以后，益更损耗。今臣所统千

　　① 《晋书》卷 34《羊祜传》，第 1017 页。
　　② 《晋书》卷 42《王濬传》，第 1208 页。
　　③ 同上。
　　④ 《晋书》卷 57《吾彦传》，第 1562 页。

里，受敌四处，外御强对，内怀百蛮，而上下见兵财有数万，羸弊日久，难以待变……使臣所部足满八万兵……若兵不增，此制不改，而欲克谐大事，此臣之所深慨也。若臣死之后，乞以西方为属。①

建平郡治今重庆巫山县，位于瞿塘峡与巫峡之间；而西陵即夷陵（今湖北宜昌西北），位于西陵峡之出口。吴夺取荆州后，分南郡西部设置建平郡与宜都郡（西陵是宜都郡治所在），西陵、建平均是扼控三峡的战略要地。蜀亡之后，晋人尽占蜀地，两郡则成为防范晋军顺长江三峡而下的要冲之地。可是面对陆抗如此"深慨"的上表，孙皓似乎没有做出任何反应，只是在陆抗死后，令其子陆宴及诸弟景、玄、机、云分领其兵，却对陆抗至少增兵至八万的请求置之不理。

更为重要的是，凤凰元年（272 年）九月，代其父步骘镇守西陵的步阐，由于孙皓突然征召，"自以失职，又惧有谗祸，于是据城降晋"。② 对于西陵重要的战略地位，晋人自然十分清楚，不仅速纳步阐之降，而且拜为卫将军、开府仪同三司，封宜都公，"遣车骑将军羊祜帅众出江陵，荆州刺史杨肇迎阐于西陵，巴东监军徐胤击建平以救阐"。③ 晋出动三路大军援救步阐，与孙吴争夺控制三峡的建平、西陵的意图十分明确。是时奉命平叛的吴将陆抗处境则十分艰难，既要围攻西陵之步阐，又要防止晋军攻取江陵与建平，与西陵以成呼应之势。不过对于西陵与江陵而言，陆抗则更重视西陵之安危："江陵城固兵足，无所忧患。假令敌没江陵，必不能守，所损者小。如使西陵盘结，则南山蛮夷皆当扰动，则所忧虑，难可而言也。吾宁弃江陵而赴西陵，况江陵牢固乎？"④ 陆抗如此重视西陵，正是担心重现当年刘备攻取夷陵（西陵）后，"南山蛮夷"群起响应，孙吴相当被动的局面。虽然最终陆抗击退晋军，攻破西陵，诛杀步阐，但吴军损失也相当惨重，故陆抗有"自步阐以后，益更损耗"之叹。

尽管晋人没有趁步阐之叛夺取西陵，扼制三峡，但并没有因此停止平吴的步伐。咸宁五年（279 年）四月，王濬上书恳请伐吴。十一月，晋武

---

① 《三国志》卷 58《吴书·陆抗传》，第 1359—1360 页。
② 《三国志》卷 52《吴书·步阐传》，第 1240 页。
③ 《晋书》卷 3《武帝纪》，第 62 页。
④ 《三国志》卷 58《吴书·陆抗传》，第 1356 页。

帝终于决计平吴:

> 遣镇军将军、琅邪王伷出涂中,安东将军王浑出江西,建威将军
> 王戎出武昌,平南将军胡奋出夏口,镇南大将军杜预出江陵,龙骧将
> 军王濬、广武将军唐彬率巴蜀之卒浮江而下,东西凡二十余万。以太
> 尉贾充为大都督,行冠军将军杨济为副,总统众军。①

王濬率水陆大军自成都出发,沿长江顺流而下,经瞿塘峡进入巫峡,
火烧吴建平太守吾彦所置拦江铁链。咸宁六年(280年)"二月戊午,王
濬、唐彬等克丹杨城(其地不详)。庚申,又克西陵,杀西陵都督、镇军
将军留宪",② 至此,晋军尽出三峡险地,吴军再无力组织有效抵抗。三
月壬寅,王濬率军首先抵达建业,吴主孙晧请降,吴亡。从二月庚申(二
月三日)到三月壬寅(三月十五)四十三日,已出三峡的王濬率军顺江而
下,率先抵达建业,三峡对吴防务之重要由此可见一斑。③

吴亡之后,陆抗之子陆机曾撰《辨亡论》,总结吴亡之原因,其下
篇曰:

> 吴、蜀唇齿之国,蜀灭则吴亡,理则然矣,夫蜀盖藩援之与国,
> 而非吴人之存亡也。何则? 其郊境之接,重山积险,陆无长毂之径;
> 川厄流迅,水有惊波之艰。虽有锐师百万,启行不过千夫;轴舻千
> 里,前驱不过百舰。故刘氏之伐,陆公(指祖父陆逊)喻之长蛇,其
> 势然也。昔蜀之初亡,朝臣异谋,或欲积石以险其流,或欲机械以御
> 其变。天子总群议而诹之大司马陆公(指父亲陆抗),陆公以四渎天

---

① 《晋书》卷 3《武帝纪》,第 70 页。咸宁六年四月改元太康。

② 《晋书》卷 3《武帝纪》,第 70 页。

③ 关于王濬是否能于十一月长江枯水季节率巨型舟舰出三峡,自古史家即有不同看法。当
时吴臣就有"蜀船皆小"的说法。(《三国志》卷 48《吴书·孙晧传》引陶濬语,第 1176 页)宋
人邵博《闻见后录》卷 8 载:"予谓古八尺为步,一百二十步为九十六丈,江山无今昔之异,今
蜀江曲折,山峡不一,虽盛夏水暴至,亦岂能回泊九十六丈之船?及冬江浅,势若可涉,寻常之
船,一经滩碛,尚累日不能进。而王濬以咸宁五年十一月自益州浮江而下,决不可信。"蓝勇先
生认为王濬所造"连舫"的"尺寸可能有所夸大,但这种'连舫'系将大船若干绑扎在一起,开
了今天双体船的先声"。(参见蓝勇:《西南历史文化地理》第 12 章第 2 节"川江古代的木船演
变",重庆:西南师范大学出版社 1997 年版,第 394 页)录之备考。

地之所以节宣其气，固无可遏之理，而机械则彼我之所共，彼若弃长技以就所屈，即荆、扬而争舟楫之用，是天赞我也，将谨守峡口以待禽耳……陆公没而潜谋兆，吴衅深而六师骇。夫太康之役，众未盛乎曩日之师……而邦家颠覆，宗庙为墟。呜呼！①

身为江东大族陆氏子孙盛赞父祖功绩与远谋，自在情理之中，然论及吴主孙晧疏于长江三峡之防务，终蹈“邦家颠覆，宗庙为墟”之覆辙，衡之史实，确为的论。

晋平吴之役，当是中国古代战争史中首次利用长江三峡顺流直下的成功战例，为后世用兵长江，特别是三峡提供了有益的历史借鉴。

四 “北枕大江，西接三峡”

检索二十五史，“三峡”一词凡 27 见，② 除少数或见于《乐志》，或借三峡之名而叙述他事者外，③ 其余均与经营或通过三峡展开军事行动相关，这大体上可以反映出史家对三峡的关注点所在。

值得注意的是，“三峡”首次出现于正史之中，即与荆州的战略形势有关，《晋书·桓冲传》载：

> 冲既到江陵，时苻坚强盛，冲欲移阻江南，乃上书曰：“自中兴以来，荆州所镇，随宜回转。臣亡兄温以石季龙死，经略中原，因江陵路便，即而镇之。事与时迁，势无常定。且兵者诡道，示之以弱，今宜全重江南，轻戍江北。南平屏陵县界，地名上明，田土膏良，可以资业军人。在吴时乐乡城以上四十余里，北枕大江，西接三峡。若狂狡送死，则旧郢以北坚壁不战，接会济江，路不云远，乘其疲堕，

---

① 《三国志》卷 48《吴书·三嗣主传》注引陆机《辨亡论》，第 1181—1182 页。

② （中国台湾）台北中研院汉籍电子文献检索：http://dbo.sinica.edu.tw/~tdbproj/handy1/

③ 如《宋书·乐志四》载“三峡伎”等乐曲。《南史》卷 25，建元二年，魏遣刘昶攻寿春，崇祖乃于城西北立堰塞肥水，堰北起小城，使数千人守之。谓长史封延伯曰：“虏必悉力攻小城，若破此堰，放水一激，急逾三峡。”

扑鬓为易。臣司存阃外，辄随宜处分。"于是移镇上明。①

桓冲移镇上明，事在晋孝武帝太元二年（377 年）。时桓冲领荆州刺史，其北首当前秦苻坚之威胁，且原汉时荆州之首郡南阳郡完全为江北前秦政权所控制，荆州州界几乎移近长江北岸。于是桓冲移镇于上明（今湖北宜都东），其地虽去江陵不远，但是由江北的江陵移至江南的上明，正体现出所谓"今宜全重江南，轻戍江北"的原则；而吴人的乐乡（今湖北江陵西）亦在江南，去上明不远，其西四十余里，则是西陵峡之峡口，有所谓"北枕大江，西接三峡"之优势，所以不待朝廷批准，桓冲即专阃行事。

桓冲移荆州治于江南的上明，除躲避前秦攻取襄阳后继续南下的势头外，另一个重要原因则与前秦攻取蜀地有关。是时前秦与东晋对峙的态势，类似于西晋与孙吴关系，不过此时晋人与吴人已经移位而居，故桓冲对三峡防务之重要有切实的体会。事实上，前秦亦有与晋人平吴时相似的部署。太元七年（382 年），苻坚"以谏议大夫裴元略为陵江将军、西夷校尉、巴西梓潼二郡太守，密授规模，令与王抚备舟师于蜀，将以入寇"。②《资治通鉴》胡注则曰："欲祖王濬之故智，顺流东下而伐晋也。"③可谓一语中的。

对于桓冲"全重江南，轻戍江北"的战略部署，前秦群臣也表示出一定的担忧。前秦太子宏曾谏阻苻坚图谋伐晋时曰："谢安、桓冲兄弟皆一方之俊才，君臣戮力，阻险长江，未可图也……彼若凭长江以固守，徙江北百姓于江南，增城清野，杜门不战，我已疲矣。"④但未被苻坚所采纳。太元八年八月，苻坚终于决计攻取东晋，除亲率主力发自长安，"蜀汉之军顺流而下……东西万里，水陆齐进"。然而历史却没有重演，当苻坚兵败淝水之时，出蜀汉的前秦军虽不知具体行军情况如何，似乎已经出了三峡，从"诸军皆溃，惟慕容垂所将三万人独全"⑤ 的记载看，出蜀汉的前

① 《晋书》卷 74《桓冲传》，第 1951 页。

② 《晋书》卷 14《苻坚载记下》，第 2911 页。

③ 《资治通鉴》卷 104"孝武太元七年"条，第 3300 页。

④ 《晋书》卷 114《苻坚载记下》，第 2915 页。

⑤ 《晋书》卷 14《苻坚载记下》，第 2917、3005 页。

秦军似乎也难免溃败的结局。①

　　考察魏晋时期长江三峡的战略地位则不难发现，在长江流经的益、荆、扬三州（以汉时政区为例），所谓"跨有荆、益"，对于三峡重视的则是其沟通之作用；如果荆、益分属不同的政治集团时，位于三峡下游者固然可以溯江以取巴蜀，但更多是着眼于防范位居三峡上游者"顺江而下"的威胁。因此，特别是夷陵（西陵）一带，则是整个三峡防务中的关键所在。陆逊破刘备于夷陵，晋吴争夺西陵，桓冲移镇上明，尽管表现形式不尽相同，但对三峡战略地位的重视则是一致的。

原载《国学学刊》2009 年第 3 期。

---

　　①　苻坚攻晋兵败，与其军事部署失当不无关系。太元八年九月，当苻坚率军已行至项城（今河南项城）时，蜀汉水军方顺流而下；至十一月苻坚兵败，巴蜀水军行进不足三个月，即使已经兵出三峡，也不足对桓冲荆州守军构成威胁，况且巴蜀水军准备不过一年有余，这亦是桓冲在东线战事紧急之时，能遣精锐三千东赴京都助战的原因之一。（参见《晋书》卷74《桓冲传》，第1952页）

"论大道则先黄老而后六经"再评议

自司马迁《史记》问世以来，对其人其书的评议即成为世人关注的焦点。西汉末年，刘向、扬雄诸名家"皆称迁有良史之材，服其善序事理，辨而不华，质而不俚，其文直，其事核，不虚美，不隐恶，故谓之实录"，[①] 对司马迁的"实录"笔法给予高度的评价；而对司马迁及《史记》的价值取向的总体判断，则以班固于《汉书·司马迁传》"赞"中发表的"是非颇缪于圣人，论大道则先黄老而后六经，序游侠则退处士而进奸雄，述货殖则崇势利而羞贱贫，此其所蔽也"的论断最为著名，也最引人注目。是语一出，无论赞成与否，后来对司马迁及《史记》评议，或校比班、马异同者，鲜有不受其影响者。

先哲时贤，或认为班氏误将司马谈之言等同于司马迁之意，或以为司马氏父子价值取向不同，"黄老"、"六经"异学，多持批评否定之态度。虽然从汉武帝时代已经开始崇扬儒学，但"黄老政治"依然在社会诸方面保持着强劲的影响。具体言及司马氏父子的思想价值取向，虽然呈现出复杂的情况，但总体而言，司马父子还是推崇"黄老"之学的。降至东汉时期，儒学完全占据政治统治地位，而这一变化正是班固批评司马迁及《史记》的主要动因。细绎班氏之语，从中寻觅两汉思潮变化的轨迹，则是更应关注的问题。本文希冀在已有的研究基础上，从两汉社会思潮变迁的角度，对"论大道则先黄老而后六经"一语进行再考察。[②] 不当之处，敬祈

---

① 《汉书》卷62《司马迁传》赞，中华书局1962年版，第2738页。

② 关于班氏对司马迁"序游侠则退处士而进奸雄，述货殖则崇势利而羞贱贫"的评议，笔者已撰有《从〈史〉、〈汉〉货殖传看两汉义利观的演变》（《求索》1988年第5期）及《〈史记〉〈汉书〉游侠传试探》（《学术月刊》1990年第5期）两文，即从两汉社会思潮变迁的角度，发表了一些粗浅的看法，敬请参见。

方家指正。

一

班固关于司马迁"是非颇缪于圣人，论大道则先黄老而后六经，序游侠则退处士而进奸雄，述货殖则崇势利而羞贱贫，此其所蔽也"的评论，显然源自其父班彪："其论术学则崇黄老而薄五经，序货殖则轻仁义而羞贫穷，道游侠则贱守节而贵俗功。"① 班氏父子之语文字上或稍有差异，基本精神却是一致的。

班氏父子这一批评，由于主要是针对《史记·太史公自序》中所录司马谈"论六家之要旨"而发，而司马谈于阴阳、儒、墨、名、法、道六家之中，最为推崇道家，确是不争事实。然而，司马迁是否如其父一样推崇道家，则存有不少争议。古今许多学者认为班氏父子误将司马谈的思想植于司马迁身上而加指谪，很有些"张冠李戴"之嫌。清人王鸣盛的看法就十分典型：

> 汉初黄老之学极盛，君如文、景，宫闺如窦太后，宗室如刘德，将相如曹参、陈平，名臣如张良、汲黯、郑当时、直不疑、班嗣，处士如盖公、邓章、王生、黄子、杨王孙、安丘望之等皆宗之。东方朔戒子，以首阳义拙，以柱下为工，是亦宗黄老者。而迁独不然。《汉》本传赞谓迁论大道则先黄老而后六经，此本班彪之言，见《后汉》本传，而固述之。桓谭谓大司空王邑、纳言严尤曰：老聃著虚无之言两篇，薄仁义、非礼乐，然好之者以过五经。自汉文、景之君及司马迁皆有是言。班彪、桓谭皆误以谈之言即迁之意。②

《史记会注考证》卷130引中井积德语曰："司马谈喜道家者，故著六家指要而主张道家也。迁直述其言于《自序》，冀其不朽也。其实迁之未必同于父也。"虽然没有明言，但赞同司马氏父子异学之意甚明。钱钟书先生认为"彪、固父子先后讥迁'崇黄老而薄五经'，'先黄老而后六经'，

---

① 《后汉书》卷40《班彪传》，中华书局1963年版，第1325页。
② 王鸣盛：《十七史商榷》卷6"司马氏父子异同"条。

一若不知其说出于谈之《论》者。可谓班氏之子助父传讹，而司马氏之子代父受咎矣"。① 赵光贤先生为证明班氏父子对司马迁批评完全是"张冠李戴"，列举司马迁"列孔子于《世家》、老子于《列传》"，"尊孔子为至圣"，"引董仲舒的话答壶遂……作《史记》以继《春秋》"，为"儒学几乎中绝，到武帝时居然又复兴"而"高兴"等八条"班说反证"，表明司马迁是儒家而不是道家，"班氏父子批评司马迁'先黄老而后六经'是完全错误的"。②

以上诸大家之说都有一定道理。将司马谈的思想等同于司马迁的思想固然不确，将班氏父子对司马迁"崇黄老而薄五经"、"先黄老而后六经"的批评，释为是班氏父子误读司马谈"论六家要旨"之过，似乎也有待商榷之处：

首先，班固在其父班彪为续补《史记》而作的《后传》的基础上完成《汉书》的写作。对于汉武帝中期前的西汉历史资料，班固常常移用《史记》的记载，并根据己意有所删改增易而成。正因为班固《汉书》许多章节是脱胎于司马迁《史记》，所以宋人著有《班马异同》一书，"考其字句异同，以参观得失"。③ 从中亦可反映出班氏父子在撰写《汉书》的过程中，对于《史记》非常重视，着力甚勤。但是在史观的认识上，特别是在对《史记》的总体价值取向的判断上，班氏父子的看法明显的与司马迁大异其趣，甚至针锋相对，所谓"先黄老而后六经"等说法，即是一显例。《汉书·司马迁传》记太史公司马谈"论六家要旨"及司马迁之行事，基本是源于《史记·太史公自序》，表明班氏父子对这一事实是清楚的，但他们还是坚持认为司马迁对六家的认识与其父并无并差别，这与他们批评《游侠列传》"序游侠则退处士而进奸雄"，及《货殖列传》"述货殖则崇势利而羞贱贫"相一致，似乎并不存在"误以谈之言即迁之意"的情况。

再者，班固评司马迁"先黄老而后六经"，固然是源于其父"崇黄老而薄五经"之语，但在批评程度上与其父有所区别。细绎班氏父子口气，班固对以司马迁之"博物洽闻，而不能以知自全，既陷极刑，幽而发愤，

---

① 钱钟书：《管锥编》第1册，"史记会注考证"第58则"太史公自序"条，中华书局1986年版，第392页。

② 赵光贤：《评班氏父子对司马迁的批评》，《史学史研究》1990年第3期。

③ 《四库全书总目提要》卷45《正史类一》，中华书局1965年影印本，第401页。

书亦信矣。迹其所以自伤悼，《小雅》巷伯之伦，夫唯《大雅》'既明且哲，能保其身'，难矣哉！"对于司马迁的不幸境遇寄寓更多的同情；较之其父"此其大敝伤道，所以遇极刑之咎也"的严厉态度则要和缓得多。再观《汉书》卷100《叙传下》所陈撰写《司马迁传》之宗旨："乌呼史迁，熏胥以刑！幽而发愤，乃思乃精，错综群言，古今是经，勒成一家，大略孔明。"对司马迁及《史记》的推崇之情更是溢于言表。《司马迁传》录有史迁罹刑后"报任安书"，为后人全面了解史迁忍垢著史的悲愤心态留下了弥足珍贵的资料，凡此，足以证明班固在记录司马迁之行事时确实也做到了"实录"。

再次，也是最重要的一点，并非只有班氏父子对司马迁及《史记》"论大道"有"先后"、"崇薄"之非议。自宣帝时司马迁外孙杨恽宣布《史记》之后，围绕《史记》的争议就已产生。成帝初年，东平王刘宇来朝，"上疏求诸子及《太史公书》，上以问大将军王凤，对曰：'……诸子书或反经术，非圣人，或明鬼神，信物怪；《太史公书》有战国从横权谲之谋，汉兴之初谋臣奇策，天官灾异，地形厄塞，皆不宜在诸侯王。不可予。不许之辞宜曰：'五经圣人所制，万事靡不毕载。王审乐道，傅相皆儒者，旦夕讲诵，足以正身虞意。夫小辩破义，小道不通，致远恐泥，皆不足以留意。诸益于经术者，不爱于王。'"① 王凤虽然没有直言《太史公书》若诸子书一样皆为"反经术，非圣人"之书，但其不若"万事靡不毕载"的"五经"之意甚明。

如果说王凤谏成帝拒予诸侯王《太史公书》，不仅是因为其不合"五经"，还有其抑制诸侯王的策略考虑外，而桓谭对司马迁的非议则完全是因为其"诋訾圣人"的"术学"的因素了。《资治通鉴》卷38"王莽天凤五年"条载，扬雄生前即感叹："诸子各以其智舛驰，大抵诋訾圣人，即为怪迂、析辩诡辞以挠世事，虽小辩，终破大道而惑众，使溺于所闻而不自知其非也，故人时有问雄者，常用法应之，号曰《法言》。"扬雄死后，桓谭谓大司空王邑、纳言严尤曰："昔老聃著虚无之言两篇，薄仁义，非礼学，然后好之者尚以为过于五经，自汉文、景之君及司马迁皆有是言。今扬子之书文义至深，而论不诡于圣人，则必度越诸子矣！"② 这里，桓

---

① 《汉书》卷80《东平王刘宇传》，第3324页。
② 《资治通鉴》卷30"王莽天凤五年"条，中华书局1956年版，第1216页。

谭明确批评司马迁及《史记》与所谓诸子书一样，皆为崇老聃"虚无之言"，"薄仁义，非礼学"之作。正是在西汉末年、东汉初年诸多非议史迁与《史记》的言论基础上，班氏父子形成并发表了"崇黄老而薄五经"，"先黄老而后六经"的典型看法，若将之完全视为班氏父子的观点，或是视为对司马谈"论六家要旨"的"误解"而移植于司马迁身上的说法，恐怕都是值得商议的。

二

司马氏父子生活的时代，上去战国百家争鸣未远，下逮汉武帝"罢黜百家，独尊儒术"，试图以儒家学说一统政治思想界之时；也是自汉初已经奉行多年的"黄老政治"，凭借官僚集团得心应手的运行及强大的政治奥援（如笃信黄老的窦太后等），与行将一统思想界的儒家学说发生剧烈碰撞之时。在这样的历史背景之下，具体言及司马氏父子的思想价值取向时，事实上也呈现出复杂的情况，绝不是非儒即道，或非道即儒那样单纯划一。

若就司马氏父子思想异同而论，司马谈的思想上总体在更倾向于道家学说似无疑义，这从其"论六家之要旨"中可以清楚地反映出来。但从司马迁陈述其父作"论六家之要旨"的目的时，所谓"愍学者之不达其意而师悖，乃论六家之要旨"云云，主要出于解释诸学者"各习师书，惑于所见"①的目的，虽然有评判"六家"短长之意图，然而旨在强调"天下一致而百虑，同归而殊途"，主要不是为了强判诸家之高下优劣。司马谈本人兼通诸家之学，又身为太史令，通习"天官"，当是职守所在；所以司马迁特意表明其父除"学天官于唐都"外，又"受《易》于杨何，习道论于黄子"，似乎表明司马迁认为其父于诸家学说之中，对儒、道两家更为了解，其评说当具有解决"习师"与"惑见"矛盾之功效；同时也表明，司马迁对其父对儒、道两家的评说应是持赞同之态度。

尽管司马谈思想从总体而言倾向于道家，但这一断语应是有前提的。即司马谈综论六家要旨，着眼点在于"大道"——即治国之道之上，并非是要全面评说六家之短长。以司马谈评儒、道两家为例：

---

① 《史记·太史公自序》"正义"引颜师古语，中华书局 1959 年版，第 3288 页。

儒者博而寡要，劳而少功，是以其事难尽从；然其序君臣父子之礼，列夫妇长幼之别，不可易也……道家使人精神专一，动合无形，赡足万物。其为术也，因阴阳之大顺，采儒墨之善，撮名法之要，与时迁移，应物变化，立俗施事，无所不宜，指约而易操，事少而功多。

所谓儒家"难尽从"之原因，司马谈认为是由于"儒者以六艺为法。六艺经传以千万数，累世不能通其学，当年不能究其礼"，若是用于治国，较之"指约而易操，事少而功多"的道家则是"劳而少功"，不易操作而已；至于儒家"序君臣父子之礼，列夫妇长幼之别"，有助于维系古代社会上下尊卑之秩序，所以得到司马谈的高度评价，故有"不可易也"的充分肯定。由此可见，司马谈对儒、道的评价，主要是着眼在用于治国是否易于操作的层面上，而非完全是从所谓"术学"的角度进行评价。

如果超出从治国之道是否易于操作的角度考察，司马谈对于儒家学说，尤其是对孔子还是相当尊崇的。司马谈之死，与不得参与元封元年（前110年）武帝封禅事有直接关系，"是岁，天子始建汉家之封，而太史公留滞周南，不得与从事，故发愤且卒"。对于这段记载，《史记会注考证》载中井积德语曰："武帝初与诸儒议封禅事，命草其仪。及且封，尽罢诸儒不用，谈之滞周南，以不用故也，非疾。又曰：封禅出乎术士之妄，岂儒者所可言哉？谈罢可谓幸矣，乃发愤至死，何惑之甚。虽迁亦未知封禅之为非也，是汉儒之通病也。"以上两说，虽对封禅之议是出于"术士"还是"诸儒"有所争议，然均将司马谈视为儒者。况且封禅事在汉初相当长的一段时间内不能见容于"黄老政治"者，武帝建元初年，儒者赵绾、王臧等就因"欲议古立明堂城南，以朝诸侯，草巡狩封禅改历服色"等事触怒笃信黄老的窦太后而罹罪，"诸所兴为者皆废"，① 这一史实自然为司马谈所熟知。然而，司马谈还是对封禅表现出浓厚的兴趣，深悔不能亲历其间。可见是时的司马谈，其思想更倾向于儒者。

---

① 《史记》卷12《孝武本纪》，第452页。

　　至于司马谈对其子司马迁的嘱托，则完全是一副儒家口吻，对周公、孔子等儒家"圣人"更是赞许有加，《史记·太史公自序》载："天下称诵周公，言其能论歌文武之德，宣周召之风，达太王王季之思虑，爰及公刘，以尊后稷也。幽厉之后，王道缺，礼乐衰，孔子修旧起废，论《诗》《书》，作《春秋》，则学者至今则之。自获麟以来四百有余岁，而诸侯相兼，《史记》放绝。今汉兴，海内一统，明主贤君忠臣死义之士，余为太史而弗论载，废天下之史文，余甚惧焉，汝其念哉！"由此可见，司马谈称诵周公，师则孔子，是为了"修旧起废，论《诗》《书》，作《春秋》"，惧怕身为太史而"废天下之史文"；而盛赞道家、推崇黄老，则是因为其学说用于治国则"指约而易操，事少而功多"。对于司马谈的嘱托，司马迁则表示完全认同："先人有言：'自周公卒五百岁而有孔子。孔子卒后至于今五百岁，有能绍明世，正《易传》，继《春秋》，本《诗》、《书》、《礼》、《乐》之际？'意在斯乎！意在斯乎！小子何敢让焉。"如果仅偏执于此端，似乎也以得出与"先黄老而后六经"完全相反的结论。

　　至于司马迁的思想倾向，从《司马迁自序》看，"年十岁则诵古文"，司马贞"索隐"按："迁及事伏生，是学诵《古文尚书》。刘氏（向）以为《左传》、《国语》、《系本》等。"除司马迁不可能师事文帝时已年逾九十的伏生外，在其未及弱冠之时，所学的"古文"皆为儒学经典，又曾师从大儒董仲舒，而无其父"习道于黄生"的经历，所学确实较其父具有更多的儒家色彩。不过，尽管司马迁师从儒家，但并不等于说在"治国之道"上一定要服膺儒学。例如，司马迁对大儒董仲舒十分推崇，在回答上大夫壶遂"昔孔子何为而作春秋哉"的疑问时，引董仲舒语而作答："余闻董生曰：'周道衰废，孔子为鲁司寇，诸侯害之，大夫壅之。孔子知言之不用，道之不行也，是非二百四十二年之中，以为天下仪表，贬天子，退诸侯，讨大夫，以达王事而已矣'。"然在《儒林列传》中，记"董生"行事仅有其勤于治学、精于学术，以及几次不甚成功的仕宦经历；对于董仲舒于武帝初年所上集中体现其治国思想精华的"天人三策"，则没有只字记录，其中原因，由于史料不足征，实难窥知司马迁的真实心态。从《太史公自序》所陈"自孔子卒，京师莫崇庠序，唯建元、元狩之间，文辞粲如。作《儒林列传》"的语气看，似乎可以证明，司马迁对包括董仲舒在内的"儒林"，最为赞许的是在于他们"粲如"的"文辞"；而对于"粲如文辞"中所体现的儒家治国思想并没有予以特殊的注意；这确实与不厌其详、连篇累牍征引董仲舒"天人三策"，将其"诸不在六艺之科，孔子之术者，皆绝其道，勿使并进"① 的建议视为不刊之论的班固有着明显的不同。

随着"黄老政治"最后的强力支持者窦太后的去世，"多欲"的武帝成为汉廷真正的统治者，"无为"的"黄老政治"统治地位的终结已成必然之势。《儒林列传》所谓"及窦太后卒，武安侯田蚡为丞相，绌黄老、刑名百家之言，延文学儒者数百人，而公孙弘以春秋白衣为天子三公，封以平津侯。天下之学士靡然乡风"，② 正是儒学将要取而代之写照；但是，"黄老政治"凭借已经运行数十年的历史惯性，以及在实际政务操作中"指约而易操，事少而功多"的特点，在众多的官僚阶层中还是存有坚实的基础。《史记·汲郑列传》载：武帝东海太守汲黯"学黄老之言，治官理民，好清静，择丞史而任之。其治，责大指而已，不苛小。黯多病，卧闺阁内不出。岁余，东海大治。称之。上闻，召以为主爵都尉，列于九卿。治务在无为而已，弘大体，不拘文法"。当是典型一例。就是以治《春秋》而拜相封侯的公孙弘，尽管可以从学理上"绌黄老、刑名百家之言"，但在实际的政务操作中，则是"习文法吏事，而又缘饰以儒术"。③ 正体现出这一时代名为"罢黜百家，独尊儒术"，实则是"内合百家"而"外饰儒术"的特点。

在儒学统治地位早已确立无疑的宋代，太常丞罗处约曾作《黄老先六经论》曰："先儒以太史公论道德，先黄老而后六经，此其所以病也。某曰：'不然，道者何？无之称也，无不由也。混成而仙，两仪至虚而应万物，不可致诘。况名之曰"道"，道既名矣，降而为人者，为能知来藏往，与天地准，故黄、老、姬、孔通称焉。其体曰道，其用曰神，无适也，无莫也，一以贯之，胡先而尊，孰后而愧。'"这主要是从学理方面论证黄老之学与儒学实为一体，并无先者为尊、后者为薄之说；而用于治国之道，黄老与六经实则也不存在着所谓先后崇薄之争："汉文之时，未遑学校，窦后以之而治，曹参得之而相，几至措刑……余谓六经之教，化而不已则臻于大同，大道之行则蜡宾息叹。黄老之与六经，孰为先而孰为后乎？又

---

①　《汉书》卷56《董仲舒传》，第2523页。

②　《史记》卷121《儒林列传》，第3118页。

③　《史记》卷112《公孙弘列传》，第2950页。

何必缫藉玉帛然后为礼，笱虡镛鼓然后为乐乎？余谓太史公之志，斯见之矣。恶可以道之迹、儒之末相戾而疾其说？"① 罗氏之言，当深悉"太史公之志"的底蕴。

三

如果说司马氏父子由于受所处时代思潮的影响，在论及治国"大道"或"术学"时，确实存有班氏父子所评议的"崇黄老而薄五经"、"先黄老而后六经"的倾向；那么，班氏父子为何能得出如此之结论，也必须置于当时的历史背景下进行考虑。换言之，两汉社会思潮的变迁，正是导致黄老与儒学"先后"、"崇薄"易位的一个主要动因。

西汉初年，汲取秦失天下之教训，讨论秦朝政治之得失，"无为而治"的"黄老政治"主张应运而生，成为汉初统治者治理天下的一个基本准则；而亟须休养生息的社会现实，使"黄老"学说不仅在治国方略上被奉为圭臬，甚至在学术上也一跃而成为显学。值得注意的，最早为汉高祖筹划无为而治方略的陆贾，其心目中无为而治的典范并不是所谓"黄老"之一的"黄帝"，而是"弹五弦之琴，歌南风之诗，寂若无治国之意，漠若无忧民之心，然天下治"的"虞舜"，② 这与《论语·宪问》载孔子语"无为而治者，其舜也与！"将舜视为无为而治最高典范的思想倾向是一致的。表明汉初一些儒学代表人物在"黄老之学"已占据统治地位之时，出现了将"黄老"与传统儒学糅合的倾向。即是极力提倡以儒学取代"黄老"，主张"诸不在六艺之科、孔子之术者，皆绝其道，勿使并进"的董仲舒，其著作中糅合了若干道家思想，如清人苏兴编制的《董子年表》所言：

> 汉初儒家皆习道家，如贾谊、司马谈父子皆然。以窦太后好尚，为臣子者固当讲求。董子请统一儒术，而初固亦兼习道家。书中《保权位》、《立元神》诸篇，有道家学；《循天之道篇》明引道家语，是其证也……风尚所趋，未容全不钻研，贸然辟拒也。

① 《宋史》卷440《文苑二·罗处约传》，中华书局1977年版，第13032—13033页。
② 王利器：《新语校注》卷上《无为第四》，中华书局1986年版，第59页。

　　可见在"黄老政治"占据统治地位的西汉前期，推崇黄老、读黄老书已成为一种社会时尚，即使像董仲舒这样的有汉一代儒者宗师，也不可能完全免除社会风尚之影响。在班固视为"是非颇谬于圣人"的"先黄老而后六经"的现象，不过是当时社会风尚的一种正常反映而已。不过，董仲舒的建议毕竟开启了两汉社会以儒家政治取代"黄老政治"的历史进程；但这一进程并不意味着儒学对道学的绝对排斥，而是在一种新的历史条件下，包括儒学与黄老等诸家学说的重新糅合与定位。

　　西汉初年选择"黄老政治"的另一重要原因，在于其学理并不深奥而又易于操作的缘故，所以能得到由粗鄙少文的社会下层构成的汉初统治集团的认可。《史记·张释之列传》载："释之既朝毕，因前言便宜事。文帝曰：'卑之，毋甚高论，令今可施行也。'于是释之言秦汉之间事，秦所以失而汉所以兴者久之。文帝称善。"① 从这一事例中，可以窥知"毋甚高论"的"黄老政治"所以能到汉初统治阶层青睐的原因。但是，随着社会经济的恢复，学校教化的普及与推广，汉家各项制度重建之需要，以及武帝本人"多欲"的张扬性格，统治阶层由"纠纠多武夫"开始向"斌斌多文士"的格局转变，推崇"不尚繁华，清简无为"，主张"为治者不在多言"的"黄老政治"显然已经不合时宜；而传统儒学经汉儒，尤其是董仲舒之改造，以天下为公的思想为原则，以维系大一统的政治格局为核心，以规划君臣父子等级秩序为宗旨，以天人合一为特征，以灾异之变规范君主之行为，以"六经"为纲而融会贯通，形成一套新的儒家治国思想与理念，取代"黄老政治"只是一个时间问题了。

　　虽然汉宣帝时，对儒家仍有"汉家自有制度，本以霸王道杂之，奈何纯任德教，用周政乎！且俗儒不达时宜，好是古非今，使人眩于名实，不知所守，何足委任"② 的严厉抨击。不过，这只是宣帝对所谓"俗儒"的轻视，并不是对儒家的全面否认。事实上，宣帝对儒学经典还是表示出相当的重视与推崇之情。为整齐五经之异同，宣帝于甘露三年（公元前51

---

　　① "索隐"案："卑，下也。欲令且卑下其志，无甚高谈论，但令依时事，无说古远也。"虽然不清楚张释之所言是否属"儒家者言"，但为炫其繁博而常言及"古远"之事，则是时人对儒学的看法。

　　② 《汉书》卷9《元帝纪》，第277页。

年）于石渠阁召开会议，亲临裁决，[①] 为东汉整齐"六经"开启先河。

"柔仁好儒"的汉元帝即位后，儒学在经历多年与"黄老政治"的较量后，才真正在政治上取得所谓"独尊"的地位。自是之后，在西汉朝廷形成了一个以儒家为核心的官僚集团，正如《汉书·匡张孔马传》"赞"曰："自孝武兴学，公孙弘以儒相，其后蔡义、韦贤、玄成、匡衡、张禹、翟方进、孔光、平当、马宫及当子晏咸以儒宗居宰相位。"其中除公孙弘、蔡义、韦贤三人仕于武帝至宣帝年间外，其余皆于元帝及其后拜相封爵。当轴枢臣的儒家化，更加速了儒学取代"黄老政治"的进程。以六经为是非，处理政务则成为是时一个重要特征。"臣闻六经者，圣人所以统天地之心，著善恶之归，明吉凶之分，通人道之正，使不悖于其本性者也。故审六艺之指，则人天之理可得而和，草木昆虫可得而育，此永不易之道也"；以及"臣闻六经之治，贵于未乱；兵家之胜，贵于未战"之类的议政声不绝于朝廷，而"为政不在多言"的"黄老政治"几近绝迹。

东汉之后，儒学的影响近一步扩展。清人赵翼所谓"东汉功臣多近儒"，与"（西）汉初布衣将相之局"，形成鲜明的对比。[②] 东汉建初四年（79年），章帝举行白虎观会议，再次整齐六经异同。班固奉命辑成《白虎通德论》一书，确立官方解释六经之标准，同时也标志着儒学在政治上真正取得独尊时代的到来。而黄老之学虽然已退出政治领域，但由于其具有"清静寡欲"之功效，则成为人们修身养性的指导思想。如东汉初年，时为皇太子的明帝"见（光武）帝勤劳不息，承间谏曰：'陛下有禹汤之明，而失黄老养性之福，愿颐爱精神，优游自宁'"。[③] 类似的记载甚多，不再赘举。

《汉书·艺文志》曾仿"论六家要旨"评说儒、道、墨、法等十家云：

> 凡诸子十家，其可观者九家而已。皆起于王道既微，诸侯力政，时君世主，好恶殊方，是以九家之术出并作，各引一端，崇其所善，以此驰说，取合诸侯。其言虽殊，辟犹水火，相灭亦相生也。仁之与

---

① 《后汉书》卷3《章帝纪》："于是下太常，将、大夫、博士、议郎、郎官及诸生、诸儒会白虎观，讲议五经同异，使五官中郎将魏应承制问，侍中淳于恭奏，帝亲称制临决，如孝宣甘露石渠故事，作《白虎议奏》。"

② 参见赵翼《廿二史札记》卷2"汉初布衣将相之局"条、卷3"东汉功臣多近儒"条。

③ 《后汉书》卷1《光武帝纪》，第85页。

义，敬之与和，相反而皆相成也。《易》曰："天下同归而殊涂，一致而百虑。"今异家者各推所长，穷知究虑，以明其指，虽有蔽短，合其要归，亦六经之支与流裔。使其人遭明王圣主，得其所折中，皆股肱之材已。仲尼有言："礼失而求诸野。"方今去圣久远，道术缺废，无所更索，彼九家者，不犹愈于野乎？若能修六艺之术，而观此九家之言，舍短取长，则可以通万方之略矣。

如果效仿班固之口吻，是可谓"论大道则先六经而后诸家"；若以班固所处时代衡之，是语不过是对当时社会思潮变化的一种客观反映而已。对班固于司马迁之批评，亦应持如是观；并通过这一批评，从中寻觅两汉思潮变化的轨迹，以加深对两汉社会的理解。

原载《周口师范专科学校学报》2003 年第 1 期。

《史记》、《汉书》《游侠传》试探

——兼论两汉社会风尚的变迁

《史记》与《汉书》比较而言，《汉书》更符合封建统治阶级的需要。虽然《汉书》有许多章节脱胎于《史记》，但绝非是简单的重复，《游侠传》就是显著的一例。两传虽同写游侠，对其评价却大相径庭。两相对照研读，不仅可以探索司马迁、班固思想的得失之处，还可以寻溯两汉社会风尚的某些变迁，即如何经历了从崇侠到抑侠，由尚武到贵文的发展变化过程。

一

《史记·游侠列传》伊始，司马迁就开宗明义，表述了对游侠的赞美态度：

> 韩子曰："儒以文乱法，而侠以武犯禁。"二者皆讥，而学士多称于世云。至如以术取宰相卿大夫，辅翼其世主，功名俱著于《春秋》，固无可言者。及若季次、原宪，闾巷人也，读书怀独行君子之德，义不苟合当世，当世亦笑之。故季次、原宪终身空室蓬户，褐衣疏食不厌。死而已四百余年，而弟子志之不倦。今游侠，其行虽不轨于正义，然其言必信，其行必果，已诺必诚，不爱其躯，赴士之厄困，既已存亡死生矣，而不矜其能，羞伐其德，盖亦有足多者焉。①

---

① 《史记》卷124《游侠列传》，中华书局1959年版，第3181页。以下凡引此传者，不再出注。

　　在《太史公自序》中，这种意图阐发得尤为明确："救人于厄，振人不赡，仁者有乎，不既信，不倍言，义者有取焉"。① 这两段话是理解司马迁盛赞游侠的关键所在。司马迁欣赏的是游侠那种"言必信、行必果"的诚信行为，"不爱其躯，赴士之厄困"的勇猛精神，"不矜其能，羞伐其德"的谦逊美德。尽管司马迁也看出，游侠的举止行为有悖于封建统治阶级的道德标准，即所谓"不轨于正义"；但游侠那种守信不替、舍己救人的侠行义举，却令司马迁感叹不已，甚至认为这就是"仁者"、"义者"值得效法的地方。张守节说"儒敝乱法，侠盛犯禁，二道皆非，而学士多称于世者，故太史公引韩子，欲陈游侠之美"，② 确是洞悉司马迁思想的底蕴之谈。

　　司马迁陈述游侠之美，关键在于表彰他们恪守"信"字。"信"对人们的权利与义务，不像"礼"那样有许多硬性的规定，基本上是靠道德观念来维系人们之间的关系。战国时期活跃在历史舞台上的"士"就是如此。但随着秦王朝的统一，天下共主，士阶层再也不能像战国之时奔波于各国，献策于豪门了。在这种形势下，要求天下之人忠于共主的思想开始上升，"信"的概念逐渐失去了原有的重要性，但在民间的私下往来中，仍有一定的影响。汉时的游侠就是活跃于民间，以"信"相标榜的一些人物。从这个意义上来讲，他们可谓是战国时期"士"阶层的孑遗。

　　司马迁正是突出强调游侠"言必信，行必果"，至死不渝恪守"信"的行为。因此，对"自秦以前，匹夫之侠湮灭不见"的现象深为扼腕，促使他把汉兴以来著名的大侠列入史册，以至不使他们湮没无闻。且看司马迁笔下的游侠：

　　鲁地朱家，"与高祖同时。鲁人皆以儒教，而朱家用侠闻。所藏活豪士以百数，其余庸人不可胜言。然终不伐其能，歆其德，诸所尝施，唯恐见之。振人不赡，先从贫贱始。家无余财，衣不完采，食不重味，乘不过軥牛。专趋人之急，甚己之私。既阴脱季布将军之厄，及布尊贵，终身不见也。自关以东，莫不延颈愿交焉"。

　　洛阳剧孟，"周人以商贾为资，而剧孟以任侠显诸侯……行大类朱家，

　　①　《史记》卷130《太史公自序》，第3318页。
　　②　《史记》卷124《游侠列传》"正义"，第3181页。

而好博，多少年之戏。然剧孟母死，自远方送丧盖千乘。及剧孟死，家无余十金之财"。吴楚七国反叛时，太尉周亚夫曾说："吴楚举大事而不求剧孟，我知其无能为已矣"，甚至将剧孟的擒获比之为得一敌国。

轵人郭解，"少时阴贼，慨不慊意，身所杀甚众。以躯借交报仇，藏命作奸剽攻，铸钱掘冢，固不可胜数……然其自喜为侠益甚，既已振人之命，不矜其功"。郭解家被汉武帝迁徙茂陵时，"诸公送者出千余万"，"关中贤豪知与不知，闻其声，争交欢解"。

上述三个游侠，是司马迁着意刻画的人物。在他们身上，集中体现了游侠的特点。首先，他们都以"信"相标榜，以不惜毁家散财，救人于厄为己任，并且都具有不矜功伐德的品质。其次，他们都以布衣身份行侠于民间，不求贤达，自行其是，无视官府法度，但他们在地方的名气与声望绝不亚于达官显贵，甚至可以交通官府。再次，一个著名的游侠，可以说是一个地方势力的代表。尽管游侠并不是一个稳定的、有组织的社会集团，但他们可以凭借其财产与声望，纠合起一批杀人犯科，发冢铸钱，为之效死的"少年"。

司马迁赞美这些游侠，表明他在某种程度上确实突破了封建传统思想"仁义"的束缚。因此，他讴歌"行为不轨于正义"的游侠也就不足为怪了。

至于司马迁写《游侠列传》，是否与他的亲身遭遇有关？这一点前人多有论及。有人认为司马迁写《游侠列传》完全出于个人恩怨，这对司马迁未免厚诬了。但是司马迁盛赞救人于厄的游侠，与他坎坷的一生关系甚大，这一点是不容忽视的。司马迁通过李陵事件，一方面对封建统治者的专横暴虐有了切身感受，为自己欲尽忠反受刑而痛心；另一方面，对官场上同僚的虚伪懦弱，不敢仗义相救而愤慨。出于这种悲愤难抑的感情，司马迁对游侠不顾己躯，救人于危难之中的业绩倾注了极大的热情，这也就在情理之中了。

正因为司马迁写游侠确实较多地以个人的感情为转移，其中必多激愤之辞。如明人董份所说："太史公自伤莫救，发愤本意至是尽显矣。"① 如果过多地受到个人感情的支配，对于一个史家来说，则难以客观地描绘历史的真实。至于西汉初年的游侠的形象如何，恐怕相当复杂，不能一概而

---

① 　参见凌稚隆辑《史记评林》卷124《游侠列传》。

论。郭解有"君子退让之风"，但只是他性格的一个侧面。他为人阴险好杀，手下经常操纵一些亡命之徒为之效力，因睚眦之仇，"所杀甚众"。实际上郭解是一个横行乡里，外侠内残的人，最终被汉武帝族诛。这种"暴豪"行为与游侠美德，如此不和谐地呈现在同一个人物身上，不能不说是一个深刻的矛盾。应该指出，司马迁是注意到了这种现象的，他说："余悲世俗不察其意，而猥以朱家、郭解等令与暴豪之徒同类而共笑之"，力图证明两者的不同。其实这两者之间并没有什么本质的差别，游侠无非就是披着"侠"的外衣的"暴豪"而已。吕思勉先生在历数汉代游侠种种不端行为的史实之后，得出的结论是"游侠与暴豪之徒，其不可分也久矣"，①确是肯綮之言。

至于那些为游侠所救护的人，情况也相当复杂。其中自然有许多在封建专制统治下备遭欺凌的无辜之人，但也不乏不法之徒。这种鱼龙混杂、泥沙俱下的状况，委实难以区别。但有一点可以肯定，游侠的存在与活动，对稳定当时的封建统治秩序是一个消极的因素。按一般的社会发展规律来讲，在封建社会中保持一定的统治秩序，对于社会各个阶层、阶级的人来说都是必要的。只有这样，才能起到维系社会统一和稳定秩序的作用。这一点，对大乱之后的西汉初年至关重要。可是，游侠的作为恰恰与社会各阶层人们的愿望相反，他们只从个人恩怨出发，气味相投则无所不为，反之则无恶不作，乃至杀人泄愤。这些行径在一定程度上无疑会给初定的社会带来新的骚动与不安，既违背了封建道德观念，又触犯了封建社会的法律，也破坏了社会秩序。因此，这些游侠进不能赢得广泛的社会同情，退不能取得封建统治阶级的谅解。那么，他们被打击、遭逐杀的结局就不可避免了。

司马迁在《史记·游侠列传》中，详尽地记述了西汉初年某些游侠的身世和经历，在众多历史人物的画卷中，为后世的史家所不屑记述的布衣之侠留下了一份宝贵的实录，自然弥足珍视。但是，司马迁对于游侠这种过高的评价，却令人难似首肯。

---

① 参见吕思勉《秦汉史》第 14 章第 3 节 "游侠"，上海古籍出版社 1983 年版，第 522 页。

二

在《汉书·司马迁传》中，班固曾指出"其是非颇缪于圣人，论大道则先黄老而后六经，序游侠则退处士而进奸雄，述货殖则崇势利而羞贱贫，此其所蔽也"。[①] 可见不论在总体思想上，抑或在具体问题上，班固与司马迁都存在着深刻的分歧。司马迁所热情歌颂的游侠和货殖者，正是班固所着力批判的。正是出于这种思想上、道德观念上的差距，班固试图力矫司马迁之失，针锋相对地写下了带有班氏思想痕迹的《汉书·游侠传》。其目的在于"开国承家，有法有制，家不藏甲，国不专杀。矧乃齐民，作威作惠，如台不匡，礼法是谓"。[②] 王念孙进一步阐释班固的这种意图为"言游侠之徒以齐民而作威作惠，如此，奈何不匡之以礼法也"。[③]

正是为了"匡之以礼法"，《汉书·游侠传》一开始就表述了对周代社会的崇尚之情：

> 古者天子建国，诸侯立家，自卿大夫以至于庶人各有等差，是以民服事其上，而下无觊觎。孔子曰："天下有道，政不在大夫。"百官有司奉法承令，以修所职，失职有诛，侵官有罚。夫然，故上下相顺，而庶事理焉。[④]

在班固的心目中，周代这种上下有序、礼刑互不逾越的状态是最理想的、最和谐美好的社会模式。但随着周王室的衰落，"下逾上、贱凌贵"的现象层出不穷，"由是列国公子，魏有信陵、赵有平原、齐有孟尝、楚有春申，皆藉王公之势，竞为游侠，鸡鸣狗盗，无不宾礼"。班固对此极为愤慨，认为战国四公子是形成"背公死党之议成，守职奉上之义废"局面的始作俑者。虽然班固对西周的政治制度、春秋战国时期社会动荡变化的评价过于迂腐，但他看到战国时期是一个大变化的时代，而游侠正是这

---

① 《汉书》卷 62《司马迁传》，中华书局 1962 年版，第 2737 页。
② 《汉书》卷 100《叙传》，第 4267 页。
③ 《汉书补注》卷 100《叙传》，中华书局 1983 年版，第 1746 页。
④ 《汉书》卷 92《游侠传》，第 3697 页。以下凡引此传者，不再出注。

个时期的特殊产物，则是符合历史史实的。

秦统一后，战国时那种游侠大量存在、纵横驰骋的社会环境业已改变。但是，由于秦王朝的勃兴骤亡，反而使社会更加动荡，游侠活动愈加猖獗。西汉初年，承秦之弊的社会尚未安定，一些诸侯王和权臣多与游侠交往，借以壮大声势，反叛中央政府的事件接踵发生，游侠亦在其中起到推波助澜之用。西汉政府所面临的主要问题是统一与分裂之争，尚无暇顾及于此。在这种形势下，正是游侠存在与发展的绝好时机。班固曾详尽地描述游侠交通诸侯王及权臣的情景：

> 及至汉兴，禁网疏阔，未之匡改也。是故代相陈豨从车千乘，而吴濞、淮南皆招宾客以千数。外戚大臣魏其、武安之属竞逐于京师，布衣游侠剧孟、郭解之徒驰骛于闾阎，权行州域，力折公侯。众庶荣其名迹，觊而慕之。虽其陷于刑辟，自与杀身成名，若季路、仇牧，死而不悔也。

可见游侠的大量存在与活动，对中央政府来说不能不是一个严重的威胁。班固从政治大局着眼，侧重分析游侠这种社会势力与中央集权之间的矛盾，从这一点来看，似比司马迁单见游侠执信不替、救人于厄困的细微之处略胜一筹。

《汉书·游侠传》除照录《史记·游侠列传》中的几个游侠外，又着重写了萬章、楼护、陈遵、原涉诸人。班固自然也描写这些人仗义疏财，救人不赡的侠行义举；但是班固写游侠的真意决不在于歌颂这些行为，而是在着力揭露游侠身上的另一侧面，即犯法作科、阴贼好杀的性格，原涉即为突出的一例。原涉"性略似郭解，外温仁谦逊而内稳好杀。睚眦于尘中，死者甚众"；其友人之弟王游公向茂陵守令尹公揭露"涉刺客如云，杀人皆不知主名，可为寒心"。并为之出谋，毁坏原家的冢舍；此时，原涉并不看友人之面，而是"选宾客，遣长子初从车二十乘劫王游公家……杀游公父子二人，断两头去"。如果说王游公确实伤害了原涉，杀之理犹可谅的话；那么，原涉杀尹公则全无道理。尹公与原涉后来同为更始将军部下，且尹公又向其谢罪曰："易世矣，宜勿复相怨。"孰料又勾起原涉的宿怨，终派刺客杀了尹公。这类举动，距游侠相标榜的品德太远了。因此，班固对封建统治者诛杀游侠之辈并无反感，认为郭解之类游侠"其罪已不容诛矣"。尽管从游侠个人品德上讲，不乏有"温良泛爱，振穷周急，谦退不伐"的"绝美之姿"，但终因"惜乎不入于道德，苟放纵于末流，杀身亡宗，非不幸也"。

令人迷惑不解的是，司马迁在《史记·游侠列传》中明确申言，正是因为对秦兴以来布衣之侠湮灭无闻的状况深表遗憾，才立志为这些游侠立传；而班固所补诸人却非布衣之侠，而恰恰是被司马迁摒弃在游侠之外的"暴豪"，是一些大大小小官吏或官吏的后代。班固之所以这样写，除了在主观上要与司马迁反其道而行之外，是另有意图的。就是要以此证明，不论是布衣之侠或是"暴豪"之徒，实质上都是一样，他们的兴衰都与封建统治的严密与否成正比，借以提醒封建统治者注重这个问题。

综上可见，班固从维护封建道德思想出发，尽力揭露游侠触犯封建法网，残忍好杀的一面，确实做到了"进处士而退奸雄"。当然，班固这种对封建专制制度、道德观念全盘肯定，不置一辞的态度，较之司马迁而言无疑是保守的。但是，班固看到游侠的活动是与中央集权的不健全，特别是与西汉前期诸侯王割据势力有关，因而主张对游侠进行打击，仅从这一点上，班固还是颇有见解的。

三

以上的分析仅侧重于《史》、《汉》两书所写《游侠传》的得失，绝非是全面评价两传的优劣。笔者更注重通过两个《游侠传》的比较研究，寻溯两汉社会风尚及思潮发生若干变迁的历史原因和脉络。

司马迁生活的时代，上去战国百家争鸣未远，下逮汉武帝一统思想界之时，尽管已罢黜百家，定儒家于一尊，然汉武帝思想深处，仍如汲黯所说"内多欲而外施仁义"。[①] 直至汉宣帝时还是"汉家自有制度，本以霸王道杂之"。[②] 可见西汉在相当一段时间内，儒家思想并没有完全占据统治地位。在这种形势之下，司马迁的思想表现得较为复杂，基本上是宗黄老，杂以其他学派的混合产物，反映在《史记》中，也就颇多骇世惊俗的言论。而班固生活在东汉前期，是时经董仲舒改造过的儒家思想与谶纬神

---

① 《史记》卷120《汲黯列传》，第3106页。
② 《汉书》卷9《元帝纪》，第277页。

学相结合，牢牢地控制着思想界。在章帝建初四年（79年）的白虎观会议上，统一儒家经典释义的《白虎通义》一书，正是由班固执笔整理成文的。司马迁、班固二人的思想由于受时代思潮影响而形成的差距，体现在两传中是那么鲜明，不容混淆。章太炎试图调和这种矛盾，认为"史公重视游侠，其所描写，皆虎虎有生气，班氏反之，谓之乱世奸雄，其言实亦有理。是故《史》、《汉》之优劣，未可轻易下断语也"。[①] 把两传等而齐观，似属不可取；但孰优孰劣，不可轻下断语的意见却值得重视。

两篇《游侠传》思想差异的产生，在很大程度上是受着两汉社会风尚及思潮变化的制约。两汉初年，游侠不但在社会上极度活跃，而且崇侠的风尚也相当炽烈。汉初皇帝、将相大都布衣出身，皆是些桀骜不驯的人物，有的本身就是游侠。这种"布衣将相"格局的形成，对西汉社会风气影响极大。诸侯王、权臣广招宾客，其中不乏游侠、刺客一类人物。班固在《两都赋》中曾有这样的描述，在西汉首都长安中，"乡曲豪俊，游侠之雄，节慕原、尝，名亚春、陵，连交合众，骋骛乎其中"。[②] 原、尝、春、陵是指战国时"四公子"，即赵国平原君赵胜、齐国孟尝君田文、楚国春申君黄歇、魏国信陵君魏无忌，四人均以广招宾客而著名。把西汉时交通游侠的盛况与战国时招士模拟，可见此时多承战国遗风。吕思勉说："秦汉之世，士大夫多喜与游侠交通。张良居下邳，为任侠。项伯杀人，尝从良匿。季布弟心杀人，亦亡吴从袁丝匿。甚至好黄老如汲黯、田叔者亦为之。"[③]《史记·袁盎列传》载：

> 洛阳剧孟尝过袁盎，盎善待之。安陵富人有谓盎曰："吾闻剧孟博徒，将军何自通之。"盎曰："剧孟虽博徒，然母死，客送葬车千余乘，此亦有过人者。且缓急人所有。夫一旦有急叩门，不以亲为解，不以存亡为辞，天下所望者，独季心、剧孟耳。今公常从数骑，一旦有缓急，宁足恃乎！"骂富人，弗与通。诸公闻之，皆多袁盎。

这种公然为交通游侠而辩护的行径居然得到统治阶层大多数人的赞

① 章太炎：《略论读史记之法》，《制言》月刊第53期。
② 《后汉书》卷40《班固传》，中华书局1965年版，第1336页。
③ 吕思勉：《秦汉史》第14章第3节"游侠"，第519页。

许，若不是在社会上普遍存在尚侠的情况下是不能想象的。就是西汉的开国皇帝刘邦，也多具有游侠的气质。史称刘邦"仁而爱人，喜施，意豁如也。常有大度，不事家人生产作业"。① 他赦免为大侠朱家所藏匿的夙敌季布，固然说明其豁然大度，但也在一定的程度上反映出他对朱家这种侠行的默许与赞赏的态度。在这种尚侠的社会风尚的熏陶下，民间也是"众庶荣其名迹，觊而慕之"。

然而，随着西汉统治的不断完善，以及统治集团内部贵族化程度的日趋加深，尚侠的风尚逐渐泯灭。汉武帝时已是"天子切齿，卫、霍改节"，权臣贵戚对交通游侠已多顾忌。汉元帝时，华阴守玉嘉举荐朱云"可使以六百石秩试守御史大夫，以尽其能"。太子少傅匡衡却以朱云"素好勇，数犯法亡命"为理由而阻之；不仅朱云因"少时通轻侠，借客报仇"被废置不用，连举荐者也被加上"妄相称举，疑有奸心"的罪名，"下有司案验"。② 此事起因颇与朱家保荐季布相似，而结局却大异其趣。从中不难领悟，西汉统治者此时对游侠的态度已发生明显的变化。

东汉时期也基本沿袭汉武帝以降对游侠的态度。尽管在两汉之际，风云跌宕，群雄逐鹿，尚武通侠对刘秀夺取皇帝宝座大有裨益。刘秀为布衣时，也是"臧亡匿死，吏不敢至门"，与游侠的举止如出一辙。然而，他一践帝位则以为"天子不与布衣同"，③ 认定"臧亡匿死"的游侠行为，是不能为封建统治者所允许的。东汉的王公大臣也一反西汉初交通游侠的风尚，多谨身自好。阴兴就以"虽好施接宾，然门下无侠客"而为刘秀"甚见亲信"。④ 马援兄子严、敦"好论议人长短"，"通轻侠客"，是时，马援尚在千里之外的交趾前线，还书诫之曰：

> 吾欲汝曹闻人过失，如闻父母之名，耳可得闻，口不可得言也。
> 好论议人长短，妄是非正法，此吾所大恶也，宁死不愿闻子孙有此行
> 也。汝曹知吾恶之甚矣，所以复言者，施衿结褵，申父母之戒，欲使
> 汝曹不忘之耳。龙伯高敦厚周慎，口无择言，谦约节俭，廉公有威，

① 《汉书》卷1《高帝纪》，第2页。
② 《汉书》卷67《朱云传》，第2912—2913页。
③ 《后汉书》卷77《董宣列传》，第2490页。
④ 《后汉书》卷32《阴兴列传》，第1130页。

吾爱之重之，愿汝曹效之。杜季良豪侠好义，忧人之忧，乐人之乐，
清浊无所失，父丧致客，数郡毕至，吾爱之重之，不愿汝曹效也。效
伯高不得，犹为谨敕之士，所谓刻鹄不成尚类鹜者也。效季良不得，
陷为天下轻薄子，所谓画虎不成反类狗者也。讫今季良尚未可知，郡
将下车辄切齿，州郡以为言，吾常为寒心，是以不愿子孙效也。①

尽管马援也私慕杜季良的侠行，但深恐子侄辈效之而招祸，把"通轻侠
客"的行径与"陷为天下轻薄子"的结局相提并论，较之西汉初年以通侠
相夸耀的风尚，不能不说是一个重大的变化。第五种触犯宦官单超，避祸
民间多年，徐州从事臧旻上书为之求情，援引朱家、季布的故事曰："种
逃亡，苟全性命，冀有朱家之路，以显季布之会。愿陛下无遗须臾之恩，
令种有持忠入地之恨。"② 尽管言辞恳切感人，但也没有重演朱家、季布
的奇迹。反之，东汉的最高统治者对王公大臣交通游侠十分注意，一旦察
觉有此行迹，即加严惩，决不宽贷。楚王刘英、济南王刘康、廖陶王刘悝
均因通侠作图谶而被除去封国，逐杀党羽，严加惩治。③

　　两汉社会，伴随着由尚侠到抑侠的过程，在社会思潮中也经历了一个
由崇武到贵文的变化，这个变化同样也是极其鲜明的。所谓侠，都是以尚
武见称，"好文者为游士，尚武者为游侠"。④ 西汉初年，游侠大肆活动，
与其时普遍存在的崇武之风有密切关系。秦始皇收销兵器以弱天下之民，
可陈胜、吴广却斩木为兵，二世亡秦。这给汉初统治者以极大教训，不以
禁民间兵器为首要。况且汉家天下就是在厮杀中夺取的，即刘邦所说"马
上得之"，统治集团内亦多起起武夫，此时，对舞文弄墨的儒生甚为轻视。
洪迈说："高帝初兴，未遑庠序之事，孝惠、高后时，公卿皆武力功臣，

　　① 《后汉书》卷24《马援列传》，第844—845页。同传继曰："季良名保，京兆人，时为越
骑司马。保仇人上书，讼保'为行浮薄，乱群惑众，伏波将军万里还书以诫兄子，而梁松、窦固
以之交结，将扇其轻伪，败乱诸夏。'书奏，帝召责松、固，以讼书及援诫书示之，松、固叩头
流血，而得不罪。诏免保官。伯高名述，亦京兆人，为山都长，由此擢拜零陵太守。"（第845
页）是为马援"诫子侄书"所引发的余波。
　　② 《后汉书》卷41《第五种列传》，第1405页。
　　③ 参见《后汉书》卷42《光武十王列传》，卷55《章帝八王列传》。
　　④ 吕思勉：《秦汉史》第14章第3节"游侠"，第517页。

孝文好刑名，孝景不任儒。"① 直至汉武帝时，儒生始得以策问、举孝廉诸方式参与政治，然尚武之风并没有停止下来，汉武帝一朝，仍是西汉文治武功鼎盛的时期，丞相公孙弘曾建议收缴民间弓弩，吾丘寿王就以"圣王合射以明教矣，未闻弓矢之为禁也"为口实来反对。②

至东汉之后，此风也逐渐发生变化。虽然刘秀也是"马上"得天下，但对不能"马上"治之这个道理领悟得却比刘邦要快。刘秀一朝夺取政权，就着手改革兵制，"罢轻车、骑士、材官，楼船士及军假吏，令还复民伍"。③ 其中一个重要目的就是不让人民习武，以防再度起兵反抗。

东汉初年统治集团的成分也与西汉初年大不一样，赵翼说："西汉开国功臣多出于亡命无赖。至东汉中兴，则诸将皆有儒者气象，亦一时风会不同也。"④ 至和帝时，一些儒生竟倡言要废武功，史载："邓太后临朝，（邓）骘兄弟辅政，而俗儒世士，以为文德可兴，武功宜废，遂寝搜狩之礼，息战阵之法。"⑤ 东汉一朝，史籍触目皆见政府表彰、督举孝廉的诏书、法令。所谓孝廉，就是遵行儒家教诲，以重文德而见称之人。崇尚武功的思潮伴随着严厉的抑制游侠行动早已荡然无存。

范晔在《后汉书·党锢列传》中论及两汉社会风尚及思潮变迁时说：

> 及汉祖杖剑，武夫勃兴，宪令宽赊，文礼简阔，绪余四豪之烈，人怀陵上之心，轻死重气，怨惠必雠，令行私庭，权移匹庶，任侠之方，成其俗矣。自武帝以后，崇尚儒学，怀经协术，所在雾会，至有石渠分争之论，党同伐异之说，守文之徒，盛于时矣。至王莽专伪，终于篡国，忠义之流，耻见缨绋，遂乃荣华丘壑，甘足枯槁。虽中兴在运，汉德重开，而保身怀方，弥相慕袭，去就之节，重于时矣。⑥

把汉高祖、汉武帝、汉光武帝所代表的三个不同历史阶段所发生的变

① 洪迈：《容斋五笔》卷 4 "汉武帝田蚡公孙弘"条，上海古籍出版社 1978 年版，第 853 页。

② 《汉书》卷 64《吾丘寿王传》，第 2797 页。

③ 《后汉书》卷 1《光武帝纪》，第 51 页。

④ 赵翼：《廿二史札记》卷 4 "东汉功臣多近儒"条，中国书店 1987 年版，第 55 页。

⑤ 《后汉书》卷 60《马融列传》，第 1954 页。

⑥ 《后汉书》卷 67《党锢列传》，第 2184 页。

化勾勒得十分清楚。

　　综上所述，两汉社会风尚及思潮经历了一个曲折变化的发展过程。两篇《游侠传》所反映的思想，都不可避免地带有时代的痕迹。如果把司马迁、班固的思想综合分析，去糟存精，那么，我们对游侠——这一古代社会的特殊产物，会有一个比较符合史实的认识。从这一点上讲，两篇《游侠传》确是瑕瑜互见、相得益彰。

原载《学术月刊》1990 年第 10 期。

从《史》、《汉》《货殖传》看两汉义利观的演变

　　《史记》与《汉书》，虽然同为纪传体史书中的双璧，但是在许多重大问题却见解相左，甚至针锋相对。两书《货殖传》尽管立传体例相同，在义利观念的评价上则是大相径庭。究其根由，除了司马迁与班固个人史识不尽相同之外，更重要的一个原因就是由于两人所处的历史环境不同，两汉社会无论是在社会经济形态，或是在社会意识及风尚等方面均发生了明显的变化，而这种变化势必要在《史记》、《汉书》中表现出来。对照研读两篇《货殖传》，不仅可以窥察作者在义利观念上的差异之处，而且可以从中寻觅两汉社会由重利轻义到重义轻利的演变轨迹，加深对两汉社会的认识。

一

　　班固在《汉书·司马迁传》的赞语中曾评讥司马迁"述货殖则崇势利而羞贱贫"。① 暂且不论这种评语是否正确，通观《史记·货殖列传》，从中不难发现，司马迁确实相当重视"利"，而对"仁义"则颇多微词。

　　司马迁在《史记·货殖列传》伊始，就对老子所谓"邻国相望，鸡狗之声相闻，民各甘其食，美其服，乐其业，至老死不相往来"的"至治之极"进行嘲讽，断言这种不追逐物欲的人类社会，除了人们无从了解的虚无缥缈的神农氏之外，就《诗》《书》所述的虞夏以来的历史，都是"耳目欲极声色之好，口欲穷刍豢之味，身安逸乐，而心夸矜势凭能之荣使"，

---

① 《汉书》卷62《司马迁传》，中华书局1962年版，第2738页。

决然没有像老子所倡言的那种清心寡欲的"至治之极"。① 在这里，司马迁充分地肯定了人的本性就是要追求物质利益，没有对物质利益的追求，就无从谈及人类社会的进化。司马迁这一看法是相当有见地的，也完全符合人类社会发展的规律。不管人们愿意承认与否，正如恩格斯所说："卑劣的贪欲是文明时代从它存在的第一日起直至今日的动力。"②

西汉前期，"崇势利"并不是司马迁一人所独有的思想，而是整个社会风气使然。这一点，以下还要论述，此不赘。但是，司马迁于"利"的重视程度则远远超越了其同时代人，对"利"的推崇，与对"仁义"的轻蔑几成正比。司马迁以犀利的笔端，戳穿了"仁义"的薄纱，把社会上各种逐利的现象公布于世，指出："富者，人之情性，所不学俱欲者也。"既然喜富厌贫是人的本性，那么，天下芸芸众生莫不是如此："谋于廊庙，论议朝廷"的"贤人"，"守信死节隐居岩穴之士"，"攻城先登，陷阵却敌，斩将搴旗"的"在军壮士"，"攻剽椎埋，劫人作奸，掘冢铸币，任侠并兼，借交报仇，篡逐幽隐，不避法禁，走死地如鹜者"的"间巷少年"，"设形容，楔鸣琴，揄长袂，摄利屣，目挑心招，出不远千里，不择老少"的"赵女郑姬"，"饰冠剑，连车骑"的"游闲公子"，以及"求富益货"的"农工商贾畜长"，等等。无一例外，都是用不同的手段与方式追逐富贵。

因此，司马迁把这一现象归结为："天下熙熙，皆为利来；天下壤壤，皆为利往。"在"利"的面前，"千乘之王，万家之侯，百室之君，尚犹患贫，而况匹夫编户之民乎"。正是由于司马迁在《货殖列传》中表述的重利轻义的观点如此鲜明、激烈，对"利"的肯定达到了无可复加的地步，并把社会上形形色色的逐富追利的行为视为极其自然、合理之事。在这一点上，确实与汉武帝之后，一统思想界的重义轻利的儒家观点多有相悖之处。所以，东汉班固对此大为反感，于是才有司马迁"述货殖则崇势利而羞贱贫"的感叹。此语一出，立即成为千百年来人们评议《史记·货殖列传》的焦点。赞同这一观点的人视之为确评，如董份曰：

---

① 《史记》卷129《货殖列传》，中华书局1959年版，第3253页。以下所引资料凡出是传者不再出注。

② 恩格斯：《家庭、私有制和国家的起源》，《马克思恩格斯选集》第4卷，人民出版社1972年版，第173页。

（司马）迁答任少卿书，自伤极刑，家贫不足自赎，故感而作货殖传，专慕富利。班固讥之，是也。

为司马迁辩护者则反其道而行之，如姚鼐云：

世言司马子长因己被罪于汉，不能自赎，发愤而传货殖。余谓不然。盖子长见其时天子不能以宁静淡薄先海内，无校乎物之盈细，而以制度防礼俗之末流，乃令其民仿效淫侈，去廉耻而逐利资，贤士困于穷约，素封僭于君长。又念里巷之徒，逐取十一，行至猥贱。而盐铁、酒酤、均输，以帝王之富，亲细民之之役，为足羞也……故讥其贱而以绳其贵，察其俗以见其政，观其靡以知其弊，此盖子长之志也。①

这两种说法虽然大相径庭，但有一点却是共同的，无论哪一种说法都没有否认《史记·货殖列传》中确实有大量"崇势利"、"羞贫贱"的话。因此，他们都把注意力放在分析司马迁为什么如此表述的动机之上，或曰是"自伤之辞"，或曰是"微言讽政"。当然，这两种说法均各有其道理。然而，更值得重视的问题却不在这里。千百年来喋喋不休为之辩解、猜疑的《史记·货殖列传》，其中的言论在后世人的眼中固然是骇世惊俗的"异端思想"，但在司马迁生活的时代，并没有什么特别不妥之处。是时，整个社会生活中都弥漫着"唯利是视"的空气，司马迁不过是用生动、形象的语言把它"实录"下来而已。

西汉初年去战国、亡秦不远，社会意识及民间风俗多承其余绪。而战国、亡秦，在后世儒家的眼中则是"崇势利"的典型代表。战国之时，由于诸侯国之间兼并战争不已，"富国强兵"实为存亡之战，各国君臣无不竞言富国强兵之道，绝不讳言"势利"。梁惠王见孟子，首先就问"叟不远千里而来，亦将有以利吾国乎？"② 在民间也多言逐富之路，苏秦挂赵国相印前后，家人"前倨后卑"，态度发生戏剧性的变化，其嫂子一语道

---

① 《史记会注考证》卷129《货殖列传》，上海古籍出版社1986年版，第2041页。
② 《孟子·梁惠王上》。

破其中的奥妙，原因就于"以季子之位尊而多金"。① 这种"上下交征利"的现象，时人视之极为正常。因此，提倡"仁义而已"的孟子遑遑于各国之间而不售其说，实为形势所然。至于秦则更是如此，汉初儒者贾谊指谪秦民俗为："借父耰锄，虑有德色；母取箕帚，立而谇语。抱哺其子，与公并倨。妇姑不相说，则反唇而相稽。其慈子耆利，不同禽兽者亡几耳。"②

继秦而建的西汉王朝，"崇势利"之风何尝稍戢。除西汉初年一段时间内，由于连年战争的影响，在物质极端缺乏的情况下，"自天子不能具钧驷，而将相或乘牛车，齐民无藏盖"，③ 封建统治者不得不稍敛物欲外，而在经济形势逐渐好转的文景之后，社会上又开始弥漫着追利逐富的空气，并且愈演愈烈。以富贵取人，以势利傲人的例子屡见不鲜。号为名将的卫青，门下舍人多出于富贵之家。赵禹奉诏举卫将军舍人为郎官，将军门下舍人均"具鞍马绛衣玉具入奏"，唯独田仁、任安因家贫无具，并如实禀告赵禹。以致卫将军怒两人曰："今两君家自为贫，何为出此言，鞅鞅如有移德于我者，何也？"其歧视贫贱之态跃然纸上。无怪赵禹叹曰："今有诏举将军舍人者，欲以观将军而能得贤者文武之士也。今徒取富人子上之，又无智略，如木偶人之绮绣耳，将奈之何？"④ 身为国家最高财政长官的桑弘羊亦是如此，他颇为自豪地宣称："余结发束修，年十三。幸得宿卫给事辇毂之下……车马衣服之用，妻子仆养之费，量入为出，俭节以居之，奉禄赏赐，一二筹策之积，浸以致富成业"，⑤ 并公然嘲弄那些汲汲于"义利之辨"的"拘儒"，"布褐不完，糟粮不饱，非甘菽藿而卑广厦，亦不能得已"。⑥ 就是最高统治者汉武帝，也如汲黯所说"内多欲而外施仁义"。⑦ 所以，在这种时尚下，身为丞相的公孙弘，"衣布被，食不重肉"，希冀以此矫治天下尚利风气。但是，居然遭到许多人的抨击，

---

① 《战国策·秦策一》。
② 《汉书》卷 48《贾谊传》，第 2244 页。
③ 《史记》卷 30《平准书》，第 1417 页。
④ 《史记》卷 104《田叔列传》，第 2780—2781 页。
⑤ 王利器：《盐铁论校注（定本）》卷 4《贫富》，中华书局 1992 年版，第 219—220 页。
⑥ 王利器：《盐铁论校注（定本）》卷 5《毁学》，第 231 页。
⑦ 《史记》卷 120《汲黯列传》，第 3106 页。

认为"此诈也"。①

在民间,羡富恶贫也是一种普遍存在的现象。主父偃拜齐相后,曾召昆弟宾客责之曰:"始我贫时,昆弟不我衣食,宾客不我内门。今吾相齐,诸君迎我或千里。吾与诸君绝矣,毋复入偃之门。"② 下邽翟公的情遇亦是如此:"始翟公为廷尉,宾客阗门。及废,门外可设雀罗。"后来翟公复为廷尉,诸宾客又风闻而至,翟公乃大署其门曰:"一死一生,乃知交情;一贫一富,乃知交态;一贵一贱,交情乃见。"③ 再如司马相如与卓文君相恋,卓父恶相如贫而不与一文,"相如与俱之临邛,尽卖其车骑,买一酒舍酤酒,而令文君当垆。相如身自着犊鼻裈,与保庸杂作,涤器于市中",故意作出贫贱之态以羞侮卓父,而且众人也认为他们除贫之外并无其他过错,不得已,卓父只好"予文君僮百人,钱百万,及其嫁时衣被财物",④ 司马相如与卓文君回成都买宅田,顿为富人。

由此可见,在西汉相当长的一段时期内,朝野之间确实存在着重利而轻义的社会风气,而且正是在这种社会风气的熏陶之下,司马迁才能写出带有鲜明的"崇势利"色彩的《货殖列传》。班固的评语仅仅注意到了司马迁的个人因素,而忽略了整个社会风气对司马迁的左右与影响,真可谓是执一端而失于偏颇。

二

正因为在义利观念上,班固的整体看法与司马迁截然相反。于是,他试图力矫司马迁之论,写下了同样具有鲜明的重义轻利色彩的《汉书·货殖传》。如果说《史记·货殖列传》是"崇势利"的话;那么,《汉书·货殖传》的重点则在于"崇仁义"。

班固在《汉书·货殖传》开始,就表述了与司马迁完全不同的历史观。他说:"昔先王之制,自天子公侯卿大夫士至于皂隶抱关击柝者,其爵禄奉养宫室车服棺椁祭祀死生之制各有差品,小不得僭大,贱不得踰

---

① 《汉书》卷 58《公孙弘传》,第 2620 页。

② 《汉书》卷 64《主父偃传》,第 2803 页。

③ 《史记》卷 120《汲郑列传》"太史公曰",第 3113 页。

④ 《史记》卷 117《司马相如列传》,第 3000—3001 页。

贵。夫然，故上下序而民志定。"① 这种把社会上活生生的人按照一定的社会地位与等级，把他们固定在各个凝固不变的社会阶层之中，并且按照他们各自相应的地位分享所应得的物质利益，以保证上下有序、贵贱不逾的"先王之制"，正是儒者一贯提倡的、理想的一种社会结构。而且在物质生产不十分发达的古代社会，只有按照这种"先王之制"的分配原则，才有可能达到"欲寡而事节，财足而不争。于是在民上者导之以德，齐之以礼，故民有耻而且敬，贵谊义而贱利"的目的。因此，班固特别强调："此三代之所以直道而行，不废而治之大略也。"由此可见，"贵义贱利"，正是班固所憧憬的奉行"先王之制"的三代"直道"，也是他撰写《汉书·货殖传》，褒贬人物的准则。也正是因为班固对上古历史的看法与司马迁完全不同，所以，他对司马迁为那些"布衣匹夫"的货殖者立传，而且认为"智者有采焉"的态度深为不然，才讥讽司马迁是"述货殖则崇势利而羞贱贫"。

因此，班固在《汉书》卷 100《叙传》中着重申明，他之所以撰写《汉书·货殖传》，其目的就在于宣扬"四民食力，罔有兼业，大不淫侈，细不匮乏，盖均无贫，遵王之法"的"先王之制"；针砭那些"靡法靡度"、"偪上并下"、"败俗伤化"的"货殖者"。② 还应指出，班固并不是一味单纯地反对追逐物质利益，而是要求人们在义利的取舍上，必须遵循先义后利或贵义贱利的原则，并且按照管子所提倡的"四民"分工论，摒弃一切非分之想和追求，即是"士相与言仁谊于闲宴，工相议技巧于官府，商相与语财利于市井，农相与谋稼穑于田野"，超然于这四者之上的只有"圣人"，才能"备物致用立成器以为天下利"。

然而，班固所憧憬的"贵谊义贱利"的"先王之制"，只是存在于虚无缥缈的梦幻之中，在现实的社会生活中并不存在。这种饰远古而谕当今的做法，不过是儒家通用的一种陈述自己政见的方式。班固持如是观，本不足怪。正如南宋人叶适在评议《汉书·食货志》时所说："班固言先王制土处民，富而教之，必世而后仁，其说甚美"，但这不过是"以空言誉古人，于治道无可进之理"。③ 若是以《汉书·货殖传》所描绘的"周室

---

① 《汉书》卷 91《货殖传》，第 3679 页。以下所引资料凡出是传者不再出注。
② 《汉书》卷 100《叙传》，第 4266 页。
③ 叶适：《习学记言序目》卷 22《汉书二》，中华书局 1977 年版，第 310 页。

衰礼法坠"以降的历史演变过程来看，班固的看法大体是适宜的，"诸侯刻桷丹楹，大夫山节藻棁，八佾舞于庭，雍澈于堂。其流至乎士庶人，莫不离制而弃本，稼墙之民少，商族之民多，谷不足而货有余"。于是，"商通难得之货，工作亡用之器，士设反道之行，以追时好而取世资。伪民背实而要名，奸夫犯害而求利，篡弑取国者为王公，圈夺成家者为雄桀"。揆度自春秋以来直至西汉初年这一段历史事实，确实经历了像班固所形容的这样的重大变化。其中最突出的一点是因为民间工商业的勃兴，导致了无论是从经济基础，还是从上层建筑，以及人们的道德标准与价值观念都发生了相应的变化。面对这种社会巨变的反映，班固和司马迁却持有完全不同的看法，并且在两篇《货殖传》中鲜明地反映出来。

在司马迁看来，这种贵贱相替、富贫易位的变化是再自然不过，就像经营工商业一样，"富无经业，则货无常主，能者辐凑，不肖者瓦解"。不过是一种社会变化的自然趋势罢了，并非是礼义道德沦丧的结果。所以，司马迁在记述卓氏、程郑、孔氏、刀间等人的业绩时说："请略道当世千里之中，贤人所以富者，令后世得以观择焉。"并没有因为他们从事"贱行"、"掘业"、"薄技"致富而轻视讥讽，反之却把他们视为可供后世效法的楷模。正是由于司马迁能够较客观地对待这一时代的变化，因此对这些应运而生、适时而兴的"货殖者"持有赞赏的态度，所注重的当然是"实利"，而没有用"礼义"之类的道德规范去衡量、评价他们。

同样的道理，由于班固对西周末年以来的社会变化与司马迁的见解相左，而是专从儒家的道德标准和价值观念出发，以"义"为准绳去褒贬人物，那些在司马迁笔下的"贤人"、"能者"，一变成为班固笔下的"伤风败俗大乱之道"的始作俑者和推波助澜者。班固着意指出，齐桓、晋文之后，"礼义大坏，上下相冒，国异政，家殊俗，耆欲不制，僭制差亡极"，在这样的历史震荡下才出现了"编户齐民同列而以财力相君"，"守道循理者不免于饥寒之患"，这样令人痛心疾首的事变。继之，班固指出，撰写《汉书·货殖传》是为了"列其行事以传世变"，与司马迁"令后世得以观择"的目的截然相反。

正是因为班固对那些公然逾越身份而追逐财富的"货殖者"持有探刻的批评态度，所以在《汉书·货殖传》中，除引用司马迁的一些原文外，对于司马迁之后的"货殖者"的事迹，仅用"自元、成讫王莽，京师富人杜陵樊嘉，茂陵挚网，平陵如氏、苴氏、长安丹王君房，豉樊少翁，王孙大卿，为天下高訾"，等寥寥数十言一带而过，而重点又在于点明他们的"行状"是"犯奸成富"、"伤化败俗"。通过这样强烈的贬斥之辞，班固再一次表明了与司马迁在义利观念上完全不同的态度。叶适曾经批判班固："以司马迁序游侠，述货殖，是非悖谬，信如此，便不合登载而仍用迁条例，因其旧文，无所更易，是不知迁之所以为传者。"[1]《汉书·货殖传》沿用司马迁条例确属事实，但"无所更易"四字却不甚准确。从《史记·货殖列传》的重利轻义，到《汉书·货殖传》的重义轻利，正是班固的"更易"之处。

<h2 style="text-align:center">三</h2>

如众所知，一种社会观念的产生与演变绝非是凭空产生的，其内涵无不深刻地反映了社会经济形态的变迁，两汉社会义利观的演变亦是如此。自西周末年以来，由于社会生产力的提高及其私营工商业的发展，一批独立经营的"工肆之人"登上了历史舞台，他们依靠自身掌握的技艺四处奔波，追逐财富，公然谋求个人利益。这种经济形态的变化，突破了"庶人力于农穑，工商皂隶不知迁业"，[2]"庶人工商，各守其业，以共其上"[3]的"先王之制"。《周礼·秋官·朝士》所限定的"凡得获货贿人民六畜者委于朝，告于士，旬而举之，大者公之，小者庶民私之"，即按照一定的社会地位分配物质财富的理想方式，已经丧失了它昔日神圣的光泽。而且只要私营工商业一旦出现，势必要按照商品生产的客观规律，不可避免地出现"逐利"现象，走上一条如同司马迁所概括的"能者辐凑，不肖者瓦解"的道路。

在这种私营工商业勃勃兴起的形势下，人们的价值观念也相应地发生了一定的变化。综观先秦诸子的经济思想，除了以孔子为代表的"罕言利"的儒家学派，以及基本上不涉世事，强调"小人则以身殉利"的老庄学派之外，其他学派对于"利"，在不同的程度上都予以肯定。其中最为典型的是战国时被称为"显学"的墨家。墨子几乎是离开了"利"不言

---

① 叶适：《习学记言序目》卷23《汉书三》，第331页。
② 《左传》襄公九年。
③ 《国语·周语》。

事。"利，所得而喜也"，"衣食者，人生之利也"，甚至用"利"去规范伦理道德，"义，利也"。尽管墨子的"利"是有多层含义的，但主要是指物质利益，这一点确无疑义。墨子这种不讳于言"利"的精神，自然与他所代表的私营小工商业者的利益是分不开的。孟子曾批评他"摩顶放踵，以利天下，为之"，正好从一个侧面反映了墨子的"尚利"精神。

介于儒法之间的管子，则从人性上肯定"逐利"乃是人们的一种天性。人情都是"得所欲则乐，逢所恶则忧，此贵贱之所同也"。因此，"见利莫能勿就，见害莫能勿避。其商人通贾，倍道兼行，夜以继日，乘危百里，利在前也。渔人之入海，海深万仞，就波逆流，乘危百里，宿夜不出者，利在水也。故利之所在，虽千仞之山，无所不上"。①　就是坚决主张抑工商的法家代表人物韩非，也宣扬"逐利"、"自利"乃是人的一种天性。"医善吮人之伤，含人之血，非骨肉之亲，利所加也。故舆人成舆，则欲人之富贵，匠人成棺，则欲人之夭死也。非舆人仁而匠人贼也。人不贵则舆不售，人不死则棺不买。"②　所不同的是，韩非完全否认伦理道德的约束力量，主张君主应利用人们这样的心理，以高官厚禄、严刑峻法来驾驭臣民。在这样社会经济结构和社会观念发生巨变的时代，提倡"仁义而已矣，何必曰利"的儒家学派得不到社会上的普遍重视，自然是题中应有之义。

入汉之后，社会上普遍存在的逐利之风未曾稍敛。而且伴随着国家的统一，社会的安定，早期的商品经济又出现一个新的发展高潮。《汉书·食货志》载："时民近战国，皆背本趋末。"③　可证在班固眼中，随波逐利者主要是指从事私营工商业之人。这一点，从西汉初年激烈主张重本抑末的贾谊、晁错的言论中可以得到明证。贾谊直指追逐私利的工商业者应对"淫侈之风，日日以长"的情况完全负责。晁错则认为："民者，在上所以牧之，趋利如水走下，四方亡择也。夫珠玉金银，饥不可食，寒不可衣，然而在于把握，可以周海内而亡饥寒之患。此令臣轻背其主，而民易去其乡，盗贼有所劝，亡逃者得轻资也。"④　所以才导致人们趋之若鹜，背本

---

① 《管子·禁藏篇》。
② 《韩非子·备内篇》。
③ 《汉书》卷 24《食货志》，第 1127 页。
④ 同上书，第 1131—1132 页。

逐末，竞向求利之途。因此，他们大力提倡重本抑末，其中除了保护农业经济这个最基本的含义之外，另一个重要的原因就是要通过这种手段，来扭转社会上普遍存在的逐利的狂潮。

然而，空言"仁义"改变不了人们的价值观念，在私营工商业继续发展的西汉前期，重利轻义的观念仍然占据社会的主导地位。这种状况转变的契机则始于汉武帝时期。其时，汉武帝采取了一系列抑商措施，以算缗告缗、均输平准、盐铁官营等方法，把赢利最丰的工商业收归政府所有，在相当大的程度上抑制了自战国以来私营工商业的发展。昔日那种"天下熙熙，皆为利来；天下壤壤，皆为利往"的情景，逐渐变为昨日黄花。这种经济形态的巨变，势必要影响到人们的价值观念和时代风尚。

当然，按照一般规律而言，意识形态的变化往往不会同社会经济形态的变化同步运行。但是无论如何，发生变化则是不可避免的。这样，我们就不难理解，为什么在司马迁之后，那样淋漓明快地阐发"逐利"正当性的言论会成为空谷余音，甚至招来东汉时人班固的激烈指责。这种义利观念所发生的微妙变化，正从一个侧面反映了战国、西汉年间私营工商业由盛而衰的发展变化过程。明了这一点，两篇《货殖传》在义利观念上形成的强烈反差，如果单从司马迁思想的"叛逆性"和班固思想的"正统性"上来分析，是不足以说明问题的。

两汉义利观发生变化的另一个重要原因，是与一以贯之主张"重义轻利"思想的儒家学派取得正统地位有密切的关系。在西汉前期，儒家毕竟还是百家中的一家，虽然汉初儒生贾谊等人对"逐利"时尚进行了猛烈的抨击，但既无补于社会观念的转变，也未被最高统治者所接受。汉武帝虽然采纳了董仲舒"罢黜百家，独尊儒术"的建议，可实际上汉武帝却如汲黯所说"外仁义而内多欲"。直至昭宣时期，汉代统治术仍旧是"霸王道杂之"。只是到了元帝时期，儒家才真正取得独尊的地位。正如班固在《汉书·元帝纪》赞中所说，元帝"征用儒生，委之以政"。[①] 是时，不仅最高统治者"好儒"，"有古之风烈"，而且儒者也逐渐取得政治上的地位，大儒贡禹、薛广德、匡衡、萧望之等相继为相执秉国政。他们或倡言抑制工商，以防百姓因"末利深而惑于钱"，抨击"亡义而有财者显于世"，[②]

---

① 《汉书》卷9《元帝纪》，第298页。
② 《汉书》卷72《贡禹传》，第3077页。

或规谏皇帝不应放纵声乐享受，"日撞亡秦之钟，听郑卫之乐"，[①] 而应在义利之辨上追慕尧帝，虽然"不能去民欲利之义，而能令其欲利不胜其好义也"。[②]

在儒家重义轻利思想长期的浸润之下，社会风尚及价值观念也逐渐发生变化。例如西汉末年，王莽贵为安汉公，却"不受千乘之土，辞万金之币，散财施予千万数"，"每有水旱，莽辄素食"，其妻"衣不曳地，布蔽膝，见之者以为僮使"。此等行径与公孙弘"衣布被"如出一辙，其中多有沽名钓誉之嫌。但是，公孙弘却被时人讥之为"诈也"，而王莽则赢得较为广泛的赞誉，"是时，吏民以莽不受新野田，前后四十八万七千五百七十二人，及诸侯、王公、列侯、宗室见者皆叩头言，宜亟加赏于安汉公"。[③] 虽然不免有溢美之词，但从中也可反映出，至西汉末年，义利观念确实已经发生了深刻的变化。

东汉之时，儒家思想已经渗透到社会的各个角落。赵翼在《二十二史札记》"东汉功臣多近儒"条中说："西汉开国功臣，多出于亡命无赖。至东汉中兴，则诸将帅皆有儒者气象，亦一时风会不同也。"[④] 所谓"儒者气象"，重义轻利当然是一个重要的组成部分。东汉诸帝屡次下诏举孝廉，有"义行"是首要的条件。此虽为沿袭西汉旧制，但绝没像汉武帝那样，宣扬"盖有非常之功，必待非常之人，故马或奔踶而致千里，士或有负俗之累而立功名。夫泛驾之马，跅弛之士，亦在御之而已"。[⑤] 公然招募具有强烈功名之心的人。苍头子密等人设计杀死背叛刘秀的彭宠，虽有功劳，但由于以下犯上之故，被封为"不义侯"。[⑥] 隗嚣部下王遵举家投奔刘秀，被封为"向义侯"。[⑦]

两汉时封侯者多达数百，而以"义"封侯则始于东汉。可见在东汉初始，"义"已成为褒贬人物的准则。士大夫阶层中虽然不乏嗜利之人，但在整个社会重义轻利的风气熏陶下，许多人还是能身体力行的。例如王良

---

① 《汉书》卷 71《薛广德传》，第 3047 页。

② 《汉书》卷 78《萧望之传》，第 3275 页。

③ 《汉书》卷 99《王莽传》，第 4041、4050、4070 页。

④ 赵翼：《二十二史札记》卷 4 "东汉功臣多近儒"，中国书店 1987 年版，第 54 页。

⑤ 《汉书》卷 6《武帝纪》，第 197 页。

⑥ 《后汉书》卷 12《彭宠列传》，第 504 页。

⑦ 《后汉书》卷 13《隗嚣列传》，第 523 页。

"为大司徒司直，在位恭俭，妻子不入官舍，布被瓦器。时司徒史鲍恢以事到东海，过候其家，而良妻布裙曳柴，从田中归。恢告曰：'我司徒史也，故来受书，欲见夫人。'妻曰：'妾是也。苦掾，无书。'恢乃下拜，叹息而还，闻者莫不嘉之"。为此，范晔大发感慨，论曰："夫利仁者或借仁以从利，体义者不期体以合义。季文子妾不衣帛，鲁人以为美谈。公孙弘身服布被，汲黯讥其多诈……良妻荷薪，可谓行过乎俭。然当世咨其清，人君高其节，岂非临之以诚哉。"① 就是在民间，"推财"、"散财"之类的"义举"，更是受到普遍的赞誉，史不绝书，以至范晔修《后汉书》，没有为"货殖者"单独立传，而对那些"仁义逊让"的"高义"之人，以及能"修身谨行"、"齐整风俗"，宁肯合家共财同穷，也不愿听任妻子分户单过的"独行"之士推崇备至，特立《独行列传》、《逸民列传》，以表彰他们能"彼虽硁硁有类沽名者，然而蝉蜕嚣埃之中，自致寰区之外，异夫饰智巧以逐浮利者乎"② 的"义行"。

由司马迁褒多贬少的《史记·货殖列传》，到班固反其道而用之的《汉书·货殖传》，直至范晔专为"义士"而修的《后汉书·独行列传》、《逸民列传》，从这一波三折的发展过程中，可以清晰地反映出，两汉时期社会观念由"重利轻义"到"重义轻利"的演变轨迹。

综上所述，由于两汉时期经济形态的变化以及儒家统治思想地位的确立，在社会意识形态上也引起了一系列变化，义利观念的演变就是其中明显的一例。从这一意义上讲，两篇《货殖传》实际上是反映这一变化的"实录"。而且随着中国封建社会的长期延续，重义轻利思想的影响也愈加深刻，人们的举止言行无不受其左右。倘若溯本求源，这一思想的确立似应在两汉之际。

原载《求索》1988 年第 5 期。

---

① 《后汉书》卷 27《王良列传》，第 933、934 页。
② 《后汉书》卷 83《逸民列传》，第 2755 页。

试述我国古代重农轻工商
思想的产生与形成

重农轻工商，在中国绵长的封建社会中，是一种影响深远的经济思想。在生产力尚不发达的古代社会，农业是人民赖以生存的最根本的产业，它的重要性是不言而喻的。但是，制造劳动工具、生活用具以及武器，劳动产品的相互交换、互通有无，工商业也是必不可少的。因此，完全摒弃工商业是根本不可能的，所谓"重本抑末"，即重农轻工商的思想始终是相对而言的。

在我国古代经济思想史上，西周至春秋时期，还没有人明确提出重农轻工商的思想。大体上是在进入战国时期之后，这种思想才初见端倪，而后逐渐蔓衍开来，直至西汉中叶才形成一套完备的经济主张。研讨我国古代重农轻工商思想产生与形成的过程，对于分析这种思想在历史上所产生的积极与消极作用，认识我国封建社会漫长的原因，都不无裨益。

一

西周时期，周人对农业极为重视，他们奉后稷为始祖，相传后稷是最先种植稷和麦的人。西周统治者每年都要举行隆重的"籍田"之礼，周天子要亲率百官参加。周宣王因政绩松弛，"不籍千亩"，竟引起虢文公的一番指责。这些都是当时人民重视农业的明证。但是，重视农业并不等于摒弃工商业，在某种程度上，西周时期还是很重视工商业的。

在西周的政治制度中，主管"工事"的官吏称为司空，官列六卿之一。《周礼》所载"以九职任万民"的"九职"，除前四项是指农业外，其第五项即为"百工，饬化八材"，就是指运用不同的加工方式，把珠、象、工、石、木、金、革、羽等物制成各种用具。① 西周时期对于商业也相当重视。所谓"九职"的第六项即为"商贾，阜通货贿"，与"三农，之生九谷"、"百工，饬化八材"并列。表明在当时的社会意识中，商业也是社会经济不可缺少的一部分。《尚书·周书·酒诰篇》："奔走事厥考厥长，肇牵车牛远服贾，用孝养厥父母。"意为鼓励人民从事商业，奉养父母。《诗经·卫风》："氓之蚩蚩，抱布贸丝"，反映了民间经营商业的情景。周人重视商业直到战国时还有遗风可觅，苏秦家人讥游说数年岁，大困而归的苏秦曰："周人之俗，治产业，力工商，逐什二以为务。今子释本而事口舌，困，不亦宜乎！"② 可见他们还把经商视为一项正当职业。

春秋时期，随着铁制工具和牛耕技术的推广，使农业生产力和手工业生产水平都有较大幅度地提高，同时，也促进了商业的繁荣。此时独立经营的小工商业者已经出现。《论语·子张篇》所说"百工居肆以成其事"，就是指那些自己生产，自己设"肆"出售产品的小工商业者。特别是到了春秋末期，商人的活动范围更加广泛。许多大商贾，如子贡经常是"结驷连骑，束帛之币以聘享诸侯，所至，国君无不分庭与之抗礼"，③ 来往于各国之间进行贸易。春秋时期工商业的发展，给各国统治者带来了巨大的物质利益，他们对工商业的发展表示热切的关注，强调的是"庶人工商，各守其业以共其上"，④"商农工贾，不败其业"，⑤"通商、宽农、利器"。⑥

春秋时期工商业的这种发展状况，反映到思想领域里，则有代表工商业者利益的政治家、思想家出现。在他们的经济思想中，我们还不曾发现有轻视工商的思想。齐国的管仲曾经从事过商业，故对商品经营有丰富的经验。他主张把工商与士农并列为四民，说明他对工商业者在社会经济生活中的积极作用有正确的认识，并不轻视从事工商的人。郑国的子产也极力提倡发展工商业。他为了保护本国商人的利益，甚至不惜得罪大国的使者。当晋国使者韩宣子企图强行从郑国一商人手中购买一支玉环时，子产就以郑国政府与其商人世有盟誓而加以拒绝。在郑国统治阶层的庇护下，

---

① 《周礼注疏》卷 2 "郑玄注"。

② 《史记》卷 69《苏秦列传》，中华书局 1959 年版，第 2241 页。

③ 《史记》卷 129《货殖列传》，第 3258 页。

④ 《国语·周语》。

⑤ 《左传》宣公十二年。

⑥ 《国语·晋语》。

郑国的商人在春秋时期非常很活跃。

在春秋末年重要的思想家孔子的思想中，也不存在着重此轻彼的倾向。孔子对社会经济生活不十分重视，他的弟子认为孔子"罕言利"。[①]孔子坚决反对士人阶层直接参加生产，尤其对参加农业生产更为歧视。樊迟向他请教如何稼穑，他斥之为"小人"。但是孔子对经营商业却是另外一种态度，他并不反对士人从事商业。孔子周游列国，得其弟子子贡之力甚多，子贡即是卫国的一个大商人。孔子对子贡的评价是"赐不受命，而货殖焉，亿则屡中"，[②] 颇为赞赏，与申斥樊迟学农圃的态度迥然不同。

总之，在西周至春秋时期的经济思想中，我们还看不到明显贬斥和抑制工商的思想主张。这种状况的产生与当时社会的经济关系有着密切的联系。在西周、春秋时期，手工业与商业基本上还是被官府所控制，"工商食官"，[③] 是这时工商业的一个显著特点。国家垄断着在国计民生中有举足轻重地位的生产资料和生活资料的产销。同时，对于商品的流通过程也加以严格的控制，严厉禁止许多产品进入流通领域：

> 圭璧金璋不粥于市，命服命车不粥于市，宗庙之器不粥于市，戎器不粥于市，牺牲不粥于市，用器不中度不粥于市，兵车不中度不粥于市，布帛精粗不中数、幅广狭不中量不粥于市，奸色乱正色不粥于市，锦文珠玉成器不粥于市，衣服饮食不粥于市，五谷不时、果实未熟不粥于市，木不中伐不粥于市，禽兽鱼鳖不中杀不粥于市。[④]

在这些规定中，凡是威胁到统治阶级安危的戎器与维护统治阶级尊严、保证社会贵残等级不被逾越的礼器与命服命车等物，以及统治阶级祭祀祖先的宗庙之器等，都是严禁民间生产经销的。此外，还对农副产品的流通加以严格的限制，体现出自然经济的特点。

这种官营工商业是当时社会经济基础的一个重要组成部分，统治阶级决不会自行起来反对本阶级赖以生存的经济基础。相反，在官营工商业占

---

① 《论语·子罕篇》。
② 《论语·先进篇》。
③ 《国语·晋语》。
④ 《礼记·王制》。

据统治地位的前提下，统治阶级往往为了弥补官营工商业的不足，对于私营工商业的发展持宽容的态度。而且，此时的工商业虽然在某些范围内有相当程度地发展，但大都经营范围有限，生产规模狭小，并不能与官营工商业相抗衡，只能是作为其附庸而存在。就其商业而论，此时的商人阶层，远未形成战国时期富商巨贾那种与"王者埒富"的局面。特别是在西周、春秋时期，土地制度还是"田里不鬻"的"井田制"，土地买卖尚未出现，还不存在着像西汉时期大商贾兼并土地的局面。尽管工商业到春秋末期有了较大的发展，但它既没有威胁到各国统治阶级的统治，也没有引起民间的广泛憎恶。西周春秋时期这种官营工商业占据统治地位，私营工商业尚不发达的状况，反映到经济思想领域，则不可能形成轻视与抑制工商的思想主张。

二

战国时期，由于铁制工具在农业生产中广泛使用，使农业生产发生较大变化。在农业生产力发展的基础上，工商业也进入了一个繁荣的发展阶段。战国时期"千丈之城，万家之邑"，"三里之城，七里之郭"的大小城镇如雨后春笋到处出现，齐都临淄、赵都邯郸、魏都大梁等都是当时著名的工商业中心。经营工商业，尤其是经营盐铁，成为战国时期工商业者积聚财富的快捷方式。司马迁在《史记·货殖列传》中，生动地描绘了许多工商业者依靠经营盐铁而致富的情景。战国时期工商业发展的另一个重要原因，就是与此时生产关系的变化密切相关。战国时期正处于新旧制度递嬗之际，各国先后进行变法，原来在宗法制度统治下的社会各阶层的地位相应的发生了变化。西周春秋时期，"庶人力于农穑，工商皂隶不知迁业"[①]的格局被冲破，工商业进入一个相对自由的发展时期。特别是在这时，各国都无例外地卷入了兼并战争的旋涡，面临着兴衰存亡的严峻考验，因此，对于工商业的控制无形中松弛了。这些都是造成战国时期工商业繁荣的重要原因。

战国时期，由于工商业经济的发展，使封建商品经济与自然经济之间的矛盾公开地暴露出来。特别是商人阶层囤积居奇，兼并土地，放高利

---

① 《左传》襄公九年。

贷，盘剥农民等种种危害社会的行径，这在早已是动荡不安的战国时期，无疑是起到了一种推波助澜的作用。此时摆在各国统治阶级面前的首要的经济、政治任务无非是二条：一是耕（富国），二是战（强兵）。显然，工商业经济的发展与这两者是背道而驰的。这迫使各国统治阶级不得不面对着民庶"莫不离制而弃本，稼穑之民少，商旅之民多，谷不足而货有余"①的现实认真地考虑对策。活跃在战国时期的"诸子百家"，纷纷从重农的角度出发，提出轻工商的思想。这种轻工商的思想主要是针对经营商品生产的工商业而来的，它包含着有目的的抑制工商业的发展，企图堵塞引起社会动乱的根源，重新稳定社会秩序。即使不能完全消灭工商业，也要通过贬低工商业者社会地位等种种办法来抑制工商业的发展，把由于工商业发展所造成的"祸害"减少到最低的限度。在战国时期诸子百家的著述中，重农轻工商的言论可谓俯拾皆是，众议金同，其主要理由不外以下几点。

首先，他们继承了"民之大事在农"②的传统观点。认为人民的主要生活资料——粮食与布帛都是由耕织结合的农业供给的。如果菽粟不足，"民必有饥饿之色"；布帛不足，"民必有冻寒之伤"。③而工商业对于国计民生并不十分重要，人民自耕而食，自织而衣，不必依赖于工商业。

其次，认为农民辛勤耕种，还要服各种劳役，终岁所获甚微，生活困苦。而工商业者不需操劳，所得优厚，生活安逸。他们认为这种农劳工商逸的局面十分危险，所以为了防止农民弃农从工商，就应尽量贬低商贾技巧之人的社会地位，也要他们服劳役、征重税，使工商业者谋生不易。认为只有这样，才能使农民安于从事农业生产。

第三，农民的身家财产与土地有着天然的联系，安土重迁是其主要的特点。农民愈富愈重视身家财产的安全，不敢陵上犯法；而且为保卫自家财产的安全，农民对入侵之敌势必要死命抵抗。而商贾之人，其资产随身可携，"天下一宅，而圜身资"，④重身轻家，犯了法可以携资而逃，外敌入侵自然不会死命抵抗。可见，商贾之民繁多，对于巩固统治、保卫国家

① 《汉书》卷91《货殖传》，中华书局1962年版，第3681页。

② 《国语·周语》。

③ 《管子·重令篇》。

④ 《商君书·算地篇》。

不利。因此，富农是富国强兵的前提，而抑制工商则是富农的首要条件。这一点在兼并战争连绵不断的战国时期格外重要。商鞅提倡"耕战"政策，其用意就是如此。

第四，商人居奇囤积，危害社会。他们认为由于商贾视农时变化而贱买贵卖的投机行为，是造成农民贫困，"国之财尽在贾人"①和社会动乱的重要原因。

以上简略地分析了战国时期重农轻工商思想的几个主要理由。战国时期各学派的经济思想中，都有轻视工商的倾向，只存在着程度上的差异而无本质的区别。特别是到了战国末期，重农轻工商的思想到了韩非的手中则达到高峰。韩非对待农工商的态度渊源于荀子，他继承了荀子"士大夫众则国贫，工商众则国贫"的思想，②直指工商业者是危害社会，消邦灭国的蠹虫。对于农工商三者关系，韩非简明地概括为"农本工商末"的思想。他说"仓廪之所以实者，耕农之本务也，綦组锦绣刻画为末作者"，又说："夫明王治国之政，使其商工游食之民少，而名卑以寡，趣本务而趋末作。"③

这种农本工商末的思想一经韩非提出即为定论，在封建社会的经济思想中一直占据统治地位。以后历代学者一谈经济问题，总是"本事"与"末事"并提。"本事"必指耕农，"末事"必指工商。就是反对轻视工商的人，也不能彻底抛弃这个概念。南宋叶适指出："夫四民交致其用而化兴，抑末厚本，非正论也。"④清代王源亦说："重本抑末之说固然。然本宜重，末亦不可轻。假令天下有农而无商，尚可以为国乎？"⑤均系沿用传统的"本"、"末"概念，可见韩非农本工商末的思想对后世影响之深远。

战国末期，随着封建地主经济的形成，地主阶级势必要把发展耕织结合的自给自足的农业放在首要的地位，决不容许工商业的过度发展危害农业生产，危害封建统治的基础。作为地主阶级的思想家韩非提出农本工商末的思想，倡言抑制工商以保护农业是必然的。他集中地体现了封建经济

①　《管子·揆度篇》。

②　《荀子·富国篇》。

③　《韩非子·诡使篇》、《五蠹篇》。

④　叶适：《习学记言序目》卷19《史记一》，中华书局1977年版，第273页。

⑤　王源：《平书订·财用下》。

的特点，要打击一切妨碍农业生产的经济活动，以扩大封建地主经济的基础，保障其财政收入与劳动力的来源。

不过在战国时期，尽管重农轻工商的思想充斥于思想与舆论界，但基本上还没有付诸实践，更没有形成完整的抑制工商的措施。这是因为战国时期兼并战争频仍、祸乱相寻，各国统治者所面临的是频繁的政治、军事、外交活动。与之相比，在经济上抑制工商的发展无疑是处于较次要的地位，况且当时的政治局面四分五裂，还没有形成一个统一的政治中心，不可能在全国的范围内制定出一整套抑制工商的具体措施，真正执行抑制工商政策的只有秦国而已，但秦国素非工商业发达的国家，且又地处西北一隅，所推行的"耕战"政策对山东六国影响不大。虽然到了战国末年，重农轻工商的思想日趋强烈，而富商巨贾的势力却有增无减，阳翟的大商人吕不韦甚至成为秦国的丞相，可见是时工商业者仍然具有极大的势力。

三

秦统一后，许多在战事倥偬的战国时代无法解决的问题被重新提了出来。秦朝统治者为了巩固新建立的封建政权，不仅在政治上采取了许多措施，"海内为郡县，法令由一统"，[1] 而且在经济上也采取断然步骤，运用统一国家政权的力量，对工商业采取抑制的政策。秦始皇初灭六国不久，就迁徙天下豪富十二万户到咸阳，这些豪富中除了六国残余的贵族外，大都是富有的工商业者。他们被迁徙到新的地区后，丧失了原有的财产势力，而且被置于中央政权的监视之下。秦代的徭役首先是从罪犯、赘婿、商贾征起。这些措施对于工商业者不啻是一个严重的打击。《琅邪刻石辞》歌颂秦始皇的功绩，其一即为"上农除末，黔首是富"。

继秦之后，汉王朝对商贾也采取类似的政策。汉高祖时规定："贾人毋得衣锦绣绮縠絺纻罽，操兵，乘骑马"，[2] 尽力贬低商人的社会地位。在孝惠、高后时虽一度放松对商人的限制，但仍不许商人子弟做官为宦。文景时期，汉王朝对社会经济发展采取无为而治的政策，一方面使社会经济大有改观，另一方面商贾的势力又重新发展起来。《汉书·食货志》载：

---

[1] 《史记》卷6《秦始皇本纪》，第236页。

[2] 《汉书》卷1《高帝纪》，第63页。

"孝惠高后之间，衣食滋殖，文帝即位，躬修俭节，思安百姓，时民近战国，皆背本趋末。"在这种情况下，重农轻工商的主张又重提而起。

汉文帝时，贾谊首先提出这个问题："今海内为一，土地人民之不避汤、禹，加以亡天灾数年之水旱，而畜积未及者，何也？地有遗利，民有余力，生谷之土未尽垦，山泽之利未尽出也，游食之民未尽归农也"；"一人耕之，十人聚而食之，欲天下无饥，不可得也。"① 因此，贾谊认为这种生产者寡而食之者众的现象，是由"末技游食之民"造成的，因此建议："今驱民而归之农，皆著于本，使天下各食其力，末技游食之民，转而缘南亩。"②

继贾谊之后，晁错也提出这种思想。他猛烈抨击商人资本对农民的压迫。晁错认为商人不参加生产劳动，"男不耕耘，女不蚕丝"，结果却是"亡农夫之苦，有阡陌之得"，"衣必文采，食必粱肉"，过着富裕安逸的生活。而与商贾形成强烈对照的是农民，尽管他们"春耕夏耘，秋获冬臧，伐薪樵，治官府，给徭役；春不得避风尘，夏不得避暑热，秋不得避阴雨，冬不得避寒冷，四时之间亡日休息"，但所处境地却是"当具有者半贾而卖，亡者取倍称之息。于是有卖田宅鬻子孙，以偿责者矣"③。晁错的话反映出了由于商人势力的急剧发展，已经在西汉时期形成严重的社会问题，尤其以商贾阶层对土地的兼并更为突出。

在封建社会中，除封建官僚与地主阶层外，富有财力的大工商业者也是土地兼并中不可忽视的一支重要力量。这是因为在以自然经济为主的封建社会中，商品经济的活动范围极为狭隘，工商业资本重新投入生产领域进行扩大再生产的可能性极微。因此，工商业资本与土地相结合，则成为我国封建社会工商业发展的一个重要趋势，即所谓"以末致财，用本守之"。④ 土地兼并首当其冲的受害者必然是占有土地数量不多的自耕农。自耕农是封建国家赋税、徭役和士兵的主要承担者，他们的大量破产势必要引起封建统治的危机。晁错正是清醒地看到这个问题的严重性，坚决地反对商人资本对农民的"兼并"。

---

① 《汉书》卷 24《食货志》，第 1130—1131 页；卷 48《贾谊传》，第 2243 页。

② 《汉书》卷 24《食货志》，第 1132 页。

③ 《汉书》卷 24《食货志》，第 1132 页。

④ 《史记》卷 129《平准书》，第 3281 页。

到了西汉中叶，雄才大略的汉武帝因文景时所积蓄的巨大社会财富，变无为政治为多欲政治，对内屡有兴作，对外扩拓疆土，消耗了巨大的财力物力，财政窘迫，"府库益虚"。汉政府不得不向富有的工商业者借贷，但他们"冶铸煮盐，财或累万金，而不佐国家之急"。① 汉武帝为了解决财政困难，采取强硬措施抑制工商，收铸币权归中央政府所有。铸币是古代一项赢利的营生。从汉初到汉武帝时，中央政府与私家豪强及各封国为争夺铸币权前后进行过多次斗争，币制屡改。直到武帝之时，销废各种铜钱，铸五铢钱，统一了币制。盐铁官营，是为历代封建王朝开创禁榷之例。盐铁官营堵塞了私营工商业者发财的道路，迫使他们转向经营薄利的行业。随着封建社会的发展，由政府垄断经营的物品不断增加。对于工商业者实行高额财产税，即算缗。对于敢隐匿财产不如实申报者，实行告缗，直接利用暴力剥夺工商业者的全部财产。实施结果"商贾中家以上大率破，民偷甘食好衣，不事畜藏之产业，而县官有盐铁缗钱之故，用益饶矣"。② 实行均输、平准。这是由政府控制市场、商品运输及操纵物价，剥夺了商贾在转运和经销商品中的部分利润，开历代官市之例。造成"富商大贾无所牟大利，则反本，而万物不得腾踊"③ 的结果。

汉武帝抑制工商的各项措施不仅对汉代私营工商业是一次沉重的打击，而且也是我国古代工商业发展史上一个关键的转折点，它标志着自战国以来一直较顺利发展的私营工商业相对自由的时代已经结束。在封建生产关系已经确立的情况下，封建统治阶级再也不允许工商业的发展来瓦解封建统治的基础了。汉武帝抑制工商的政策在封建社会中也是最具有典型性的，表明自战国以来重农轻工商的思想发展至西汉中叶，无论是在理论上，还是在实践上都臻于完备。以后历代封建王朝，虽然在抑制工商的一些具体方法上有所益损，但基本上都遵循了这些原则。

汉武帝抑制工商的政策也表明，到了西汉时期，如何巩固已经确立的封建生产关系，则是封建统治阶级处心积虑所力图解决的问题。在封建社会中，广泛存在的小农经营方式是封建生产方式的典型形态。早在战国时期就已大量存在着小农经济，李悝所谓"一夫挟五口，治田百亩"者，西

① 《史记》卷 129《平准书》，第 1425 页。
② 同上书，第 1435 页。
③ 同上书，第 1441 页。

汉"五口之家","其能耕者不过百亩",这都是有关小农经济的记载。"男耕女织"是这种小农经济的真实写照,一家一户就是一个生产单位。这种狭小的生产规模决定了小农经济不可能拥有雄厚的物质力量,它既不利于社会分工的发展,也不利于先进生产技术的采用。这些不可避免的弱点决定了小农的经济力量极其脆弱,马克思曾生动地描绘过小农经济的脆弱性:

> 小生产者是保持还是丧失生产条件,则取决于无数偶然的事故,而每一次这样的事故或丧失都意味着贫困化,使高利贷寄生虫得以乘虚而入。对于小农民来说,只要死一头母牛,他就不能按照原有的规模来重新开始他的再生产。①

这样脆弱的经济力量,决定了小农经济必然处于不断地分化、破产的过程。因此,如何稳定小农经济,使之避免破产的噩运,对于封建统治阶级来说,确是一个棘手的难题。就封建社会的生产而言,最重要的是如何在原来的基础上进行再生产,而不是扩大再生产,所需要的是保守,而不是变革。任何能引起变革的事物,在封建社会中都会被视为异端。

在这样一个因循守旧,由传统和习惯所造成的社会,唯一能够起到变革作用的是工商业者,尤其是商人。恩格斯说"商人对于以前一切都停滞不变、可以说由于世袭而停滞不变的社会来说,是一个革命的要素"。②恩格斯在这里强调的是商品经济对于自然经济的瓦解作用。这种作用就表现在商品经营者在价值规律的作用下,对于价值的追求具有无限的冲动力,它不像自然经济那样,对于使用价值的追求有一个量的限制。这种对于价值的追求势必刺激着商品经营者扩大商品生产的规模,并且力图把社会的全部生产部门都纳入商品经济的范畴,这对于以自然经济为基础的封建经济来说,无疑是一种强大的冲击力量。马克思指出:"商业对各种已有的、以不同形式主要生产使用价值的生产组织,都或多或少地起着解体的作用。"③ 所以在封建社会中,封建统治阶级都力图把商品经济抑制在

---

① 《马克思恩格斯全集》第 25 卷,人民出版社 1974 年版,第 678 页。
② 同上书,第 1019 页。
③ 同上书,第 371 页。

较低的水平，以保证自然经济占绝对的统治地位。不仅在农村保持"男耕女织"的经济形式，商品经济很难渗入，就是在商品经济较发达的城市，也极力提倡减少对商品经济的依赖。

尽管历代封建统治阶级都极力鼓吹抑制工商，并采取了许多相应的措施。但是由于工商业在社会经济中，特别是对于保障统治阶级的奢侈生活，都是必不可少的一个社会经济部门。所以抑制工商业是不可能彻底地做到。其结果大都如晁错所说："今法律贱商人，商人富贵矣，尊农夫，农夫已贫矣。"① 具有无上权力的封建君主尽管可以在法律上发号施令，没收个别工商业者的财富，乃至消灭人身，但无力改变工商业者所处的较为有利的经济地位和获利较多的现象。西汉时期就流行着"用贫求富，农不如工，工不如商"的谚语。② 晁错的感叹，只是反映了封建统治者的愿望和现实的矛盾。在这种矛盾的状况下，他们一方面提倡农本工商末的思想，把它奉为千古不变的信条；另一方面又无法抗拒社会经济发展的规律，在一定的范围内允许工商业有适量的发展。我国封建社会的工商业就是在这种封建统治的缝隙中顽强地生存，走上了一条坎坷不平的发展道路。

重农轻工商的思想在封建制度建立的初期，在一定的程度上起到了保护封建生产关系的积极作用。随着社会经济的发展，其消极作用日益明显。至于到了封建社会后期，它则顽固地抵制新的生产关系的产生，无任何积极意义。毋庸置疑，重农轻工商的思想，对于延缓封建社会工商业的发展，阻碍资本主义生产关系的产生，维护封建制度的长期存在，都起了不可忽视的消极作用。

原载《史学月刊》1984 年第 4 期。

---

① 《汉书》卷 24《食货志》，第 1132 页。
② 《史记》卷 129《货殖列传》，第 3274 页。

战国秦汉时期抑工商思想变化初探

在中国古代的经济思想中，抑制工商是一种源远流长、影响深刻的传统思想。这种思想滥觞于战国而风靡于秦汉。对此，史学界已经进行了许多缜密的研究。但是，从战国至秦汉，这种思想本身经历了一个长期的发展变化过程。简言之，即由战国时工商兼抑到秦汉时，特别是西汉时更为明显的侧重于抑商的变化。而对这一点，似乎还缺乏必要的研究。本文拟就这个问题略作探讨，以就教于大方之家。

一

战国是抑制工商思想产生与形成的重要时期。当时活跃在历史舞台上的诸子百家，不论是主张以激烈的耕战政策一统天下的法家学派，抑或鼓吹以"仁政"治国的儒家学派，还是消极遁世，主张"无为"的老庄学派，以及捭阖纵横、朝秦暮楚的说客策士之流，在他们的政治主张和经济思想中，重视农业，轻视工商业，都是一个普遍存在的现象。其中以法家对于工商的攻击最为激烈，也最为典型。如果仔细地考察当时的经济思想就不难看出，手工业和商业是被置于同等的地位，一概被视为末业而加以摒弃。

战国时期，李悝在提倡"尽地力"发展农业生产的同时，对于手工业则表示了"不禁技巧则国贫民侈"的看法，[①] 已经流露出一种对手工业厌恶的感情。在商鞅的思想中，更是把工商业者一并视为推行耕战政策的障

---

① 参见刘向《说苑·反质篇》。

碍，主张坚决加以打击，以达到"令商贾技巧之人无繁"的目的。①《荀子·君道》曰："省工贾，众农夫……是所以养生也。"至于韩非，对于工商的抨击则达到无可复加的地步。他直指工商业者是危害社会，削邦灭国的蠹虫，主张"使其商工游食之民少，而名卑以寡"，②对工商业者一概加以打击，决无区别对待之意。在战国诸子的著作中，这类诋斥工商业及工商业者的言论还有许多，笔者不一一赘引。

到了秦汉时期，抑制工商的思想被封建统治阶级继承下来并付诸实施。不过，这时对于工商的看法，已经发生了若干明显的变化，即由战国时期工商兼抑转变为侧重于抑商。

秦王朝草创不久，就大力推行抑商政策，这时对于商人的打击已远比对手工业者的打击严厉。秦代的徭役，首先从罪犯、赘婿、商贾征起。《汉书·晁错传》载晁错语曰："秦之谪戍，先发吏有谪及赘婿、贾人，后以尝有市籍者，又后以大父母、父母尝有市籍者，后入闾，取其左。"从"谪戍"的先后顺序看，商人不论有无市籍，总是首先被征发的对象。但是秦朝的统治者对于一些主要以经营冶矿业为主的大手工业者的态度还是较为宽容的。《史记·货殖列传》载，秦始皇曾为巴寡妇清筑"女怀清台"，以表彰她"能守其业，用财自卫，不见侵犯"。所谓"能守其业"的"业"，就是指她的祖先"擅其利数世"的"丹穴"。从秦朝统治者对待手工业者和商人不尽相同的态度中可以窥出，入秦以后，关于工、商和工、商业者的地位以及在人们思想中的反映，确实发生了一些微妙的变化。

至汉时，这种变化就愈加趋于明朗。西汉初年，汉高祖下令"贾人毋得衣锦绣绮縠絺纻罽、操兵，乘骑马"，颜师古注曰："贾人，坐贩卖者也"。③可见这项禁令是单对商人而言的，并没有包含手工业者之意。曾以盐铁官营、算缗，告缗、平准均输等种种措施给予西汉私营工商业者以沉重打击的汉武帝，在他制定推行这一系列抑制工商的政策时，对于手工业者和商人的态度也是有所区别的。以算缗钱为例，《汉书·食货志》载，商人"率缗钱二千而算一"，而手工业者则是"率缗钱四千而算一"，两者相差一倍。当时的封建官吏，不论是酷吏，还是所谓的"循吏"，无不以

---

① 参见《商君书·农战》。
② 参见《韩非子·五蠹》。
③ 《汉书》卷1《高帝纪》，中华书局1962年版，第65—66页。

打击商贾，"趋民务本"为己任，但并没有看到打击手工业者的记载。《汉书·酷吏传》载：田延年曾以"商贾或豫收方上不祥器物，冀其疾用，欲以求利"为借口，强行剥夺商贾的财产，以至于商贾不惜钱财，求"延年罪"来进行报复。《汉书·循吏传》载，号称"循吏"的龚遂任渤海郡太守时，"见齐俗奢侈，好末技，不田作，乃躬率以俭约，劝民务农桑"。所谓"齐俗奢侈，好末技"，亦指善于经营商业而言。《史记·货殖列传》载："齐俗贱奴虏，而刀间独爱贵之……使之逐鱼盐商贾之利"，这可为"齐俗奢侈，好末技"的最好注脚。

从秦汉时的一些政治家、思想家的经济思想中，我们同样也可以看到这种变化的痕迹。晁错的抑商主张，在秦汉时可以说是最具有典型性的。他坚决地反对商人资本对农民的"兼并"：

> 商贾大者积贮倍息，小者坐列贩卖，操其奇赢，日游都市，乘上所急，所卖必倍。故男不耕耘，女不蚕织，衣必文采，食必粱肉，亡农夫之苦，有仟佰之得，因其富厚，交通王侯，力过吏势，以利相倾；千里游遨，冠盖相望，乘坚策肥，履丝曳缟。此商人所以兼并农人，农人所以流亡者也。[1]

在这里，晁错对商人兼并农民的行径进行了淋漓尽致地抨击。他如此的厌恶商人，而对战国时期与商人同样被视为社会蠹虫的手工业者却不置一辞，这种对于商人和手工业者明显的不同态度，不能不认为是此时关于抑工商思想已经发生一些变化的表征。

东汉初年，桓谭上疏建议抑商，其对象仍以商贾为主。他说："夫理国之道，举本业而抑末利，是以先帝禁人二业，锢商贾不得宦为吏。"注引《东观汉记》亦载其言："贾人多通侈靡之物，罗纨绮绣，杂彩玩好，以淫人耳目而竭尽其财……宜抑其路，使之稍自衰焉。"[2] 王符在《潜夫论·浮侈篇》中亦云："今举俗舍本农，趋商贾，牛马车舆，填塞道路，游手为巧，充盈都市，务本者少，浮者食众。"可见到了东汉时期，封建统治阶级及其思想家，还是把商业和商人视为首先应该抑制的主要对象；

---

① 《汉书》卷 24《食货志》，第 1132 页。
② 《后汉书》卷 28《桓谭传》，中华书局 1965 年版，第 958 页。

而对手工业及手工业者的态度，较之战国时期则远为宽宏。

战国秦汉之时，关于抑工商的思想发生的变化是十分明显的。罗根泽先生在《古代经济学中之本农末商学说》一文中说："战国之末，最斥綦组刻画末技游食之民，偏于工；西汉之初，最斥富商大贾，则渐偏于商。"① 这一看法确实颇有见地。虽然在战国之时，封建统治者对待工商的态度，不尽像罗先生所说的，存在着孰轻孰重的问题，而是等而视之，工商兼抑，但在战国秦汉之际，封建统治者关于抑制工商的思想及其政策，确实发生了较大的变化。可见，把战国秦汉时期视为抑工商思想发生变化的一个重要时期，无疑是符合史实的。

二

以上我们初步考察了从战国至秦汉关于抑工商思想变化的基本脉络和主要特征。一种思想的产生和变化，都受着一定的社会经济结构的制约，而这种思想的变化，也必然是社会经济结构变化的反映。在战国时期，工商业之所以被视为末业，是与其时经济、政治所发生的一系列变化分不开的。

在中国古代历史上，战国时期无论是在政治制度上，还是在经济结构方面，都发生了重大的变化。在连绵不断的兼并战争的影响下，整个战国社会呈现出一番惶惶不安的景象。各诸侯国的统治者要在充满战争与厮杀的时代维持自己的统治，势必要推行耕战政策，以达富国强兵的目的。因此，他们要求一切社会经济活动都要以此为轴心而运转。然而，社会经济的发展有其自身规律，它不会完全以统治阶级的意志为转移。战国时期工商业的发展就是如此，它按自身的发展规律，走上了一条与统治阶级所推行的耕战政策相悖的发展道路。

战国时期，随着西周春秋以来社会生产力的发展，工商业进入了一个相对繁荣的时期。这种繁荣表现在多方面。首先，是私营手工业的兴起。据《墨子·节用》篇记载，当时独立经营的手工业者有车工、皮革工、冶金工、木工等。随着冶铁、煮盐业的发达，一些具有较大生产规模的大手工业主也接踵出现。其次，在私营手工业发展的基础上，战国的商业也得

---

① 罗根泽：《诸子考索》，人民出版社 1958 年版，第 106 页。

到相应的发展。不过，此时商业的发展有一个明显的特点，就是与手工业生产的紧密结合。当时大量存在的小手工业者，不仅亲身从事产品的生产，而且还亲自经销产品，常常一身二任。这种亦工亦商的经营方式不可避免地要限制商品生产的规模，决定了他们不可能制造更多的商品投入到流通领域中去。造成战国时期城市商品生产繁荣的真谛，并不在于商品生产规模的宏大，而是在于这类小工商业者人数的繁多，即孟子所谓"纷纷然与百工交易"。^①如此狭小的手工业生产方式，当然不易形成较大规模的商品经营，也不易形成一个强大的商人阶层。再从孟子所说"与百工交易"的商品内容来看，主要是一些铁制的农具、釜甑等炊具和"素冠"之类的纺织品，可见当时商品经营的规模和品种也是很有限的。

此外，战国时期由于诸侯割据，"关梁之难，盗贼之危"和繁重的关税征榷，对于经商的人来说也是一个严重的威胁。并且在当时混战纷争的局势下，富裕的工商业城市往往是统治阶级争夺的首要目标，这对城市工商业的正常发展，势必要造成严重的干扰和破坏。而且是时商业没有与手工业相脱离，形成一个能独立支配生产的资本体系。商人阶层也没有脱颖而出，在流通领域中形成一个大显身手的独立阶层；而是在手工业发展的基础上，商人资本达到了与之相适应的发展程度。这样，我们就不难理解，为什么司马迁在罗列战国时期巨富中一些"与王者埒富"者，大都是亦工亦商、工商兼营这一历史现象的。司马迁在《史记·货殖列传》中所记战国至秦初的巨富有白圭、猗顿、郭纵、乌氏倮、寡妇清诸人，其中除乌氏倮是以经营高牧致富外，猗顿以煮盐致富，郭纵、寡妇清以冶矿致富，这与马克思所阐述的封建社会商人资本的发展规律是相吻合的。战国时工商业这种并驾齐驱的发展，互相影响的情景，反映在经济思想领域里，便是经常是把工、商业及工、商业者相提并论。这绝非一种偶然的现象，而是此时工商业发展状况客观真实的反映。

单纯从社会经济发展规律的角度考察，战国时工、商业这种互为因果，相互依赖的发展状况无疑是正常的。但是在战国这个特定的历史时期内，社会经济发展的正常道路却受到政治、军事形势的影响。当时，摆在各国统治阶级面前的首要任务无非是耕战，耕可以富国，战必须强兵。在这种情况下，工商业及工商业者，被各国统治阶级视为妨碍耕战，危害富

---

① 《孟子·滕文公上》。

国强兵的"祸水",因而一概被列为抑制与打击的对象。实施富国强兵的耕战政策,主要就是着眼于对被束缚在土地之上的农民加强控制。因此,重农的思想和政策是同封建统治阶级命运攸关的一个重大的政治问题。抑制工商的思想与主张,是作为重农政策的一个重要补充方面而提出来的。

首先,从富国的角度看,战国时一般都认为农业与国计民生、国家之兴衰存在着密切的联系。正是从传统的重农思想出发,统治阶级密切注视农民的经济状况,采取一切可能采取的措施来促进农业生产。为了防止农民弃农从工商,统治阶级采取各种手段尽量贬低工商业者的社会地位,把工商业视为"末业",甚至采取"事末利及怠而贫者,举以为收孥"的严厉手段来抑制工商。可见,重农与抑制工商是密不可分的两个方面:重农是富国的前提,而抑制工商则是重农的必要条件。

其次,从强兵的角度来看,也必须抑制工商。战国时期,随着郡县制度的出现,广大农民被编制在户籍之内,农民日渐成为军队中的主要成分。古代政治家和思想家都很了解农业与战争的关系,懂得寓兵于农这个道理。《管子·禁藏》篇曰:"耕器具则战器备,农事习则巧战功",就是一个明显的例证。农业为战争提供兵源和物力。同时,农业经济的特点决定了农民便于被统治阶级驱使进行兼并战争。由于生产条件的差异,工商业者恰好和农民相反,他们千方百计逃避耕战。从事工商业的人滋多,对于强兵来说,无疑是一个严重的威胁。

虽然战国的工商业为是时的经济发展和繁荣奠定了基础,但是它的发展方向与当时各国统治者所奉行的耕战政策是南辕北辙的,因此,不可避免地要遭到统治阶级的鄙视和抑制。列宁曾指出:"有一句著名的格言说:'几何公理要是触犯了人们的利益,那也一定会遭到反驳的。'"[①] 战国时期,工商业被视为妨碍本业的末业,工商业者被视为妨碍耕战、削邦弱国的蠹虫并遭到打击与抑制的史实,进一步证明了这个道理。

战国以后,统治阶级对于工商兼抑的情况,随着诸国林立,争战不断状况的结束而逐渐发生一些微妙的变化。这种变化并不意味着手工业已经脱离了末业的范畴。不过,尽管工商业仍然被认为同属于末业,但是手工业及手工业者的社会地位有了较为明显的提高,与之形成鲜明对照的是,此时对于商业及商人的抨击较之战国时期更为激烈。这种状况的产生是由

---

① 《列宁全集》第15卷,人民出版社1959年版,第13页。

诸多因素所决定的。

从社会因素考察，秦汉时已发生了重大的变化。战国那种诸侯混战的纷乱局面，随着秦王朝的统一而成为历史的遗迹，流行于政治经济领域中的耕战政策，随着社会条件的变化而时过境迁。伴随着这个重大变化的出现，人们对社会上的一些事物，必然要重新加以审定，对工商的认识当然也不可能例外。如果说在战国时，统治阶级及其思想家对于工商的态度，更多是基于政治、军事上的需要，而从经济角度的考虑还是放在次要位置上的话；那么，在秦汉时则由于时代环境的变迁，对于工商的态度势必要从政治、军事方面较多地转向经济方面来。正是由于从经济的角度出发，秦汉时的思想家对于工商业及工商业者的认识，较之战国时要更为深刻，这一点在经济思想领域中，突出地反映在对财富的认识上，两个不同的时期存在着不同的看法。

在自然经济占绝对统治地位的封建社会中，对于财富的认识，当然要特别注意生产物的自然形态。据胡寄窗先生研究，在战国时期，只有儒家孔孟学派既承认财富是自然生产物，也承认手工业能创造财富，而其他学派则基本认同农业才是财富产生的唯一根源，"疾耕则家富"成为较普遍的观点。[1] 而在秦汉时期，关于财富的看法却发生了若干变化。司马迁在列举一些岁收入与千户侯等值的产业时说：

> 酤一岁千酿，醯酱千瓨，浆千甔，屠牛羊彘千皮，贩谷粜千钟，薪槀千车，船长千丈，木千章，竹竿万个，其轺车百乘，牛车千两，木器髹者千枚，铜器千钧，素木铁器若卮茜千石，马蹄躈千，牛千足，羊彘千双，僮手指千，筋角丹沙千斤，其帛絮细布千钧，文采千匹，榻布皮革千石，漆千斗……[2]

从以上所列可以看出，在汉人的眼中，不仅一些以自然生产物形态出现的农产品是财富，而且一些经过手工业加工或制作，并且进入流通领域中的手工业产品也是财富，可见汉人对于财富的理解要比战国时更为广

---

① 参见胡寄窗《中国经济思想史（上）》第 15 章《先秦经济思想总考察》，上海人民出版社 1962 年版。

② 《史记》卷 129《货殖列传》，第 3274 页。

泛、灵活。基于这种认识，秦汉时对于手工业不像战国时那么轻视。

反之，我们可以验证，无论是在战国，还是在秦汉，大多数思想家在货币是否是财富的观点上基本上是相同的。胡寄窗先生在概括从春秋到战国经济思想领域中对货币的一般看法时说："至于货币，一般也认为是属于财富的范围，但将其重要性看得不如五谷之大。战国以来，这一倾向更为加强，甚至将货币排挤到财富范围之外，有所谓'时货不遂，金玉虽多，谓之贫国'的看法。"① 随着战国时代的推移，否定货币也是财富的思想日渐强烈。《商君书·去强》甚至认为货币与粮食势不两立，"金生而粟死，粟死而金生"。这种把货币与粮食完全对立的货币观，当然是十分荒唐的。

秦汉时期，对于货币的看法和战国之时并没有什么本质的差别。晁错认为金银珠宝之所以有价值，是由于统治阶级喜爱的缘故，他说："珠玉金银，饥不可食，寒不可衣，然而众贵之者，以上用之故也。"② 贡禹则走得更远，竟认为人主有权废除货币。他说："末利深而惑于钱也，是以奸邪不可禁，其原皆起于钱也。疾其末者绝其本，宜罢采珠玉金银铸钱之官，亡复以为币。市井勿得贩卖，除其租铢之律，租税禄赐皆以布帛及谷。"③ 这种货币观虽然至浅至薄，但在古代经济思想史上，还是颇有影响的。马克思说："生产越是不发展，货币财产就会越是集中在商人手中，或表现为商人财产的独特形式。"④ 正是因为古代商人的资产主要表现在货币上，所以，古人对货币的厌恶必然要转嫁到商人的身上。毫无疑问，这种对货币的诋斥态度，也是主张抑商的一个重要的理论根据。

三

以上我们在经济思想领域里，考察了秦汉时对于财富和货币的认识。如果我们把眼光转向社会实际经济生活时，可以看到秦汉时的工商业也经历了一个变化的过程。换言之，此时的手工业已由战国时相对自由的发展

---

① 参见胡寄窗《中国经济思想史（上）》第 15 章《先秦经济思想总考察》。

② 《汉书》卷 24《食货志》，第 1131 页。

③ 《汉书》卷 72《贡禹传》，第 3075—3076 页。

④ 《马克思恩格斯全集》第 25 卷，人民出版社 1974 年版，第 365 页。

状况，重新为官府所控制；而商业则由战国时与手工业相互影响而发展的趋势，转变为脱离了手工业发展的基础而畸形发展。这种状况的产生，是秦汉时有关抑工商思想发生明显变化的一个重要的经济原因。

手工业作为一个古老的生产部门，至秦汉时经历了不同的发展阶段。在西周春秋时期是以官府手工业为主的发展阶段，即"工商食官"。在战国时期，生产关系发生的一个重大变化是私人手工业的崛起。但在西汉武帝之后，随着盐铁官营，官府手工业又居于统治地位，而私营手工业被迫退出这两项在封建社会中最有盈余的手工业生产领域，转向经营赢利较少的其他手工业生产部门。至于在汉代的其他手工业生产中，官府手工业也是占有绝对的统治地位。以纺织业为例，在纺织手工业中，商品生产的成分历来都是较薄弱的，广大农民所需要的纺织物，主要是由与耕耘相结合的家庭纺织手工业提供的。统治阶级所需要的纺织物，主要也不是依赖于商业。两汉时，官府纺织手工业的规模相当大，贡禹说："故时齐三服官输物不过十笥，方今齐三服官作工各数千人，一岁费数巨万……东西织室亦然。"颜师古注曰："三服官主作天子之服，在齐地。"①《汉书》卷18《百官公卿表》曰："少府属官有东织室令丞。"仅为皇帝和皇室服务的官府纺织手工业就有工人万余人，并设有专门官吏管理，生产规模之大可以想见。汉代官府手工业发达，不仅在冶铁、煮盐、铸币、纺织这些大宗手工业的生产部门，就是在其他一些生产规模较小的部门，官府手工业仍占有重要的地位。据陈直先生研究，漆器、铜器、造兵器、铸镜、造度量衡、造玺印、陶器、造舟车、木器、雕石琢玉、造纸墨笔砚等手工业，两汉政府大都设有专门的作坊或设专职官吏管理。②

为什么手工业易于为官府所控制，这是由手工业生产方式的特点所决定的。从事手工业生产，不仅需要有一定的手工业操作技巧，还需有一定数额的生产资本和一定数量的劳动力。一件精美的手工制品，往往是由许多能工巧匠通力合作的结果。东汉乐浪王盱墓中，曾出土了一大批精美的漆器，在全部漆器的题字中，工人及监造人有十六种名称，每器最多有十二种。一件漆器，就需要有这么多工人的协作才能完成，这对于私营手工业者来说当然是很困难的。可见《盐铁论·散不足篇》所说"一栝楮用百

---

①　《汉书》卷72《贡禹传》，第3070页。

②　参见陈直《两汉经济史料论丛》，陕西人民出版社1958年版，第191页。

人之工"，虽有夸张之嫌，但绝非是漫无边际的玄言。另外，官府控制下的手工业，它的生产目的，主要是为了满足封建统治阶级奢侈生活的需要，所生产出来的产品，一般不需要经过流通就进入消费阶段，虽然这并不妨碍也有一些产品作为商品出售，但这一部分在官府手工业中并不占主导地位。因此，官府手工业这种生产性质决定了它所刻意追求的是产品的使用价值，可以不计成本、时间，制造出许多就是在今天看来也是精美绝伦的手工业品，在这一点上，远非是带有商品生产性质的私营手工业所能望其项背的。正是因为自秦汉以来，手工业的主体部分逐步被官府所控制，官府手工业和农业一样，同是自然经济的重要构成方面，这是秦汉的统治阶级及思想家对于手工业，不像战国时那样猛烈抨击的一个重要的经济原因。

秦汉时，官府手工业占主导地位的状况，对于密切依赖于它的商业来说，不能不产生重大的影响。虽然在秦汉时，特别是在西汉，商业还一度保持着繁荣，如果仔细考察，就不难发现这种繁荣的商业，主要是由贩运商业的活跃而造成的。秦汉大一统局面的出现，为贩运商业的发展创造了便利的条件。"海内为一，开关梁，弛山泽之禁，是以富商大贾周流天下，交易之物莫不通，得其所欲。"[1] 可见是时贩运商业虽然发达，但基本没有涉及土地问题，商人掠夺土地的现象并不普遍。然而自西汉中期以后，此风为之大变，商人资本掠夺土地的现象屡见不鲜，关于禁止商人"名田"的规定充斥史乘。商人资本疯狂地吞噬土地，首当其冲的受害者是拥有小块土地的自耕农，在商人资本的冲击下，自耕农"卖田宅、鬻子孙"，日益成为严重的社会问题。商人资本掠夺土地，这是造成秦汉时地主阶级及有识之士主张抑商的一个重要原因。

秦汉时期，商人遭到人们特别痛恨的另一个重要原因，就是高利贷资本的空前发达。在封建社会里，经营高利贷不一定只是商人的"特产"，拥有大量货币的达官贵人，当把货币运用于借贷时也会变为高利贷经营者。从高利贷资本的发展历史来看，"高利贷资本的发展和商人资本的发展，并且特别和货币经营资本的发展，是联系在一起的"。因此，马克思曾形象地把高利贷资本和商人资本比喻为"孪生兄弟"。[2] 秦汉时期，高

---

① 参见陈直《两汉经济史料论丛》，第 95 页。

② 《资本论》第 3 卷，第 695 页。

利贷资本的发展远较战国时为剧，不仅农民和小手工业者深受其害，就是封建统治阶级也痛感其威胁，即所谓"封君皆低首仰给"。[①] 高利贷经营者屡次利用西汉政府的财政困难，迫使政府借贷。景帝平吴楚七国之乱时，不得不向"子钱家"无盐氏借年息"什倍"的高利贷。[②] 如果说战国之时的高利贷还是癣疥之疾的话，那么秦汉时就是膏肓之患了。马克思指出，高利贷资本"它不改变生产方式，而是紧紧的寄生在它上面，使它穷乏。它吮吸着它的膏血，破坏它的神经，强迫再生产在日益悲惨的条件下进行。就是为了这个缘故，所以引起大家对于高利贷的厌恶，这种厌恶在古代世界，达到了最高点"。[③] 同样的道理，我们就可以理解，为什么秦汉以降，朝野一辞，同斥商人的原因了。

综上所述，在中国古代的经济思想中，有关抑末的思想并非是一成不变的。而是随着战国至秦汉时的政治形势及经济结构的变化，经历了一个由工商兼抑到侧重于抑商的过程。只有到了秦汉时期，才是历代封建王朝奉行不衰的抑商政策的最后也是最完整的确立时期。

原载《秦汉史论丛》第 3 辑，陕西人民出版社 1986 年版。

---

① 《史记》卷 30《平准书》。
② 《史记》卷 129《货殖列传》。
③ 《资本论》第 3 卷，第 699 页。

战国秦汉时期黄帝传说的演变

一

作为中华民族始祖之一的黄帝，在先秦文献的记载中出现应是较晚的。从现存的文献资料来看，黄帝的传说应是在春秋战国之际形成，且由于各家阐释的角度有所差异，黄帝亦有不同的形象。

《左传》载，僖公时，晋卜偃曾以"吉。遇黄帝战于阪泉之兆"，劝晋侯消除疑虑，与秦人战。昭公时，郯子在追述先祖少暤氏"以鸟名官"的缘故时说："黄帝氏以云纪，故为云师而云名……"云云。这时的黄帝，或是以卜筮吉凶的征兆而出现，或是存在于后人对先祖得名经历的追记之中，其形象是较为单一，全然没有后世那种全方位的"人文始祖"神圣的形象。值得注意的是，孔子闻知郯子的一番议论后，"见于郯子而学之"，曾发出了"吾闻之'天子失官，官学在四夷'，犹信"的慨叹，似乎证明关于黄帝的传说在春秋之时，在所谓"天子官学"之中并不占有主导的地位，而需求之于"四夷"，方能将黄帝的传说补缀完全。

战国之时，诸侯争霸，诸子百家纵横，游说诸国以售其学，其中关于黄帝的各种传说激增。在一些学派中，引证黄帝的传说为己派学说张目似乎成为一种时尚；但亦有一些学派坚持不言黄帝。就是在言及黄帝的各学派之中，其说法也不尽相同，大有百家争鸣之势。

承袭孔子正统儒学的孟子，是时以"仁义"、"仁政"、"仁术"之学游说诸国，尽管在"争地以战"、"争城以战"的时代屡屡遭遇各国诸侯的冷遇，然而始终不改其衷。孟子曾令对其寄予厚望，以为"叟不远千里而来，亦将有以利吾国乎"① 的梁惠王极度失望，但还是坚持兜售自己的学说，不肯引用是时已经广泛流传的黄帝与炎帝战于阪泉及与蚩尤战于涿鹿的事例，用黄帝以战止战、以暴易暴的事例去打动各国君主之心，在游说列国之中始终没有言及黄帝一语。同样，基本上是儒家倾向的荀子，也是从不言及黄帝的。墨家虽然与儒家在许多方面相互抵牾，各自以"非墨"及"非儒"而标榜，但从对待时局及战争的态度上看，不可否认双方仍有许多相通之处，或是主张以"仁政"取代"急敛"与"强兵"的"暴政"，或是主张以"非攻"、"兼爱"来消弭兼并战争。"若使天下兼相爱，国与国不相攻，家与家不相乱，盗贼无有，君臣父子皆能孝慈，若此则天下治"。② 在阐述各自学说与主张的方法上，墨家与儒家有许多相通之处。同样，《墨子》一书中也无引证黄帝以圆其说的做法。

其时，墨家与儒家并称"显学"，影响甚巨。儒家对古时圣王治理天下的方式十分服膺，但对古时圣王的界定仅限于尧、舜、文、武而已，所谓"祖述尧、舜，宪章文、武"，③ 则是他们对待古时圣王的基本态度；墨家的态度基本上也是如此："三代之圣王尧舜禹汤文武之兼爱之天下也，从而利之，移其百姓之意焉，率以敬上帝山川鬼神，天以为从其所爱而爱之，从其所利而利之，于是加其赏罚分明焉，使之处上位，立为天子以法也，名之曰'圣人'。"④ 可见对尧、舜、文、武等"三代之圣王"的推崇，儒墨两者的态度并无二致，对于这些圣王的"始祖"黄帝，却不约而同地采取了"不言"的态度。虽然这不能证明黄帝在儒墨两家的学说中完全受到排斥，但至少可以说明黄帝并没有得到是时儒墨两家的特殊重视。

在强调"法、术、势"，主张以法治国的法家学派中，虽然论及治国之道多言及黄帝，但实则是取其所需，主观剪裁的意味甚浓。如《管子·任法篇》强调"法"于"一民"的重要性，有"圣君任法而不任智，任数而不任说，任大道而不任小物"，故"黄帝之治也，置法而不变，从民安其法也，所谓仁义礼乐者皆出于法，此先圣所以一民者也"。"法"定之后，"因任而授官，循名而责实，操生杀之权，课群臣之能"⑤ 的驭臣之

---

① 《孟子·梁惠王章句上》。
② 《墨子·兼爱上》。
③ 《礼记·中庸》。
④ 《墨子·兼爱中》。
⑤ 《韩非子·定法》。

"术"尤显重要，于是黄帝又成为法家心目中善于量才任人，深谙"术治"的圣王。《五行篇》曰："黄帝得蚩尤而明于天道，得大常而察于地利，得奢龙而辩于东方，得祝融而辩于南方，得大封而辩于西方，得后土而辩于北方。黄帝得六相而天地治，神明至。"① 或是以"伏羲、神农教而不诛，黄帝、尧、舜诛而不怒，及至文、武各当时立法，因事而制礼"，② 用以证明"治世不一道，便国不必法古"的道理。或是强调治国非明法不可，如果法无所定，"虽有十黄帝不能治"。③ 从中不难看出，法家学派虽多言黄帝，但目的不过是引用黄帝以证其说而已，至于黄帝是否曾如此治理过天下，则不甚注重。

至于擅长以寓言的形式阐明自己政治主张的庄子，虽然多言及黄帝，但更多是以玄奥的语言去探讨所谓的"至道"。在《庄子》一书中，黄帝在得"至道之精"的广成子等人面前，完全是处于被开导教训的地位。如《在宥篇》载，黄帝见广成子曰："我闻吾子达于至道，敢问至道之精。吾欲取天地之精，以佐五谷，以养民人，吾又欲官阴阳，以遂群生，为之奈何？"得到的回答却是如下一番训斥："而所欲问者，物之质也；而所欲官者，物之残也。自而所治天下，云气不待族而雨，草木不待黄而落，日月之光益以荒矣。而佞人之心翦翦者，又奚足以语至道"。《天运篇》中，庄子又借老聃驳斥子贡之语"非圣"，"三皇五帝之治天下，名曰治之，而乱莫甚焉。三皇之知，上悖日月之明，下暌山川之精，中堕四时之施。其知憯于蛎虿之尾，鲜规之兽，莫得安其性命之情者，而犹自以为圣人，不可耻乎，其无耻也"。不但黄帝，连同所谓的"三皇五帝"也概不能免，④

---

① 蚩尤为黄帝"六相"之首的说法仅见于《管子》书中，其他典籍未载。于是，此"蚩尤"与被黄帝杀于涿鹿的"蚩尤"是否为同一人，历来争议很大。王先谦补注《汉书·古今人表》时认为被班固列为"下下愚人"的"蚩尤"（即被黄帝所杀者）与曾为黄帝臣的"蚩尤"不是同一人，并引《高帝纪》补注中吴仁杰、全祖望等人的考订为证。而颜师古注《高帝纪》所引早于清儒固吴、全、王诸人的应劭、臣瓒诸人的说法虽不尽相同，然皆以为高祖起兵时于沛廷与"祠黄帝"同时所"祭蚩尤"，与被黄帝所诛者为同一人。可见，黄帝臣中有另一"蚩尤"的说法相当晚起，足以说明在《管子》成书之时，关于黄帝的传说仍在不断的构建之中，各取所需、主观取舍的色彩甚浓。

② 《商君书·更法》。

③ 《韩非子·五蠹》。

④ 《庄子》一书中虽有"三皇五帝"或"三王五帝"的说法，似乎也都没有确指。不过"黄帝"名列"三皇五帝"之中，则无疑问。

并无多少崇敬之情。这种态度虽然不能认定是对黄帝的排斥，但以《庄子》心目中的"至道"来衡量，黄帝欲有所为的治世方针显然不符合"至道之精"这一标准。

相传为列御寇所著的《列子》，与《庄子》同属道家学派，对于黄帝却是推崇有加，与《庄子》大相径庭。在《列子》书中，黄帝虽然也在孜孜不倦地追求"至道"，但强调的是依靠黄帝的个人感悟，而不是企求什么"仙人"的指点。如《列子·黄帝》云："黄帝即位十有五年，喜天下戴己，养正命、娱耳目、供鼻口、燋然肌色皯黣，昏然五情爽惑。又十有五年，忧天下不治，竭聪明、进智力、营百姓，焦然肌色皯黣，昏然五情爽惑。"身心憔悴的黄帝于是"退而闲居大庭之馆，斋心服形，三月不亲政事"，忽一日昼寝梦游华胥氏之国，深为华胥氏"其国无师长，自然而已。其民无嗜欲，自然而已"的情形所折服，于是翻然醒悟，"今知至道不可以情求矣"。于是"又二十有八年，天下大治，几若华胥氏之国"。不仅如此，黄帝还是一位"备知万物情态，悉解异类音声……其所教训者无所遗逸"的"太古神圣之人"。

可见春秋战国时期，虽然言黄帝者甚多，却是人言人殊。正如司马迁在《史记·五帝本纪》中所说："百家言黄帝，其文不雅驯，荐绅先生难言之。"然而尽管如此，但此时关于黄帝的传说已经基本定型。《国语·晋语》云："昔少典娶于有蟜氏，生黄帝、炎帝。"形成了黄帝的父系传继系统。又云："黄帝之子二十五宗，其得姓者十四人，为十二姓，姬、酉、祁、己、滕、葳、任、荀、僖、姞、儇、依是也。"将黄帝子系传承梳理得十分清楚。《周易·系辞下》曰：

> 神农氏没，黄帝、尧、舜氏作。通其变，使民不倦；神而化之，使民宜之。易穷则变，变则通，通则久。是以自天祐之，吉无不利。黄帝、尧、舜垂衣裳而天下治，盖取诸乾坤。刳木为舟，剡木为楫，舟楫之利，以济不通；致远以利天下，盖取诸涣。服牛乘马，引重致远，以利天下，盖取诸随。重门击柝，以待暴客，盖取诸豫。断木为杵，掘地为臼，臼杵之利，万民以济，盖取诸小过。弦木为弧，剡木为矢，弧矢之利，以威天下，盖取诸睽。上古穴居而野处，后世圣人易之以宫室，上栋下宇，以待风雨，盖取诸大壮。古之葬者，厚衣以薪，葬之中野，不封不树，丧期无数，后世圣人易之以棺椁，盖取诸

大过。上古结绳而治，后世圣人易之以书契，百官以治，万民以察，盖取诸夬。

可见在《周易·系辞下》中，黄帝作为"后世圣人"的代表人物，大至垂衣裳、定制度、设百官、御暴敌、通商贸、兴农桑、利天下、济万民，小至制作舟楫、车乘、臼杵、弓矢诸物，与"结绳而治"的上古神农氏时代迥然有别。《系辞下》中关于黄帝的说法，显然是综合了诸家的说法，构建出一个既精通"无为而治"之术，又擅长制作诸物的全能的"圣明帝王"的形象。黄帝这一形象的出现，对其后西汉初年黄老政治的实施有着深刻的影响。

二

位于西陲的秦国，具有崇武鄙文的习俗。特别是秦人对儒学的轻蔑，以至有孔子西行不至秦之说。所以当荀子西行至秦国后，应侯范雎问荀子曰："入秦何见？"荀子盛赞秦国风俗，百姓淳朴无华，有古民之风；百吏肃然恭俭、敦敬忠信，有古吏之风；士大夫公而无私，不朋党比周，有古士大夫之风；朝廷恬然如无治者，有古朝廷之风，"故四世有胜，非幸也，数也。是所见也"。但随后话锋一转，"虽然，则有其諰矣。兼是数具者而尽有之，然而县之以王者之功名倜倜然其不及远矣！是何也？则其殆无儒邪！故曰粹而王，驳而霸，无一焉而亡。此亦短也"。①婉转地对秦人"无儒"之失提出批评。是时儒家基本上是不言黄帝的，恐怕与认为黄帝传说"其语不经见，缙绅者不道"的心态有关。②"无儒"的秦人，在对待黄帝的问题上，也与儒学反其道而行之，是颇为崇尚的，这主要体现在仿效黄帝行封禅事及设畤祭祀黄帝之上。

所谓封禅，《史记》卷28《封禅书》"正义"引《五经通义》云："易姓而王，致太平，必封泰山，禅梁父，何？天命以为王，使理群生，告太平于天，报群神之功。"既然封禅有如此重要的政治功能，那么"自古受命帝王，曷尝不封禅？盖有无其应而用事者矣，未有睹符瑞见而臻乎泰山

---

① 《荀子·强国》。
② 《史记》卷28《封禅书》。此下再引此书者例不出注。

者也"。封禅当是源远流长、行之者众。但实际上直到秦始皇、汉武帝大行封禅之时，对于如何进行封禅，儒生、方士、朝臣等仍是聚讼纷纷，争议不休，说明此前真正能行封禅者却是"即事用希"。司马迁对此释为"自每世之隆，则封禅答焉，及衰而息。厥旷远者千有余载，近者数百载，故其仪阙然堙灭，其详不可得而记闻云"。归结为由于年代久远，行封禅的礼仪埋灭阙佚，致使后人不详之故。对此，清人梁玉绳却有不同的看法。《史记会注考证》引梁氏语曰："三代以前无封禅，乃燕、齐方士所伪造。昉于秦始，侈于汉武。"并阐释司马迁著《封禅书》之意为"此书先杂引鬼神之事，比类见义，因其传会，毕录于篇，政以著其妄，用意微矣"。封禅是否如同梁氏所说是起始于秦始皇，侈大于汉武帝；史迁著《封禅书》是否具有讥刺封禅之虚妄的微言大义于内，并不在本文所要讨论的范围之内。但从《封禅书》所载封禅事例来看，梁氏所云封禅始于秦始皇的说法基本上是可信的，因为除了齐桓公曾与管仲探讨过行封禅的可能性而被劝阻外，秦始皇之前的历代帝王，确实并无严格意义上的封禅之举。至于黄帝与封禅的关系，也是在秦汉时期才最终定型的。

《史记》卷28《封禅书》载，秦穆公（公元前659年—前621年在位）之时，春秋五霸之首齐桓公曾自恃"九合诸侯，一匡天下，诸侯莫违我。昔三代受命，亦何以异乎？"欲仿效黄帝等古之帝主行封禅事，被管仲以"古之封禅，鄗上之黍，北里之禾，所以为盛，江淮之间，一茅三脊，所以为藉也。东海致比目之鱼，西海致比翼之鸟，然后物有不召而至者。今凤凰麒麟不来，嘉谷不生，而蓬蒿藜莠茂，鸱枭数至"，婉言加以谏阻。管子称上古行封禅者多达七十二家，但从始行封禅者无怀氏，迄止周成王，只有十二家可查。在十二家之中，黄帝只是众多行封禅者中的一家，并没有特殊的地位，这与后世尤其是汉武帝之时，言封禅者必以黄帝为标准有着本质的区别。

《封禅书》续云，秦穆公死后百余年，"孔子论述六艺，传略言易姓而王，封泰山、禅乎梁父者七十余王"。孔子所言与管子大同小异，至于这一记述是否真为孔子所言，清人梁玉绳也有不同的看法："秦穆公卒后，至孔子论述六经，几百四十年，而孔子又安得有易姓封禅之言哉。托诸孔子，犹之嫁名管仲也。"不仅否认孔子发过"易姓封禅"的议论，连管子关于封禅的说法也一并认为是"嫁名"之作。梁氏之言甚有道理，在最能代表孔子思想的《论语》中，不仅没有言及黄帝，亦不见有关封禅的任何说法，这完全符合孔子这位"荐绅先生"，对"其言不雅驯"的黄帝之类传说，一般均采取"难言之"的态度。《管子》书中的《封禅篇》早佚，现存《管子》外篇中所收的《封禅篇》，完全是转录《史记·封禅书》中所收的管子的言论，已经无法窥知《管子》书中关于封禅思想的全貌。至于托名管仲所著的《管子》一书，更是以思想庞杂而著称，《汉书·艺文志》将其归之为道家，《隋书·经籍志》则将之列为法家之首，可见对其书的认识，古人的意见并不相同，然而不论是属"道"还是属"法"，均没有将《管子》视为儒家之书，在这一点上意见却是一致的，而《管子》之书多言黄帝，这与先秦之时，儒家学派基本上不言黄帝，而道、法两家则多称黄帝的思想倾向相吻合。

秦灵公（前424年—前415年在位）时，秦国"作吴阳上畤，祭黄帝，作下畤，祭炎帝"，这是见诸史籍，在诸侯国中设畤祭祀黄帝、炎帝的最早记载。至少可以说明，到了战国之时，黄帝，包括炎帝，在秦地已经成为国君设畤祭祀的对象，较之其他诸侯国，黄帝享有更受推许的特殊地位。四十余年后，周太史儋见秦献公时曾曰："秦始与周合，合而离，五百岁当复合，合十七年而霸王出矣。"对于这句近于谶语似的言论，《史记》注家的解释不尽相同，而张守节"正义"强调的是"周、秦俱黄帝之后"，故有所谓周、秦五百岁合离之说，可以视作是周人对秦人推崇黄帝的一种认同的态度。

不过，秦人素好神灵之祀。自秦襄公因护佐周平王西迁有功，始立为诸侯，"自以为主少暤之神，作西畤，祠白帝"时起，设畤祭祠神灵似乎就成为秦人的传统。然而秦人所祭祠的神灵十分庞杂，举凡天地日月星辰名山大川鬼神等，几乎都在秦人祭祀的范围之内，而且随着地域的不同，祭祀的对象也各有差异。以曾为秦人故都的雍县（今陕西凤翔南）为例："雍有日、月、参、辰、南北斗、荧惑、太白、岁星、填星、辰星、二十八宿、风伯、雨师、四海、九臣、十四臣、诸布、诸严、诸逑之属，百有余庙"。其中雍之四畤，所奉祠的"上帝"最受推崇。秦人所谓"上帝"，是指白、青、黄、赤四帝。雍之四畤皆以天子祝官太常主祠，"以岁时奉祠之"，奉祠的祭物"各以其帝色"。秦人这一传统为汉人所继承，并得到进一步发展。汉二年（前206年），刘邦"东击项籍后而还入关"，就以"吾闻天帝有五"为由，命"立黑帝畤，命曰北畤……悉如故秦祝官，复置太祝、太常，如其故仪礼"。至此，雍四畤增成五畤之数，所祭"上帝"

也由"四帝"变成"五帝"。

秦始皇统一后的第三年，东巡到泰山，真正要行封禅之时，对如何举行封禅却不甚清楚，尽管从齐、鲁征来的儒生多达七十人，议"古者封为蒲车，恶伤山之草木；扫地而祭，席用菹秸，言其易遵也"，秦始皇因儒生所议"乖离难施用"，"由是绌儒生"不用，自行封禅之事，"其礼颇采太祝之祀雍上帝所用"。从中似乎可以透露出这样的信息：在秦人所祠的诸帝中，由于只有黄帝与封禅有所联系，所以当秦始皇将封禅付诸实践之时，在泰山招齐、鲁儒生多达七十人，显然是想博采众议，效法黄帝实行封禅。而儒生所谓"封为蒲车"、"扫地而祭"之类的说法，足以证明黄帝实施封禅的具体方法，此时尚没有完全地演绎出来。儒生所提倡的如此"简质"之礼，与始皇欲借封禅"夸诵功德，希求福寿"的心态不符，[①]被始皇弃用也在情理之中。

三

尽管秦人对黄帝颇为推崇，但对于黄帝传说的理论构建似乎没有提供太多的东西，曾在秦国实行变法的商鞅及深得秦始皇推崇的韩非，其著述中都多次引用黄帝以申其说，并得到秦国统治者的首肯。然而是时黄帝的形象，如上所述，主要是善于审时度势、明法治国、深谙驭臣之术的"圣王"形象，托黄帝之名鼓动变法的意图十分明确。黄帝传说的最终形成，则是在两汉时期。

西汉初年，汲取秦失天下之教训，讨论秦政之得失，"过秦"成为一种主要的社会思潮。在纷纷指摘秦"事逾烦天下逾乱，法逾滋而奸逾炽，兵马益设而敌人逾多"的同时，"无为而治"的黄老政治主张也就应运而生，成为汉初统治者治理天下的一个基本准则。作为"黄老"之一的老子，崇尚"无为"一以贯之。"'无为'是老子哲学中重要的观念，誉为人之最高德性。此一观念在他那五千余言的著作中，反复讲了十一次"。[②]而黄帝的形象则较为复杂，除儒墨基本不言黄帝外，其余诸家或多或少都言及黄帝，但所言黄帝形象差异极大，但若单以"无为"思想而论，唯有

---

① 《文献通考》卷84《郊社考十七》。
② 高明：《帛书老子校注》，中华书局1996年版，第422页。

道家著作中的黄帝形象最为突出。

　　将黄帝与道家始祖老子嫁接于一起，始出于战国时期齐国稷下学士宋钘、尹文之一派。《汉书·艺文志》"小说家"中有"《宋子》十八篇"，班固引荀子语曰："其言黄老意。""《尹子》一篇"列入"名家"，颜师古注引刘向语曰："与宋钘俱游稷下。"《庄子·天下篇》在纵论"天下治方术者"时，以宋钘、尹文为一系。可见托名两人的著作《宋子》与《尹子》，虽分别列于"小说家"与"名家"，但从"其言黄老意"看，与《艺文志》所载道家著作《黄帝四经》、《黄帝铭》、《黄帝君臣》（班固自注"起六国时，与《老子》相似也"）主旨是一致的，均是从道家"无为"的思想出发，以突出黄帝"无为而治"的政治意图。主张"黄老"的道家学派通常涉世愿望极其强烈，如同《庄子·天下篇》所云，宋、尹两人"以此周行天下"，虽然"天下不取"，但仍"强聒而不止"。

　　在"争野以战，杀人盈野；争城以战，杀人盈城"的时代，主张"无为而治"的黄老学说显然不合时宜。但随着西汉王朝的建立，亟需休养生息的社会现实使"黄老"学说不仅在治国方略上被奉为圭臬，在学术上也一跃而成为显学。值得注意的是，最早为汉高祖筹划无为而治方略的陆贾，其心目中无为而治的典范并不是黄帝，而是"弹五弦之琴，歌南风之诗，寂若无治国之意，漠若无忧民之心，然天下治"的"虞舜"。[1] 尽管在《系辞下》中，舜与黄帝、尧并列为"垂衣裳而天下治"的典范，然陆贾在《无为》篇中却没有言及黄帝，似乎不是疏忽，而是表现出一种不言或少言黄帝的儒家传统，这与《论语·宪问》载孔子语"无为而治者，其舜也与！"将舜视为无为而治最高典范的思想倾向是一致的。但陆贾并不是绝对不言黄帝的，虽然现存《新语》十二篇中，仅《道基》一篇明确提及黄帝，而是时黄帝的形象仅是教民"伐木构材，筑作宫室，上栋下宇，以避风雨"，重在启发民智的"先圣"之一，与在治国之道上多有发明，"设辟雍庠序之教，以正上下之仪，明父子之礼，君臣之义"的"中圣"，及"定五经、明六艺，承天统地"的"后圣"还是有所区别的。陆贾虽并不像笃信"黄老"之学者那样推崇黄帝，但言及黄帝这一事实本身就反映出，汉初一些儒学代表人物在黄老之学已占据统治地位之时，出现了将"黄老"与传统儒学糅合的倾向。这一倾向在贾谊的身上也有所体现。文

---

[1]　王利器：《新语校注》卷上《无为第四》，中华书局 1986 年版，第 59 页。

帝时贾谊上疏言政事，引所谓黄帝语曰："日中必熭，操刀必割。"劝文帝当机立断，勿失其时，果断削藩。[①]

极力提倡以儒学取代"黄老"，主张"诸不在六艺之科、孔子之术者，皆绝其道，勿使并进"的大儒董仲舒，亦有借黄帝之大名鼓动汉帝据《春秋》改制的举动。如《春秋繁露·三代改制质文》曰："黄帝之先谥，四帝之后谥，何也？曰：帝号必存五，帝代首天之色，号至五而反。周人之王，轩辕直首天黄号，故曰黄帝。帝号尊而谥卑，故四帝后谥也。"《白虎通义·号篇》将所谓黄帝"先谥"而帝颛顼等四帝"后谥"的涵义阐释得更为清楚："黄帝先黄后帝者何？古者质，生死同称，各持行合而言之，美者在上。黄帝始制法度，得道之中，万世不易，后世虽圣，莫能与同也。后世德与天同，亦得称帝，不能制作，故不得复称黄帝。"董仲舒推许黄帝，以"黄"为"首天"之色，主张据此改汉德为土德，并冠以《春秋》改制之名，实际上并不符合孔子作《春秋》之意。[②]孔子对黄帝之类传说"难言之"的态度，董仲舒当然谙熟。武帝即位初年策问贤良"五帝三王"之道时，董仲舒上"天人三策"，并没有言及五帝之首的黄帝，而是赞同孔子所云："亡为而治，其舜欤！"认为继大乱之后的汉室除了应"改正朔，易服色，以顺天命而已"外，"其余尽循尧道，何更为哉！故王者有改制之名，亡变道之实"。[③]可见董仲舒作为治"春秋公羊学"之大家，十分清楚以"改正朔，易服色"为标志的"改制"，并不出于《春秋》之学，所以强调除此之外，"其余尽循尧道"。黄帝作为五帝之首的圣主形象，几乎为汉时所有的学派所认可。

---

① 《汉书》卷48《贾谊传》。

② 所谓孔子作《春秋》之意，孟子的看法较为典型，《滕文公章句下》曰："世衰道微，邪说暴行有作。臣弑其君者有之，子弑其父者有之。孔子惧，作《春秋》……孔子成《春秋》而乱臣贼子惧。"《公羊传》释《春秋》微言大义者甚多，却无一语言及"改制"者。所谓《春秋》"改制"说，应是出于汉儒之发明，其中董仲舒贡献最巨，《春秋繁露》首篇《楚庄王》将《春秋》之道"介以一言曰：'王者必改制'"。但对此也有人有不同看法，如清人苏兴《春秋繁露考证》引朱一新《无邪堂答问一》认为："董子《繁露》，今存八十一篇。言阴阳、五行、仁义、礼智、性情者十六七，言他事者十三四。其言'改制'者，唯《三代质文》、《符瑞》、《玉杯》、《楚庄王》诸篇间言之，并非《春秋》要义……今舍全书大意而专言此，岂董子之意乎？"力图证明董仲舒的"改制"说，并不是《春秋繁露》的"要义"。（《春秋繁露义证》附录二，中华书局1992年版，第519页）

③ 《汉书》卷56《董仲舒传》。

在黄老政治占据统治地位的西汉前期，推崇黄老、读黄老书已成为一种社会时尚。苏兴所编制的《董子年表》曰："汉初儒家皆习道家，如贾谊、司马谈父子皆然。以窦太后好尚，为臣子者固当讲求。董子请统一儒术，而初固亦兼习道家。书中《保权位》、《立元神》诸篇，有道家学；《循天之道篇》明引道家语，是其证也……风尚所趋，未容全不钻研，贸然辟拒也。"① 可见即使像董仲舒这样的有汉一代儒家宗师，也不能免除社会风尚之影响，其著作中糅合若干道家之思想，亦不足为怪。

司马迁著《史记》卷 1《五帝本纪》，以黄帝为五帝之首，自述曰：

> 学者多称五帝，尚矣。然《尚书》独载尧以来；而百家言黄帝，其文不雅驯，荐绅先生难言之。孔子所传宰予问《五帝德》及《帝系姓》，儒者或不传。余尝西至空桐，北过涿鹿，东渐于海，南浮江淮矣，至长老皆各往往称黄帝、尧、舜之处，风教固殊焉，总之不离古文者近是。予观《春秋》、《国语》，其发明《五帝德》、《帝系姓》章矣，顾弟弗深考，其所表见皆不虚。《书》缺有间矣，其轶乃时时见于他说。非好学深思，心知其意，固难为浅见寡闻道也。余并论次，择其言尤雅者，故著为本纪书首。

司马贞"索隐"曰："《五帝德》、《帝系姓》皆《大戴礼》及《孔子家语》诸篇名。以二者皆非正经，故汉时儒者以为非圣人之言，故不多学也。"虽然有些持传统儒学观点的学者对所谓黄帝的传说"多不学也"，但司马迁以其亲身游历所闻——"长老皆各往往称黄帝、尧、舜之处"——足以表明黄帝的传说已经深入民间，传称黄帝之事迹已经成为一种社会时尚。其父司马谈论"六家之要旨"曰："道家使人精神专一，动合无形，赡足万物。其为术也，因阴阳之大顺，采儒墨之善，撮名法之要，与时迁移，应物变化，立俗施事，无所不宜，指约而易操，事少而功多"，于六家之中最为推崇道家，而道家与黄帝本来就具有深厚的渊源关系。对于司马迁父子治史及对黄帝的态度，班固一面称赞"迁有良史之材，服其善序事理，辨而不华，质而不俚，其文直，其事核，不虚美，不隐恶，故谓之实录"。另一面又对司马迁父子"论大道则先黄老而后六经……此其所蔽

① 苏兴：《春秋繁露义证》附录一，第 477、478 页。

蔽也",表示出强烈的不满情绪。实则从中可以反映出,汉代社会风尚经过了一个由崇尚黄老到独尊儒术的变迁过程。

汉武帝即位后,经过汉儒改造后的儒家学说,逐渐取代黄老学说的统治地位,特别是随黄老政治最有力的支持者窦太后的去世,黄老政治的淡出政治舞台已成必然之势,社会风尚也因之发生变化。布衣出身的公孙弘以治《春秋》步入仕途,数年间封相取侯,《汉书》卷 88《儒林传》对这段历史曾有如下之描绘:"及窦太后崩,武安君田蚡为丞相,黜黄老、刑名百家之言,延文学儒者以百数,而公孙弘以治《春秋》为丞相封侯,天下学士靡然乡风矣。"然而黄老政治毕竟在西汉风行六七十年,其影响已经渗入到社会的诸多方面,习黄老之术者大有人在,如《汉书》卷 67《杨王孙传》载,"杨王孙者,孝武时人也。学黄老之术,家业千金,厚自奉养生,亡所不致"。特别是汉武帝本人"尤敬鬼神之祀","而鬼神山川封禅祭祀之事,自古以来帝皇之中,推许黄帝以为多"。①

早在元鼎元年(前 116 年),齐人公孙卿以汉得宝鼎"与黄帝时等"为由,上书曰:"汉之圣者,在高祖之孙且曾孙也。宝鼎出而与神通,封禅。封禅七十二王,唯黄帝得上泰山封","汉帝亦当上封禅,上封禅则能仙登天矣"。武帝在公孙卿等人的鼓动下,对黄帝封禅不死心驰神往,着手"与公卿诸议封禅",并明确表示"欲放黄帝,以接神人蓬莱,高世比德于九皇,而颇采儒术以文之"。元封元年(前 110 年)四月,武帝实行封禅,因参与议事的群儒"既已不能辩明封禅事,又拘于《诗》《书》古文而不敢骋",于是尽罢群儒不用,"封泰山下东方,如郊祠泰一之礼。封广丈二尺,高九尺,其下则有玉牒书,书秘。礼毕,天子独与侍中奉车子侯上泰山,亦有封……天子从封禅还,坐明堂,群臣更上寿,下诏改元为元封"。从武帝议行封禅的经过看,与秦始皇始行封禅时的过程极其相似,行封禅的礼仪仍在不断的构建之中,所谓"封禅用希旷绝,莫知其仪体,而群儒采封禅《尚书》、《周官》、《王制》之望祀射牛事"正反映出这一点。不同的是武帝时已将黄帝作为古帝王行封禅第一人而明确表示效法。可能正是察觉到武帝既推崇黄帝,又希冀文饰以儒术的心态,元封二年秋,济南人公孙带上所谓"黄帝时明堂图",将黄帝与儒家所言的"明堂"

---

① 《史记》卷 1《五帝本纪》"索隐"。

巧妙地结合起来，取得武帝的欢心，"令奉高作明堂汶上，如带图"。① 明堂是古代帝王宣布政教，举行祭祀、朝见，制礼作乐的地方，《孟子·梁惠王下》曰："夫明堂者，王者之堂。"《周书·考工记》中有关于明堂建置的详细说明。武帝初年，赵绾、王臧等就因"欲议古立明堂城南以朝诸侯，草巡狩封禅改服色事"而获罪于窦太后，被迫自杀。可证是时不仅儒家没有将明堂与黄帝联系起来的迹象，就是主张黄老政治的窦太后也没这种认同感。而传说中黄帝宣布政教的地方，如《管子·桓公问》所言是在"明台"。虽然有"明台，明堂也。天子布政之宫"的说法，但这一说法较为晚出。② 公孙带将明堂与黄帝联系在一起，正反映出是时既推崇黄帝，又以儒术文饰的时代特点。

武帝以降，汉代诸帝虽然不像武帝那样热衷于封禅鬼神祭祠之事，但黄帝依旧受到推崇。如宣帝即位，"修武帝故事，盛车服，敬齐祠之礼"，"又立五龙山仙人祠及黄帝、天神、帝原水，凡四祠于肤施"。在秦人"作吴阳上畤，祭黄帝"，武帝因亳人缪忌所奏立祠祭黄帝的基础上，再为黄帝立专祠祭奉。虽然成帝初年在儒臣匡衡等人的鼓动下，以"不应礼，或复重"为由，将包括秦人、武帝、宣帝所立的黄帝祠在内众多旧祠罢废，然而随着匡衡的免官夺爵，以及刘向"家人尚不欲绝种祠，况于国之神宝旧畤"的劝说，成帝"以无继嗣故，令皇太后诏有司"，恢复许多旧祠。哀帝即位后，更是"博征方术士，尽复前世所常兴诸神祠官，凡七百余所，一岁三万七千祠"，③ 作为"国之神宝旧畤"的黄帝之祠，自然也在"尽复"之中。

王莽图谋代汉之时，将对黄帝的推崇发挥到极致。梓潼人哀章窥知王莽这一心态，于居摄三年（前8年），"作铜匮，为两检，署其一曰'天帝行玺金匮图'，其一署曰'赤帝行玺某传予黄帝金策书'。某者，高皇帝名也。书言王莽为真天子，皇太后如天命"。即是利用黄帝之名为王莽代汉制造舆论。王莽称帝后，将黄帝尊为"皇初祖考"，并"博征天下工匠诸图画，以望法度算，及吏民以义入钱谷助作者，骆驿道路……以起九庙"。而黄帝太初祖庙于"九庙"之中规模最为宏大，"东西南北各四十丈，高

---

① 以上均见《汉书》卷25《郊祀志》。
② 见《文选·王融·〈永明十一年策秀才文〉》张铣注。
③ 《汉书》卷25《郊祀志》。

十七丈，余庙半之。为铜薄栌，饰以金银琱文，穷极百工之巧。带高增下，功费数百钜万，卒徒死者万数"。王莽除尊奉黄帝之外，又奉虞帝为"皇始祖考"，当是出于"予以不德，托于皇初祖考黄帝之后，皇始祖考虞帝之苗裔"自耀出身的考虑，及"予之皇始祖考虞帝受嬗于唐，汉氏初祖唐帝，世有传国之象"①的政治目的，以强调代汉的合理性。

王莽祖述黄帝虽然没有为其带来景运，却开启了假借黄帝之名、自耀身世以谋国夺位的先例，而且这种趋势在东汉后期尤为明显，许多起事者或自称"黄帝"、或托称"黄帝子"，当与此不无关系。如《后汉书·质帝纪》载："（永熹元年，145 年）三月，九江贼马勉称'黄帝'。九江都尉滕抚讨马勉、范容、周生、大破斩之。"再如《后汉书·桓帝纪》载："（建和二年，148 年）冬十月，长平陈景自号'黄帝子'，署置官属，又南顿管伯亦称'真人'，并图举兵，悉伏诛。"

不仅草莽起事者如此，成功的效法王莽嬗汉建魏的曹氏亦是如此。陈寿《三国志·魏书·武帝纪》在追述魏武先祖时仅曰"汉相国（曹）参之后"，而注引王沈《魏书》则曰："其先出于黄帝。当高阳世，陆终之子曰安，是为曹姓。周武王克殷，存先世之后，封曹侠于邾。春秋之世，与于盟会，逮至战国，为楚所灭。子孙分流，或家于沛。汉高祖之起，曹参以功封平阳侯，世袭爵土，绝而复绍，至今適嗣国于容城。"王沈《魏书》对曹魏先祖的追述方式，与王莽自谓黄帝之后，"（黄帝）八世生虞舜。舜起妫汭，以妫为姓。至周武王封舜后妫满于陈，是为胡公，十三世生完。完字敬仲，适齐，齐桓公以为卿，姓田氏。十一世，田和有齐国，二世称王，至王建为秦所灭。项羽起，封建孙安为济北王。至汉兴，安失国，齐人谓之'王家'，因以为氏"②的陈述如出一辙。

如果说王莽奉黄帝为"皇初祖考"，尚有一点史影可寻，③仍受到班固《汉书》卷 100《叙传下》"伪稽黄虞，缪称典文"的激烈抨击；而王沈《魏书》曹氏"其先出于黄帝"之说，更是疑窦多多，诚如《三国志集解》卢注所曰："（王沈）与荀顗、阮籍共撰《魏书》，多为时讳，不如陈

① 《汉书》卷 99《王莽传》。

② 《汉书》卷 98《元后传》。

③ 《陈侯因敦》铭文曰："高祖黄帝，迩嗣桓文，朝问诸侯，合扬厥德。"陈侯因即齐威王（公元前 356—前 320 在位），铭文祖述黄帝，表明战国时田氏齐国就已尊奉黄帝为"高祖"，王莽自述魏郡元城王氏出于"失国"之田氏，因此也奉黄帝为始祖，可能正是以此为据。

寿之实录也。"可见曹氏与王氏均祖述黄帝,目的均是为"禅汉"制造舆论。《三国志·文帝纪》注引《献帝传》载"禅代众事","太史丞许芝条魏代汉见谶纬于魏王曰:……帝王之兴,不常一姓。太微中,黄帝坐常明,而赤帝坐常不见,以为黄家兴而赤家衰,凶亡之渐"。曹丕完成"禅汉"的大业之后改元"黄初",正是所谓"黄家兴而赤家衰"的最好注释。

综上所述,黄帝传说在战国秦汉时期确实经历了一个不断增益附丽的演变过程。根据现有传世文献考察不难发现,黄帝的传说肇始于春秋,光大于战国,完成于秦汉,最终于魏晋时期形成如同皇甫谧在《帝王世纪》中所概括的世系传承清晰有序,无为而天下大治,除暴虐而"修德化百姓","使岐伯尝味百草,典医疗疾","取象鸟迹,始作文字",又"吹律定姓,有四妃,生二十五子,在位百年而崩,年一百一十岁",[①] 几近全能的帝王典范。如果以掺杂着许多神话的黄帝传说作为信史来考订,难免会得出"子虚乌有"的结论;但中国古时代的传说,"特别是炎黄二帝的传说,不能单纯看成是神话故事。这些传说确乎带有神话色彩,但如果否认其中的历史'质素、核心',就会抹杀中国人的一个文化上特点,就是中国人自古以来有着重视历史的传统"。[②]

原载《炎黄文化研究》第 8 期,《炎黄春秋》杂志社 2001 年版。

---

① 《太平御览》卷 19,《黄帝轩辕氏》。

② 参见李学勤《走出疑古时代》(修订本),辽宁大学出版社 1997 年版,第 40 页。

战国秦汉时期炎帝传说的演变[*]

一

中华民族始祖之一的炎帝，其传说应是在春秋战国之际形成。在炎帝早期的传说中，其与神农氏是否同属一者，诸家虽有不同之说法，但基本倾向是将炎帝与神农视为二者。

《左传》僖公二十五年，晋卜偃曾以"吉。遇黄帝战于阪泉之兆"，劝晋侯消除疑虑，与秦人战。卜偃虽云黄帝阪泉之战，但与黄帝战于阪泉者为谁并没有明确的表示。杜注曰："黄帝与神农之后姜氏战于阪泉之野，胜之。"孔颖达疏则引《大戴礼·五帝德》曰："黄帝与赤帝战于阪泉之野。《晋语》云'昔少典娶于有蟜氏，生黄帝、炎帝。'黄帝为姬，炎帝为姜，二帝用师以相济也。韦昭注云'济当为挤，挤灭也。'《史记》称黄帝伐炎帝之后于阪泉之野，炎帝即神农也。"以为炎帝与黄帝战，然杜注、孔疏则是后起之说法，尤其是将炎帝与神农合二为一，反映的则是汉人的看法（详后）。

《左传》昭公十七年，郯子在追述先祖少皞氏"以鸟名官"时说："昔者黄帝氏以云纪，故为云师而云名；炎帝氏以火纪，故为火师而火名；共工氏以水纪，故为水师而水名，大皞氏以龙纪，故为龙师而龙名。我高祖少皞，挚之立也，凤鸟适至，故纪于鸟，为鸟师而鸟名……"云云。郯子所云的黄帝，或是以卜筮战争吉凶的征兆而出现，或是存在于后人对先祖的追记之中，其形象是较为单一，并没有后世那种全方位的"人文始祖"

---

* 关于黄帝传说的演变，笔者已有专文论述，请参见拙作《战国秦汉时期黄帝传说演变》（载《炎黄春秋》第 8 辑）。本文则专论炎帝传说在春秋战国秦汉时期演变的过程，是为上揭拙文的姊妹篇。

神圣的形象。相对黄帝的传说而言，列名于黄帝之后的炎帝，其形象更没有突出的地方。郯子，春秋时小国之君，其国位于今山东郯城一带，属于东夷人活动的区域。值得注意的是，孔子闻知郯子的一番议论后，"见于郯子而学之"，曾发出了"吾闻之'天子失官，官学在四夷'，犹信"的慨叹。似乎证明春秋之时，所谓炎黄二帝的传说，在所谓"天子官学"之中并不占有主导的地位，而需求之于"四夷"，方能将炎帝、黄帝的传说补缀完全。

战国之时，诸侯争霸，诸子游说诸国以售其学，关于黄帝的各种传说激增，而传授与黄帝齐名的炎帝的传说也成为一种时尚。不过，此时的炎帝似乎还没有完全进入诸子的视野，或以神农与黄帝相提并论，或以为炎帝与神农分为二人，为其后汉人改塑炎帝的形象，将神农与炎帝糅合而一创造了条件。

在记录孔子及其后学语录的《论语》中，没有只言片语涉及炎黄二帝；承袭孔子正统儒学的孟子，基本上也是不言所谓炎黄二帝。然而，在《孟子》书中却言及神农，不过其对神农的看法，则是借批及"有为神农之言者许行"时展开：

> 当尧之时，天下犹未平，洪水横流，泛滥于天下，草木畅茂，禽兽繁殖，五谷不登，禽兽偪人，兽蹄鸟迹之道交于中国，尧独忧之，举舜而敷治焉。舜使益掌火，益烈山泽而焚之，禽兽逃匿。禹疏九河，瀹济漯而注诸海，决汝汉、排淮泗，而注之江，然后中国可得而食也。当是时也，禹八年于外，三过其门而不入，虽欲耕，得乎？后稷教民稼穑，树艺五谷，五谷熟而民人育。圣人忧民如此，而暇耕乎？……从许子之道，相率而为伪者也，恶能治国家！①

许行"为神农之言"，主张自耕而食，自织而衣，当属《汉书·艺文志》所云："农家者流。"并认为其形成的原因是："六国时，诸子疾时怠于农业，道农耕事，托于神农。"虽然在农家学派神农受到尊重，但神农是时之形象，于儒家孟子口中，则远不如尧、舜、禹等"圣人"，既使就"农耕事"而言，亦远不及"教民稼穑，树艺五谷"的周人先祖后稷。这

---

① 《孟子·滕文公上》。

不仅体现出孟子对远古传说中"尚矣"的"圣人""缙绅先生难言之"的谨慎态度，也反映出在传统的儒家学说中，固守着"祖述尧、舜，宪章文、武"①的基本态度。

其时与儒家并称"显学"的墨家，尽管两家相互诋毁，②但在对待古时圣王的基本态度上，却有惊人的相似之处：

> 三代之圣王，尧舜禹汤文武之兼爱之天下也，从而利之，移其百姓之意焉，率以敬上帝山川鬼神，天以为从其所爱而爱之，从其所利而利之，于是加其赏罚分明焉，使之处上位，立为天子以法也，名之曰"圣人"。③

墨家对尧、舜、文、武等"三代之圣王"的推崇，并不较"祖述尧、舜，宪章文、武"的儒家逊色；而对于这些圣王的"始祖"炎黄二帝，儒墨不约而同地采取了"不言"的态度。甚至墨家更为谨慎，不仅没有言及炎黄，连神农也没有片言涉及。虽然这不能完全证明炎黄之传说在儒墨两家的学说中完全受到排斥，但至少可以说明炎黄及神农并没有得到是时儒墨两家的特殊重视。如同《墨子间诂》附录《墨子旧叙》引汪中《墨子后序·述学》所言：

> 昔在成周，礼器大备，凡古之道术，皆设官以掌之。官失其业，九流以兴，于是各执其一术以为学。讳其所从出，而托于上古神圣，以为名高，不曰神农，则曰黄帝。墨子质实，未尝援人以自重。其则古昔，称先王，言尧舜禹汤文武者六，言禹汤文武者四，言文王者三，而未尝专及禹。

虽然儒墨两家，尤其是墨家"未尝援人以自重"，但于其他学派而言，"托于上古神圣，以为名高，不曰神农，则曰黄帝"的现象却十分普遍。

---

① 《礼记·中庸》。
② 《墨子》书中有《非儒》上下二篇，而孟子则云"杨氏为我，是无君也；墨氏兼爱，是无父也，无父无君，是禽兽也！"（见《孟子·滕文公上》）两家相诋甚剧。
③ 《墨子·天志下》。

长于以寓言故事形式阐发其政治学说的《庄子》、《列子》等"道家者流"，更是擅长此道，特别是对黄帝赋予特殊的重视。在《汉书·艺文志》所录"道三十七家，九百九十三篇"中，仅直接以黄帝为书名者即有："《黄帝四经》四篇。《黄帝铭》六篇。《黄帝君臣》十篇（本注：起六国时，与《老子》相似也）。《杂黄帝》五十八篇（本注：六国时贤者所作）。"合四家七十八篇，几占《艺文志》所录"道家者流"十分之一弱。而神农（包括炎帝）虽然也常于道家之著述中，但显然不如黄帝之形象突出。

"道家"虽多言及黄帝，但黄帝形象则颇为复杂。《庄子》书中，黄帝往往在得"至道之精"的广成子等人面前，处于被开导教训的地位。如《在宥》篇载，黄帝见广成子曰："我闻吾子达于至道，敢问至道之精。吾欲取天地之精，以佐五谷，以养民人；吾又欲官阴阳，以遂群生，为之奈何？"得到却是一番训斥："而所欲问者，物之质也；而所欲官者，物之残也。自而所治天下，云气不待族而雨，草木不待黄而落，日月之光益以荒矣。而佞人之心翦翦者，又奚足以语至道。"

黄帝欲有所为，所以不能得"至道"。在《庄子》笔下，黄帝与神农则是连在一起的，等量齐观。如《庄子·缮性》篇曰："古之人，在混芒之中，与一世而得澹漠焉。当是时也，阴阳和静，鬼神不扰，四时得节，万物不伤，群生不夭，人虽有知，无所用之，此之谓至一。当是时也，莫之为而常自然。逮德下衰，及燧人、伏羲始为天下，是故顺而不一。德又下衰，及神农、黄帝始为天下，是故安而不顺。德又下衰，及唐、虞始为天下，兴治化之流，浇淳散朴，离道以善，险德以行，然后去性而从于心……由是观之，世丧道矣，道丧世矣。"不过。《庄子·盗跖》篇又借盗跖之口斥主张"后圣"的孔子曰："神农之世，卧则居居，起则于于，民知其母，不知其父，与麋鹿共处，耕而食，织而衣，无有相害之心，此至德之隆也。然而黄帝不能致德，与蚩尤战于涿鹿之野，流血百里。"似乎于神农、黄帝之间有所扬抑。

相传为列御寇所著的《列子》，与《庄子》同属道家学派，对于黄帝却是推崇有加。所谓黄帝在位，"天下大治，几若华胥氏之国"。不仅如此，黄帝还是一位"备知万物情态，悉解异类音声……其所教训者无所遗逸"的"太古神圣之人"。对于神农也持如此之态度。《列子·说符》"尝观之神农有炎之德，稽之虞夏商周之书，度诸法士贤人之言；所以存亡废兴而非由此道者，未之有也"。对于"神农有炎之德"也是推崇之致。《列子·黄帝》"庖牺氏、女娲氏、神农氏、夏后氏，蛇身人面，牛首虎鼻，此有非人之状，而有大圣之德"。同篇又曰"黄帝与炎帝战于阪泉"云云，明显表示神农与炎帝尚未合一，而且也是多言神农而罕言炎帝。

从上引史料不难发现，《庄子》、《列子》在言及神农或炎帝之传说有许多相互矛盾之处，这正是擅长驰骋想象的道家学派的一个重要特点，神农、炎帝、黄帝是否真实存在并不重要，而通过他们以描绘自己心目中的"至德之世"，则是真正的意图所在。

可见春秋战国时期，言炎帝者既不如言黄帝者之多，也不如言神农者为多，又人言异殊。但是，此时关于炎帝的传说总体上已经基本定型。《国语·晋语》云："昔少典娶于有蟜氏，生黄帝、炎帝"，形成了炎帝的父系传继系统。《周易·系辞下》曰："神农氏没，黄帝、尧、舜氏作。"似可表明神农与黄帝的帝系传承系统已经形成，虽然是时炎帝与神农的关系还不十分明确，特别是《国语·晋语》以先黄后炎的秩序叙事，与后世普遍遵循的先炎后黄的排序有明显的不同，其中反映出关于炎黄二帝的传说尚在构建之中。

二

位于西陲的秦国历来就具有崇武鄙文的习俗。特别是秦人对儒学的轻蔑，表现得相当突出。荀子西行至秦国，在盛赞秦国风俗百姓淳朴无华，百吏肃然恭俭之余，则曰："其殆无儒邪！故曰粹而王，驳而霸，无一焉而亡。此亦短也。"[1] 婉转地对秦人"无儒"之失提出批评。是时儒家基本上是不言炎帝及神农，恐怕与认为这类传说"其语不经见，缙绅者不道"的心态有关。[2] "无儒""有法"的秦人，在对待炎帝的问题上，也与儒学反其道而行之，颇为崇尚，这主要体现在仿效炎黄二帝行封禅事，及设畤祭祀炎帝、黄帝之上，这与先秦儒家学派基本上不言黄帝，而道、法两家则多称黄帝的思想倾向相吻合。

《史记》卷 28《封禅书》载，秦穆公（公元前 659 年—前 621 年在位）之时，春秋五霸之首齐桓公曾自恃"九合诸侯，一匡天下，诸侯莫违

---

① 《荀子·强国》。
② 《史记》卷 28《封禅书》。

我。昔三代受命，亦何以异乎？"欲仿效黄帝等古之帝王行封禅事，管仲谏阻曰：

> 古者封泰山禅梁父者七十二家，而夷吾所记者十有二焉。昔无怀氏，封泰山，禅云云。虙羲封泰山，禅云云。神农封泰山，禅云云。炎帝封泰山，禅云云。黄帝封泰山，禅亭亭。颛顼封泰山，禅云云。帝喾封泰山，禅云云。尧封泰山，禅云云。舜封泰山，禅云云。禹封泰山，禅会稽。汤封泰山，禅云云。周成王封泰山，禅社首。皆受命然后得封禅……于是桓公乃止。

神农与炎帝同为曾行封禅的古帝王，在《管子》书中明显分为二人，这与春秋战国时期诸家分别传说神农与炎帝的倾向基本上是吻合的；[1] 至于齐桓公封禅也只是理论上的一种探讨，实际上没有将封禅付诸实施，其原因似乎并非完全是因管仲的劝阻所致，而是有其他的因素在内。由于《管子》书中《封禅篇》已佚，今本《管子·封禅篇》是取《史记·封禅书》所载管子语补之，[2] 因此对其可靠性，许多学者持怀疑态度。《史记》卷28《封禅书》续云："缪公（即穆公）立三十九年而卒，其后百有余年，而孔子论述六艺，传略言易姓而王，封泰山、禅梁父者七十余王。"对《管子·封禅篇》所载"管仲曰"，清代学者梁玉绳则有不同的见解。《史记会注考证》卷28《封禅书》"考证"载梁氏语曰："秦缪公卒后至孔子论述六经，几百四十年，而孔子又安得有易姓封禅之言哉。托诸孔子，犹之稼名管仲也。"梁氏将所谓"易姓封禅之言"，视为或"托诸孔子"，或"嫁名管仲"，则是基于这样的认识："三代以前无封禅，乃燕、齐方士所伪造。昉于秦始，侈于汉武。"并阐释司马迁著《封禅书》之意为"此书先杂引鬼神之事，比类见义，遂因其傅会，备录于篇，政以著其妄，用意微矣"。日人中井积德也赞同梁氏之说。"考证"引其语云："封禅之说，

---

① 《史记》卷28《封禅书》"索隐"引邓展云："神农后子孙亦称炎帝而登封者，《律历志》曰：'黄帝与炎帝战于阪泉'，岂黄帝与神农身战乎？"正好表明出后人试图将神农与炎帝合而为一的努力。

② 《史记》卷28《封禅书》"索隐"案："今《管子》书，其《封禅》篇亡。"《史记会注考证》卷28《封禅书》"考证"曰："今本《管子》书有《封禅》篇，尹知章云：'元篇亡。今以司马迁《封禅》篇所载管子言以补之'。"

盖昉于秦皇之时，前此无有也，所谓怪迂之徒所称述耳，齐桓公之时，岂有此等说。《管子》书多系伪撰，焉足据焉。"

梁玉绳诸家否认齐桓公曾行封禅事，进而认定《管子》书中关于封禅之说为"嫁名"、"伪撰"，案诸史料，并非无据。《管子》一书，素以思想体系庞杂而著称，《汉书·艺文志》将其归之为道家，列于《鹖子》之后；而《隋书·经籍志》则将之列为法家之首。可见对其书的认识，古人的意见并不相同。然而不论是属"道"还是属"法"，均没有将《管子》视为儒家之书，在这一点上意见却是一致的，这也是与先秦之时儒家学派基本上不言炎黄二帝，而道、法两家则多称炎黄二帝的思想倾向相吻合的。而所谓封禅，《史记》卷28《封禅书》"正义"引《五经通义》云："易姓而王，致太平，必封泰山，禅梁父，何？天命以为王，使理群生，告太平于天，报群神之功。"封禅既然有如此重要的政治功能，那么"自古受命帝王，曷尝不封禅？盖有无其应而用事者矣，未有睹符瑞见而臻乎泰山者也"，封禅当是源远流长、行之者众，甚至有"无其应而用事者"，如齐桓公等。但实际上直到秦始皇、汉武帝大行封禅之时，对于如何进行封禅，儒生、方士、朝臣等仍是聚讼纷纷，争议不休，故《封禅书》有"言封禅人人殊，不经，难施行"云云，说明此前真正能行封禅者却是"即事用希"，则是不争的事实。

然而，尽管有史可案的封禅是"昉于秦始，侈于汉武"，但秦人对炎帝的推崇则是十分明显的。据《史记》卷28《封禅书》载，秦灵公（公元前424年—前415年在位）时，秦国"作吴阳上畤，祭黄帝，作下畤，祭炎帝"。这是见诸史籍，在诸侯国中设畤祭祀炎黄二帝的最早记载。虽然以上畤祭黄帝，以下畤祭炎帝，似乎于炎黄二帝之间有所扬仰，但至少可以说明到了战国之时，炎黄二帝在秦地已经成为国君设畤祭祀的对象，较之其他诸侯国享有更受尊许的特殊地位。

不过，自秦孝公定都于咸阳，立志变法，主张以耕战富国强兵的法家学说占据统治地位后，对炎黄二帝倾注了诸多关注。与道家驰骋想象的风格不同，法家在伸张其治国之道时体现出一种较为严谨的作风，并且多带有时代的特色：一般是多言黄帝而少言炎帝，特别是"斫木为耜，揉木为耒，耒耨之利，以教天下"的神农，[①]由于其形象符合法家着力提倡的

---

① 《周易·系辞传下》。

"农耕"主张，因而取代炎帝而成为法家传播其政治主张的载体；又由于神农、黄帝所处的时代与秦国的现实有异，故在"变法"的名义下，神农、黄帝亦成为法家宣扬所不必"法古"的对象。

《商君书·更法》篇记载商鞅鼓动秦孝王变法时，曾以"前世不同教，何古之法？帝王不相复，何礼之循？伏羲、神农教而不诛；黄帝、尧、舜诛而不怒；及至文、武，各当时而立法，因事而制礼……臣故曰：'治世不一道，便国不必法古。'汤武之王也，不循古而兴；殷夏之灭也，不易礼而亡。然则反古者未可必非，循礼者未足多是也"为由，驳斥杜挚"利不百，不变法，功不十，不易器。臣闻法古无过，循礼无邪"之说。① 《画策》篇曰："神农之世，男耕而食，妇织而衣，刑政不用而治，甲兵不起而王。神农既没，以强胜弱，以众暴寡。故黄帝作为君臣上下之义，父子兄弟之礼，夫妇妃匹之合；内行刀锯，外用甲兵，故时变也。由此观之，神农非高于黄帝也，然其名尊者，以适于时也。故以战去战，虽战可也；以杀去杀，虽杀可也；以刑去刑，虽重刑可也。"则是其典型的议论。

在集法家之大成者韩非的笔下，所谓神农也是鼓动变法的一个参照事例。《韩非子·六反》篇曰："今学者皆道书策之颂语，不察当世之实事，曰：'上不爱民，赋敛常重，则用不足而下恐上，故天下大乱。'此以为足其财用以加爱焉，虽轻刑罚可以治也。此言不然矣……凡人之生也，财用足则隳于用力，上治懦则肆于为非；财用足而力作者神农也，上治懦而行修者曾、史也；夫民之不及神农、曾、史亦已明矣……故明主之治国也，适其时事以致财物，论其税赋以均贫富，厚其爵禄以尽贤能，重其刑罚以禁奸邪，使民以力得富，以事致贵，以过受罪，以功致赏而不念慈惠之赐，此帝王之政也。"

流风所及，秦相吕不韦使门客所著，志在"以备天地万物古今事"的《吕氏春秋》，也对神农倾注了特别的关注，举凡谈及人性、治国、重农诸事时，多以神农为例：如《吕氏春秋·仲春纪》曰："天生人而使有贪有欲，欲有情，情有节。圣人修节以止欲，故不过行其情也。故耳之欲五声，目之欲五色，口之欲五味，情也。此三者，贵贱愚智贤不肖欲之若

---

① 《史记》卷68《商君列传》载商鞅是语仅曰"汤武不循礼而王"云云，非但没有语及神农、黄帝，甚至没有涉及尧、舜，似乎可以表明司马迁在材料的取舍上，对神农、黄帝之类的传说是"缙绅先生难言之"，持一种谨慎态度。

一，虽神农、黄帝，其与桀、纣同。圣人之所以异者，得其情也。"又如《离俗览》曰："为天下及国，莫如以德，莫如行义。以德以义，不赏而民劝，不罚而邪止，此神农、黄帝之政也。"再如《开春论》引所谓《神农之教》曰："士有当年而不耕者，则天下或受其饥矣；女有当年而不绩者，则天下或受其寒矣。故身亲耕，妻亲绩，所以见致民利也。"值得注意的是，《吕氏春秋》每每将神农与黄帝相提并论，几乎成为其论事的一种模式，除上举《仲春纪》、《离俗览》外，诸如《孟夏纪》"神农师悉诸，黄帝师大挠"，《孝行览》"此神农、黄帝之所法"云云，表明到了战国晚期，神农与炎帝的传说虽然尚未完全合一，但神农与黄帝之并列，为汉代以后炎黄体系的最终形成奠定了基础。

三

西汉初年，吸取秦朝失政之教训，主张"无为而治"的黄老政治应运而生，成为汉初统治者治理天下的基本准则。"黄老"学说不仅在治国方略上被奉为圭臬，在学术上也一跃而成为显学。朝野之间，推崇黄老、读黄老书已经成为一种社会时尚。虽然至汉武帝之时，采纳董仲舒"罢黜百家，独尊儒术"之建议，黄老政治淡出西汉政局已成必然之势，但其浓厚影响仍旧存在。即便是极力提倡以儒学取代"黄老"，主张"诸不在六艺之科、孔子之术者，皆绝其道，勿使并进"的大儒董仲舒，在鼓动汉武帝据《春秋》改制时，亦有借黄帝之大名的举动。如《春秋繁露·三代改制质文》曰："黄帝之先谥，四帝之后谥，何也？帝号必存五，帝代首天之色，号至五而反。周人之王，轩辕直首天黄号，故曰黄帝。帝号尊而谥卑，故四帝后谥也。"董氏称引黄帝，表明汉儒与基本不言黄帝的先秦儒家已有明显的不同，体现出一种将黄帝传说与传统儒学糅合的时代倾向。而在汉人尊崇黄帝的同时，也对炎帝的传说进行了改塑工作。

如上所述，先秦之时，不仅炎帝与神农的关系、炎帝与黄帝的先后次序，均没有相对统一的说法，就是关于黄帝传说本身也有多种不同的说法。[①] 司马迁著《史记》卷1《五帝本纪》，将黄帝列为五帝之首，似乎具有整齐黄帝传说的意图。司马迁自述曰："学者多称五帝，尚矣。然《尚

---

① 参见拙作《春秋战国秦汉时期黄帝传说演变》。

书》独载尧以来；而百家言黄帝，其文不雅驯，荐绅先生难言之。孔子所传宰予问《五帝德》及《帝系姓》，儒者或不传。余尝西至空桐，北过涿鹿，东渐于海，南浮江淮矣，至长老皆各往往称黄帝、尧、舜之处，风教固殊焉，总之不离古文者近是。予观《春秋》、《国语》，其发明《五帝德》、《帝系姓》章矣，顾弟弗深考，其所表见皆不虚。《书》缺有间矣，其轶乃时时见于他说。非好学深思，心知其意，固难为浅见寡闻道也。余并论次，择其言尤雅者，故著为本纪书首。"从其自述看，虽然某些坚持传统儒学观点的学者对所谓黄帝的传说"多不学也"，但司马迁以其亲身游历所闻，"长老皆各往往称黄帝、尧、舜之处"，足以表明西汉之时黄帝的传说已经深入民间，所以司马迁"择其言尤雅者，故著为本纪书首"。

至于黄帝与炎帝（或曰神农）的关系，从《五帝本纪》看，司马迁仍坚持"轩辕之时，神农氏世衰。诸侯相侵伐，暴虐百姓，而神农氏弗能征。于是轩辕乃习用干戈，以征不享，诸侯咸来宾从。而蚩尤最为暴，莫能伐。炎帝欲侵陵诸侯，诸侯咸归轩辕。轩辕乃修德振兵……与炎帝战于阪泉之野。三战，然后得其志"的传统说法，[①] 似乎并没有将神农与炎帝传说合一的倾向，至少这一倾向不甚明显。[②] 然而两个圣王相战，于黄帝的形象，特别是对炎帝的形象有损，为此，汉人及后人对这一说法进行了若干精心地修正。《汉书·律历志下》"世经"曰，黄帝"与炎帝之后战于阪泉，遂王天下"。是说认定神农即是炎帝，而黄帝与炎帝阪泉之战，则被修正为黄帝是与炎帝之后裔而战，而非是炎帝本人。并刻意强调炎帝与黄帝是相继之关系，而非相战之关系。《律历志下》"世经"引《春秋》昭公十七郯子"吾祖也"语后曰："言郯子据少昊受黄帝，黄帝受炎帝，炎帝受共工，共工受太昊，故先言黄帝，上及太昊。稽之于《易》，炮牺、神农、黄帝相继之世可知。"《后汉书·张衡传》注引《衡集》，也表示同

---

① 黄帝与炎帝的斗争，自战国至秦汉时期一直传播不息。《吕氏春秋·荡兵篇》："兵所自来者久矣，黄炎故用水火矣。"《淮南子·兵略篇》："炎帝为火灾，故黄帝禽之。"《大戴礼·五帝德》："黄帝教熊、罴、貔、豹、虎，以与赤帝战于版泉之野，三战然后得行其志。"这些说法与一些汉人修正炎黄之争的说法同时并存，也可反映出，到了汉时，关于炎帝的传说仍在不断的整合之中。

② 关于《史记》卷1《五帝本纪》神农与炎帝为一、为二说，学界一直有所争论。祝总斌先生著《史记神农、炎帝为一、为二说考辨》（载《北大史学》第7期，北京大学出版社2000年）一文，认为史迁是"不折不扣的神农氏、炎帝为一说"，而清人崔述主张《史记》神农与炎帝为二说不确。可供参见。

样的见解曰："《易》称宓戏氏王天下，宓戏氏没，神农氏作，神农氏没，黄帝、尧、舜氏作。史迁独载五帝，不记三皇，今宜并录。"

班固、张衡诸大家这些重要的修正，不仅认定了炎帝即是神农，神农没而黄帝的帝系传承系统，也改变了炎帝欲侵陵诸侯，因而成为黄帝征伐的对象；并且这一修正说法对后世影响甚大，《史记》诸注家几乎均依此释史迁之说。《史记》卷1《五帝本纪》"轩辕之时，神农世衰"，"集解"引皇甫谧曰："《易》称庖牺氏没，神农氏作，是为炎帝。班固曰：教民耕农，故号曰神农。""索隐"曰："世衰，谓神农氏后代子孙道德衰薄，非指炎帝之身，即班固所谓'参卢'，皇甫谧所云'帝榆罔'是也。""正义"引《帝王世纪》云："神农氏，姜姓也。母曰任姒，有蟜氏女，登为少典妃，游华阳，有神龙首，感生炎帝。人身牛首，长于姜水。有圣德，以火德王，故号炎帝。""正义"又释史迁所云黄帝与炎帝"三战，然而得志"曰："黄帝克炎帝之后。"相似说法甚多，不再一一胪列。清代著名学者崔述虽然不赞同炎帝与神农合一的说法，但对于诸多学者师从班氏之说的现象却看得十分清楚。《史记会注考证》卷1《五帝本纪》引崔氏语云："《汉书·律历志》以炎帝为神农氏，太皞为庖羲氏，后人纂古史皆遵之无异词"云云，可以反映出班氏之说影响之大。

再从汉室重农的角度看，汉文帝始行籍田之礼，劝祈农事，景帝等遵而行之。据《后汉书·礼仪上》载，籍田之始则需告祠"先农"。由于史料记载不详，西汉诸帝籍田时是否告祠"先农"，尚不甚清楚；但到了东汉之时，皇帝籍田则需先要告祠"先农"，且已成为一种固定的礼仪。《续汉书·仪礼上》曰："正月始耕。昼漏上水初纳，执事告祠先农，已享。耕时，有司请行事，就耕位，天子、三公、九卿、诸侯、百官以次耕。"所谓"先农"，当是古代传说中最先教民耕种的农神，或为神农，或为后稷。可能由于周人享国久远，作为周人始祖的后稷之形象，比传说时代更为久远的神农易为汉人所接受，所以汉时早期"先农"之形象是以后稷为主。《汉书》卷25《郊祀志上》载，汉高祖之时，"或言曰周兴而邑立后稷之祠，至今血食天下。于是高祖制诏御史：'其令天下立灵星祠，常以岁时祠以牛'"。颜师古注曰："以其有播种之功，故令天下诸邑皆祠之。"后稷是以主农事的"灵星"的形象享受汉人的祭祀。

然而，神农也是以最先教耕种的"先农"形象而见称，如《易·系辞下》所云："包牺氏没，神农氏作，斫木为耜，揉木为耒，耒耨之利，以教天下。"《礼·含文嘉》曰:"神者信也,农者浓也,始作耒耜,教民耕,其德浓厚若神,故为神农也。"① 特别是到了东汉之时,随着神农与炎帝形象的合一,所谓的"先农"的形象已经明确地固定在炎帝神农氏的身上。如《后汉书·明帝纪》注引《汉旧仪》曰:"先农即神农炎帝也。祠以太牢,百官皆从。皇帝亲执耒耜而耕。天子三推,三公五,孤卿七,大夫十二,士庶人终亩。乃致藉田仓,置令丞,以给祭天地宗庙,以为粢盛。"炎帝与神农形象的合一,基本为汉人所认同,而这种认同是建立在汉人重农的基础之上。

到了魏晋时期,皇甫谧撰《帝王世纪》曰:"自天地设辟,未有经界之制。三皇尚矣。诸子称神农之王天下也,地东西九十万里,南北八十五万里。及黄帝受命,始作舟车,以济不通。乃推分星次,以定律度……此黄帝创制之大略也。"② 从而确立炎帝划定界域,黄帝创作制度,对华夏民族贡献甚巨的炎黄二帝的圣王形象。

综上所述,炎帝的传说同黄帝的传说一样,在战国秦汉时期确实经历了一个不断增益附丽的演变过程。根据现有传世文献考察,不难发现,炎帝传说肇始于春秋,扬大于战国,完成于秦汉,与黄帝传说的演变过程基本上是相似的。

原载《炎黄文化研究》论文集,《炎黄春秋》杂志社 2002 年版。

---

① 《太平御览》卷 18《皇王部三·炎帝神农氏》。

② 《续汉书·郡国志一》"司隶"注引《帝王世纪》。

战国秦汉时期女娲"圣王"形象的演变

在上古神话传说体系中，女娲的形象从传世文献的角度考察，基本上经历了一个由战国中后期诗人笔下充满"女娲有体，孰制匠之"的疑问，从一个外在形象尚不能完全确定的"女神"，经过秦及西汉时期的不断改塑，到东汉后期，基本确立了位居"三皇"之一的"圣王"形象。战国秦汉时期，无疑是关涉到女娲"圣王"形象演变的一个重要时期；[①] 而探索这一演进过程，对于理解是时文化观念的某些侧面或许有所裨益。

一

"女娲有体，孰制匠之"，语出战国中后期楚国诗人屈原《天问》之篇。顾颉刚、杨宽、童书业先生共撰的《三皇考》十九《女娲地位的升降》认为这是为"女娲"之名首见于文献记载。[②] 对于《天问》中关于"女娲"的发问，东汉时人王逸注曰："传言女娲人头蛇身，一日七十化其体，如此，谁所制匠而图之乎。"至于《天问》的创作宗旨，王逸认为："《天问》者，屈原之所作也。何不言'问天'？天尊不可问，故曰'天问'也。屈原放逐，忧心愁悴，彷徨山泽，经历陵陆，嗟号旻昊，仰天叹息，见楚有先王之庙及公卿祠堂，图画天地山川神灵琦玮僪佹，及古贤圣怪物

---

① 关于女娲形象的研究，不仅涉猎的范围及领域相当广博，研究方法已有诸多突破，而且已经取得众多研究成果（参见杨利慧女士博士论文《女娲的神话与信仰》"诸论"部分，中国社会科学出版社1997年版，第1—28页）。鉴此，本文希冀在已有研究成果的基础之上，对战国秦汉时期女娲"圣王"形象的演变进行一些细化分析。

② 《三皇考》十九《女娲地位的升降》，《古史辨》第七册（中），上海古籍出版社1981年影印版，第155页。

行事，周流罢倦，休息其下，仰见图画，因书其壁，何而问之，以渫愤懑，舒泻愁思。"①

从屈原对女娲形象的发问及王逸的释义看，在战国中后期的楚地，女娲似乎没有形成一个较为固定的外在形象；更准确地说，在是时人们的心目中，尚没有出现一个为社会普遍认同的女娲形象。故屈原在"仰见"图画于楚先王之庙及公卿祠堂之中的"女娲"形象后，发出了"孰制匠之"的疑问；而王逸对"女娲人头蛇身"形象的解释，尽管有所谓"传言"之依据，但可能更多反映的是汉人之看法。"人头蛇身"女娲的形象，多与"人头蛇身"伏羲的形象并存于汉代画像石之中。显然，这种画像的出现，与汉魏时人将女娲与伏羲并视为"二皇"的观念密切相关。②

屈原的《天问》，以"多奇怪之事"而见称，射日的"后羿"、无夫而有九子的女神"女岐"等传说中的人物事迹，均成为屈原质问的对象。与女娲传说相关的另一重要人物——共工，《天问》中亦有"康回（共工名）冯怒，何故以东南倾"之语；但在古史传说中与"女娲"关系最为密切的伏羲，在《天问》中却未置一辞；于此，王逸似乎有所察觉，故在释屈原"登立为帝，孰道尚之"的疑问时注曰："言伏羲始画八卦，修行道德，万民登以为帝，谁开导而尊尚之也。"由于女娲、伏羲并列的观念，在汉代已经深入人心，且"登立为帝，孰道尚之"的疑问，又置于"女娲有体"之前，王逸作如是解亦在情理之中。③ 对王逸这一解释，补注者宋人洪兴祖不以为然，曰："登立为帝，谓匹夫而有天下者，舜禹是也。《史记》，夏商之君皆称帝。《天对》云：'惟德登帝，帅以首之'。（王）逸以为伏羲，未知何据。"洪兴祖引唐人柳宗元专为《天问》所作的《天对》④"惟德登帝，帅以首之"，来反驳王逸的"伏羲"说，以为是指"匹夫而有天下"的舜、禹。洪氏是说，较之王逸"伏羲"说可能更为合理，但亦有牵

---

① 《楚辞·天问》，四部丛刊本。

② 参见信立祥《汉代画像石综合研究》，文物出版社 2000 年版，第 122 页。信立祥所举山东嘉祥武梁祠画像石属于东汉时期。目前，最早可能出现女娲形象的是湖南长沙马王堆西汉墓出土的帛画，上有一"人首蛇身"神像，郭沫若等学者认为是女娲像，但也有学者持不同意见（参见杨利慧《女娲溯源》第 61 页"女娲人首蛇身像的分布——女娲信仰分布表二"，及第 78—79 页注 75，北京师范大学出版社 1999 年版）。

③ 王逸，生卒年不详，于安、顺（107—144 年）时入仕，是时，将伏羲、女娲列入"三皇"的说法已经兴起（详见本文第三部分）。王氏如是说，当符合社会的普遍看法。

④ 刘禹锡等编：《增广注释音辩唐柳先生集》卷 13《天对》，四部丛刊本。

强附会之处。① 今人姜亮夫先生认为，依据《天问》中的"文法组织"，
"登立为帝，孰道尚之？女娲有体，孰制匠之？"当作"女娲有体，孰制匠
之？登立为帝，孰道尚之？"如是"则辞顺遂矣"，此四句皆指女娲而言，
"王逸不解此义，分'登立'二句属之伏羲"。屈原如此发问，是因"自古
皆以男子帝天下，女娲独以女体，故疑而为问"；而"女娲有体，孰制匠
之"二句，姜先生则以为"文辞奇僻生涩，疑有讹误……则疑文中'有'
字为'育'字之论……'制匠'亦即上名'育体'之义……盖南楚有女娲
化生万物之传说，故屈子以女娲之又为孰所生为问也"。② 姜氏之说，将
伏羲等排除此四句解释之外，显较王逸等注家解释为胜；但改字释文，虽
然"奇僻生涩"的文辞立显通畅，但无其他版本之支持，恐为不妥。屈原
毕竟是对可直观的女娲图像发问，尽管我们不清楚是否为王逸所说的"人
头蛇身"像，但"一日七十化"的说法，至少可以表明，在战国中后期，
女娲"人头蛇身"的外在形象，在楚地并没有得到如同西汉以降的普遍认
同。如是观之，王氏之解恐更符合屈原之意。

　　至于伏羲，《楚辞·大招》中有"伏戏驾辩"之语，王逸注："伏戏，
古王者也，始作瑟。驾辩……曲名也，言伏戏氏作瑟，造驾辩之曲。"《大
招》的作者，历有屈原与景差之说，并无定论，但无论作者是谁，仅可
证明的是在战国中后期的楚地，虽然伏羲的传说可能已经流传，但与女娲
是否已形成关系密切的"二皇"形象，现有的文献资料尚不足以说明。

　　在战国中后期，女娲尚未形成如汉代较为固定的"人头蛇身"的"圣
王"的形象，从成书于战国中后期《山海经·大荒西经》中关于"有神十
人，名曰女娲之肠，化为神，处粟广之野，横道而处"的记载中也可以反
映出来。其中有涉及女娲造化万物（当然也包括人）的神话，但并没有关
于女娲外在形象的具体阐释。特别是在《山海经》的记述中，也没有关于
伏羲的直接记载。据闻一多先生《伏羲考》："伏羲与女娲的名字，都是战
国时才开始出现于记载之中的。伏羲见于《易·系辞下传》、《管子·封禅
篇》、《轻重戊篇》、《庄子·人间世篇》……女娲见于《楚辞·天问》、《礼

---

　　① 柳宗元《天对》所谓"惟德登帝，帅以首之"语，由于过于简略，很难确诂。洪兴祖以
为是指舜、禹，显然是受到柳宗元的影响。但是，《天问》中关于舜、禹之"问"甚多，如"禹
之力献功"，"舜服厥弟"，等等，多为指名而问，屈原似乎没有必要如此迂回发问。

　　② 姜亮夫：《屈原赋校注》卷 3《天问第三》，人民文学出版社 1957 年版，第 330—331 页。

记·明堂位篇》、《山海经·大荒西经》……二名并称始见于《淮南子·览冥篇》，也是汉代的书"，① 也就是说，"在绝大多数先秦典籍中，言伏羲者不同时言女娲，言女娲不同时言伏羲"。②

女娲与伏羲在大多数先秦典籍分言的事实，不仅表明女娲与伏羲分属两个不同的神话传说系统，③ 而且就女娲形象而言，基本还是一个造物女神的形象，还没有被纳入到所谓"三皇"的系统之中；而女娲从"女神"到"圣王"形象的完成，则与两汉时期的改塑密切相关。

二

从现存的两汉文献考察，随诸家学说流派之不同，以及受地域文化之影响，对于女娲形象亦有不同的解说。④ 其中对女娲形象改塑贡献最大者，当为女娲与伏羲名列"三皇"的传说。在汉代文献中，首次将女娲与伏羲并列者，出于西汉时期《淮南子·览冥训》，语曰：

> 自三代以后者，天下未尝得安其情性，而乐其习俗，保其修命夭，而不夭于人虐也。所以然者，何也？诸侯力征天下，合而为一家，逮至当今之时，天子在上位，持以道德，辅以仁义，近者献其

---

① 闻一多：《伏羲考》，转引自《二十世纪中国民俗学经典（神话卷）》，社会科学文献出版社 2002 年版，第 160 页。

② 吕微：《神话何为》第 7 章第 2 节《先秦、两汉文献中伏羲、女娲的关系》，社会科学文献出版社 2001 年版，第 323 页。但这只是"针对文献所作的形式分析得出的上述结论，近年来却由于出土文献研究的新进展遭到严厉的质疑。特别是长沙子弹库楚墓帛书乙篇的成功释读向我们展示了战国中后期在楚地民间的一则可能是讲述伏羲、女娲创世的神话文本，从而将伏羲、女娲对偶神话最早记录本的上限提到了先秦时代"（参见第 325—328 页）。关于长沙子弹库楚墓帛书乙篇的释读，李零先生认为，据台湾学者严一萍和金祥恒考证，"帛书所述传说人物的头两位就是古书常见的伏牺和女娲，'女娲'之释虽不能肯定，但'伏牺'之释已获普遍承认"（李零：《中国方术考》修订本，北京：东方出版社 2000 年版，第 187 页）。看来，楚帛书是否可以证明伏牺和女娲在战国中后期就已并列出现于楚地，还是值得进一步讨论的问题。

③ 例如吕思勉先生认为，伏羲等"古代帝王"，"踪迹多在东方，而其后率传之于西，盖因今所传者，多汉人之说，汉世帝都在西，因生傅会也"；而女娲则为"南方之神"（参见《伏羲考》、《女娲与共工》，《吕思勉读史札记》，上海古籍出版社 1982 年版，第 31 页）。

④ 其实，非独女娲如此，上古传说中的诸多人物形象，在两汉时期大多都经过这一改塑过程。

智，远者怀其德，拱揖指麾而四海宾服，春秋冬夏皆献其贡职，天下混而为一，子孙相代，此五帝之所以迎天德也……夫钳且、大丙，不施辔衔，而以善御闻于天下。伏戏、女娲，不设法度，而以至德遗于后世，何则？至虚无纯一，而不喋喋苛事也。

显然，《淮南子》推崇伏羲、女娲之"至德"，是建立在颂扬所谓"无为而治"的基础之上，肇起汉代对女娲形象改塑之端。

西汉初年，汲取秦失天下之教训，讨论秦汉政治之得失，在纷纷指摘秦"事逾烦天下逾乱，法逾滋而奸逾炽，兵马益设而敌人逾多"的同时，主张"无为而治"的黄老政治应运而生，不仅成为汉初统治者治理天下的准则，也是活跃于是时的各学派阐扬其政治主张的一个基本出发点。但从对汉初"黄老政治"理论构建贡献最大的两个学派——儒学与道学所阐发的学说看，对女娲形象的解析有明显的不同。

在早期儒家学说中，不仅没有女娲（包括伏羲）这样传说人物论述，就连著名如黄帝者亦没有进入孔、孟的视野，所谓"祖述尧、舜，宪章文、武"，[①] 则是儒者对待古时圣王的基本态度；入汉之后，随着儒、道学说的糅合，汉初诸儒如陆贾、董仲舒者，开始援引黄帝以申其说，[②] 但一般仅仅言及黄帝而已，对于女娲、伏羲等可能较之黄帝传说更为古老，也更为"难言"者，多是持如司马迁《史记·五帝本纪》中所谓"百家言黄帝，其文不雅驯，荐绅先生难言之"的态度。[③]

道家学派则不然，为政应无为，则是其学派一贯之主张；借寓伏羲、黄帝等传说中的"圣王"以证其说，又是其擅用的论证方式之一。如在集道家之大成的《庄子》书中，就有诸多关于伏羲的记述，如《外篇·胠箧》"子独不知至德之世乎？昔者……伏羲氏、神农氏，当是时也，民结绳而用之……至老死而不相往来。若此之时，则至治已"；《外篇·缮性》"逮德下衰，及燧人、伏羲始为天下，是故顺而不一"云云。尽管在《庄

---

① 《礼记·中庸》。

② 关于黄帝传说入汉之演变，请参见拙文《战国秦汉时期黄帝传说的演变》，载《炎黄文化研究》第 8 期，《炎黄春秋》杂志社 2001 年。

③ 《春秋繁露》卷 16《求雨》篇有"春旱求雨，令县邑以水日祷社稷山川，家人祀户……其神共工，祭之以生鱼八，玄酒，具清酒脯，择巫之清洁辩言利辞者以祝"云云。由于这仅是一条独证，很难认定是否为与女娲补天传说相关联的共工。

子》书中尚未出现女娲之形象，但将伏羲的形象定格为无为而治的古圣王，为汉人援引伏羲之例改塑女娲之形象开创了先例。

至于《淮南子》一书之主旨，东汉时人高诱《淮南子叙》云：

> （此书）其旨近《老子》，淡泊无为，蹈虚守静，出入经道。言其大也，则焘天载地。说其细也，则沦于无垠，及古今治乱存亡祸福，世间诡异瑰奇之事。其义也著，其文也富，物事之类，无所不载。①

可见《淮南子》推崇黄老之治，善言"古今治乱存亡祸福"；又承袭先秦道家之传统，喜说"世间诡异瑰奇之事"。正是在这样的时代与学术背景下，关于女娲的形象虽然在汉初儒者看来可能属于"其文不雅驯"之类的传说，仅就"无所不载"的《淮南子》而言，却是可以申发其"淡泊无为"政治学说的一个很好的载体，况且主持编撰《淮南子》一书的淮南王刘安，长期生活于楚地，《史记》本传云其"为人好读书鼓琴"，当对至晚在战国中后期记录于文献、流传于楚地的女娲或伏羲的传说比较谙熟，② 这恐怕也是《淮南子》将女娲与伏羲首次合论的一个重要原因。

尽管《淮南子》通过与伏羲并列的方式，将女娲纳入古代"圣王"的行列，但其影响似乎相当有限。秦人虽有"三皇"之说，然而指的是"天皇、地皇、泰皇"。③ 司马迁撰《史记》，以黄帝为五帝之首，并无所谓"三皇"之序列。张守节"正义"案："太史公依《世本》、《大戴礼》，以黄帝、颛顼、帝喾、唐尧、虞舜为五帝……而孔安国《尚书序》，皇甫谧《帝王世纪》，孙氏注《世本》，并以伏牺、神农、黄帝为三皇，少昊、颛顼、高辛、唐、虞为五帝。"从张氏所列文献考察，明确伏牺为三皇之首的文献，均晚于西汉武帝年间，④ 似可说明至少在司马迁修撰《史记》之

---

① 《汉书》卷30《艺文志》将《淮南子》列为杂家。所谓杂家，具有"兼儒、墨，合名、法"之特点。但就《淮南子》主要思想倾向而言，似乎应更偏重于道家。

② 《淮南子》卷17《说林训》又有关于女娲的论述："黄帝生阴阳，上骈生耳目，桑林生臂手（高诱注：上骈、桑林，皆神名），此女娲所以七十化也（高诱注：女娲，王天下者也，七十变，造化也。此言造化治世，非一人之功）。"

③ 《史记》卷6《秦始皇本纪》。

④ 孔安国为武帝年间谏议大夫，《尚书序》旧题为孔安国所作，但经宋代以降历代学者考订，基本上认为是托名之作，其时代可能晚于西汉年间。

时，伏羲与女娲传说尚没有得到广泛的传播，这与《五帝本纪》"太史公曰"："余尝西至空桐，北过涿鹿，东渐于海，南浮江淮矣，至长老皆各往往称黄帝、尧、舜之处"，黄帝的传说已经深入民间，"长老"争相传称黄帝事迹的景象迥然有别。

明于此，则不难理解，为什么在西汉传世的文献中，唯有承袭先秦道家之传统的《淮南子》多言女娲外，其他多付阙如；即便偶尔言之，也如司马相如《大人赋》中所云"使灵娲鼓瑟而舞冯夷"[1] 之类充溢神仙气息的描述，女娲的形象似乎仍是较为单一的"女神"形象。

三

如上所述，西汉时期，详细明确记录女娲事迹的文献仅见于《淮南子》，而于西汉其他文献中则鲜见其踪迹；而入东汉之后，关于女娲的记载骤增，特别是王充《论衡》、王符《潜夫论》、应劭《风俗通义》等文献中女娲的大量出现，对于塑造其形象起到了至关重要的作用。

上引《淮南子·览冥训》将伏羲、女娲视为古代圣王的说法，在西汉年间似乎并没有引起广泛的反响，其中除西汉时期风行黄老政治，普遍崇尚黄帝这一因素外，也与是时盛言"五帝"，而鲜言"三皇"的时尚相关。从文献记载的角度考察，"三皇之总名，初见于《吕氏春秋》；三皇之分名，则见之李斯之奏议"。[2] 由于《吕氏春秋》中的"三皇"没有确指，[3] 而李斯奏议中的"三皇"又是指"天皇、地皇、泰皇"，并非人格化的古代圣王，这就为人们将上古传说中众多的古代圣王与"三皇"、"五帝"的排列组合提供了极大的想象空间。但在西汉时期，以黄帝为首的"五帝"说盛行一时，古已有之的所谓"三皇"说却渐渐"消沉"。其原因是否如上揭《三皇考》所云，由于秦汉时人对"天上与人间最高人物"观念的不同，以及对天文历法的极度重视，"所以祭祀之神也只能有泰一与五帝，

---

① 《史记·司马相如列传》。裴骃"集解"引《汉书音义》曰："灵娲，女娲也。"
② 杨宽：《中国上古史导论》第 4 篇第 1 节《三皇之本始与三一》，《古史辨》第七册（上），第 175 页。
③ "三皇"之称于《吕氏春秋》中数见，如卷四《孟夏纪》"此三皇五帝之所以大立功名也"，但具体所指，《吕氏春秋》没有进一步的说法。

古史中也只能有泰皇与五帝"。① 这一说法是否准确，容当日后讨论；但"三皇"之说不为西汉时人所重，则是不争的事实。以昭帝盐铁会议的记录——《盐铁论》为例，卷6《复古》文学曰："陛下宣圣德，昭明光，令郡国贤良、文学之士，乘传诣公交车，议五帝、三王之道"；卷8《结和》文学又曰："今有帝名，而威不信于长城之外……此五帝所不忍。""五帝"成为文学判断是否曲直的一个重要标准，却没有给"三皇"留下任何位置，自然也无从引入位居黄帝之上，包括伏羲、女娲在内的所谓"三皇"以证其说。② 如此则不难理解，正是由于西汉时人对"三皇"、"五帝"的传说持不同的观点，以至同为传说中的古代圣王——女娲与黄帝，在西汉文献中则留下浅深不一的痕迹。

虽然西汉时鲜言"三皇"，但并不意味着不言，到西汉末年，"三皇"之说重现于史乘。《汉书》卷10《成帝纪》："惟汉十世，将郊上玄……同符三皇，录功五帝"；《扬雄传》："历五帝之寥廓，涉三皇之登闳"，等等，俱为明证。特别是到东汉章帝年间，为整合今古文经学异同而举行会议，班固《白虎通》卷2《号》"三皇五帝三王五伯"条，释三皇虽举"伏羲、神农、燧人"与"伏羲、神农、祝融"两种说法，但均将伏羲列为"三皇"之首；而于《汉书·古今人物表》中，以将伏羲列为"上上圣人"之首，女娲则为"上中仁人"之首，由于是时女娲尚未列入"三皇"系统，故在班氏的"九等"人物表中不可能与伏羲并肩而立，然而对女娲的推崇之情显而易见，同时也为其后将女娲引入"三皇"系列开辟了通道。

对班固《古今人物表》将女娲列入人物表"上中"栏，一些史家表示出不同的看法。《汉书补注·古今人物表》"女娲"条引清人钱大昭语："闽本'上上'，次于太昊（即伏羲）。《说文》，娲，古之神圣女，化万物者也。（王）先谦曰：《风俗通》引《运斗枢》云，伏羲、女娲、神农是三皇也。《列子》、《淮南》诸书并引女娲事，故班兼采之。"依钱氏所云，在《汉书》的众多版本中，至少在闽本《汉书》的《古今人物表》中，女娲

<hr />

① 参见《三皇考》12《西汉时期三皇消沉的原因》，《古史辨》第七册（中），第93—94页。

② 《盐铁论》是学界公认的极少经后人改造的西汉文献，辩论的朝野双方讨论的又是关乎汉初"无为"政治与武帝"有为"政治，何者更利国便民的重大问题，引用古代圣王治国理论以证其说，是汉人常用的议政方式，但来自民间的文学仅言"五帝"而不及"三皇"，这一现象本身就很能说明问题。

是与伏羲并列、位于"三皇"之一的。关于"闽本"，王先谦《前汉补注序例》曰："国朝诸儒讲求版本之学，致力《汉书》者，多用南监本，此外，如景祐本、闽本、汪本、德藩本、乾道本、北监本，并备收罗，间有甄采良由，文轨同途，众善咸萃。"至于"闽本"的流传情况，王先谦自注：　"钱大昭校，明按察司使周采、提学副使周琉、巡海副使柯乔等刊。"①

从以上诸引言不难看出，虽然"闽本"《汉书》刊布较晚，也不是王先谦校正《汉书补注》的主要版本，但在"讲求版本之学"的清代诸儒眼中，"闽本"不啻也是一个"众善咸萃"的好版本。钱大昭自校"闽本"，足见对其重视之程度。具体于《古今人物表》中"女娲"而言，"闽本"《汉书》将女娲明确列入"三皇"之中，至少可以证明，西汉时期通行的伏羲、女娲并列为帝之说，随着东汉"三皇"说的复兴，开肇了将伏羲、女娲纳入"三皇"系统的进程。尽管现在我们还不清楚"闽本"《汉书》在多大程度上符合班固的本意，但实际上，在班固的著作中，关于"三皇"也是有多种说法，除《白虎通议》中有"伏羲、神农、燧人"与"伏羲、神农、祝融"的两种说法，在《古今人物表》则改"伏羲、神农、黄帝"为"三皇"说。对于班固将黄帝纳入"三皇"系统，王先谦表示批评："古有三皇五帝之说，《白虎通·号篇》伏羲、神农之后或燧人、或参融（即祝融）为三皇，以黄帝为五帝之首，诸书无异，皆今文说也。班作人表，用《左传》古文说，增入少昊，然未以黄帝为三皇，自伪《书传序》以黄帝合羲、农为三皇，少昊以下为五帝，《帝王世纪》因之，唐、宋遵用，并为一谈，要皆袭班而误，全乖古义"。②　本文并不想讨论今古文中"三皇"的排序，而只是想说明，东汉前期关于"三皇"实则相当混乱，远不及西汉时"五帝"说之稳定。

值得注意的是，东汉"三皇"虽多种说法并存，但伏羲的"首皇"地位从来没有受到质疑，而与伏羲并列的女娲，自从出现于西汉文献后，也逐渐为人们所接受。如著述年代虽不详，但不会晚于西汉末年的《列子》

---

①　王先谦：《汉书补注》上，中华书局1983年影印本。"女娲"条补注见第337—338页；《前汉补注序例》见第2页。

②　王氏之说似有误，从班氏人表排列次序看，伏羲、神农、黄帝为"三皇"，少昊以降到帝尧为"五帝"。这一排列资序与所谓伪《书传序》同。清梁玉绳撰《人表考》，认为黄帝为"三皇之三也"（《史记汉书诸表订补十种》，中华书局1982年版，第497页），当符合班氏之意。

卷2《黄帝篇》曰："庖牺氏、女娲氏、神农氏、夏后氏，蛇身人面，牛首虎鼻：此有非人之状，而有大圣之德"。① 其中虽然没有明确引入"三皇"之概念，但将伏羲、女娲并列，并与神农氏鼎立而三的排序，或可表明在西汉末年，伏羲、女娲并列为古圣王的观念已经得到相当程度的认同，而跻身于"三皇"系列，则是时间问题了。

在东汉文献中，首次明确提及女娲列于"三皇"者，当属应劭的《风俗通》的《三皇篇》，而应氏所据材料，则出于纬书《春秋运斗枢》。亦依《春秋运斗枢》释女娲为"三皇"者，还有郑玄。"郑注《中侯敕省图》引《运斗枢》：'伏牺、神农、女娲为三皇'（《曲礼》疏）。郑注《明堂位》引《春秋纬》说同。"② 高诱注《吕氏春秋》卷四《孟夏纪》"三皇"合称曰："三皇，伏羲、神农、女娲也。"高注"三皇"虽不知材料之出处，但所列"三皇"与应氏、郑氏相吻合，似乎同出于《春秋运斗枢》之类的纬书。我们知道，两汉之际纬书已经兴起，终东汉一朝盛行不衰，其中虽存有许多荒诞不经之事，但也保留了相当可贵的古史传说及神话资料，女娲于东汉时期跻身"三皇"序列，当与纬书的记载密不可分。

另外值得注意的，既言"三皇"，又言"女娲"的应劭、郑玄、高诱等人主要活动于东汉后期；③ 由此可以推测，记录女娲为"三皇"的《春秋运斗枢》等纬书，似乎也可能出现于东汉后期。时代早于郑玄等三人的王符（约85—162年），其著作《潜夫论》卷8《五德志》有"世传三皇五帝，多以为伏羲、神农为三皇，其一者或曰燧人，或曰祝融，或曰女娲，其是与非未可知"等语。以伏羲、神农，或燧人，或祝融为"三皇"，与《白虎通》中的记载丝丝相合；而"或曰女娲"，王符这一补充尽管不甚肯定，但似可表明，东汉时期关于"三皇"的认定，已由前期的"伏羲、神农、燧人（或祝融）"，向后期"伏羲、女娲、神农"的模式转变。

---

① 《列子》成书年代，刘汝霖《周秦诸子考》认为："我看此书虽不是魏晋人伪造，也不是先秦的作品……女娲氏炼五色石补天的故事，俱盛行于汉代，可以断定此书是汉时的作品。《艺文志》已见著录，所以至晚是西汉晚年的作品。"

② 转引自黄晖《论衡集解》卷15《顺鼓篇》"集解"，中华书局1990年版，第691页。

③ 应劭，生卒年不详，汉献帝时曾任泰山太守；郑玄，生于129年，卒于200年，因延熹九年（166年）党锢之祸，居家著书；高诱，生卒年不详，建安十年（205年）曾任司空掾。可见三人主要活动于东汉后期。

尽管这一变化不可能有一个准确的时间概念，但其大体时段应该是清楚的。①

综上，从历史文献的角度考察，从战国中后期女娲不甚确定的"登立为帝"，实则更多具有"女神"特性的形象；到西汉文献中始与伏羲并列为"不设法度"，"至德遗于后世"，崇尚"虚无纯一"的"圣王"形象；再随着东汉时期"三皇"之说复起，由东汉前期"伏羲、神农、燧人（或祝融）"的"三皇"说，演进为东汉后期"伏羲、女娲、神农"的"三皇"系列。至此，标志着女娲"圣王"形象的最终形成。

原载《咸阳师范学院学报》2004 年第 1 期。

---

① 再以东汉前期的王充（公元 27—约 97 年）为例，在其著作《论衡》中，女娲与"三皇"皆是分而言之，二者之间没有任何关联。王充则以"好辩"而著称，女娲炼石补天的传说就曾受其激烈的抨击（参见《论衡》卷 11《谈天篇》），若是时女娲已与"三皇"发生关联，不会不引起王充的评议。此例似可表明，在东汉前期，女娲与"三皇"尚未发生密切的关联。

长沙走马楼吴简中的"丘"与"里"

一

《文物》1999 年第 5 期发表的《长沙走马楼 J22 发掘演示文稿》、《长沙走马楼简牍整理的新收获》二文，《长沙走马楼吴简嘉禾吏民田家莂》一书，[①] 共记载了 140 多个丘名与 50 余个里名。走马楼吴简中"丘"的大量出现，并且与"里"共存之现象，和我们习见的以"里"作为基层地名的秦汉简牍有明显的不同。

长沙走马楼吴简《吏民田家莂》附录二"地名索引"记录佃田户所在地，除简文侵蚀残缺不可释读者外，共记有丘名 148 个。

二字丘名共 64 个：

> 夫丘、巴丘、芳丘、平丘、合丘、秋丘、旱丘、吴丘、利丘、何丘、伻丘、伯丘、英丘、杷丘、东丘、和丘、于丘、泊丘、弦丘、函丘、茙丘、昭丘、侠丘、度丘、桐丘、栗丘、莫丘、仓丘、旁丘、浸丘、专丘、顷丘、区丘、略丘、唫丘、淦丘、寇丘、楮丘、湛丘[②]、温丘、贺丘、杨丘、梦丘、廉丘、资丘、蒖丘、監丘、仆丘、语丘、尽丘、绪丘、穀丘、捞丘、虑丘、暹丘、溃丘、添丘、弹丘、朴丘、霖丘、龙丘、锡丘、灂丘、鹊丘。

---

① 长沙文物工作队、长沙市文物考古研究所：《长沙走马楼 J22 发掘演示文稿》（以下简称《演示文稿》）；王素、宋少华、罗新：《长沙走马楼简牍整理的新收获》（以下简称《新收获》）；《长沙走马楼三国吴简〈吏民田家莂〉》（以下简称《吏民田家莂》），文物出版社 1999 年版。

② 据《吏民田家莂》简 5.570，"淇"应作"湛"。"嘉禾吏民田家莂地名索引"误为"淇"。见《吏民田家莂》附录二，第 329 页。

三字丘名共 79 个：

> 三州丘、下伍丘、下和丘、下俗丘、大田丘、上伍丘、上利丘、上伻丘、上和丘、上赽丘、上莈丘、上俗丘、上□丘、己酉丘、小赤丘、五唐丘、中唫丘、公田丘、平攴丘、平眣丘、平眠丘、平浭丘、平阳丘、平乐丘、石下丘、石羊丘、伍社丘、李浭丘、秋伻丘、秋倚丘、旱中丘、里中丘、伻下丘、伻上丘、阿田丘、武龙丘、林浭丘、松田丘、东赽丘、东溪丘、东薄丘、周陵丘、于上丘、胡苌丘、南强丘、前龙丘、桐下丘、桐山丘、桐佃丘、桐唐丘、租下丘、逄唐丘、郭渚丘、唐中丘、浸顷丘、常略丘、梨下丘、进渚丘、楮下丘、湛下丘、湛龙丘、湖田丘、杨浭丘、新成丘、新眣丘、新眠丘、新唐丘、廉下丘、厌下丘、监沱丘、绪下丘、绪中丘、横浭丘、横溪丘、刘里丘、弹浭丘、让何丘、断㻛丘、夭中丘。

以上诸丘，再加之《新收获》一文刊布的□㭒丘、桥丘、孙丘、池丘、东平丘等 5 个丘名，[①] 共有 148 个"丘"。对于吴简《吏民田家莂》中大量以"丘"名地的现象，高敏先生做出如下解释：

> 《吏民田家莂》中的"丘"，是否完全相当于"里"呢？回答是肯定的。在这里，我们可以举出确证。在嘉禾五年的《吏民田家莂》中的 5.38 号简云："上利里州吏黄杨，佃卌六町，凡卌六亩，皆二年常限，"按上利里一共入三户人家，其他二户分别为："上利丘州吏刘虞，佃田十七町，凡廿亩，皆常限。"和"上利丘男子輮豫，佃田七町，凡七亩，皆二年常限。"观此三份券书，同为一个丘，一曰"里"，一曰"丘"，难道不是"丘"即"里"之确证吗？另外，在四年、五年券书中都有"刘里丘"名，"刘里"可能是原有的"里"名，"刘里"之后缀以"丘"，表明里名丘化的普遍性。因此，三国时期吴国的长沙郡一带，确实盛行以丘代里的制度。[②]

---

① 《演示文稿》中提及的"丘"仅有"桐佃丘"，已见《吏民田家莂》，故没有统计于内。

② 高敏：《从嘉禾年间〈吏民田家莂〉看长沙郡一带民情风俗与社会经济状况》，《中州学刊》2000 年第 5 期。

除了高敏先生所举的"上利里"、"刘里"二例外，《吏民田家莂》5.281至5.291号简中有"里中丘"之地名，其义虽然无法确解，但"里中丘"之命名，可能也与"里"有某种关系。另据《演示文稿》及《新收获》二文披露，走马楼吴简中所见"里"如下：①

> 东里、刘里、碌里、尽里、度里、富贵里、宜阳里、东天里、东夫里、东𣛮里、大成里、大片里、湛龙里、万岁里、上乡里、宁海里、吉阳里、骤内里、高平里、常迁里、义成里、西正里、常粟里、𧾷龙里、梨下里、平乐里、谷阳里、佑乐里、贤聚里、平阳里、中乐里、广成里、高迈里、唐迁里、宁龙里、五唐里、东阳里、薑（?）戎（?）里、□中里、□成里、□吴里、□会里、□兴里、□高里、□见里。

以这些"里"与上举诸"丘"相对照，能够体现"里名丘化"的还有：

> "尽丘"与"尽里"、"东𣛮里"与"东𣛮丘"、"湛龙里"与"湛龙丘"、"五唐里"与"五唐丘"、"梨下里"与"梨下丘"。

这样，在走马楼吴简的148个丘名中，同一地名以"丘"、"里"分别为名的共有6例（包括"上利里"与"上利丘"），"里"后"缀"丘的1例（"刘里"与"刘里丘"）；可能与"里"相关，但不能完全确定的1例（"里中丘"）；由于前缺一字，亦是不能完全确定的一例（"□中里"与"?中丘"）。② 若是考虑到《新收获》所举的45个里名，远远少于走马楼吴简中145个丘之数量的因素（可以相信，随着走马楼吴简整理工作的继续

---

① 《新收获》所举"里"为45个。《演示文稿》刊有"戎里户人公乘何钦"与"戎里户人公乘鲁章"两枚简，再加之《吏民田家莂》中的"上利里"，走马楼吴简中现所见里名应为47个。

② ? 表示三字丘名中的旱中丘、唐中丘、绪中丘、夭中丘。《新收获》所举前缺一字的三字里名，除□中里外，还有□成里、□吴里、□会里、□兴里、□高里、□见里等6个里，但在所举三个字79个丘名中，未见有中间一字与成、吴、会、兴、高、见等6个字相同者，故可以排除丘、里相同的可能。

进行，丘、里名相吻合的事例肯定还会有所增加），"里名丘化"的事例显然要多于上述 7 例（不能确定的二例不包括于内）。可见，高敏先生提出的三国时期吴国的长沙郡一带，"盛行以丘代里的制度"，或"里名丘化的普遍性"的结论，确实有一些可信的证据，也为探讨走马楼吴简中"丘"与"里"的关系提供了一个新的思路。

不过，走马楼吴简中"丘"是否完全等同于"里"，"丘"与"里"之关系如何，还有值得进一步讨论的地方。

二

"丘"之本义，《说文》释为"土之高也，非人所为也"。即自然形成的小土山。以"丘"命名地名的历史相当悠久。相传黄帝："生于寿丘，长于姬水，因以为姓。居轩辕之丘，因以为名，又以为号。"[①] 尽管这一说法出自后人的追记，但早在殷商甲骨文中，就已经出现以"丘"名地的事例：如"丘商，见《合集》9774；丘雷，见明义士《殷墟卜辞（续编）》395。"[②] 可见在上古时代，"丘"已经成为适合民众聚居的地方。《汉书》卷 28《地理志》引《尧书·禹贡》曰："九河既道，雷夏既泽，雍、沮会同，桑土既蚕，是降丘宅土。"颜师古注曰："降，下也。宅，居也。言此地宜桑，先时人众避水，皆上丘陵，今水害除，得以蚕织，故皆下丘居平土也。"此说虽是位于江北的古兖州之事，在江河纵横、丘陵起伏的江南地区，"丘"与民众生产生活之关系就更为密切了。《史记》卷 2《夏本纪》谈及古荆州"沱、涔已道，云土、梦（指云梦泽）为治"时，"集解"引孔安国曰："云梦之泽在江南，其中有平土丘，水去可为耕作畎亩之治。"可能正是由于"丘"很早就与人类的生活发生关系，先秦时期曾出现所谓"丘民"的称谓，即普通百姓的代名词。《孟子·尽心下》载孟子

---

① 《史记》卷 1《五帝本纪》"索隐"引皇甫谧语。

② 参见华林甫《中国地名学源流》第 1 章，湖南人民出版社 1999 年版，第 3 页。甲骨文地名通名（如丘）在前而专名（如商、雷）在后的现象，随着秦汉地名命名的逐渐规范而较为罕见，但孑遗尚存，如《三国志》卷 4《魏书·高贵乡公髦传》载，甘露三年（258 年），"大将军司马文王陷寿春城，斩诸葛诞。三月，诏曰：'……汉孝武元鼎中，改桐乡为闻喜，新乡为获嘉，以著南越之亡。大将军亲总六戎，营据丘头，内夷群凶，外殄寇房，功济兆民，声振四海。克敌之地，宜有令名，其改丘头为武丘，明以武平乱'"。

语曰："民为贵，社稷次之，君为轻。是故得乎丘民而为天子。"

由于丘"非人所为"的自然属性，因此以"丘"作为地名，更多体现的是"丘"的自然特征。《尔雅》卷七《释丘》依据丘之成因、所存地理位置及地貌等诸多因素，将丘命名为如敦丘（刘熙《释名》释为顿丘）、陶丘、融丘、昆仑丘、陼丘、泥丘、胡丘、埒丘、都丘、梧丘、画丘、戴丘、昌丘、湝丘、沮丘、正丘、营丘、敦丘、沙丘、咸丘、临丘、宛丘等不同的名字。这些"丘"之通名，许多曾作为专有地名而见诸史册，而且诸注家的解释也多以《尔雅》为据：如东郡顿丘，《汉书·地理志》颜师古注："以丘名县也。丘一成为顿丘，谓一顿而成也"；陶丘，《史记·夏本纪》"集解"引孔安国曰："陶丘，丘再成者也。"郑玄曰："《地理志》陶丘在济阴定陶西南"；营丘，《史记·周本纪》"封尚父于营丘"，"集解"引《尔雅》曰："水出其前而左营丘。"郭璞曰："今齐之营丘，淄水过其南而东。"沙丘，《史记·殷本纪》纣"益广沙丘苑台"，"集解"引《尔雅》曰："迤逦，沙丘也。"《地理志》曰"在钜鹿东北七十里"，等等。

不过，以上所举诸丘均是县一级的地方，颜注所云"以丘名县"，是就较大的地理范围而言的。从走马楼吴简所知的140多个"丘"，基本上都是位于长沙临湘县内，[①] 其地理自然相去不远，当然不能用《尔雅》释丘的方法对吴简中的丘名进行诠释，实际上也无法一一确诂。但是，可以肯定地认为，既然长沙临湘县多以"丘"作为地名，其取名原则当然要体现出"丘"的自然特征，以及"丘"自古就具有的聚居百姓——即所谓"桑土既蚕，是降丘宅土"的作用，在这片江河交汇，地势起伏之地，形成众多的以"丘"为名的自然村落。随人口的不断增殖与迁徙，"丘"也处于不断分化整合的过程之中，从众多的丘名中可清晰反映出这一点。走马楼吴简中的"丘"的命名方式，可以简略地概括为以下四种：[②]

---

① ·《新收获》曰："学术界对走马楼简牍的性质，已有一些看法。大致认为：走马楼简牍主要属于县级文书档案。也就是说，走马楼简牍属于长沙郡治临湘县的文书档案。"

②　上揭高敏先生文，已经总结出"丘"之命名，"或加方位词"，"或以姓氏"两种方法。

（一）以上、中、下等方位词区分丘名，[①] 如下伍丘、上伍丘，上和丘、下和丘，上俗丘、下俗丘，伻上丘、伻下丘，旱中丘、里中丘，绪下丘、绪中丘等。表明由于"丘"的不断增多，需要加以方位词以示区别的现实。

（二）以姓氏为"丘"取名，如吴丘、何丘、寇丘、温丘、贺丘、杨丘等。此类丘名可以反映出，由于人口的不断增殖及同族聚居的传统，形成了以姓氏命其聚居地地名的习俗。

（三）在原有二字丘名的基础上增加一个字，从而形成一个新地名，其方法与加方位词有某些相似之处，此类丘名在走马楼吴简中所见甚多，如：

1. 平，与平字相关的有平支丘、平溟丘、平呲丘、平眠丘、平阳丘、平乐丘。

2. 秋，与秋字相关的有秋伻丘、秋倚丘。

3. 东，与东字相关的有东扶丘、东溪丘、东薄丘。

4. 桐，与桐字相关的有桐山丘、桐佃丘、桐唐丘。

5. 监，与监字相关的有监沱丘。

6. 弹，与弹字相关的有弹溟丘。

7. 龙，与龙字相关的有武龙丘、前龙丘、湛龙丘。

（四）在原有地名前加一"新"，以示与原有地名相区别。如：新成丘、新呲丘、新眠丘、新唐丘等4个丘。虽然未见"成丘"等丘名，但似乎不能否认其有存在的可能。概而言之，地名前加"新"者，一般均与徙民相关，著名者如新丰即是如此。[②] 吴简中4个"新"丘，可能也与安置徙民有关。长沙郡所在的荆州，在东汉末年纷乱的形势下处于相对安宁的

---

① 王鸣盛《十七史商榷》卷十七"县名相同"条曰："郡国县邑名同者，则加东、西、南、北、上、下、或'新'字以别之。"虽然王氏所言是"县名相同"则加方位词相区别，但作为地名的一个命名原则，也适用于县以下的地名。从走马楼吴简的情况看，最常用者为"上"、"下"、"中"（中字王氏未举其例）、"新"4个字。以"东"字名地的有东丘、东扶丘、东溪丘、东薄丘、东平丘5个丘。其中东扶丘，因有上扶丘外，可能是以方位词东、上相区分外（"扶丘"虽未见于简牍，但据地名以方位词相区别之原则，似应有之），东丘与东溪、东薄三丘，似为加溪、薄以与东丘相区别，与方位词无涉。

② 新丰：《史记·高祖本纪》"正义"引《括地志》云："新丰故城在雍州新丰县西南四里，汉新丰宫也。太上皇时凄怆不乐，高祖窃因左右问故，答以平生所好皆屠贩少年，酤酒卖饼，斗鸡蹴鞠，以此为欢，今皆无此，故不乐。高祖乃作新丰，徙诸故人实之，太上皇乃悦。"

状态，因此成为中原士民徙居避乱，以及逃亡百姓重新归籍的一个主要地区。① 从吴简中也可透露出类似的信息：孟彦弘先生释《新收获》刊布的"步候还民"的二支简时认为，所谓"还民"，是指曾一度因逃亡或因其他原因而脱籍，后又重新归籍的百姓。② 另外，吴简中有"常迁里"，虽然不是丘名，但似乎可折射出是时百姓迁徙比较频繁的情况。《新收获》刊布的简 10—4142："义成里户人李勉新户十☒"，简文因残缺不全，其意不明，但"新户"一词尤其值得注意，可能是指新迁徙而来的百姓。鉴此，带有"新"字丘，极可能是为安置徙居或归籍的百姓而新置的村落。

从上述走马楼吴简中丘的四种命名方式看，其中许多三字的丘是由两个字的丘衍生而来，③ 但不论其丘名如何衍生变化，都体现出一种顺乎自然的变化过程，虽然像标有"新"字丘名，可能反映出一些时代的风尚，但从丘名的总体命名方式来看，则体现出一种自然形成的状态，而不是像明显带有人为区划特征的"里"那样，其名更多地反映出时代风尚习俗变迁的轨迹。

发轫于西周，盛行于秦汉时期的乡里制度，使"里"成为古代国家基层的行政区划单位。虽然正史中的《地理志》、《郡国志》等志书很少涉及县以下的行政建置，但简牍文献的出土，为研究秦汉时期的乡里制度提供了第一手资料。④ 秦汉简牍凡言及乡以下地名者，基本上都是以"里"为最小之行政单位。如反映西汉早期长沙国行政区划的《地形图》与《驻军图》，长沙国 8 个县共录有 96 个里，其中桂阳所见里名最多，共有 42 个里。值得注意的是，在 96 个里中，除故菌里、乘阳里等 8 个里外，其余均是两个字的里。再从所见里名，如合里、酞里、福里、如里、延里、蕃里、利里、句里等，虽然一些里名隐约有祈福（福里？）、求利（利里？）之义涵盖于内，但从大多数里名看，基本还是一种自然形成的、缺少人为

①　参见拙作《东汉末年中原士民徙居扬荆交三州考》，《齐鲁学刊》2000 年第 5 期。

②　参见孟彦弘《释"还民"》，《历史研究》2001 年第 4 期。

③　以下 29 个三字丘名，目前尚无资料可以证明与二字丘名有衍生变化之关系：三州丘、大田丘、上☐丘、己酉丘、小赤丘、五唐丘、公田丘、石羊丘、伍社丘、李湨丘、阿田丘、林湨丘、松田丘、周陵丘、胡衺丘、南强丘、逢唐丘、郭渚丘、浸顷丘、常略丘、进渚丘、湖田丘、杨湨丘、监沱丘、横湨丘、横溪丘、刘里丘、让何丘、断阫丘。

④　详见何双全《〈汉简·乡里志〉及其研究》，《秦汉简牍论文集》，甘肃人民出版社 1989 年版，第 145—235 页。以下所举关于"里"的资料，亦转引自此文。

因素的命名方式。仅就这一点而言，其里名之命名与走马楼吴简中的丘名有某些相通之处。

　　但到了西汉中期之后，就现今所见最多的居延汉简中的里名看，情况已经发生明显变化。简言之，其变化有二，以居延汉简中所见里最多的居延县（共 82 个里）为例：[①] 一是三字里名的数量明显增多，而且绝大多数不是从二字里名衍生变化而来；二是明显带有时代风尚与地方色彩。由于居延地区是汉廷屯驻戍卒防御匈奴的一个重要地区，因此，除一般表示吉祥富贵的，如万岁、延寿、延年、金贵、常贵、居富、安乐、临仁、临利等里名外；体现其地方色彩的里名为数不少，如修武、庶（通"遮"）房、破虏、收降、鸣沙等里名。

　　从走马楼吴简所刊布的近 47 个里名看，显然与居延汉简中里名的命名原则有许多相通之处：如二字里名仅有 5 个，其余均为三字里名。在这些里名中，万岁、富贵、佑乐这样表示吉祥富贵的里名有之；贤聚、常迁、唐迁这样的里名，似乎包含着招徕、接纳迁徙及归籍的百姓的意义于内；特别是明显带儒学色彩的，如义成这样里名的出现，更体现出统治者力图普及教化的一种努力。

　　正因为"里"之命名包含诸多的人为因素，与"丘"之取名原则存在着一定的差异。因此，走马楼吴简中所见的"丘"与"里"虽然有部分吻合之处，但并不足以证明孙吴长沙郡"丘"完全等同于"里"的观点能够成立。

三

　　走马楼吴简中的"丘"不完全等同于"里"，这不仅从"丘"主要表

---

　　① 为了便于读者比较，特将居延县 82 里照录如下。二字里名有：止里、平里、阳里、昌里、聚里、富里、台里、宋里、完里、东里、北里、蓬里、石里、槐里、竹里、如里、风里、添里；三字里名有（里字省略）：平明、市阳、孤山、累山、利上、始至、鞮汗、西道、广都、肩水、当遂、临仁、鸣沙、三泉、万岁、安国、延年、关都、广地、沙阴、中宿、金积、魏华、魏武、金城、宜秋、安居、安乐、安平、安故、破虏、收降、修武、庶房、西望、西土、通泽、通渭、中都、始道、城南、延寿、安放、造昌、长乐、临利、宜都、步昌、长亲、始驾、金富、常贵、居富、河东、郭河、成安、长成、平陵、千乘、延乘、少壮、当阳、朱华、春舒（转引自上揭何双全文）。

现为百姓聚居的自然村的状态，而"里"则主要表现为人为区划的政区，以及两者在取名上的明显差异，更重要的一点是：吴简中或称"丘"，或称"里"，主要有两种不同的用途。

《吏民田家莂》刊布的 2000 多枚简中，出现"里"名的仅有 5.38 一支简，例证太少，可略去不计。《演示文稿》图二七刊布 4 支户籍类简，有里名者 2 支：

（简 1）戎里户人公乘何钦年五十五算一刑两足

（简 2）戎里户人公乘鲁章年卅八算一盲右目

《新收获》刊布有"里"名的共有十一支简，主要也是民籍类简牍：

（简 3）富贵里户人公乘黄五年廿一 （1—28）

（简 4）佑乐［里户人公乘］□□年十七捌心足 （2—951）

（简 5）大片里公乘户人王得年六十二龙耳眇目 （2—935）

（简 6）□同里大男周春年廿四刑右手 （4—133）

（简 7）义成里户人公乘黄硕年六十三刑右手 （9—2899）

（简 8）富贵里户人公乘李平年卅□算一盲右目复 （9—3048）

（简 9）高平里户人公乘鲁开年卅二算一刑左手复 （9—3017）

（简 10）常迁里户人公乘何着年五十四算一刑两足复 （9—2950）

（简 11）谷阳里户人公乘郑畲年卅六算一给州吏复 （9—3323）

（简 12）义成里户人李勉新户十☑ （10—4142）

（简 13）"宜阳里领吏民"户口数若干 （12—5576）

以上是见诸《演示文稿》、《新收获》的 13 支简：（简 12）似乎是表明李勉等若干"新户"？在"义成里"登录记户籍的情况，（简 13）是宜阳里吏民户籍的总汇资料，其余十一支简，都是户籍类简牍。尽管吴简中的户籍"首注里名，与居延新出西汉戍卒名籍多注郡、县、里"的格式有所不同，[①] 但"里"作为登录、管理民籍的基层行政组织，这是

---

① 参见《新收获》及注 3。"首注里名"的户籍仅是吴简中的一种形式，另一种形式是于户主姓名前加一"民"字，但没有注明里名（参见《新收获》）。本文只讨论注明里名的户籍形式。

秦汉以来的定制，简牍中可资证明的资料甚多，不需赘述。

然而，在主要记录田家租佃土地的数量、时限及交纳和免除租米、租布、税钱等内容的《吏民田家莂》2141枚简中，仅5.38号简出现的是"里"名，其余的均是"丘"名。《新收获》所刊布的诸简中，[①]凡是有"丘"名出现的简牍，记载的均是吏民交纳赋税的内容，如：

> （简1）入都乡口算钱二百一十嘉禾元年十一月五日俖□丘何诚付库▱（5—1623）
>
> （简2）入南乡桐佃丘王□嘉禾二年口算钱一［万］三千嘉禾三年三月□□日▱（1—39）
>
> （简3）入广成乡梦丘男子蔡晞入二年调布一匹▱（11—4661）
>
> （简44）▱□□潘迎［限］米五斛□□嘉禾元年十一月三日绪中丘许谯付仓吏谷汉受（1—231）
>
> （简5）入广成乡嘉禾二年镆贾钱二千嘉禾二年四月十三日孙丘男子唐陆付库吏殷连受（8—2811）
>
> （简6）入中乡租米三斛胄毕嘉禾二年九月廿八日东平丘县吏伍训关邸阁董基付仓吏谷汉受（9—3061）
>
> （简7）入广成乡嘉禾二年租米十七斛衡毕嘉禾二年十月廿五日池丘郡吏唐雷关邸阁董基付三州仓吏郑黑受（9—3213）
>
> （简8）入平乡嘉禾二年租米六斛胄毕嘉禾二年十月廿八日东丘番有关邸阁董基付三州仓吏郑黑受（9—3212）
>
> （简9）入广成乡嘉禾二年租米五斛□毕嘉禾二年十月十七日丘毛旗关邸阁董基付三州仓吏郑黑受（9—2980）

走马楼吴简在记录吏民交纳赋税的数量、时间等情况时，特意注明纳赋税者所在之"丘"名，这与汉简中通常以"里"为交纳赋税单位截然不同，如《凤凰山十号汉墓竹简》所见"郑里"交纳的算赋之情况，是由里

---

① 《演示文稿》在"关于赋税内容的简牍"所举例四中，引简1—39为例，因其内容又见《新收获》，故本文未举《演示文稿》为例。另，赋税类吴简中还有一种既不言"丘"，又不言"里"的格式，如《新收获》简9—3047"其廿斛民入付州中仓关邸阁李嵩黄讳潘虑受"，简9—3173"入吏吴偓三年盐米五斛□斗五升黄龙三年正月廿一日关邸阁郭据仓吏临贤受"。因其没注明地名，故也不在本文讨论的范围之内。

正收缴后统一交纳于乡："郑里，二月七十二算，算卅五钱，二千五百廿，正偓付西乡偓、佐缠吏奉芙"；再如《居延新简》EPT51·119："北地泥阳长宁里任愼二年田一顷廿亩租廿四石。"是简与《吏民田家莂》中诸简应属于同类性质，前者只是记录内容上仅有田租一项而已，但一个以"里"计，一个以"丘"计，这正是吴简与汉简的重要区别之一。

综上，可以明确地看出，走马楼吴简中的"丘"与"里"完全是两种不同的系统。简言之：登录户籍（包括名籍）时按"里"进行；交纳各类赋税时按"丘"计算。明于此，我们则不难理解在《吏民田家莂》两千多枚简中，尽管有的"丘"与"里"完全吻合，可以认定某些以自然村落形式出现的"丘"，就是人为区划的行政单位的"里"，但在记录田家应纳多少赋税时还是坚持要注明"丘"名，以致偶尔出现"里"字者，反而倒是一种例外了。反观"里"名亦是如此。尽管现在我们所能见到的此类简牍十分有限，但按"某里、户主、爵位、姓名、年龄、算赋、身体状况与复除与否"登录户籍的格式却是固定，以此推之，吴简中按"里"登录户籍是常例；反之若以"丘"名登录，则可以例外视之。

至于走马楼吴简何以"丘"、"里"分别计纳赋税与登录户籍，由于目前所见简牍中"里"的资料甚少，很难作出圆满的解释。笔者以为似乎应与"里"更注重对民户的管理，而"丘"则与土地的联系更为密切这一因素有关。

如上所述，秦汉时期乡里制度普遍推行，"里"已经成为国家控制管理百姓最有效的基层行政组织。吴承汉制，按"里"登录户籍，统计一里之户数、男女之口数，可服役之人数，应纳算赋之数，以及复除人数等基本资料，可以实行对百姓的有效管理，这是孙吴政权因袭旧制，以"里"登录管理户籍，反映在吴简中则是按"里"登录户籍的根本原因。

然而，一旦越出户籍管理之范畴，"里"的作用就十分有限。从以上的分析可以看出，目前并无充足证据可以证实：一个自然村落的"丘"就等同于一个"里"，也无法能排除同为一"丘"之民，可能分属于不同的"里"的情况。再者，从《吏民田家莂》中我们可以看到，在湖南长沙地区，可耕土地呈现出一种高度碎化的状态，仅以嘉禾四年"石下丘"统计资料为证：其中所见田主共 24 家，租佃土地共 949 亩，然而却分割为257 町，其中二户田家又只有佃田亩数而无町数，实际上町数应多于 257

町，即使以 257 町计，每町约合 3.7 亩。[①] 土地如此碎化，再依据如此碎化的土地，核查田家租佃土地的数量，以及根据数量定额交纳相应的米、布、钱，其统计工作也十分细碎复杂。显而易见，以佃主所在自然村落的"丘"的范围进行统计、征缴赋税，则是顺理成章之事。

原载《长沙三国吴简暨百年来简帛发现与研究国际学术研讨会论文集》，中华书局 2005 年版。

---

① 参见《吏民田家莂》（上）4.188 — 4.211 号简，第 96—99 页。

走马楼吴简中的"丘"与"里"再探讨

自长沙走马楼吴简刊布以来，"丘"与"里"共存之现象，和我们习见的以"里"作为基层地名的秦汉简牍有着明显的不同，引起了研究者的注意。

高敏先生对此作出解释：

> 《吏民田家莂》中的"丘"，是否完全相当于"里"呢？回答是肯定的……在四年、五年券书中都有"刘里丘"名，"刘里"可能是原有的"里"名，"刘里"之尾缀以"丘"，表明里名丘化的普遍性。因此，三国时期吴国的长沙郡一带，确实盛行以丘代里的制度。①

拙文则不同于高敏先生的解释，认为走马楼吴简中的"丘"与"里"是两种不同的系统：

> 登录户籍（包括名籍）时按"里"进行；交纳各类赋税时按"丘"计算……在《吏民田家莂》两千多枚简中，尽管有的"丘"与"里"完全吻合，可以认定某些以自然村落形式出现的"丘"，就是人为区划的行政单位的"里"，但在记录田家应纳多少赋税时还是坚持要注明"丘"名，以致偶尔出现"里"字者，反而倒是一种例外了。②

---

① 高敏：《从嘉禾年间〈吏民田家莂〉看长沙郡一带民情风俗与社会经济状况》（简称高文），《中州学刊》2000年第5期。

② 宋超：《长沙走马楼吴简中的"丘"与"里"》，"长沙三国吴简暨百年间简帛发现与研究国际学术研讨会"会议论文（长沙，2001年8月16日—19日）。

　　高文与拙文发表之时，主要依据的资料是《文物》1999 年第 5 期发表的《长沙走马楼 J22 发掘演示文稿》、《长沙走马楼简牍整理的新收获》二文，及《长沙走马楼吴简嘉禾吏民田家莂》一书，[①] 其中仅记录了 140 多个丘名与 50 多个里名，诚如于振波先生所言："由于当时所公布的吴简资料非常有限，在很大程度上限制了研究的深入。"[②] 随着《长沙走马楼三国吴简·竹简》（壹）的出版，虽然里之数量没有明显增多，但丘之记录则多到 400 余个，为进一步探讨吴简中丘与里之关系提供了新的资料。于振波先生正是在这一基础上，提出了一个新的诠释：

　　　　里是居住区，丘是耕作区；前者属于民户管理系统，而后者则属于田官（或土地管理）系统。两者互不统属，但又联系密切……在走马楼吴简中，里与丘之所以在行政职能上有明显不同，就是因为二者是平行的两个系统，里是居民编制单位，是居住区，丘是土地区划单位，是耕作区。如此理解里与丘，许多问题都可以得到合理的解释。[③]

可见关于吴简中的丘与里，特别是对"丘"性质之认识尚存在诸多分歧，还有值得进一步探讨的余地。[④]

---

　　① 长沙文物工作队、长沙市文物考古研究所：《长沙走马楼 J22 发掘演示文稿》；王素、宋少华、罗新：《长沙走马楼简牍整理的新收获》；长沙市文物考古研究所、中国文物研究所、北京大学历史学系走马楼简牍整理组：《长沙走马楼三国吴简〈吏民田家莂〉》（简称《吏民田家莂》），文物出版社 1999 年版。

　　② 于振波：《走马楼吴简中里与丘》（简称于文），收入氏著《走马楼吴简初探》卷 3，台北文津出版社 2004 年版，第 43—76 页。本文所引于文观点均出于是篇，不再逐一标注页码。

　　③ 长沙市文物考古研究所、中国文物研究所、北京大学历史学系走马楼简牍整理组：《长沙走马楼三国吴简·竹简（壹）》（简称《吴简》），文物出版社 2003 年版。

　　④ 此处仅是简略说明与丘、里研究相关的三种观点，至于其他的不同观点，请参见王素《长沙走马楼三国吴简研究的回顾展望》，《吴简研究》第 1 辑，崇文书局 2004 年版，第 24—25 页。

一

对于吴简中丘与里之性质的理解，拙文与高文虽有不同，但其差异正如于文所说：

> 高文认为丘完全相当于里，宋文认为丘是自然聚落，但在丘、里同名的情况下，这些以自然村落出现的"丘"，就是人为区划的行政单位"里"。两种观点异中有同，尤其是将丘视为居住区这一点上，高文与宋文是相同的。

由此，于文认为：

> 问题是，既然里与丘在行政职能上存在着明显的不同，二者又互不统属，在这种情况下，将丘视为居住区——不论是行政区划，还是自然聚落——都无法自圆其说。因此，解决问题的关键是需要回答这样的问题：丘是不是居住区，如果不是居住区，又是什么？

于文对此问题的解答是："里是居住区，丘是耕作区；前者属于民户管理系统，而后者则属于田官（或土地管理）系统。两者互不统属，但又联系密切"。

于文将吴简中的丘定性为耕作区，其理论依据的远源是"先秦文献中的民户编制与土地疆理"，其近源则是"秦汉名田制下官府对民户和田地的管理"，由此证明吴简中的丘是"土地区划之单位"。下面将逐一对于文所举依据进行简要讨论。

首先，关于丘为耕作区的理论远源的先秦文献，于文主要以《孟子》中的"井田说"，《周礼》中的"乡遂制度"，及《管子》中的《立政》、《乘马》诸篇为证，说明"民户的编制与土地疆理之间往往不相吻合"。如在孟子规划的井田制中，于文认为"居民区与耕作区在空间上是分开的，宅既不在公田上，也不在私田，而是在居民区中"。若是仅就"宅"与"田"而言，两者之间在空间上分开应当是没有疑问的。但"井田"制实行的背景，据有的学者研究："是战国高度发展的土地国有制和通行的国家授田制……是一个以井地授田为基础，以地方行政网络，纺织出的'乡田同井'的井邑小区……井田制绝不是什么土地面积计算方法和面积统计单位。"①

《周礼》所记的乡遂制度，虽然乡大夫"各掌其乡政教禁令。正月之吉，受法于司徒，退而颁之于其乡吏，使各以教其所治"；与遂大夫"各掌其遂之政令，以岁时稽其夫家之众寡、六畜、田野，辨其可任者与可施舍者，以教稼穑，以稽功事，掌其政令戒禁，听其治讼"，② 其职掌似有繁简之别，但作为《周礼》所规划的均职掌 12500 户的行政区，乡大夫与遂大夫之职掌实际并没有其本质的不同，所谓"稽其夫家之众寡、六畜、田野，辨其可任者与可施舍者"等，似乎都属于行政长官必须履行的"政令"。至于其土地之授受，乡有"不易之地，家百亩……"，遂则为"上地，夫一廛，田百亩……"，无非一是以家计，一是以夫计；与孟子设计的井田制相比，并没本质区别。

由此可见，孟子之井田制与《周礼》的乡遂制度，其设计思想是一致的，即是通过国家均等授田的形式，将民户按一定的数量，组建成不同名目的行政区划，便于国家通过土地这份"恒产"管理民户，着眼点仍是民户之组织，而非土地之疆理。

其次，关于"秦汉名田制官府对民户和田地的管理"问题。

于文认为，"商鞅变法，在秦国实行名田制，将这一制度向全国推广。睡虎地秦简中就含有名田方面的资料"。作者进一步指出，在新近出版的张家山汉简的《二年律令》《田律》、《户律》中，③ 关于汉代名田的资料较之秦简更为集中明确。在名田制下，"居民区与耕作区是显然分开的"。对于文这些意见，拙文并没有异议。

秦汉时期的名田制，与孟子设计的井田制及《周礼》中所载乡遂制度，似乎也没有本质的区别，"均是户口为准，凡在国版上正式立户通名者，皆有权接受国家授予的田宅"。④ 其不同者，或在于井田与乡遂制，至少在设计理念上强调按户计口均等授田，而秦汉的名田制，即按爵位不

---

① 张金光：《秦制研究》第 5 章《官社经济体制》，上海古籍出版社 2004 年版，第 337 页。

② 分见《周礼》卷 12 "乡大夫"条、卷 15 "遂大夫"条。

③ 张家山汉简整理小组：《张家山汉墓竹简［二四七号墓］》，文物出版社 2003 年版。

④ 张金光：《秦制研究》第 1 章《土地制度》，第 13 页。

等而次第授田。① 然而，两者尽管存在这样的区别，但在授田的原则上还是按户籍所在授田。张金光先生在解释孟子"乡田同井"语时说："在战国时期，以及秦国家授田制中，一般说来总是通则，也就是说乡居地缘行政编次定了在野授田的次第……"② 即欲授田者必须录户籍于一定的"行政"区划内方有可能。同样，我们不难理解，在汉初的名田制中，特别强调"为户"，即登录户籍的重要性。如《二年律令·户籍》"□□廷岁不得以庶人律未受田宅者，乡部以其户先后次次编之，久为右。久等，以爵先后。有籍县官田宅，上其廷，令辄以次行之。"据整理者注："'□□廷□不得以律'系残简文字，残简粘黏于本简上，无法剥离，故附于此。下文'未受田宅者……以爵先后'一段为残简复盖，释文系目验原简所得。"③ 如是，则是简可复原为："庶人未受田宅者，乡部以其户先后次次编之，久为右。久等，以爵先后。有籍县官田宅，上其廷，令辄以次行之。"大意是说：尚未受田宅的庶人，乡部以其"为户"时间的先后为序，次第授田宅。如没有"为户"而有田宅者，或依附他人及为他人"名田"者，则要处以相应的处分，如："诸不为户，有田宅，附令人名，及为人名田宅，皆令以卒戍边二岁，没入田宅县官。为人名田宅，能先告，除其罪，有（又）畀之所名田宅，它如律令。"④

显然，无论是孟子的井田制及《周礼》的乡遂制，还是秦汉时的"名田"制，尽管其耕作区与居住区在空间上是分开的，且分属于不同的管理系统，但作为国家授田的一个基本原则，就是以民户登录户籍（或名籍）所在行政区划（即所谓居住区）为准，再依据如爵位高低等条件授予不同数额的田宅；而不是按授田所在的"耕作区"（如于文所理解吴简中的"丘"）再登录受田或"名田"者。

自古以来，先民早已形成聚众而居的习俗，一是为保障自身安全的需要，聚众而居能提高抵御自然或人为侵害的能力；二是国家出于便于管理及征收赋税徭的需要，将聚居的民户登录在籍，并编制于不同行政区划内。即是通过对民户管理而兼及对土地的管理，而不是相反。

---

① 参见《张家山汉墓竹简·二年律令·户律》，第175—176页。
② 张金光：《秦制研究》第1章《土地制度》，第26页。
③ 《张家山汉墓竹简·二年律令·户律》，第176页。
④ 《张家山汉墓竹简·二年律令·户律》，第177页。

具体至吴简中的丘所言，如果将丘认定为耕作区，如于文所言，很难解释"丘中自然不应该有居民"这个问题。由是于文以"私学长沙浏阳谢达……居临湘都乡沂丘"为例，试图证明："普通民户住在里中，户籍由里进行管理，而流动性较强的人口则暂住于丘，在官府的管理下从事屯田。"而对于"私学弟子南郡周基……任吏，居在西部新阳县下"一简，则释为因周基虽为"私学"，但已"任吏"，"可能已经脱离农业生产，所以不必住在丘中"。然按诸《吏民田家莂》，"任吏"者并不少见，据本文粗略统计，明确为"州吏"者凡 39 见，"郡吏"者凡 58 见，"县吏"者凡 70 见，三者合计 167 人，《吏民田家莂》所录 140 余丘，平均每丘 4 人以上，似乎很难证明这些"任吏"者，都是暂住在丘中"流动性较强的人口"。况且"居在"一词，反而更能证明丘为"居住区"。[①]

尽管在先秦、秦汉文献及现实制度中，耕作区与居住区确实是作为二个不同系统而存在，但似乎不能以此证明吴简中的丘属于耕作区的说法之成立。

二

拙作《长沙走马楼吴简中的"丘"与"里"》，所以认为丘为自然聚落，而里为人为的行政区划，一个重要的理由是从吴简中所见丘、里名来看，丘名似乎更多体现的是一种自然形态；而里名似乎更多反映当时的社会人文因素，然而拙作之论似还有可补之处，以下将进一步申述之。

关于丘之命名问题。拙作在高文已经总结出"丘"之命名，"或加方位词"，"或以姓氏"两种方法外，又总结出"在原有二字丘名的基础上增加一个字，从而形成一个新地名，其方法与加方位词有某些相似之处"，及在原有地名前加一"'新'字，以示与原有地名相区别"的两种方法。如果单从《吏民田家莂》所录的 140 余个丘名看，上述归纳的四种命名方法似乎基本上可以涵盖。但问题确如于文所说，《吏民田家莂》

---

① 参见侯旭东《长沙走马楼吴简所见"乡"与"乡吏"》，《吴简研究》第 1 辑，第 96 页。

所录的 140 余个丘名确实不足以反映当时丘名的全貌，现已发现包括《吴简》在内的丘名则多达 400 余个，"从这些丘名中，不难发现当时大量具有浓厚人文色彩的名称"。于文将之归纳为表达美好愿望；带有明显儒学色彩；以干支、数字；反映政治制度、反映家庭、社会组织及社会阶层；反映经济生活及其他反映时代风尚或社会生活等七类丘名。①于文因此认为："凡此种种具有人文色彩的丘名之大量存在，表明当时里、丘取名上并无差异；两者都有根据自然状态取名者，也有反映文化及社会观念者。因此，从取名方式上分辨里与丘的区别，恐怕行不通。"

尽管对于文所列的七类丘名中所举的个例有可商榷之余地，但对于像平乐丘、常乐丘、五礼丘、敬贤丘、帝丘、巨佃丘、官佃丘等这样的丘名，与常迁里、高迁里、富贵里、义成里、平乐里等这样的里名，显然都具有鲜明的社会人文色彩，如果仅据此判断吴简中的丘与里的取名方式，结果确实会如于文所说，很难分辨里与丘的区别。

这里需要强调的是，从地名命名的一般规律看，最初的地名多是以单字出现。仅以丘名为例，《尔雅》卷 7《释丘》则有敦丘、陶丘、融丘、昆仑丘、陼丘、泥丘、胡丘、埒丘等诸多丘名，除昆仑丘这样特殊二字丘名外，绝大多数是单字丘名。按之吴简中所见的丘名，以《吏民田家莂》所录的 140 多个丘名为例，②单字丘名 64 例，二字丘名 79 例。且在二字丘中以加方位词等方式以示与单字丘名相区别者又有 50 例，无法断定与单字丘名有关联者 29 例。③而吴简所见 50 余里名，除度里、刘里、区里三者外，其余诸里均为二字里名。所见二字里名有安阳、常迁、苌龙、大成、大牌、东夫、东天、东阳、东扶、富贵、高平、高迁、谷阳、广成、吉阳等，从中很难考察出其与单字里名的关联。④

---

①　于文在上述七类丘名均有举例，此处略而不录。参见氏著《走马楼吴简初探》，第 45—46 页。

②　《长沙走马楼三国吴简·竹简（壹）》据初步统计，所录单字丘名约 150，二字丘名约 170。由于不及仔细比较，其中对应关系尚不清楚，所以暂时不统计在内。

③　参见拙文《长沙走马楼吴简中的"丘"与"里"》。关于先秦、秦汉时期对重名地名的处理方法，华林甫《中国地名学史考论》引王鸣盛《十七史商榷》卷十七"县名相同"条曰："郡国县邑名同者，则加东、西、南、北、上、下，或'新'字以别之。"（社会科学文献出版社 2002 年版，第 124—125 页）从走马楼吴简的情况看，最常用者为"上"、"下"、"中"（中字王氏未举其例）、"新"4 个字。

④　见《长沙走马楼三国吴简·竹简（壹）》索引二《地名索引·里》。

由此可见，在《吏民田家莂》所录的 140 多个丘名中，单字丘名及与之有关联的二字丘名多达 111 例，几占全部丘名的百分之七十九。由单字丘名向与之相关的二字丘名的发展，一个基本事实可能是由于"丘"在临湘侯国不断增多，而采取的避免重名的一个主要措施，而二字丘名的出现，更多是建立在已有的单字丘名的基础之上。至于单字丘名的解释，明显具有不可确诂性与解释多样性的特点，如于文认为是反映明显带有儒学色彩的"文丘"，似乎也可释为以"文"姓名丘，而在吴简中则录有大量文姓的民众。在这一点上，单字丘名（包括与之相关联的二字丘名）所反映的社会人文色彩，较之像平乐丘、常乐丘、五礼丘、敬贤丘、巨佃丘、官佃丘这样具有鲜明社会人文色彩的丘名，确实其自然属性可能更为突出，同时也具有不可确诂的特点。

至于里名，由于吴简中所见单字里名太少，与二字里名的关系几乎无从判断，但从常迁里、高迁里、富贵里、义成里、平乐里等这样的里名来看，显然不是从单字里名衍化而来，而且更可能是孙吴政府在规划里之设置时而新命的"嘉名"。因此，拙文认为，吴简中的里较之丘更能体现出社会人文色彩特点的观点，似乎也不为无据。

然而，笔者更想强调的是，如果仅从丘、里命名方式，区分其自然聚居与人为区划的属性固然是行不通的，但是，拙作所以将吴简中的丘与里视为自然聚居与人为区划两类，其论证的前提是：应是先有百姓自然聚居的村落，而后才出现官府为便于管理而设置不同层次的行政区划。已经存在的自然聚落，在命名方式上，较之人为区划的政区，更能体现出其自然的属性。如马新先生的研究：在乡里制通行的两汉时期，亦有以"聚"这样"自然意义上的农民聚落，不具备行政与法律意义，更不是基层编制单位。正因为如此，在两汉文献中，才大量充斥乡里的记载，而较少见到关于'聚'的文字"。但是，"聚"并没有游离于乡里的行政区划之外：

　　就两汉的实际情况而言，乡邑以下的聚落，我们可以视之为中小聚落，它们与里的设置一般是一致的，也就是聚与里是重合的。这些聚落既然错落参差，大小不一，而地方政府只能因地制宜，在现有的自然聚落基础上设置里的建置，除了一些大至数百户或小至三五户人家的特殊聚落，一般情况下，都是每个聚落设置一里，三十几户、四十几户以至百余户都可作为一里。①

就两汉情况所言，乡里无疑是涵盖整个农村社会的最基层的行政区划，马新以马王堆《驻军图》为例，图中可辨里名有十九个，其中十六个里有准确户数，每里平均四十二户，证明"汉代的里实际上是因自然聚落而设，并大致与之合而为一"。② 但上述研究仅是就两汉时期里之设置的一般情况而言。值得注意的，据马新揭示，"聚"这种自然聚落的形式，从《汉书》卷28《地理志》到《后汉书·郡国志》，有明显增多的趋势，但这些"聚"都是比较著名的聚落，"一般都是乡邑所在。东汉时代农村的聚落的具体情况，已不得而知"。③ 其时的自然聚落已经被里这样的行政区划所涵盖，不论是文献资料还是出土资料，都已经很难寻觅乡邑以下自然聚落的"聚"的存在。

至于吴简中为何大量出现丘名及数量相对少的里名，拙意以为可能与临湘侯国所在长沙郡的形势相关。一方面，在东汉末年的大动荡中，由于刘表、孙坚、刘备等势力集团对包括长沙郡在内的荆州地区的争夺，其形势只是较战乱频仍的中原地区稍缓而已。直至建安二十四年（219年），关羽兵败荆州，孙吴集团才彻底控制荆州，是时距嘉禾年间（232—237年）不过才十多年的时间。荆州及长沙郡数度易手，对其社会基层乡里组织肯定会有所破坏，而且重新整合则需要一定的时间。但这种破坏更可能是体现在乡里编制之上，作为自然聚落的"聚"，即吴简中所谓的"丘"依然存在，只是不再为严格的乡里制度所涵盖；另一方面，长沙郡地处江南，毕竟相对远离战乱频仍的中原地区，同时长沙郡又是勾通南北的交通要道，因此成为中原人士避乱的一个主要徙居地。④ 由于孙吴时期长沙户口没有记录，与《后汉书·郡国志》所记永和五年（140年）长沙郡十三县和侯国户225854、口1059372之数字无

---

① 马新：《两汉乡村社会史》第4章第1节《两汉的乡里村落》3《里与村落》，齐鲁书社1997年版，第202—206页。

② 见上揭马新书，206页。

③ 见上揭马新书，203页。

④ 参见葛剑雄主编《中国移民史》第2卷，福建人民出版社1999年版，第271—286页；宋超：《东汉末年中原士民徙居扬荆交三州考——兼论永嘉迁徙前客家先民的早期形态》，《齐鲁学刊》2000年第6期。

从比较，很难确知人口徙居对长沙郡的影响，但从户均土地占有数上或可略窥一二。据黎明钊先生统计："《嘉禾吏民田家莂》的总亩数超过50600亩，此批木牍共2141枚，以一枚代表一户佃农为计，而一户五口，此处约共10705口，每口耕地不足5亩佃田，一户25亩佃田"，这一数字与梁方仲先生的《中国历代户口、田地、田赋统计》所示东汉全国户均耕地约70亩相比，"临湘县田亩数可谓狭矣"。因此，黎先生得出由于民众的徙居，改变了"一般以为同姓必居一里"的"古代地方社会的聚居形态"的结论，"汉末孙吴时期的长沙郡临湘县之所以有较多的异姓丘里原因在此"。①

鉴此，笔者似乎可以做出这样的推测：吴简中所录的单名之丘，其中绝大多数或是原有的，或是存在时间较长的自然聚落，随着人口的自然增殖，特别是东汉末年人口的迁徙，为了安置新增之人口，丘之数量也随之增多，由单字丘名向与之相关的二字丘名发展，同时亦有带有明显时代特点的新置之丘。反映在丘名之上，即出现了单字丘名、与之相关二字丘名及带有明显时代特征的新丘名三类。尽管在三类丘名中很难有一个明显的区别界限，但其形成发展趋势大体可与吴简所见的丘名相吻合。至于吴简中所见的里，由于单字里名明显少于二字里名，似乎表现出里重新规划之过程较之丘要滞后得多，这恐怕亦是吴简中所见丘名远远多于里名的一个重要因素。

三

拙作所以认为丘为自然聚落，而里为人为行政区划，另一个重要的理由是："丘"与"里"分别表现为计纳赋税与登录户籍（名籍）的单位，"似乎应与'里'更注重对民户的管理，而'丘'则与土地的联系更为密切这一因素有关"。由于当时《吴简》尚未出版，特别是里之材料的刊布则更少。因此拙作上述结论，更多是建立在对已见吴简的直观考察上。而《吴简》的出版，可为我们进一步讨论丘、里关系提供了更多的资料。

---

① 黎明钊：《同乡、同里与异姓丘里》，《周秦汉唐文化研究》第1辑，三秦出版社2002年版，第63—82页。

在汉代乡里体制之下，里已成为国家控制管理百姓最有效的基层行政组织，按里统计户数、登录户籍、男女口数、服役及复除人数、计征算赋等基本数据，都是以里为单位而进行。孙吴承袭汉制，《吴简》中里之记载正反映出此特点：

> 简 10229：右高迁里领吏民卅八户口食一百八十□人
> 简 10397：右吉阳里领吏卅六户口食一百七十五人
> 简 2950：常迁里户人公乘何着年五十四算一刑两足复
> 简 3017：高平里户人公乘鲁开年卅二算一刑左手复

前两简是对一里所领吏民户数、口数的“总结简”，而后两简则是对里中户主情况的登录。由于简牍残断，很难窥知孙吴时户籍登录主要内容。《吴简》附录一“竹简揭剥位置示意图”曾复原三例户籍格式，下录其中第一例：

> 简 130：吉阳里户人公乘孙潘年卅五算一
> 简 131：潘妻大女高年十九算一
> 简 128：潘子女坦年五岁
> 简 128：凡口三事二　算二事　訾五十

从中可见，孙吴时以里登录的户籍，大体记录其户主和其家庭成员的身份、性别、年龄、丁中组别、健康状况、纳口赋和服徭役情况等，在整体上基本与汉代一致。[①]《吴简》所见与里相关的简虽然众多，但基本上没有超出“总结简”与户籍简（包括名籍简）在内的两种类型。然而，反映在吴简中，孙吴时期几乎所有的赋税征收，基本上都与里无涉，而均是以丘为单位进行，从中似可反映出，里作为人为行政区划是时正在重构之中，而征收各种赋税这样的政府急务，显然不能依据尚不足覆盖整个基层社会的里而进行，而按照民众所聚居的自然聚落——“丘”进行征收，则是方便易行之事。同时亦证明，吴简中的丘与里分

---

① 吴简其他两种户籍格式与之大体相同，故略而不录。另请参见汪小烜《走马楼吴简户籍初论》，《吴简研究》第 1 辑，第 143—159 页。

别表现为计纳赋税与登录户籍（名籍）的单位，也是汉简与吴简重要区别之一。

由于汉代的里完全覆盖整个基层社会，几乎全部民众的各项活动均在里中进行，不仅诸如户籍、名籍的编制如此，各种赋税的征收也是如此，如《凤凰山十号汉墓竹简》所见"郑里"交纳的算赋之情况："郑里，二月七十二算，算卅五钱，二千五百廿，正偃付西乡偃、佐缠吏奉沇。"《居延新简》EPT51·119："北地泥阳长宁里任偵二年田一顷廿亩租廿四石。"皆是典型的资料。敦煌悬泉汉简中有五枚简，其格式均为"××里××，田××亩……（A）苻（府）。（右倾刻齿内）（B）"。注释者曰："苻，通符……应是合符契券，犹后世之土地证书……一说'苻'通'府'，或指颁证书之官府。"① 由于"亩"字后简文残缺，其意不详，其"田"之性质亦无从得知。但将上述诸简合而观之，若将其中的"里"置换为"丘"，似乎与吴简并无区别，只不过是将汉代习见之"里"转换为孙吴之"丘"而已。

吴简中以"丘"为各种赋税征收的单位，以《吏民田家莂》中的记录最为集中与典型。其中所录140余丘，分属南乡、环乡、东乡、□□四乡，佃主约二千余人，除简5.38标明佃主属"上利里"外，其余均标明属于"某丘"，其书写格式也大同小异，如简4.7：

> 下伍丘男子五将，田七町，凡卅亩，皆二年常限。其廿六亩旱败不收，亩收布六寸六分。定收四亩，亩收米一斛二斗，为米四斛八斗。亩收布二尺。其米四斛八斗，四年十一月五日付仓吏□□。凡为布三丈一尺八（？）寸六分，四年十一月六日付库吏潘有。其旱田亩收钱卅七，其熟田亩收钱七十。凡为钱九百六十二钱，四年十一月四日付库吏潘有。嘉禾五年三月十日，田户经用曹史赵野、张惕、陈通校。

除《吏民田家莂》所提到的各种租税外，《吴简》中亦有大量按丘征收米、布等租税的实例，如：

---

① 参见胡平生、张德芳《敦煌悬泉汉简释粹》，上海古籍出版社2001年版，第49—50页。

简49：☐乡嘉禾二年大男限米 四 斛ⅢⅩ嘉禾二年十一月十五日郡丘郡吏☐

简3020：入 西 乡嘉禾二年税米十斛胄毕ⅢⅩ嘉禾二年十月廿九日旱丘大女谢系关邸阁董☐

简3061：入中乡租米三斛胄毕ⅢⅩ嘉禾二年九月廿八日东平丘县吏伍训关邸阁董基付仓吏谷汉受

简4395：入中乡二年布一匹ⅢⅩ嘉禾二年十一月十八日下赤丘大男☐

简4444：入平乡车丘嘉禾二年布一匹ⅢⅩ嘉禾☐年☐月☐☐☐☐☐

不仅按佃主佃田数量多少而征收米、布等是以丘为单位进行，即便是应按年龄、家赀征收，并有一定数额度的"口算钱"，以及我们迄今尚不得知其征收标准的"诸钱"及各种实物，几乎都是以丘为统计单位，并汇总于乡而上缴的。

如"口算钱"之征收，虽然吴简中常见"××里××，年××，算一"之简，但这仅具有一般统计之意义，与实际征收并无直接关系；而"口算钱"具体之征收，在《吴简》中与之相关的三十多枚简，除简9407"☐迁里领吏户二百五十五户口一千一百一十三人收☐☐口算钱合六万二千一百一十八钱"是以"里"计外，[①] 其余或以乡为单位，如：

简1598：入都乡口算钱二千☐
简5636：入中乡嘉禾二年口算钱一千三百

或同样以乡为单位，而其交纳者则标明为居于丘中之民，如：

简39：入 南乡顷佃丘谷苏嘉禾二年口算钱一千三百五十ⅢⅩ嘉禾三年三月☐☐日

---

① 是简所录一里二百五十五户之数字恐怕有问题。于文认为："是笔误，还是确实有如此大之里？目前难下结论。"

简 1623：入都乡口算钱五百一十⫿嘉禾元年十一月五日低□丘
何诚付库 吏 ☑

再以"镇钱（镇贾钱）"及"财用钱"为例，其记录格式与"口算钱"
几无二致：

简 2827：入南乡镇贾钱八万一千七 百 ☑

简 2830：入西乡镇贾钱二千五百⫽☑

简 2843：入平乡镇钱五千⫿嘉禾二年七月二日庐丘潘明付库吏
愍 ☑

简 2847：☑□乡嘉禾二年镇贾钱八百⫿嘉禾二年八月十三日
□□丘男子黄□付库吏殷连受①

简 91： 入 乐 乡嘉禾六年财用钱五千一□☑

简 1651：入中乡嘉禾元年财用钱八千⫿嘉禾元年二月十日湛龙
丘潘☑

简 1654：入南乡财用钱二千⫿嘉禾元年十一月十日□□丘 召
季付主库吏殷连☑

除"诸钱"外，其实物征收也是以乡丘为单位进行。下以《吴简》中的
"入皮"记录说明之：

简 8141：入广成乡调羊皮一枚☑

简 8327：入广成乡调麂皮一鹿皮一合二枚⫿ 嘉 ☑

简 8221：入平乡三州下丘潘逐二年麂皮二枚⫿嘉禾二年十二月
廿一日丞弁付库吏潘琄受

简 8249：入模乡二年林丘郑改口算麂皮二枚⫿嘉禾二年十二月
廿一☑

---

① 侯旭东先生认为，"镇钱"、"镇贾"或"官镇钱"，"应是官营盐铁体制下百姓交纳给官
府的买农具钱"（《三国吴简中的"鍉钱"》，《吴简研究》第 1 辑，第 233 页）。

　　从以上所举大量实例中不难看出，在三国孙吴这样一个大乱后初定的特定时代，其社会基层组织虽然大体上沿袭了秦汉时代的乡里制度，但一个不容置疑的事实是，所谓乡丘体制已经逐步取代传统的乡里制度，在经济生活中日益发挥出极其重要的作用。

　　揆之《吴简》一万余枚简，明确标明属于"里"的简仅有四百余枚，不仅数量无法与"丘"之相比，而且记录的内容也相当单一，除简1295"入南乡宜阳里调布一匹以嘉禾元年九月十四日大男□☑"外，其余均是户籍、名籍简，而且均没有标明与"乡"之关系，尽管其中具体原因不得而知，然而似乎可以表明，传统的乡里体制是时已经式微，其职能更为单一化。然而，基层社会的运作却不能因此而停滞，于是以人为区划——乡，统辖若干自然聚落——丘的模式则应运而生，成为取代传统乡里制度的一个新的运行模式。

　　　　　　　　　　原载《吴简研究》第 2 辑，崇文书局 2006 年版。

吴简所见"何黑钱"、"儵钱"与"地儵钱"考

在新近出版的《长沙走马楼三国吴简·竹简〔壹〕》①中，录有"户税钱"、"口算钱"等二十多种"钱"，为我们深入了解三国孙吴时的赋税制度提供了宝贵的资料。在吴简所录二十多种"钱"中，许多为史书所未见，本文将要讨论的"何黑钱"、"儵钱"与"地儵钱"，就是其中之例。然由于许多简文残阙，又乏史书确凿记载为佐证，故本文的结论似乎更类于"推测之辞"，期以方家指正。

一 "何黑钱"

吴简中关于"何黑钱"的材料共有六条，详见下：

（简1）入西乡吏毛昴领何黑钱□☑（1433 甲）

（简2）入 桑 乡吏殷连所备 何 黑□钱三千卅Ⅹ 嘉 ☑（1434）

（简3）☑□人何黑钱一千卅Ⅹ嘉禾二年二月廿一日付库吏殷 连 ☑
（1557）

（简4）入中乡吏许丑所备何黑钱二千卅Ⅹ嘉禾二年二月十日付
库 ☑（1672）

（简5）入西乡吏何肺侑何黑钱三千卅Ⅹ嘉禾元年二月十 四日 ☑

---

① 长沙市文物考古研究所、中国文物研究所、北京大学历史系：《长沙走马楼三国吴简·竹简〔壹〕》（以下简称"吴简"），文物出版社 2003 年版。文中所引吴简皆出此书，不再一一作注。

（1679）

（简6）入中乡吏李⬚诋⬚所备何黑钱三千⦀⦀嘉禾二年二月十日付

⬚库⬚☐（1708）

从上引六条简文中可以看出，所谓"何黑钱"，似为政府规定交纳于县库的一种税钱，与吴简中常见的"财用钱"、"锬钱"①等属同种性质；而负责交纳"何黑钱"者的身份，除（简3）不详外，其余5简均标明为乡吏。至于"何黑钱"交纳的数额，（简3）尽管残缺不全，但"人何黑钱一千"的记录，似可表明"何黑钱"的交纳是以个人为单位，及以一千钱为额度，且均与有乡吏身份的人相关，付库的数额又为二千、三千，显然不是普遍征收的，而是具有乡吏身份者所交纳的一种特殊的税钱。

吴简中明确为乡吏身份者的简文共有十四条，除上引五条明确标有"乡吏""何黑钱"简外，其余九条见下：

（简7）⬚牒⬚前言部诸乡吏谢韶五训文胅刘平等督⬚责⬚（1151）

（简8）未毕三万……鞭杖乡吏孙义各☐（1366）

（简9）未毕三万……鞭杖乡吏五训各卅五（1373）

（简10）☐☐☐☐☐百廿一⦀⦀嘉禾二年二月十七日乡吏⬚五⬚☐

⬚付库吏⬚☐（1613）

（简11）入☐⬚乡⬚乡吏黄☐☐☐（2711）

（简12）入平乡吏限米二☐（4828）

（简13）入☐乡吏五训二年布三匹⦀⦀……（7412）

（简14）☐⬚斛⬚五斗⦀⦀嘉禾二年四月十三日乡吏☐（8083）

（简15）☐禾二年八月八日乡吏五慈付⬚库⬚☐（8392）

---

① 关于吴简中"财用钱"与"锬钱"的考释，请参见孟彦弘《释"财用钱"》与侯旭东《三国吴简中的"锬钱"》，均载《吴简研究》第1辑，崇文书局2006年版。

上引诸简可证,三国吴时,乡吏除与百姓需普遍纳布外,尚需交纳"限米"及"何黑钱"。证之史料,乡吏之类的微末小吏,其负担是相当沉重的,既有从军之役,又需纳"限米"等,故吴国末年为收揽人心,曾经有条件的予以免除。《三国志》卷48《吴书·三嗣主传》载孙休永安元年(258年)十一月壬子诏曰:

> 诸吏家有五人三人兼重为役,父兄在都,子弟给郡县吏,既出限米,军出又从,至于家事无经护者,朕甚愍之。其有五人三人为役,听其父兄所欲留,为留一人,除其米限,军出不从。

此外,如(简7)所示,乡吏还应负有"督责"、"付库"的职责;如果乡吏"督责"没有达到所定数额,如(简8)、(简9)所谓"未毕三万",则要处以"鞭杖"若干的惩罚。

"何黑钱"涵义不明,① 秦晖先生认为:"这些'何黑钱'与'乡吏'有关,且其金额只有一两三千,作为其他经费均不可解。估计是乡吏的津贴或俸钱,即下文所引的'吏俸'。"② 这是笔者所见关于"何黑钱"的唯一解释。但秦晖先生此说恐有不确。吴简中虽没有关于乡吏俸禄的明确记载,但(简1920)有"歆二人右一年奉起黄 龙 ▢"、简2197有"元年五月奉其五月二日付吏……"、(简2314)有"▢▢奉起黄龙三年二月迄四月月二斛嘉▢"等字样。此三条简文虽残缺不全,但细绎文意,此"奉"可能是俸禄之意。且吏"俸"应是付吏的,而不是"付库"的,如(简2197)有"元年五月奉其五月二日付吏"的记载;而(简2314)"月二斛"的记载更应引起注意。"月二斛"的俸禄,较之《汉书》卷18《百官公卿表》所记的"斗食"、"佐史"之类的"少吏"的俸禄还要微薄许多。③ 如果此"奉"之涵义推测无误,似可说明三国

---

① 《长沙走马楼三国吴简·竹简〔壹〕》附录一《人名索引》没有将"何黑"作为人名,应是正确的。

② 秦晖:《传统中华帝国的乡村基层控制:汉唐间的乡村组织》,河南人民出版社2003年版,第236—237页。

③ 《汉书》卷18《百官公卿表上》:"百石以下,有斗食、佐史之秩,是为少吏"。颜师古注:"斗食,月俸十一斛;佐史,月俸八斛也。"斗食、佐史之类的少吏属于县吏,而食"月二斛"者当为乡吏无疑。

吴时的吏俸称谓仍沿袭秦汉时习惯，以"奉"为称。"何黑钱"真实涵义虽然不能确解，但似乎与吏俸无涉。

关于"何黑钱"，可否做如下推测：

"何"通"呵"，有责问、查问之意。《史记·陈涉世家》载贾谊《过秦论》有秦"良将劲弩守要害之处，信臣精卒陈利兵而谁何"之语，"集解"引如淳曰："何犹问也。""索隐"引崔浩云："'何'或为'呵'。《汉旧仪》：'宿卫郎官分五夜谁呵，呵夜行者谁也。''何'、'呵'字同。"《汉书》卷48《贾谊传》亦载是语，师古注曰："问之为谁，又云何人，其义一也。"又，《汉书》卷27《五行志下》载，成帝绥和二年（前7年），郑通里男子王褒带剑阑入宫中，被收缚拷问。王褒原为"公交车大谁卒……病狂易，不自知入宫状，下狱死"。颜师古注："大谁者，主问非常之人，云姓名是谁也……大谁本以谁何称，因用名官，有大谁长。今此卒者，长所领士卒也。"可见"谁何"即"谁呵"，宫廷宿卫的郎官及大谁长都负有"呵夜行者"之责。

"黑"者，《经籍纂诂》卷102有"晦也，如晦冥时色也"之语。此释应为后起之义，秦汉三国时尚未见以"黑"称"夜"的实例；但"黑"所具有的"晦冥"之意，虽然不能完全释为"夜色"，但与"夜色"相关，则有史文可征。如《三国志·魏书·管宁传》注引傅子曰："宁之归也，海中遇暴风，船皆没，唯宁乘船自若。时夜风晦冥，船人尽惑，莫知所泊。望见有火光，辄趣之，得岛。岛无居人，又无火烬，行人咸异焉，以为神光之佑也。"

鉴此，可否将"何黑"释为"呵夜"？再以上引宫廷宿卫之制，推之于地方，亦应有负责"谁何"之事者。汉制，"乡有三老、有秩、啬夫、游徼。三老掌教化。啬夫职听讼，收赋税。游徼徼循禁贼盗"。[①]虽然吴简中未见有"徼循禁贼盗"的"游徼"之称谓，但同时也没有三老、有秩、啬夫之类的称谓，而代以"乡吏"的通称。（简4）、（简6）录有中乡吏许丑、李［祇］所备何黑钱于嘉禾二年二月十日同时付库的记载，此时许、李二乡吏所履行的，正是汉时"收赋税"的"啬夫"的职责，以此推之，吴国乡吏中似乎也应有主要负责"徼循禁贼盗"事宜者，至于所需费用，"何黑钱"征缴当是一个主要来源。

---

① 《汉书》卷18《百官公卿表上》。

通过以上分析，拙意以为，所谓"何黑钱"，可否认定是由乡吏负责交纳于县库，用以支付负责"呵夜行者谁"，维护地方治安的一项专项税钱。

二 "傠钱"与"地傠钱"

吴简中关于"傠钱"的记载有二十七条之多，详见下：

（简1）大男张顺傠钱月五百　　大男乐□傠钱月五百　　大男冀士傠钱月五百（4346）

（简2）大男赵□傠钱月五百　　大男杨樊傠钱月五百　　大男王而傠钱月五百（4362）

（简3）5 大男□□傠钱月五百　　大男 潘 □傠钱月五百　　大男□求傠钱月五百（4375）

（简4）大男王钱傠钱月五百　　大男周德傠钱月五百　　大男丁终傠钱月五百（4387）

（简5）郡士马伯傠钱月五百　　郡士朱主傠钱月五百　　郡士王彻傠钱月五百（4390）

（简6）大男荣阔傠钱月五百　　大男史侯傠钱月五百　　大男赵阿傠钱月五百（4401）

（简7）大男陈□傠钱月五百大男　　大男□□傠钱月五百大男董厚傠钱月五百（4449）

（简8）☑傠钱月五百　　大女黄□傠钱月五百　　大女□□傠钱月五百（4450）

（简9）大男张用傠钱月五百　　大男赵马傠钱月五百　　□部司马郑陵傠钱月五百（4461）

（简10）右册五户月收傠钱二万二千五百（4462）

（简11）☑□马傠钱月五百　　大女黄石傠钱月五百　　大女尹汝傠钱月五百（4465）

（简12）☑……傠钱月五百　　大女李汝傠钱月五百（4474）

（简13）☑□谷傠钱月五百　　大男张□傠钱月五百　　郡士杜黑傠钱月五百（4490）

（简14）右七户月收傗钱五百合三千五百右前复被□□（4491）①

（简15）郡士刘岑傗钱月五百　郡士韩主傗钱月五百　大女黄汝傗钱月☒（4549）

（简16）右□□□□□傗钱□二万三千五百（4550）②

（简17）郡士张□傗钱月五百　大女王汝傗钱月五百　大女郑汝傗钱月五百（4601）

（简18）大男张士傗钱月五百　大男李自傗钱月五百　大男卫朱傗钱月五百（4603）

（简19）右六十人傗钱月三千……钱起七月一日讫九月卅日（4608）

（简20）☒就昌傗钱月五百　大男董直傗钱月五百（4623）

（简21）☒　大女黄汝傗钱月五百（4642）

（简22）大男陈顿傗钱月五百　大男☒（4727）

（简23）大男□虎傗钱月五百　郡士☒（4728）

（简24）☒傗钱月五百　大男冀才傗钱月五百（4740）

（简25）☒毛金傗钱月五百　☒（4773）

（简26）郡士钱曼傗钱月五百　☒（4823）

（简27）☒傗钱月五百　大男吴而傗钱月五百（4916）

在以上胪举的27枚吴简中，除（简10）、（简14）、（简16）（简19）是征收"傗钱"的合计简外，③其余23枚均是以个人名义上缴"傗钱"的记录，而所缴"傗钱"，又均以"月五百"计。如此整齐划一的"傗钱"，似乎有其特别的涵义。

"傗"，《说文解字》以"傗"为"赁"之"重字"，释"赁"字曰：

---

① 整理者注："右"上原有墨笔点记。

② 同上。

③ （简14）"右六十人傗钱月三千……钱起七月一日讫九月卅日"，与其余26枚"傗钱"月五百之体例不符，疑"十"为衍字。（简16）因"傗"前缺若干字，似乎难以断定是"傗钱"还是"地傗钱"，但从书写格式上看与（简10）"右册五户月收傗钱二万二千五百"相同，可以认定是"傗钱"。

"赁，庸也。"段注"庸者，今之雇字……庸，赁也。凡雇偊皆曰庸曰赁"。① 吴简中的"偊钱"，虽于秦汉三国时文献所未见，但与"雇偊"相关的"偊费"、"偊直"屡见于史乘。如《史记》卷30《平准书》载："元封元年（前110年），卜式贬秩为太子太傅，而桑弘羊为治粟都尉，领大农，尽代仅筦天下盐铁。弘羊以诸官各自市，相与争，物故腾跃，而天下赋输或不偿其偊费。""索隐"引服虔语："雇载云偊，言所输物不足偿其雇载之费也。"②《汉书》卷90《田延年》载：

> 昭帝大行时，方上事暴起，用度未办，延年奏言："商贾或豫收方上不祥器物，冀其疾用，欲以求利，非民臣所当为。请没入县官。"奏可。富人亡财者皆怨，出钱求延年罪。初，大司农取民牛车三万两为偊，载沙便桥下，送致方上，车直千钱，延年上簿诈增偊直车二千，凡六千万，盗取其半。焦、贾两家告其事，下丞相府……③

大司农田延年因此获罪自刎。

《后汉书》卷58《虞诩传》载：

> 先是运道艰险，舟车不通，驴马负载，偊五致一。诩乃自将吏士，案行川谷，自沮至下辩数十里中，皆烧石翦木，开漕船道，以人偊直雇借佣者，于是水运通利，岁省四千余万。④

《三国志》卷16《魏书·任峻传》注引《魏武故事》载曹操令曰：

> 故陈留太守枣祗，天性忠能……及破黄巾定许，得贼资业。当兴立屯田，时议者皆言当计牛输谷，佃科以定。施行后，祗白以为偊牛输谷，大收不增谷，有水旱灾除，大不便。反复来说，孤犹以为当如故，大收不可复改易。祗犹执之，孤不知所从，使与荀令君议之……

---

① 段玉裁：《说文解字注》，上海古籍出版社1981年影印本，第282页。
② 《史记》卷30《平准书》，第1441页。
③ 《汉书》卷90《田延年》，第3665—3666页。
④ 《后汉书》卷58《虞诩传》，第1869页。

祗犹自信，据计画还白，执分田之术。孤乃然之，使为屯田都尉，施设田业。其时岁则大收，后遂因此大田，丰足军用……今重思之，祗宜受封。①

可见在秦汉三国史籍中，所谓"僦费"、"僦直"，多指雇费，特别是指雇车乘运输所需费用而言。

征之吴简，凡单言"僦"者，所取之意也均与运输相关：如（简4716）"☐斛僦毕⸗嘉禾二年十月☐"，（简4753）"入平乡嘉禾二年税米十三斛僦毕⸗嘉☐"，等等，皆是其例。尽管我们不清楚此处所云"僦毕"所需的费用，是由纳税者自行负担或由官府另行支付，但与这里所要讨论的"僦钱"并无直接关系，则是没有疑问的。②

要解开吴简"僦钱"之谜，不能不与吴简中所见"地僦钱"联系起来考虑。

吴简中明确为"地僦钱"者凡十六见，③详下：

（简28）临湘言部吏潘羿收责食地僦钱起正月一日讫三月卅日☐有人悉毕☐（4345）

（简29）☐……月地僦钱……（4347）

（简30）领九月地僦钱二万三千　百（4350）

（简31）领四月地僦钱二万三千五百（4351）

（简32）临湘谨列起四月一日讫六月卅日地僦钱☐簿（4352）

（简33）临湘谨列邑下居民收地僦钱人名为簿（4357）

（简34）☐中部督邮书掾☐☐临湘……责地就钱☐月五（4359）

（简35）领☐月地僦钱二万三千五百（4369）

---

① 《三国志》卷16《魏书·任峻传》注引《魏武故事》，第490页。

② 《九章算术》卷6《均输》第三题为计算"僦价"之题，以"一车载二十五斛，与僦一里一钱"计之，视距离远近及输粟多少而计算"僦价"。显然佣车之"僦价"不是一个定数，而是一个变量，与吴简所见"月五百"的"僦钱"有明显的不同。

③ （简4348）"得☐☐收责☐☐僦钱宜☐属领所部吏"，因"僦"字前缺字而不能断是"僦钱"，还是"地僦钱"，从简文中有"收责"、"部吏"字样看，我认为此简属于"地僦钱"，但没有计算在十六枚"地僦钱"简内。

（简36）府前言绞促市吏□书收责地僦钱有人言靖叩头叩头死罪
死罪案文书辄绞促□（4397）

（简37）月廿日收责□地僦钱悉毕就留……（4411）

（简38）二月领地僦钱二万三千五百☑（4430）

（简39）☑□地僦钱人名钱数□□（4431）

（简40）☑□三月 簿 领地僦钱合七万五百（4432）

（简41）□前言绞促临湘□□所领地僦钱三月一日（4486）

（简42）所领地僦钱三□□□□□言□叩头叩头死罪（4532）

（简43）领九月地僦钱二万三☑（8724）

我所以认为"僦钱"与"地僦钱"有某种关联，理由如下：

首先，简31、40于"领"或" 簿 领"的"地僦钱"之后的数字，皆
为"五百"的倍数，显然这绝非一种巧合。尤其值得注意的，简35、43
所领某月及"九月"的"地僦钱"均为"二万三千五百"，而（简40）计
领三个月"地僦钱"共"七万五百"，每月正是"二万三千五百"，若以每
户（或每人）月五百"僦钱"计之，"所领"应是470户所交纳"僦
钱"。①

其次，从"僦"之本义分析，除上文所引史籍中常见的、具有"雇载
之费"意义的"僦费"、"僦直"外，还有所谓"租赁"之意义。颜师古注
《汉书·田延年传》"大司农取民牛车三万两为僦"曰："僦谓赁之与雇直
也"，表明"僦"原本就有所谓"租赁"之义，只不过在秦汉史籍中常见
的"僦费"、"僦直"，多是以"租赁"车乘的形式从事输运而已；然而，
在秦汉以降的史籍中，以"租赁"之义出现的"僦税"，或能为我们理解
吴简中的"僦钱"及"地僦钱"之涵义开拓一些思路。《宋书》卷7《前
废帝纪》载前废帝初即位时诏曰：

朕以眇身，夙绍洪业……而宝位告始，万宇改属，惟德弗明，昧
于大道。思宣睿范，引兹简恤，可具询执事，详访民隐。凡曲令密

---

① （简42）"所领地僦钱三"字后残阙五个字，不可断定是否为"五百"的倍数。（简43）
"领九月地僦钱二万三☑"，虽然"三"字后亦残数字，但因其书写格式（简32）相同，故可认
定"三"字后当有"千五百"等数字。

文，繁而伤治，关市僦税，事施一时，而奸吏舞文，妄兴威福，加以气纬舛互，偏颇滋甚。宜其宽徭轻宪，以救民切。①

《梁书》卷3《武帝纪》载梁武帝大同七年十一月诏曰：

> 如闻顷者，豪家富室，多占取公田，贵价僦税，租与贫民，伤时害政，为蠹已甚。自今公田悉不得假与豪家；已假者特听不追。其若富室给贫民种粮共营作者，不在禁例。②

《宋书》所谓"僦税"，虽然我们不清楚其征收的范围与数额，但因其与"关市"相连，可能是一种与货物流通有关的税赋。征之吴简，（简36）有"府前言绞促市吏□书收责地僦钱"③云云，长沙郡曾督促"市吏"行文临湘"收责地僦钱"，表明"地僦钱"的征收与"市"有极大的关联。

至于《梁书》中的"僦税"，其意甚明。"豪家富室"将多占的公田以"贵价"租赁与"贫民"，以收取"僦税"，以至梁武帝下诏"自今公田悉不得假与豪家"。此处的"僦税"，或可直称为"地僦税"？不过，"豪家富室"以将公田"贵价僦税"租与贫民，尽管我们同样不清楚"僦税"的收取方式与具体数额，但作为耕田，以土地面积的大小与肥沃贫瘠程度不同作为定税标准当是无疑的，显然不可能出现如同吴简中"僦钱"统一为"月五百"的情况。当然，这种情况并不妨碍我们将"地僦钱"理解为"租赁"具有某种用途且面积基本相同的"地"的"僦钱"。仅在这一意义上讲，吴简中的"僦钱"或"地僦钱"，与《梁书》中所谓"僦税"的性质是相同的，都是"租赁"土地的费用，不过《梁书》中征收"僦税"的"公田"是用于耕作；而吴简中以"地僦钱"（包括"僦钱"）所"租赁"的"地"，不仅面积基本相同，而且更可能是用于商业性经营的"土地"。

---

① 《宋书》卷7《前废帝纪》，第142页。
② 《梁书》卷3《武帝纪下》，第86页。
③ "市吏□书"所阙字，极可能是"行"字，（简1080）有"行书□言府答大常□追遣吏 殷 问 连 □□╱；行书言府□大常□ 罚黄 调 钱 二□□╱（按，此简原为一栏双行书写）"。其书写格式或与简36相同。

再次，在录有"僦钱"的 27 枚简中，名姓俱全者有 30 多人，通检《长沙走马楼三国吴简·竹简〔壹〕》所附《人名索引》，除杨樊两见外（详下），其余均一见，除标明纳"僦钱"者的大男、大女、郡士、□部司马等称谓外，其居住地均无标明，而且在 27 枚简中，如简 1、2、3、4、5 等文字没有残阙，与绝大多数吴简的体例并不相符，[①] 显然这也不是一种巧合，似乎表明这些交纳"僦钱"者的居住地可能相对集中，所以无需特意标明。至于"僦钱"交纳者的居住地，最大的可能是在所谓的"邑下"。前面提及两见的"杨樊"，（简 5328）载有"入邑下复民杨樊租钱四千"的记录，（简 33）又明确标有"临湘谨列邑下居民收地僦钱人名为簿"（4357）。所谓"邑下"之涵义，侯旭东先生认为：

> 每个乡也有一个相当于"治所"的办公地点，称为"邑下"……这些简是百姓向官府仓库交纳物品后写下的收据，分别提到了"南乡邑下"与"都乡邑下"。简中也应还有其他乡的"邑下"，只是目前尚未发现。某乡的邑下应与吴简中出现的"临湘邑下"一样，为侯国与乡官府驻扎地……这些"邑下"除了有官员驻扎，也还有一般百姓居住，后者仍要承担官府的各种义务。[②]

侯先生关于"邑下"的解释是正确的。需要指出的是，据（简 33）"临湘谨列邑下居民收地僦钱人名为簿"及"邑下复民杨樊"的简文，这些交纳"地僦钱"者，应都居住于临湘"邑下"，即临湘国治所的居民，而有别于居住在"南乡邑下"，或其他乡"邑下"的居民。

临湘是孙吴时重要将领步骘的封邑，《三国志·吴书·步骘传》载："黄武二年（223 年），迁右将军左护军，改封临湘侯。"吴简中或称步骘为"步侯"，或称"临湘侯"，"临湘国"与"临湘县"又互见于吴简，[③] 所谓"临湘邑下"，当为临湘侯国与临湘县治所在之处。对于"地僦钱"

---

① 吴简作为征收赋税的凭证，一般对交纳赋税者的身份及居住地均有详细标明，此例甚多，不一一赘举。

② 参见侯旭东《长沙走马楼三国吴简所见"乡"与"乡吏"》与张荣强《吴简中的"户品"问题》两文。（均载《吴简研究》第 1 辑，崇文书局 2004 年版）

③ 参见孟彦弘《步侯还民》，《历史研究》2001 年第 4 期。

的征收，辖管临湘县的长沙郡相当重视，常以"郡吏"、"中部督邮"①、"市吏"行文"绞促"，（简34）"□中部督邮书掾□□临⃞湘……责地就钱□月五"，（简36）"府前言绞促市吏□书收责地僦钱……"云云，即是其例。从简31、35、40、41、42、43等"领"、"⃞簿领"、"所领"等字样看，虽然简文残阙，难以确言"领者"身份；但参之（简36）"有人言靖叩头叩头死罪死罪案文书辄绞促□""地僦钱"看，②"所领"的"地僦钱"（包括"僦钱"）者很可能就是临湘侯步骘。

　　综上，笔者以为吴简中的"僦钱"，应是"地僦钱"的简称；交纳"僦钱"者，可能都是居住于临湘"邑下"、即临湘侯国与临湘县治所的居民；以所谓"地僦钱"或"僦钱"租赁之"地"，应是用于某种商业经营活动之"地"，尽管从现有的吴简资料还难以得出一个准确的答案，但与用于耕作之"田"有本质区别则是无疑的；而每月可达二万三千五百的"地僦钱"，应是临湘侯步骘"衣食税租"③的一个组成部分。

原载《吴简研究》第1辑，崇文书局2004年版。

---

① 参见罗新《吴简所见督邮制度》，《历史研究》2001年第4期。
② 此简的"靖"，就是"临湘侯相靖"，参见简4396、4410等。
③ 汉制，"诸侯惟得衣食税租，不与政事"（《汉书》卷14《诸侯王表》）。

三台郪江崖墓"狗咬耗子"图像再解读

　　四川三台郪江崖墓金钟山Ⅰ区一号墓，位于前室右壁后端下部，刻有一只"立耳，长吻，尖牙，四肢肌肉发达，前肢直立，后肢弯曲呈蹲坐状，双眼炯炯有神"的狗，口中"得意地叼着一只长尾老鼠"，整理者将之命名为"狗咬耗子"图。① 对于这样一幅出现于东汉晚期，十分罕见的刻石画像，立即引起研究者的重视，整理者对此已进行了较为深入的探讨，将是图所刻画之狗，与汉代墓葬石刻画像中常见的"雕刻在墓门附近或正对墓门"的"守犬"归为一类，是为"地下世界驱鬼镇墓类"，认为：

> 　　狗在当时的现实社会中能看家护院。但把狗作为重要内容着意雕刻在墓室内的明显位置，当有特殊寓意。汉代人认为鼠为鬼怪恶物，能作祟作鬼。晋干宝《搜神记》卷一八和唐欧阳询《艺文类聚》卷九五注云："谚云，鼠得死人目则为王"，记有老鼠窜入坟墓，噬食尸体，祸及死者形骸，作祟作鬼之事。为祈求死者在地下的安宁，就要灭鼠驱怪，正如紫 M1 前室壁上雕刻的那只被捕捉后悬挂在半空的老鼠，其状可怜。狗捕鼠自古有之，《吕氏春秋·士容篇》："齐有善相狗者，其邻籍之以买取鼠之狗……"因此犬能胜鼠，能保护墓主不受鼠鬼之害。如金Ⅰ M1 内雕刻的狗咬耗子画像……尽心竭力地保护着墓主在地下鬼魂世界的安宁。②

整理者同时表明，汉代画像的物象，"从含义上讲，却具有一定的多义性。

　　① 四川省文物考古研究所、绵阳市博物馆、三台县文物管理所编著：《三台郪江崖墓》，文物出版社 2007 年版，第 15—16 页。

　　② 《三台郪江崖墓》，第 300 页。

一种物象因为位置或物象间组合的不同，有时可以同时具有几种不同的含义，可以进行多种解释"。鉴此，笔者试图在整理者研究的基础之上，对"狗咬耗子"图像进行再解读。

一

整理者依据晋干宝《搜神记》卷18和唐欧阳询《艺文类聚》卷95注云："谚云，鼠得死人目则为王"，作为"汉代人认为鼠为鬼怪恶物，能作祟作鬼"的论据，此说似乎不确。查晋干宝《搜神记》卷18，不见有"鼠得死人目则为王"的记载，可能是整理者误记。不过，《搜神记》卷18关于"鼠"有如下记载：

> 魏齐王芳正始中，中山王周南为襄邑长，忽有鼠从穴出，在厅事上，语曰："王周南，尔以某月某日当死。"周南急往，不应。鼠还穴，后至期复出，更冠帻皂衣而语曰："周南。尔日中当死。"亦不应。鼠复入穴，须臾复出，出复入，转行数语，如前日。适中，鼠复曰："周南，尔不应死，我复何道。"言讫，颠蹶而死，即失衣冠所在，就视之，与常鼠无异。[①]

是段记载，《晋书》卷29《五行下》亦载，文字略异。不同者干宝《搜神记》仅记录了这一故事，而未作释；而《晋书》则引班固"黄祥"说，释为由于"曹爽专政，竞为比周，故鼠作变"，[②] 以警告之。

至于欧阳询《艺文类聚》卷95所引"谚云，鼠得死人目则为王"云云，又见《广博物志》诸书，但均出于刘宋时人刘敬叔所撰《异苑》一书，关于是人是书，四库馆臣曰：

> 《异苑》十卷，宋刘敬叔撰。敬叔，《宋书》、《南史》俱无传，明胡震亨始采诸书补作之……称宋高祖为宋武帝裕，直举其国号名讳，亦不似当时臣子之词。疑已不免有所佚脱窜乱。然核其大致，尚为完

---

① 干宝撰，汪绍楹校注：《搜神记》卷18，中华书局1979年版，第228页。
② 《晋书》卷29《五行下》，中华书局1974年版，第892页。

整，与《博物志》、《述异记》全出后人补缀者不同。且其词旨简澹，无小说家猥琐之习，断非六朝以后所能作，故唐人多所引用。①

《异苑》卷 3 载其文如下：

> 西域有鼠王国，鼠之大者如狗，中者如兔，小者如常。大鼠头悉已白，然带金环枷。商估有经过其国，不先祈祀者，则啮人衣裳也。得沙门咒愿，更获无他。释道安昔至西方，亲见如此俗。谚云："鼠得死人目睛则为王。"②

从以上引文可知，刘敬叔其人由于未见诸史记载，其事迹是由明人补缀而成；其书虽有"佚脱窜乱"，但大体上可信，故为唐代欧阳询等人所信从。然而核之《异苑》全文，所谓"鼠得死人目睛则为王"云云，则为西域鼠王国诸鼠称王之先决条件，似与鼠之为祸死人无涉。《艺文类聚》诸书所引均出自《异苑》，刘宋虽去东汉晚期不远，然相距亦有二百余年，况且汉代不见有其他相类之资料作为佐证。因此，笔者以为，似乎不能将刘宋时期出现鼠之作祟遗祸死人之观念，视作汉代人之观念，至少这一观念在东汉晚期尚缺乏社会的普遍认同，将金Ⅰ M1 的"狗咬耗子"图，及紫 M1 所见"鼠"图，视为"保护着墓主在地下鬼魂世界的安宁"的观点，似乎还有继续讨论的余地。

二

鼠与人类社会生产生活关系密切，对社会的危害很早就为人们所认识，反映在早期历史文献中，鼠之为祸最突出的表现是对人们劳动果实的盗取与破坏，以致形成了诸如"硕鼠"、"仓鼠"等概念，并且从中引申出许多其他含义，以表示人们对鼠害的痛恨之情。

例如，所谓"硕鼠"，《诗经·魏风·伐檀》有"硕鼠硕鼠，无食我黍。三岁贯女，莫我肯顾"；"硕鼠硕鼠，无食我麦。三岁贯女，莫我肯

---

① 《四库全书总目提要》，中华书局 1965 年版，第 1208 页。
② 刘敬叔撰，范宁点校：《异苑》卷 3，中华书局 1996 年版，第 18 页。

德";"硕鼠硕鼠，无食我苗。三岁贯女，莫我肯劳"三篇著名的诗篇，除去历代注疏家所引申的社会意义外，如所谓"刺重敛"等，斥责鼠对粮食生产的危害则是全面的。

再如所谓"仓中鼠"，著名者如李斯之故事。《史记·李斯列传》载：

> 李斯者，楚上蔡人也。年少时，为郡小吏。见吏舍厕中鼠食不絜，近人犬，数惊恐之。斯入仓，观仓中鼠，食积粟，居大庑之下，不见人犬之忧。于是李斯乃叹曰："人之贤不肖譬如鼠矣，在所自处耳！"①

鼠除危害粮食之外，亦有"盗肉"而受遭判决之故事，《史记·张汤列传》载：

> 张汤者，杜人也。其父为长安丞，出，汤为儿守舍。还而鼠盗肉，其父怒，笞汤。汤掘窟得盗鼠及余肉，劾鼠掠治，传爰书，讯鞠论报，并取鼠与肉，具狱磔堂下。其父见之，视其文辞如老狱吏，大惊，遂使书狱。②

与之相类似的故事又见《汉碑集释》所收《唐公房碑》：

> 〔君字公房，成固人，盖帝尧之〕□□□。□□□□，□□□〔之〕，故能〔举家〕□□□□□〔去〕……耆老相传，以为王莽居摄二年，君为郡吏□□□□……是时〔府在西成，去家七百余里。休谒〕往徕，〔转〕景即至，阖郡惊焉。白之府君，徙为御史。鼠〔啮藩车被具，君乃画地为狱〕，召鼠诛之。视其腹中，果有被具。③

碑文虽残漶不清，且更具故事性，然唐公诛除盗啮诸物之鼠的经过，与张汤审鼠如出一辙。

---

① 《史记》卷 87《李斯列传》，第 2539 页。

② 《史记》卷 120《酷吏·张汤列传》，第 3137 页。

③ 高文：《汉碑解释》，河南大学出版社 1985 年版，第 521—522 页；注一八，第 524 页。

在现实生活中，由于管理不善致使"仓鼠"造成损者，管理者是要受到相应的处罚。秦睡虎地秦墓竹简《法律答问》就有如下条文："仓鼠穴几可（何）而当论及谇？廷行事鼠穴三以上赀一盾，二以下谇。鼹穴三当一鼠穴。"① 意为仓中发现三个鼠穴罚一盾，二个鼠穴以下申斥，三个小鼠穴合一个鼠穴。

在传统农业社会中，鼠害对于人们的生活影响之大不难想见的。特别是在集中存储粮食等生活必备品的仓廪，由于其相对封闭的环境及相对落后的捕鼠方法，鼠之为害更剧于他处，故李斯有"仓中鼠"优于"厕中鼠"之叹。可能正是出于对"仓鼠"为害"仓廪"的痛恨，在紫荆湾一号墓中同时既有仓廪的图形，又有倒缚老鼠的画像，或许正是这种观念的反映。

三

鼠之为害之剧，如何消除鼠害自然是人们试图解决的问题。从整理者所引《吕氏春秋·士容篇》："齐有善相狗者，其邻假之以买取鼠之狗……"，以及《史记·李斯列传》所谓"仓中鼠"与"厕中鼠"，一是"食积粟，居大庑之下，不见人犬之忧"，一是"食不絜，近人犬，数惊恐之"来看，至少在秦汉时期，由于当鼠之天敌——猫尚没有广泛被人们驯养时，狗则担负起"取鼠"的任务。

犬作为人类最早驯养家畜之一，除供人类食用外，捕捉猎物是为人类驯养犬的一个重要目的。《史记·李斯列传》载：

> 二世二年七月，具斯五刑，论腰斩咸阳市。斯出狱，与其中子俱执，顾谓其中子曰："吾欲与若复牵黄犬俱出上蔡东门逐狡兔，岂可得乎！"遂父子相哭，而夷三族。②

在汉代石刻画像上，经常见到"田猎图"或"骑射田猎"中人们驱犬

---

① 睡虎地秦墓竹简整理小组：《睡虎地秦墓竹简·法律答问》，文物出版社1978年版，第216页。

② 《史记》卷87《李斯列传》，第2562页。

捕捉獐、麋、豕、鹿等较大猎物的形象，但对于捕捉较兔子体型明显为小、且更为灵活的老鼠而言，犬实际上并不是合适的捕捉者，上引《吕氏春秋·士容篇》所谓"取鼠之狗"，是经过"桎其后足"之后方可"取鼠"。大体可以说明在猫没有广泛被人类用于"取鼠"之前，"以狗取鼠"实是一种无奈的选择。① 睡虎地秦简《仓律》有如下条文："畜鸡离仓。用犬者，畜犬期足。"② 不允在粮仓"畜鸡"，因为畜鸡要消耗粮食；畜犬要以够用为度，虽然不能排除用犬取鼠的可能性，但更主要是用犬来护卫粮仓的安全。

　　秦汉时期，消灭鼠害可能更多是使用人工的方法，天水放马滩秦简甲种《日书》有如下简文：

　　　　正月壬子窦穴鼠弗居（甲71）
　　　　凡可塞穴置鼠溉困日虽十二月子五月六月辛卯皆可以为鼠（甲73）③

以上两简其意虽不甚明确，但大意明白，可能是在某些日子适当的时辰，通过堵塞鼠穴或加固粮仓的方法，驱逐、防治或困杀老鼠最为有效。

　　除堵塞鼠穴外，亦有水灌烟熏之法。周家台三〇号秦墓有如下简文，"以壬辰，己巳、卯溉困垤穴，鼠弗穿"。④《说苑》卷7《政理》载齐桓公问于管仲曰："国何患？"管仲对曰："患夫社鼠。"桓公曰："何谓也？"管仲对曰："夫社束木而涂之，鼠因往托焉，熏之则恐烧其木，灌之则恐败其涂。此鼠所以不可得杀者，以社故也。"⑤《汉书·刘胜传》载刘胜语

<hr>

① 刘宋时人刘义庆志怪小说《幽明录》中有一段故事颇耐人寻味："吴北寺终祚道人卧斋中，鼠从坎出，言终祚后数日当死。祚呼奴令买犬。鼠云，亦不畏此，其犬入户必死。犬至果尔。祚常为商，闭户谓鼠曰：'汝正欲使我富耳，今既远行，勤守吾房，勿令有所零失。'时桓玄在南州，禁杀牛甚急。终祚载数船，窃买牛皮，还东货之，得二十万。还时户犹阖也，都无所失，其怪乃绝。自后稍富。"（《太平广记》卷440《终祚》引《幽明录》，中华书局1961年版，第3587页）

② 《睡虎地秦简·仓律》，第54页。

③ 甘肃省文物考古研究所编：《天水放马滩秦简》，中华书局2009年版，第90页。

④ 湖北荆州市周梁玉桥遗址博物馆编：《关沮秦汉墓简牍》，中华书局2001年版，第135页。

⑤ 刘向着、向宗鲁校证：《说苑校证》，中华书局1987年版，第166页

曰："臣闻社鼷不灌，屋鼠不熏。何则？所托者然也。"① 除去"社鼠"本身所具有的政治寓意外，水灌烟熏可能是古代灭鼠最常用的方法。

值得注意的是，周家台三〇号秦墓提供了一个用含毒的矿物"礜"灭鼠的"已鼠方"：

> 取大白礜，大如母（拇）指，置晋斧（釜）中，涂而燔之，毋下九日，冶之，以②

"白礜"即："硫砒铁矿，也叫毒砂。为制砷及亚砷硫的原料，可入药，亦可杀鼠。"③ 唐人张鷟《朝野金载》卷 1 录有动物后中毒后自行解毒的故事，作者曾亲自以礜石毒鼠以试探鼠自救之法："礜石可以害鼠，张鷟曾试之。鼠中毒如醉，亦不识人，犹知取泥汁饮之，须臾平复。"④

除此之外，以机械捕鼠的方法也值得注意。《焦氏易林》卷 4《井·坎》曰："灸鱼椢斗，张伺夜鼠，不忍香味，机发为祟，柞不得去。"⑤ 可见"汉代的捕鼠机上装有诱饵，触发装置和捕杀装置，类于现代捕鼠器的基本构造，体现出汉代人对捕捉老鼠所花费的苦心"。⑥

由此可见，虽然三台郪江崖墓画像中见有"狗咬耗子"的图像，可能正是因其比较少见，故被人们所刻画于墓中，以表示对老鼠为害仓廪的痛恨之情，寄托以狗防治鼠害之希望。

---

① 《汉书》卷 53《刘胜传》，中华书局 1964 年版，第 2424 页。

② 湖北荆州市周梁玉桥遗址博物馆编：《关沮秦汉墓简牍》，第 135 页。

③ 《汉语大词典》第 7 册，汉语大词典出版社 1993 年版，第 1115 页。

④ 张鷟：《朝野金载》卷 1，文渊阁四库全书本。

⑤ 转引自刘志平《〈焦氏易林〉的历史学考察》，北京师范大学博士学位论文（未刊稿）2008 年版，第 88 页及注 4。文渊阁四库本作"灸鱼椢斗，张伺夜鼠，不忍香味，机发为祟，祟在头颈。"虽然文字有所不同，但基本意思相同。

⑥ 彭卫、杨振红：《中国风俗通史（秦汉卷）》，上海文艺出版社 2002 年版，第 403 页。关于汉代的捕鼠器，内蒙古额济纳汉代烽燧遗址出土有一件圆形器物，周围用草绳缠绕，若干木片均匀指向中心，整理者命名为"捕鼠器"。（参见魏坚主编：《额济纳汉简》，广西师范大学出版社 2005 年版，图版见第 290 页）

四

至于鼠之天敌——猫，考古资料证实汉代可能出现被人类驯养的猫用于捕鼠："山东画像石上有猫蹲卧粮仓的图像，湖南出土的陶灶上也绘有猫的图像，是当时家庭畜猫防鼠的形象证据；北京大葆台一号墓出土有 5 只猫的残骸，则是当时养猫的实物证据。"① 王子今先生《大葆台汉墓出土猫骨及相关问题》一文认为：

> 北京大葆台一号墓北回廊陶鼎和陶瓮内出土猫骨的考古资料，反映当时猫很可能作为"动物食品"介入社会物质生活。汉长安城城墙西南角遗址与其他动物骨骼同出的猫骨，据说"可能是人们吃剩的骨头"，被看作反映汉长安城居民"肉食资源充足丰富"的例证，可以与大葆台汉墓的发现联系起来分析。大葆台一号墓北回廊散见的猫骨，或许亦与殉葬的豹和马类同，有可能是墓主生前豢养的宠物猫的遗存。猫可能以"纵养"形式在防治鼠害的同时丰富了主人的休闲生活。②

汉代考古资料证实驯养猫的存在，除"可能作为'动物食品'介入社会物质生活"外，是否已经普遍用于"防治鼠灾"，似无明确的史料记载以为佐证。③ 检索《旧唐书》之前诸史，猫之记录仅四条，《史记》与《汉书》明确所见"猫"字者有三条，均出现于注中。④ 第四条见隋文帝杨坚开皇十八年（598 年）五月诏：

---

① 彭卫、杨振红：《中国风俗通史（秦汉卷）》，第 402 页。

② 王子今：《大葆台汉墓出土猫骨及相关问题》，"汉代文明国际学术研讨会"会议论文（未刊稿），2008 年。

③ 彭卫、杨振红认为："中国古代用猫捕鼠不晚于战国晚期。当时称猫为'狸'……据刘向《说苑·杂言》，当时出现了价值百钱的狸，这种价格昂贵的狸应是专门培养出来用于捕鼠防鼠的猫。"（《中国风俗通史（秦汉卷）》，第 402 页）可能正是由于汉代驯猫捕鼠的行为并不普及，因此才有价格昂贵的捕鼠之猫——狸，而且也没有形成统一的猫之称名。可见汉代尽管有驯猫出现，但更可能是作为主人豢养的宠物，似乎还没有普遍用于防治鼠害。

④ 分见《史记》卷 116《西南夷列传》，第 2992 页；卷 117《司马相如列传》，第 3025 页；《汉书》卷 57 上《司马相如传上》，第 2556 页。

　　夏五月辛亥，诏畜猫鬼、蛊毒、厌魅、野道之家，投于四裔。①

所谓"猫鬼"，成书于隋时的《巢氏诸病源候总论》释曰：

　　猫鬼者，云是老狸野物之精，变为鬼蜮，而依附于人。人畜事之，犹如事蛊，以毒害人。其病状心腹刺痛，食人府藏，吐血利血而死。②

　　显然，"猫鬼"是与"蛊毒、厌魅、野道"相类似的害人巫术，但为何要以"猫"之为名，《隋书》卷79载，延州刺史独孤陁"好左道，其妻母先事猫鬼，因转入其家……陁婢徐阿尼言，本从陁母家来，常事猫鬼。每以子日夜祀之，言子者鼠也。其猫鬼每杀人者，所死家财物潜移于畜猫鬼家"。③ 事猫鬼者所以要在"子日夜祀之"，是因为子日属鼠，而猫能克鼠，故以"猫鬼"名之。

　　唐代以降，关于猫鼠的记录骤增，如《旧唐书》卷51《后妃上》载：

　　庶人良娣初囚，大骂曰："愿阿武为老鼠，吾作猫儿，生生扼其喉！"武后怒，自是宫中不畜猫。④

《旧唐书》卷37《五行志》载：

　　（大历）十三年（778年）六月戊戌，陇右洮源县军士赵贵家，猫鼠同乳，不相害，节度使朱泚笼之以献……中书舍人崔祐甫曰："此物之失性也。天生万物，刚柔有性，圣人因之，垂训作则。礼，迎猫，为食田鼠也。然猫之食鼠，载在祀典，以其能除害利人，虽微必录。今此猫对鼠，何异法吏不能触邪，疆吏不勤捍敌？据礼部式录

---

①　《隋史》卷2《高祖下》，中华书局1973年版，第43页。
②　巢元方等：《巢氏诸病源候总论》卷25"猫鬼候"，文渊阁四库全书本。
③　《隋书》卷79《外戚独孤陁传》，第1790页。
④　《旧唐书》卷51《后妃上》，中华书局1975年版，第2170页。

三瑞，无猫不食鼠之目。以此称庆，理所未详。"①

可能自唐代以降，由于猫已成为防治鼠害的主力，② 故对狗与鼠关系的看法则发生一些微妙的变化。如南宋时人吕本中著诗"戒杀八首"，其中第五首诗曰：

纵犬使杀鼠，鼠窜生百畏。其饥使之出，此亦有何罪。犬鼠俱可杀，莫计有无功。苟以无功死，还与杀犬同。③

由于作者持"劝君普断杀"的态度，故反对"纵犬"捕杀出来觅食之老鼠。作者所以言犬不言猫，似乎曲折的反映出由于是时猫之大量出现，以犬取鼠的行为已经不大为社会所认可，故对纵犬使杀鼠之行为表示不满。

综上所述，郪江崖墓金钟山Ⅰ区一号墓所见"狗咬耗子"图像，可能是反映墓主世俗生活的一种表现。在以猫捕鼠尚未普及的汉代社会，希冀以狗驱逐、捕杀为害仓廪的老鼠，从而维护墓主在冥界的安宁生活。这一寓意在郪江镇紫荆湾一号墓中也有体现：墓前室右壁刻有一只被倒缚老鼠的图像，而前室左壁则雕刻有仓廪模型，两者位置大致相对，④ 表明被缚捉的老鼠已经不能再为害仓廪，这似乎可为"狗咬耗子"图像再解读提供一个佐证。

原载《四川文物》2008 年第 6 期。

---

① 《旧唐书》卷 37《五行志》，第 1370 页。

② 此处举一例证说明这一问题。《诗·大雅·荡之什·韩奕》有："有熊有罴，有猫有虎。"对于其中"猫"的解释，一些疏家以为："按释兽之文，猫即虎之浅毛者。以上下文熊罴虎类之，知是猛兽，非捕鼠之猫也。"（明冯复京：《六家诗名物疏》卷 51《猫》，文渊阁四库全书本）但亦有如宋人陆佃将是"猫"释为捕鼠之"猫"者。如清顾栋高《毛诗类释》卷 17《猫》载："陆氏佃曰：鼠善害苗，而猫能捕鼠，去苗之害，故猫之字从苗。《诗》'有猫有虎'。猫食田鼠，虎食田豕，故《诗》以誉。"（文渊阁四库全书本）显然，宋人以捕鼠之"猫"，释《诗》中与"虎"并列之"猫"，很有可能受到是时猫捕鼠早已为社会普遍认同的影响。正如上引唐崔祐甫所言："猫之食鼠，载在祀典。"

③ 吕本中：《东莱诗集》卷 19，文渊阁四库全书本。

④ 参见《三台郪江崖墓》，第 67—73 页，图版第 93、100。

"羱羊"与"红羊"

——基于阴山岩画及文献对北山羊的考察

北山羊，牛科，羊亚科，山羊属，形似家山羊而体形较大，体长 115—170 厘米，肩高约 100 厘米，体重 50 千克左右。雄兽和雌兽的头上都有角，雄兽的角更是极为发达，长度一般为 100 厘米左右，角的形状前宽后窄，毛发呈棕黄色，腹部及四肢内侧白色，冬毛长而色浅淡。在中国主要分布于新疆、西藏西北部、青海、甘肃北部及内蒙古西部等省区，栖息于海拔 3500—6000 米的高原裸岩和山腰碎石嶙峋的地带。①

由于人类长期捕杀及栖息地的破坏改变，北山羊数量急剧下降，现为国家一级保护动物。但在历史上，北山羊数量应当是较多的，而且由于肉质鲜美，成为人类狩猎的主要对象之一，这在遍布于西北部地区的岩画中有集中的体现。据著名学者盖山林、盖志浩先生的研究，仅以阴山岩画为例：

> 岩画中动物初略统计显示，以羊类最多，北山羊几乎占全部动物的 60%，岩羊其次，约占 20%，再次是黄羊、盘羊和羚羊。野马、梅花鹿和马鹿也是十分重要的。当时猎人主要捕捉对象为北山羊、岩羊和盘羊。正因为他们熟悉羊类，因此大量放牧的是北山羊、岩羊和盘羊。②

---

① 摘录自百度辞条"北山羊"。

② 盖山林、盖志浩：《内蒙古岩画的文化解读》，北京图书馆出版社 2002 年版，第 340—341 页。

　　除代表内蒙古山地的阴山岩画外，在代表草原地区的岩画（乌兰察布、苏尼特左旗）及代表荒漠沙地的岩画（巴丹吉林）中，北山羊虽然不像阴山岩画占据重要地位，但也有不同程度的体现，①从中可以体现出在古代内蒙古地区，北山羊分布还是比较广泛的，因此成为各地岩画中一个重要的表现内容。

　　阴山山脉东西横亘一千多公里，自古以来就是农耕区与游牧区的天然分界线，也是中原地区与北方游牧地区交往的重要场所。人类活动在阴山地区活动的历史非常悠久，阴山岩画真实地记录了在此生活的古代狩猎部落，以及匈奴、敕勒、柔然、鲜卑等游牧民族的生产生活历史。北山羊画像大量出现于阴山岩画中，就是一个鲜明的体现。

　　北山羊在历史文献中有"羱羊"与"红羊"等不同称谓，大致可以反映出古人对北山羊的认识。

一　羱羊

　　"羱羊"，《尔雅》卷10《释兽十八》曰："羱，如羊。"晋人郭璞注："羱羊，似吴羊而大角，角椭，出西方。"宋人邢昺疏："野羊，大角者也。郭云，羱羊似吴羊而大角，角椭，出西方。椭谓狭而长。"②《尔雅》大约成书于西汉年间，其对"羱"的解释虽然简略，但足以反映出北山羊早已引起人们的关注，并赋予"羱"字的专称。到了晋代，人们已经认识到这种出于"西方"的"羱羊"，与所谓"吴羊"在形态上相同，而区别则在于羱羊具有大而椭的角。宋人解释则更为具体，不仅认定羱羊是一种野羊，而且对"椭角"的解释是"狭而长"，完全符合北山羊角前宽后窄而长的特征。

　　至于"吴羊"，《六家诗名物疏》卷48"羝"曰：

　　　　《尔雅》云："羊，牡羒。"注谓："吴羊，白羝"……《雅翼》云："羝是牡羊总名，而羒乃吴羊之羝者。盖羝性好抵触，《齐民要术》畜牧之法，大率十羊二羝，以为羝少则不孕，多则败群，尤取其

①　参见盖山林、盖志浩《内蒙古岩画的文化解读》，第371页。

②　《十三经注疏》，中华书局1980年版，第2650页。

无角者，恐其抵触以伤胎也。"①

可见"吴羊"泛指人类蓄养的，头角远较羱羊为小的白色公羊。至少从晋时起，"吴羊"成为人们区别"羱羊"的一个主要参照物。而郭璞注云"羱羊"出于"西方"，"西方"是一个比较模糊的地理概念，这可能与居于中原之人对于生活于边地的羱羊知之较少的一种反映。文献将羱羊与明确活动于北地的民族联系在一起，是出自于《后汉书》的记载。《后汉书》卷90《鲜卑列传》载：

> 鲜卑者，亦东胡之支也，别依鲜卑山，故因号焉。其言语习俗与乌桓同。唯婚姻先髡头，以季春月大会于饶乐水上，饮燕毕，然后配合。又禽兽异于中国者，野马、原羊、角端牛，以角为弓，俗谓之角端弓者……汉初亦为冒顿所破，远窜东徙辽东塞外，与乌桓相接，未常通中国焉。②

鲜卑山，学界一般认为位于今大安岭北麓，饶乐水即今色拉木伦河，两者均位于今内蒙古东部，约在呼伦贝尔盟一带。③秦汉之际，鲜卑由于受到匈奴人的压迫，东徙于"辽东塞外"；东汉后期，随着匈奴势衰，鲜卑人又西南迁居于匈奴故地——阴山一带。

《后汉书》所记鲜卑异于中原的禽兽主要有三种：野马、原羊与端角牛。其中"原羊"即"羱羊"。李贤注引郭璞语已见上引，少"角椭"二字。《后汉书集解》引清人何焯语曰："原羊当改羱。"④可见《后汉书》所云的"原羊"，即是被称作"羱羊"的北山羊。鲜卑另一种异于中原的禽兽——野马，亦是内蒙古岩画中常见的动物之一。唯有角端牛不知原为何种动物。"角端"一语，始见于司马相如传《子虚赋》。是赋极力张扬汉之疆域广阔，物尽天华，在言之北地时则云：

---

① 冯复京：《六家诗名物疏》卷48"羝"，文渊阁四库全书本。
② 《后汉书》卷90《鲜卑列传》，第2985页。
③ 参见《中国历史地图集》第2册，"鲜卑等部"，地图出版社1982年版，第67页。
④ 《后汉书集解》卷90，中华书局1984年版，第1050页。

其北则盛夏含冻裂地，涉冰揭河；其兽则麒麟角端，駃騠橐驼，
蛩蛩驒騱，駃騠驴骡。

自"麒麟角端"以下，皆是北地习见的骆驼、马、驴、骡之类的牲畜。
至于"麒麟角端"，诸注家解释或有小异。颜注引张揖语曰："雄曰麒，雌
曰麟，其状麇身牛尾，狼题一角，角端似牛，其角可以为弓。"郭璞曰：
"麒似麟而无角，角端似猪，角在鼻上，中作弓。"颜氏则赞同郭说："麒麟
角端，郭说是也。"① 显然，《汉书》将"角端"与"麒麟"合并解释，言
"麒麟""角端似牛，其角可以为弓。"并非又有所谓"角端牛"一物。而
《后汉书集解》注引清人惠栋语曰："《说文》云：角端状如豕，角善为弓，
出胡休多国。陆玑《毛诗疏》云：李陵曾以此弓遗苏武。"② 以上诸家解释
虽或有异同，但均未脱离将"角端牛"视为"瑞兽"的窠臼。至于对"角
端牛"的解释，似应以《钦定热河志》的"野牛"说最为准确：

> 《后汉书鲜卑传》曰，有角端牛，以角为弓，俗谓之角端弓……
> 李陵尝以此弓十张遗苏武。既云角可为弓，自当为常见之兽；而又称
> 角在鼻上，殊未可信。至《宋书·符瑞志》谓角端日行万八千里，
> 《元史》谓元太祖至东印度，有一角兽形如鹿而马尾，其色绿，作人
> 言。耶律楚材曰其名角端，能四方语者，此系神兽，不常见。《后汉
> 书》鲜卑所产之角端，乃野牛之类。③

如果《钦定热河志》将"角端牛"视为"野牛"这一推测不误的话，
那么，《后汉书》所载鲜卑异于中原的三种"禽兽"，都是常见于内蒙古岩
画中的野生动物——野马、北山羊与野牛。④

---

① 《汉书》卷57上《司马相如传上》，中华书局1962年版，第2556—2557页。

② 《后汉书集解》卷90，第1050页下。

③ 《钦定热河志》卷95《物产四》"野牛"条，文渊阁四库全书本。关于"角端"的进一步
解释，王颋先生认为："所谓'角端'，并非有固定的指称。除'如羊而小尾，顶有独角'，和
'似牛，其角可以为弓'者应该就是'高鼻羚羊'（Saigatatarica）和已绝种的亚洲家牛祖先'野
牛'外，其余都是相貌奇特的'稀奇'动物。'似猪，角在鼻上，中作弓'，当即偶蹄目猪科的
'东南亚疣猪'或'鹿野猪'。"（《"角端"与成吉思汗西征班师》，转自百度"http://
tieba. baidu. com/f？kz=308529924)

④ 参见盖山林、盖志浩《内蒙古岩画的文化解读》，第335—345页。

令人不解的是，在鲜卑人长期活动今内蒙古东部区域，虽然有岩画陆续发现，但涉及动物最多见的是鹿类，据盖山林、盖志浩先生的研究："在这里多种题材中，鹿的画面是十分突出的。据我们不完全统计，这里的图像大约有 500 个，而鹿岩画竟有 400 个个体，占全部岩画的 80%。""此外，在内蒙古大兴安岭原始森林里，也有两处以鹿为主体的画址。"除此之外的岩画兽类题材中，"有野马、虎、野猪、野牛"。① 考虑到内蒙古东北部主要是草原与森林，并不是主要活动于裸岩地带的北山羊理想的栖息地，因此北山羊的形象少见或不见于是地的岩画也就不难理解了，这可能也是阴山岩画中多见北山羊，而位于内蒙古东北部的草原岩画少见北山羊的一个主要原因。

随之而来的问题是，在记录长期活动于阴山区域的匈奴人的历史文献中，却没有见到有关北山羊的记录。《史记》卷 110《匈奴列传》曰：

> 匈奴，其先祖夏后氏之苗裔也，曰淳维。唐虞以上有山戎、猃狁、荤粥，居于北蛮，随畜牧而转移。其畜之所多则马、牛、羊，其奇畜则橐佗、驴、骡、駃騠、騊駼、驒騱。②

其中所记匈奴的"奇畜"，除骆驼、驴、骡之外，"駃騠、騊駼"均是良马名，而"驒騱"则是一种野马，至于《后汉书》所记与中原有异的禽兽"原羊"与"端角牛"并不在其中。这种区别可能是由于两书的着眼点不同，《后汉书·鲜卑传》所记主要的"原羊"之属，主要是体现出异于中原的特点；而《史记》卷 110《匈奴列传》所记则关注的是在匈奴人生活中发挥重要作用的牲畜——马、牛、羊等，所言之"奇畜"，其实也体现出这一特点，骆驼、驴、骡自不待言，作为良马的"駃騠、騊駼"，及野马"驒騱"，更反映出匈奴作为游牧民族对马的偏爱。正是由于两书的着眼点不同，"原羊"与"端角牛"没有出现于有关匈奴人的文献之中，也就不难理解了。

尽管在有关匈奴的文献中未见北山羊之记载，然由于内蒙古岩画中捕杀北山羊及其个体、群体形象众多，时间跨度相当长，其中应有反映匈奴

---

① 参见盖山林、盖志浩：《内蒙古岩画的文化解读》，第 271—272 页。

② 《史记》卷 110《匈奴列传》，中华书局 1959 年版，第 2879 页。

人捕杀或驯养北山羊的形象。《内蒙古岩画的文化解读》第 401 页插图 31 "乌兰察布双羊纹岩画（左）"与代表匈奴风格的"鄂尔多斯双羊铜饰牌（右）"相比较，无论是岩画还是"铜饰牌"，其中描绘的"双羊"，从其硕大、向后弯曲的羊角看，刻绘的应该是北山羊的形象。

近年来出土于新疆哈密伊吾县拜其尔墓葬中的北山羊铜像，简直就是北山羊活体惟妙惟肖的复制品。① 拜其尔墓葬的时代，据发掘者推断："大致在春秋、战国之际。拜其尔墓地所出北山羊立像，是北方草原文化常见的艺术品，加之大量随葬牛、马、羊骨，其经济形态应以畜牧业为主。"② 但有的学者认为："拜其尔墓地的资料已经表现出明显的游牧文化的特征，说明该地区的土著文化当时已转化为游牧文化。"③ 春秋战国之际，正是北方游牧部落正在整合，即将以匈奴为名出现于北方之时。拜其尔墓葬所见的北山羊铜像，似乎可以说明北山羊在北方游牧部落中曾留下了深刻的印迹。

与岩画中狩猎北山羊的形象相响对应，文献中亦有射杀北山羊的记载。唐中宗景龙二年（708 年）秋七月，朝散大夫、行工部尚书、兼楚州长史、宫苑勾供奉段思审曾奉诏画《拓跋他悉罗等射羱羊图》，此图至元时尚存，元人胡祗遹赋诗跋是图曰：

> 百战神功定八区，太宗洪业付微躯。羱羊一箭何多羡，自有蕃王职贡图。④

拓跋他悉罗仅见此记载，事迹不详。隋唐时期的拓跋氏，应是指党项部落的拓跋氏。一般认为党项拓跋氏出自鲜卑族拓跋部，后成为党项诸部

---

① 《新疆伊吾县拜其尔墓地考古发掘收获》载："2004 年 10 月—11 月份，为配合当地基本建设，新疆文物考古研究所和哈密地区文物局对伊吾县拜其尔墓地进行第一次抢救性考古发掘，发掘墓葬 40 座……出土的一件管状饰件，其上铆接一站立的北山羊，两只大角非常醒目，口、鼻、目、耳分明，下颌有一撮长须，浑圆的身体，健硕的四肢，短尾下垂，张目远眺，栩栩如生，为史前新疆铜器类型中的新发现……拜其尔墓地所出北山羊立像，是北方草原文化常见的艺术品，加之大量随葬牛、马、羊骨，其经济形态应以畜牧业为主。"摘自"中国文物信息网"。

② 同上。

③ 引自王建新教授在西安秦汉史高级论坛（西安，2008 年 9 月 21 日）所作的学术报告。

④ 胡祗遹：《紫山大全集》卷 7 "跋唐段思审画拓跋他悉罗等射羱羊图"，文渊阁四库全书本。

中的一部,于诸部中势力为最强。隋开皇五年（585 年）,党项首领拓跋宁丛等率部落到旭州（今甘肃临潭）请求内附;唐中宗时段思审所画《拓跋他悉罗等射羱羊图》,也应是活动于甘肃的党项拓跋氏部落。今甘肃北部是北山羊主要活动区域之一,旭州虽位于今甘肃东南部,但在古代条件下,北山羊的分布应远较今日为广。北山羊应是古代游牧部落射猎的主要对象之一,这在阴山等地的岩画中有集中的表现。段思审所画《拓跋他悉罗等射羱羊图》,不仅是对这一现象的客观描述,也表明射猎北山羊行为同样引起当时中原人士的广泛关注,故作画以记之。

二　红羊

作为北山羊的另一俗称——"红羊",从历史文献的角度考察,不仅出现较晚,而且是以"北方珍馐"而载入史册。所谓"北方有红羊,为世珍味"的记载,[①] 应是古人对北山羊的一种通识。

关于"红羊",较早见于《十国春秋·孙承祐列传》:

> 承祐在浙,日凭借亲宠,恣为奢侈,每一燕会,杀物命千数,家食亦数十器方下箸。设十银镬构火,以次荐之常馔客,指其盘曰:"今日南之蚌蛸,北之红羊,东之鰕鱼,西之嘉粟,无不毕备。可云富有小四海矣。"[②]

孙承祐为浙州钱塘人,出身南方,故于其所谓"小四海"中,除东方与南方特有的水产品——蚌蛸（即"梭子蟹"）、鰕鱼[③]外,北方的"红羊",不仅肉质鲜美,而且在南方更为难得之物,故成为生性奢侈的孙承

---

① 陈元龙:《格致镜原》卷 86 引《潜确书类》,文渊阁四库全书本。

② 《十国春秋》卷 87《吴越十一·孙承佑列传》,文渊阁四库全书本。

③ 鰕鱼,一说为"鰕虎鱼";据《尔雅·释鱼》:"鰕,鮹之大者";清徐文靖《管城硕记》卷 22《正字通二》曰:"《尔雅·释鱼鰕》凡有三:一曰鰝,大鰕。郭注,鰕大者出海中,长二三丈,须长数尺,今青州呼鰕鱼为鰝。《广州记》曰:卢循为刺史,循乡人至东海,取鰕须长四尺,送示循,是也;一曰鮸,大者谓之鰕。邢昺曰:鮸,雌鲸也,大者长八九尺,别名鰕,是也;一曰鲂鰕。郭注:出薉邪头国,见《吕氏字林》、《汉志》乐浪郡有邪头薉县,薉即秽邪头国,盖秽种也,汉以为县。鲂鱼,一名鰕,即县所出者是也。"（文渊阁四库全书本）。诸说相比较,应以出于东海之中的"鰝"（一种特大的虾）为是。

祐款待宾客的特别佳肴。

可能正是由于红羊肉质鲜美且难得的原因，红羊成为了一种用各种肉类制作的美食的代名词，即所谓的"红羊巴"。元人方回记所谓"紫阳方氏"八珍之五"捣珍"曰：

> 以牛、羊、麇、鹿、麋脊侧肉，捶以柔之，此乃今杭人巴鲊铺所谓"红羊巴"也。今但用猪脊脊内柔醢而风之，腊干为上……凡今巴铺，有鹿脯、獐巴、脯鹿条，及此红羊也，削而生食，谓之削脯；煨而棰之，谓之捶脯、松脯。此云牛、羊、麇、鹿、麋之脊侧肉，却似易辨。①

所谓"巴"，泛指肉脯类食品。从方氏的记载看，最早所谓"红羊巴"的制作是以牛、羊、麇、鹿、麋等脊侧肉捶制而成。或许牛、羊、麇、鹿、麋等数量较少，故又以猪肉代之。即便如此，由于制作"巴"的原料——动物的脊侧肉数量毕竟较少，故而将这种食品赐以佳名，所谓"红羊巴"是也。

"红羊巴"又作"红羊犯"，是南宋都城杭州一道著名的食品，在宋人吴自牧所撰《梦粱录》中，"红羊犯"不仅是"肉铺"所卖的一种食品，亦是在酒楼茶肆，供食客佐餐的一道著名小吃。②

不仅在南方，红羊是一味难得的北方珍馐，就是在北方游牧地区，红羊也是非常珍贵的食品。明人郑真《题吴道延西征卷》第二首诗云：

> 重重土屋翠云腰，羌妇秋衣制黑貂。煤火烧红羊……③

虽然"红羊"以下阙文，但"黑貂"与"红羊"，都是相当珍贵之物，亦可说明文献中所见的"红羊"，不可能是人类畜牧的普通之羊，应是难得的"羱羊"之属，即野生的北山羊。

不过，"红羊"虽然以北方珍馐著称，但在文献，由于未见有如"羱

---

① 《古今考》卷34，方回续《珍用八物》，文渊阁四库全书本。
② 参见吴自牧《梦粱录》卷16"分茶酒店"、"肉铺"，文渊阁四库全书本。
③ 郑真：《荥阳外史集》卷90《题吴道延西征卷》，文渊阁四库全书本。

羊"一样对其形态的描述。因此，"红羊"是否就是北山羊，实际并没有充分的证据可以证明。然而，元人张雨所题《金人出猎图》，可能为此提供一些信息：

> 小队鸣笳晓出围，地椒狼籍兽应肥。上皇久厌红羊炙，故遣萧郎击豕归。①

是诗与上引胡祗遹所题记的《拓跋他悉罗等射羱羊图》诗一样，均是对北方游牧民族围猎活动的描写。张雨诗中所云"地椒"，别名百里香、千里香，生于山地、杂草丛中，分布于内蒙古、陕西、甘肃、宁夏、青海、山西、河北，可以入药用。由于"地椒"主要生长于北方草原地区，故元人杨允孚有诗曰：

> 紫菊花开香满衣，地椒生处乳羊肥。毡房纳实茶添火，有女褰裳拾粪归。②

又，元人胡助《云州》诗亦曰：

> 暑雨不时作，山流处处狂。牧羊沙草软，秣马地椒香。夜宿营毡帐，晨炊顿土房。云州今又过，明日到滦阳。③

从上引诸诗看，地椒似乎可以作为牛羊等牲畜的饲草，而且地椒生长茂盛之时，正是围猎野兽的大好之机。故张雨题《金人出猎图》有"小队鸣笳晓出围，地椒狼籍兽应肥"之语；只是由于"上皇"已经厌倦了"红羊"的美味，因此遣"萧郎"围猎的目的是为了猎杀野猪，调换口味。如果将《金人出猎图》与《拓跋他悉罗等射羱羊图》题诗相比较，将"红羊"视为"羱羊"，应是有文献支持的。

综上，"羱羊"应是文献中所见北山羊最早的记录，表明至少在汉代，

---

① 张雨：《金人出猎图》，顾瑛编《草堂雅集》卷5，文渊阁四库全书本。
② 杨允孚：《滦京杂咏》，文渊阁四库全书本。
③ 胡助：《纯白斋类稿》卷7《云州》，文渊阁四库全书本。

人类对北山羊也有了明确的认识。而"红羊"在文献中的出现，可能最早是在唐末五代时期，而且主要流行于南方，被视为"北方珍馐"而见诸史册。正是由于人类对北山羊的肉食需求以及生态环境的改变，从而导致了北山羊分布数量逐渐减少。

原载《河套文化（论文集）》第 4 集，内蒙古人民出版社 2009 年版。